言究论道 第四卷

道路交通安全管理研究文章及各地经验汇编 2020

公安部道路交通安全研究中心 编

人民交通出版社股份有限公司
北京

内 容 提 要

本书汇编"交通言究社"微信平台的专业文章,共分为道路通行管理、道路安全管理、事故调查与安全防护、执法管理、智能交通管理、交通参与者安全管理、经验七篇,由不同领域的专家深入浅出地介绍交通管理、交通安全等方面的专业知识。

本书主要供从事交通管理工作的专业人员,以及从事交通安全研究的专业技术人员参考,也可供交通安全相关行业从业者及管理者参考。

图书在版编目(CIP)数据

道路交通安全管理研究文章及各地经验汇编. 2020 / 公安部道路交通安全研究中心编. — 北京:人民交通出版社股份有限公司, 2021.5
ISBN 978-7-114-17201-4

Ⅰ. ①道… Ⅱ. ①公… Ⅲ. ①公路运输—交通运输管理—安全管理—中国—文集 Ⅳ. ① U491-53

中国版本图书馆 CIP 数据核字(2021)第 063719 号

Daolu Jiaotong Anquan Guanli Yanjiu Wenzhang ji Gedi Jingyan Huibian 2020

书　　名:	道路交通安全管理研究文章及各地经验汇编 2020
著 作 者:	公安部道路交通安全研究中心
责任编辑:	屈闻聪　刘　洋
责任校对:	孙国靖　宋佳时
责任印制:	张　凯
出版发行:	人民交通出版社股份有限公司
地　　址:	(100011)北京市朝阳区安定门外外馆斜街3号
网　　址:	http://www.ccpcl.com.cn
销售电话:	(010)59757973
总 经 销:	人民交通出版社股份有限公司发行部
经　　销:	各地新华书店
印　　刷:	北京市密东印刷有限公司
开　　本:	787×1092　1/16
印　　张:	26
字　　数:	575千
版　　次:	2021年5月　第1版
印　　次:	2021年6月　第2次印刷
书　　号:	ISBN 978-7-114-17201-4
定　　价:	128.00元

(有印刷、装订质量问题的图书由本公司负责调换)

《道路交通安全管理研究文章及各地经验汇编 2020》
编 委 会

主　　任：王长君　刘　艳

主　　编：乔　靖　丛浩哲

编　　委：刘　林　李芸玥

顾　　问：郭　敏　梁康之　官　阳　徐耀赐
　　　　　闫书明　应朝阳　戴　帅　黄金晶
　　　　　周文辉　刘　君　巩建国　饶众博
　　　　　胡伟超

前　　言

时光荏苒，转眼间，公安部道路交通安全研究中心官方公众账号"交通言究社"在大家的支持、关注中走过了第四个年头。"道路交通安全管理研究文章及各地经验汇编"集结出版也积累到第四卷。

2020年是不寻常的一年，我们国家战胜了突如其来的疫情，迎来了"十三五"规划的顺利收官。回顾2020年，全国公安交管部门战疫情、保畅通，为服务疫情防控和复工复产、保障人民生命财产安全、维护经济发展和社会稳定大局作出了重要贡献。当前，机动车、驾驶人、公路通车里程持续快速增加，据公安部统计，截至2021年3月，全国机动车保有量达3.78亿辆，机动车驾驶人4.63亿人。人民群众的美好出行需求日益增长，交通安全形势复杂，交通安保任务艰巨繁重。面对"车多路少、事多警少"的现状，各地紧抓交通强国、数字强国战略机遇，纷纷打造"最强大脑""最优算法""最亮双眼"，推进交通治理现代化；面对"堵点""痛点""难点"，各地抓重点、补短板、强弱项，减量控大，守护人民生命红线，奋力开创交通事故预防工作新局面。在公安交管改革不断深化的洪流之中，"交通言究社"不断见证公安交管工作的探索、开创、臻善，也以敬畏生命、敬畏专业的态度投入洪流，贡献涓滴。

这一年，"交通言究社"继续秉承"言要敢言、善言，集百家之言；究要专业、严谨、独到，言之有物"的理念，一步一个脚印，不断创新，搭建学践相长的平台，推动学界、业界紧密联合；搭建沟通方法的平台，推动各地先进经验交流；搭建凝聚共识的平台，推动形成交通安全共识。无论是聚焦道路安全管理、道路通行管理，推广研究成果，还是放眼智能交通，聚焦领域科技发展前沿；无论是聚焦执法实战、事故调查，讨论先进理念，推广各地经验，还是搭建专业平台，凝聚专家力量，推广国内外先进经验做法，充分发挥专家智囊作用，一路走来，交通言究社推出的一系列有观点、有态度、有思想的文章，得到了广大读者朋友的肯定和支持。

  这一年，"交通言究社"顺应大势，深耕内容，继续"言究"论道，探讨实务，力求做到更扎实、更专业、更有用。本书是一年以来的经典作品集萃，去伪存真，去粗取精，期待能给读者以思考，给从业者以启示，给同行者以信心。回顾过去，我们收获满满，展望未来，我们雄心勃勃。今年是建党100周年，是"十四五"开局之年，我辈当以更加高昂的热情与雄心壮志开启新的征程。"交通言究社"谨以此书献给所有关注、关心中国道路交通安全事业的伙伴，让我们一起为未来道路交通安全发展作出贡献。

公安部道路交通安全研究中心
2021年4月

目　　录

第一篇　道路通行管理 / 1

道路交通标线规划设计要向用路人传输"有意义"的信息 ········· 3
道路交通标线怎样设置才能发挥界定路权边界的作用 ············· 6
设置道路交通标线要注意这些细节才能有效辅助驾驶行为 ········ 12
道路路径指引标志的功能及布设要点 ···························· 18
优化交通标志标线有助于控制驾驶人注意力 ······················ 22
高速公路"过山车"式限速乱象的根本原因 ······················ 27
限速的含义及美国设置限速的相关规定 ·························· 30
美国如何确定及设置限速 ·· 36
美国设置限速标志的具体要求 ···································· 41
路网规划应结合多方面因素综合考虑 ····························· 45
路网结构不合理的隐患 ·· 50
交叉路口非机动车左转交通组织设计方法及适用性 ················ 57
国外城市道路交叉路口通行规则特征解析 ························ 66
探讨：优化行人过街信号，缓解过街难题 ························ 76
日本道路交通管理对策实例之交叉路口设施建设 ·················· 83
日本道路交通管理对策实例之交叉路口车速控制 ·················· 89
美国危险品运输线路甄选技术标准要素概览 ······················ 96
美国《公路能力手册》及道路能力评价体系的演进 ················ 101
城市停车管理"灰色地带"——建筑退线区停车治理思路 ········· 110
我国路内限时长停车管理可行性研究 ····························· 116
《道路交通公约》道路通行规则研究与借鉴 ······················· 121

第二篇　道路安全管理 / 129

国省道交通事故预防如何避免"头痛医头、脚痛医脚" ············ 131

风险评估在公路安全生命防护工程中的应用 ……………………………………… 132
连续回头弯盘山公路交通安全隐患分析及治理建议 ……………………………… 141
低等级沙漠公路交通安全隐患分析及治理建议 …………………………………… 146
探讨：在交通高速发展阶段如何更好地利用硬路肩 ……………………………… 150
车辆碰撞护栏端头导致车身刺穿事故频发的原因分析 …………………………… 155
剖析：如何减少车辆碰撞护栏端头后的刺穿事故 ………………………………… 163
衡量是否布设中央分向护栏需要考虑多方面因素 ………………………………… 171
布设中央分向护栏和回复区的要点及误区 ………………………………………… 177
波形梁钢板路侧护栏端头处理方法 ………………………………………………… 187
大雾天气如何保障道路交通安全，看美国有哪些经验 …………………………… 197

第三篇　事故调查与安全防护 / 203

吉林扶余"10·4"重大事故发生后值得探讨的几个问题 ………………………… 205
进行交通事故调查时应加强事故车辆调查 ………………………………………… 208
在美国如何保障交通事件处置现场的人员安全 …………………………………… 212
案例剖析：交警在事故现场如何避免因防护措施不足导致伤亡 ………………… 218
案例剖析：如何提高处置涉及危险化学品车辆事故现场安全防护能力 ………… 223

第四篇　执法管理 / 229

警务技术研究思路——基于全国交警系统实战大练兵的思考 …………………… 231
"情指行一体化"在交通突发事件应急处置中的应用 …………………………… 237
临时执法卡点的设置原理与选址分析 ……………………………………………… 241
临时执法卡点的区域设置与战术分析 ……………………………………………… 244
关于交警执法冲突事件解决方法的思考 …………………………………………… 247
透过"路内违停归谁管"看"严管停车策略" …………………………………… 252
论行政当事人放弃行政处罚程序中听证权的法律效力 …………………………… 255

第五篇　智能交通管理 / 265

智能交通管控不能一味崇拜高新技术而忽视传统交通工程措施 ………………… 267
智能交通在中国的发展与创新 ……………………………………………………… 269
"未来交通"技术的发展历程 ……………………………………………………… 272

"未来交通"技术发展现状和我国面临的挑战 ··· 279
共生道路：为自动驾驶技术服务的基础道路设施 ······································· 287
智能交通管理系统的发展及趋势 ·· 292
英国智慧高速公路建设发展的经验与启示 ··· 294

第六篇　交通参与者安全管理 / 303

如何在交通出行中做到知危险、会避险 ·· 305
基于事故数据的驾驶人行为深度分析与改善对策 ···································· 311
我国驾驶人身体条件管理现状分析及对策建议 ······································· 316
路怒致因的追逐竞驶行为综合治理对策建议 ·· 319
事故现场驾驶人救人行为决策推演分析及改善建议 ································· 325
从"争先恐后"的驾驶恶习思考教育的疏漏 ·· 328
境外关于机动车驾乘人员使用安全带的相关规定 ···································· 330
行人安全过马路，正确跨过这道"槛儿"很关键 ······································· 333
暑期少年儿童交通出行风险分析及宣传教育对策建议 ······························ 335
部分国家儿童交通安全分阶段教育体系及内容概况 ································· 341

第七篇　经验 / 351

第1章　决策者谈
胡满松：推进道路交通现代治理"十个转变"，创造良好道路交通环境 ········· 353
田玉国：关于实现事故预防"减量控大"目标的思考 ································· 358
田玉国：奥地利道路交通管理经验 ··· 364
董建西：高路堤普通公路交通安全隐患分析及改善建议 ··························· 372

第2章　亮点经验
山西：创新思路，数据牵引，提升国省道交通安全治理能力 ····················· 378
安徽：创新应用无人机开展高速公路交通管理 ······································· 382
江西：创新举措，靶向治理，全力维护高速公路安全 ······························ 387
沧州：为中重型货车通行"立新规"，维护国省道路交通安全 ······················ 391
泰州：应用主动交通管控技术，破解节假日高速公路大流量交通管理难题 ··· 395
温州：以"三四五交管战略"为引领，探索高速公路现代警务机制建设 ········ 402

第一篇 >>>
道路通行管理

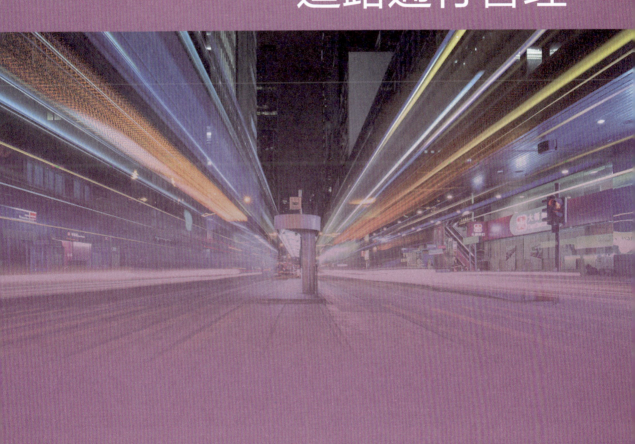

道路交通标线规划设计要向用路人传输"有意义"的信息

徐耀赐　公安部道路交通安全研究中心特约专家
　　　　台湾逢甲大学运输科技与管理学系所副教授

道路交通标线（以下简称"标线"）是用以管制和引导交通，传递警告、禁止、指示等信息的标识，以线条、图形、文字或其他形式设于路面或其他设施上。

一、了解标线前应先认识什么是驾驶任务

标线怎么划设、大小和颜色如何选取，都应遵循一定规则。了解这些之前，需要先认识什么是驾驶任务。驾驶任务有3个层次：一是控制，驾驶人掌握转向盘操控车辆，在合规的情况下适当加速、减速、变换车道等，驾驶人本身需要特别注意这一层次的驾驶任务并自负其责；二是指引，路上不仅只有一辆车在行驶，还有其他车辆及交通参与者，不同道路环境需要采取的驾驶行为不同，驾驶人需要注意与前后左右车辆及周边道路环境的互动关系，这一层次与人、车、路都有关；三是运行，驾驶人遵循道路上的标志、标线、信号灯行进，因此必须将道路相关信息适宜地传输给驾驶人，这一层次与道路交通工程设计密切相关。

二、道路信息应以正式信息为主，少用非正式信息

用路人主要通过听觉、视觉、动觉（Kinesthetic Sense 或 Sense of Motion）获取道路信息，其中利用视觉的情况大于90%。道路传输的信息有两种：正式信息，指用路人熟悉，且国家有标准、规范的正式交通信息，例如标志、标线、信号灯；非正式信息，指用路人在行进过程中看到的非正式或非制式（例如国家未颁布，地方政府因特别状况而设置的标志、标线）交通信息。

道路交通工程设计应考虑以传递用路人习惯的正式信息为主，尽量少用其不熟悉或不理解的非正式信息。例如驾驶人驾车前进，看到非制式、不熟悉的标志、标线，必然会觉得突兀，产生彷徨、犹豫（Dilemma），严重者可能影响行车安全，因此应保证驾驶人熟悉其所看到的交通设施信息。

三、标线必须全天候适用

道路上有各种视觉参照物，包括点、线、面，如图1所示。日间道路传输的信息比较多，可以看到标线、路旁的树木等；但夜间道路提供的信息只有标线，因此标线必须全天适用。

a) 日间　　　　　　　　　　　　　　b) 夜间

图 1　日间看到的道路信息比夜间丰富

标线在道路信息传输方面起着极大作用，如果道路没有标线会如何呢？高阶道路（指高等级道路，如高速公路、快速路）上，驾驶人会缺失方位感，不知身在何处，人、车、路、环境之间无法互动，车道不能明确划分，路权无法定义。道路只有标线，没有其他交通控制设施，是否可行呢？高阶道路、复杂路网、大型交叉路口若只有标线，路权指派无法落实，会造成驾驶彷徨，应综合使用标线、标志、信号灯。

但也要注意，标线只是交通控制系统中的一环，道路设计、交通控制、路权指派三者不可切割，"上游"路网结构组成会影响"下游"交通控制设施布设，因此，若路网结构组成本身不合理，也会影响标线的效用发挥。图2a）本身为畸形路口，即使改建路口重新划设标线为图2b），效果也不会太理想。

a)　　　　　　　　　　　　　　　　b)

图 2　畸形路口标线改善前后对比

四、要向用路人传输"有意义"的信息

道路交通工程规划设计者在规划设计时，应把自己当作用路人，将心比心，确实了解用路人需要什么信息，仅传输"有意义"的信息给用路人（Most Meaning Information Concept，MMI Concept）。结合实际考虑单独使用标志、标线还是两者合用，以及具体

应采取哪种形式,不可随意设置。标线具有法律意义,若告知信息错误,规划设计者将自陷于法律诉讼困境中,如图3所示,标线所指示的车辆右转和直行方向规定有冲突,易发生事故、产生不必要的纠纷。

五、不同颜色标线代表的意义不同

标线、标志、信号灯3种交通控制设施中,标线的颜色种类比标志少,比信号灯多(详见表1,表中所示为国际主流的颜色),不同颜色的标线所代表的意义不同,例如:一般来说,红色代表绝对禁止;黄色代表警告、限制;白色代表遵行、导引、指示。道路上最常见的是白色标线,黄色次之,红色最少。

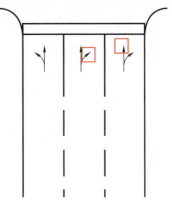

图 3　标线设计不合理

标志、标线、信号灯颜色对比　　　　　　表1

颜　色	标　志	标　线	信号灯
白色	√	√	
红色	√	√	√
橙色	√		
黄色	√	√	
绿色	√		√
蓝色	√	√	
棕色	√		
砖红色		√	
黑色	√		

注:"√"代表有国家使用该颜色。

六、应考虑交通工程设计8大元素

与标线有"互动"的对象有哪些呢?人,驾驶人、行人通过视觉认知道路环境在路上行进;车,驾驶人操控车辆、车辆监测标线在车道内行驶;路,道路条件不同导致标线设置思维不同;环境,不同环境下交通控制使用条件不同;执法者,交警按标线所界定的路权执法;道路交通主管部门,资产管理、日常维护管理。

因此,规划设计时应考虑以下8大交通工程设计元素:人因理论,在设计标线时应考虑到人的因素;设计速度,如速度不同,车道线设置不同,有的为"六九线",有的可能采用"四六线";光学原理,应考虑标线夜间使用情况,反光性能应符合国家标准规范的要求;力学设计,例如电动自行车转弯时压到标线滑倒,说明摩擦力不够;驾驶任务分析,设计者应了解驾驶人开车时怎么才能完成驾驶任务;视距、视区原理,应保证用路人能清楚看到标线；路侧安全设计，应标明路侧边界；视觉设计。

目前，标线设计可参考规范、手册，主要有以下几种：《道路交通标志和标线 第3部分：道路交通标线》（GB 5768.3—2016）、《公路交通标志和标线设置规范》（JTG D82—2009）、美国MUTCD《统一交通控制设施手册》（MUTCD），但需要注意不可直接照搬，应结合实际考虑。

扫一扫查看原文

此外，设计管理者还应熟知标线的分类，标线具有系统性，根据一定规律对其进行分类，《道路交通标志和标线》（GB 5768—2009）中提到，标线依功能分为指示标线、禁止标线、警告标线；依形态分为线条、字符、突起路标、轮廓标；依设置方式分为纵向标线、横向标线、其他标线。不同类型的标线所传输的信息不同，例如横向标线是间断式信息，纵向标线是连续式信息。

道路交通标线怎样设置才能发挥界定路权边界的作用

徐耀赐　公安部道路交通安全研究中心特约专家
　　　　台湾逢甲大学运输科技与管理学系所副教授

道路交通标线（以下简称"标线"）在道路交通中主要有4种功能：界定"路权"边界，如告知驾驶人开车时不能超出标线范围；指引道路几何线形，如告知驾驶人前方道路是直行、上坡或下坡；辅助驾驶行为，如告知驾驶人左转或右转；与交通标志和信号相辅相成，达到交通控制的目的。在扮演各种角色时，标线有时是主角，有时作为配角与标志配合。标线的设置应遵循一定规则，本文结合正反案例来介绍标线的应用。

一、标线具有界定"路权"边界的功能

标线的功能之一是界定"路权"边界，因此设置时需要考虑标线的此种功能。例如，图1中的箭头标示出停止线及双黄线的路权边界，图1a）的设置方式导致路权边界互相干扰，容易产生纠纷；图1b）是正确的设置方式，停止线和双黄线相辅相成，互不矛盾。

标线与路权边界息息相关，同时跟驾驶任务及交通法规也有密切联系。图2中，双黄线与路面边线中间的L表示路权宽度，即车道宽；若此处有信号灯，则红灯时，车辆前保险杆不可超过停止线M。图3中，红色箭头指向的为此停车位的路权边界，图中黑色小轿车存在逆向停车和跨越路权边界的违法行为，若被撞到，其驾驶人自己要负责任。

立法从严，车身最边缘越界即为"越界"；执法从宽，通常车轮边缘压线算"越界"。原因在于，例如两辆车相撞，较难取证车外后视镜是否超过其路权范围，而轮胎是否压边线相对更容易取证。

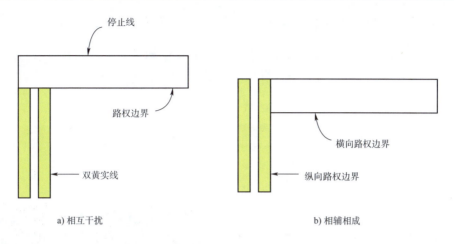

图 1　互相干扰与相辅相成的标线设置方式

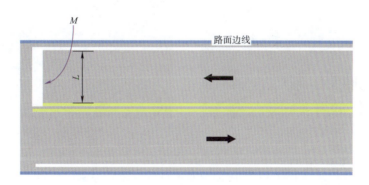

图 2　路权宽度示意图

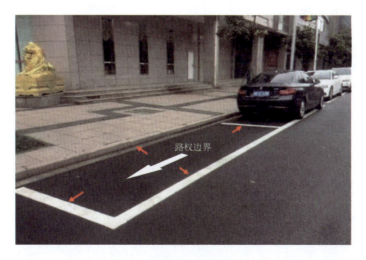

图 3　停车位路权边界

二、标线对道路几何线形有指引功能

标线设置位置正确，才能将信息清晰明了地传输给驾驶人。例如开车时，左黄实标线提醒驾驶人另一侧的行车方向与自身相反（图4），即便道路上没有车，驾驶人根据左黄实标线也能清楚地判断应该行驶的方向。因此左黄实标线可以提醒驾驶人避免逆行，"左黄右白"不可以随意更换方位。

标线对道路几何线形有指引功能，如图5中标线前段为直线，后段向右弯曲，可以帮助驾驶人判断前方道路的转弯方向；假如此路段没有标线，只有两侧树木，没有合适的参照物，驾驶人就很难判断前方道路的转弯方向。

图4　左黄实标线可防逆行　　　　　　图5　标线可以指引道路线形

双黄线是道路上具有重要意义的标线，其间距多数情况下固定，但在特殊情况下也可以根据实际情况调整，例如在弯道处，为了行车安全，双黄线的间距可以稍宽一点，避免两个方向的车辆距离太近。纵向标线可辅助驾驶人判断远处路形，因此在连续的道路上，纵向标线在驾驶人视距范围内应具有连续性。图6为标线设置不够合理的反面例子，驾驶人无法根据标线判断前方道路线形。

图6　纵向标线设置不合理的案例

导向箭头是一种非常重要的指向标线，具有告知用路人路权、方向的功能，是预告点与行动点。图7中，最右侧车道导向箭头告知驾驶人此车道可以直行和右转；最左侧车道导向箭头告知驾驶人此车道可以直行和掉头，若驾驶人不选择掉头，车辆保持直行，则导向箭头变为直行和左转，即告知驾驶人前方可以直行和左转，因此导向箭头可以明确告知驾驶人行车方向，且具有阶段性。

三、标线设置不当会影响驾驶人完成驾驶任务

1. 标线位置不佳，可能导致驾驶行为不合理

合理有效的标线可以辅助驾驶人完成驾驶任务，标线位置不佳可能影响驾驶任务的完成。例如正常情况下左转弯车辆应通过停止线

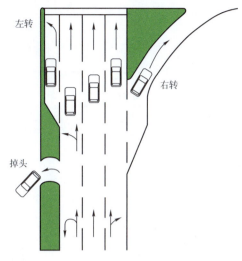

图7　导向箭头示意图

再左转，如果驾驶人在停止线之前提早左转，会导致车辆碾压双黄线（图8）；可是如果驾驶人正常驾驶车辆左转，车辆依旧碾压双黄线，说明停止线设置得过于靠前，存在设计缺陷。再比如，双黄线表示不能变换车道，黄色虚线则表示可以，图9中的情况就应注意黄色虚线的长度必须确保车辆在一定速度下有足够的换道距离，否则无法保证驾驶人完成驾驶任务。

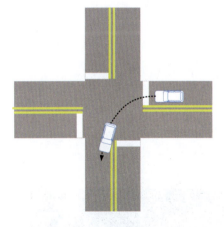

图8　车辆在停止线前左转弯

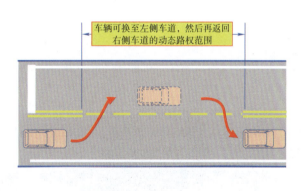

图9　黄色虚线表示车辆可以变换车道

2. 合理的导流线能有效辅助车辆转弯

设置合理的导流线能有效辅助车辆转弯。图10中右侧两条车道都可以右转，为避免两条车道上的车辆碰撞，导流线设置为实线。

左转导流线有设置在驾驶人左侧、右侧两种情况，但建议最好设置在左侧，这样更有利于辅助驾驶人完成驾驶任务。图11a）为导流线设置在驾驶人右侧的情况；图11b）为导流线设置在驾驶人左侧的情况，距离驾驶人较近，更有利于驾驶人参照。另外，目前关于导流线的颜色选择并无定论，黄色和白色的情况都存在。

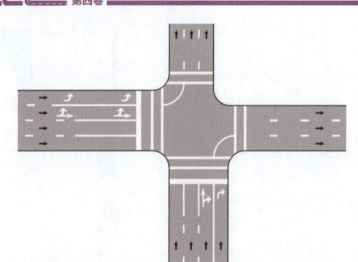

图 10 右转导流线设置（来源：MUTCD）

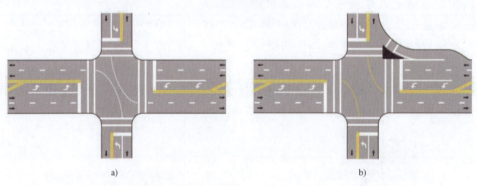

图 11 左转导流线设置（来源：MUTCD）

越畸形的交叉路口越应该设置导流线，尤其是一些大型的畸形交叉路口，若不设置导流线，驾驶人便不易判断自身位置，加大了完成驾驶任务的难度。一个路口之内最多可以设置多少条导流线呢？交叉路口内导流线太多会造成驾驶人视错觉，导致驾驶彷徨，因此在交叉路口物理区间内，导流线不应超过4条，图12a）为导流线过多的交叉路口，图12b）为导流线数量合理的交叉路口。

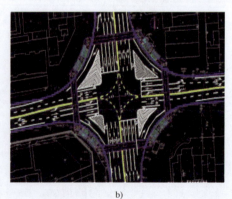

图 12 导流线数量过多及正常的交叉路口

四、不同位置宜设置不同形式的人行横道

比较常见的人行横道有图13中的几种形式,其中最常见的是斑马纹和枕木纹,不过通常大家将两者混为一谈,随处可听到有人称枕木纹的人行横道为斑马线,但斑马的纹路是斜的,真正应被称作斑马线的是图13中斑马纹人行横道。斑马纹人行横道适合在路段使用,与驾驶人行车方向垂直,斜纹投影大,更加醒目。枕木纹人行横道适合在路口使用,设置时应垂直于行人动线,不建议平行于行车方向(图14);若设置盲道,应设置在中间(图15)。

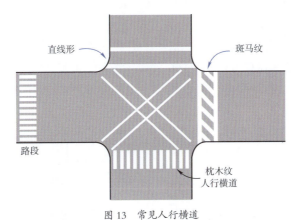

图13 常见人行横道

a) 枕木纹人行横道垂直于行人动线　　b) 枕木纹人行横道平行于行车方向

图14 枕木纹人行横道不同设置形式

此外,争议较大的"3D标线"存在较多问题,不建议使用,首次看到的驾驶人不清楚其为何物,可能紧急制动导致事故,对于多次看到的驾驶人起到的额外效用不大。行车路面的艺术作品也不建议使用,其维持美观的时间较短,且儿童可能因为好奇心驻足,存在安全隐患。

五、标线的位置对车道宽度有影响

标线的功能众多,要想真正发挥效用,其宽度、厚度都不能随意确定,应遵循一定规则。标线的宽度与视觉原理有关,不同功能标线的宽度也不

图15 盲道设置在枕木纹人行横道中间

同。与行车方向垂直的横向标线为间断性信息，相对较宽，一般宽30~40cm，如停止线，应保证驾驶人在远处就能看清；与行车方向同向的纵向标线为连续性信息，相对较窄，一般宽10~20cm，少数为8cm，如车道线，在驾驶人身侧，考虑视觉原理，因此较窄。标线的厚度与力学原理有关，传统标线厚度一般为0.2cm，若太厚如0.5cm，则车辆行驶在标线上容易打滑；另外，需要注意，性质不同的标线也不可重叠，徒然增加标线厚度，会导致标线抗滑能力下降。

标线的位置与车道宽度也有关系。一般大型车宽度为2.5m，当车辆慢速前进时，两侧各留0.25m即可满足车辆通过需求，因此基本车道宽为3m（在基本车道宽度基础上，可根据道路设计需求，以5cm为单位调整车道宽度）。基本车道宽一般从边界开始计算，图16a)中黄色实线到白色虚线中线的距离为3m；图16b)中白色实线到黄色双黄线左侧的距离为3m。但在实际情况中，有时会将白色实线到双黄线中线间的距离设为3m，导致不少实际可用车道宽都小于设计车道宽。

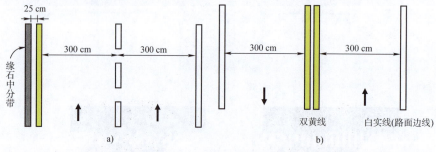

图16 基本车道宽示意图

设置道路交通标线要注意这些细节才能有效辅助驾驶行为

徐耀赐　公安部道路交通安全研究中心特约专家
　　　　台湾逢甲大学运输科技与管理学系所副教授

一、出入口匝道附近应设置一定距离实线

道路交通标线（以下简称"标线"）具有法律意义，合理的标线能引导驾驶人遵循规则，安全驾驶；若标线本身设计不佳，即便驾驶人按规定行驶也容易造成事故，存在安全隐患，应该及时调整。图1a)中出口匝道附近全为虚线，表示均可以换道，但如果中间车道的车辆突然右转，则可能与右侧车道的直行车辆冲突，产生事故。因此，为避免车辆在出口匝道前突然换道，出口匝道附近应设置为实线［图1b)］，长度与设计速度有关。

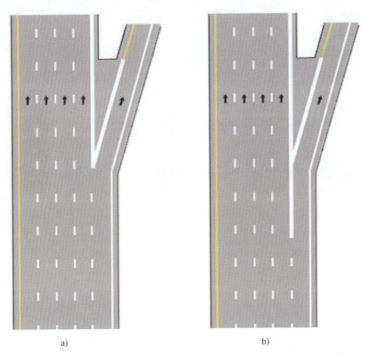

图 1　出口匝道标线设置

入口匝道处也一样，不可全为虚线［图2a）］，应有一段为实线［图2b）］，不可让车辆直接进入主车道，因为处于匝道处的车辆车身与主车道有一定倾斜的角度，此时从后视镜无法看到后方来车，存在行车安全隐患。车辆不可连续换道同样也是这个道理。

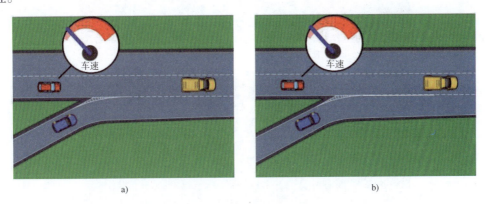

图 2　入口匝道标线设置

二、慎用分向单黄实线

理论上讲，图3中两车左侧轮胎均未越线，但实际此时两车身会有剐蹭的隐患，尤其视距条件不佳处，设置分向单黄实线更可能增加两车相会时碰撞的风险，因此建议慎用分向单黄实线。图4为两辆车在分向双黄实线两侧的情况，在这种情况下，两车合理行驶时可避免冲突。分向双黄实线一般间距为10cm，但可根据实际情况调整。

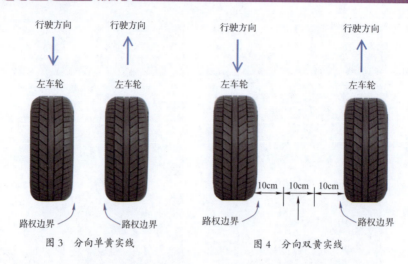

图 3　分向单黄实线　　　　　图 4　分向双黄实线

三、渠化线边线使用折线不利于完成驾驶任务

渠化线是路面较为常见的标线，功能众多，例如：暂绘渠化线，预留日后左转专用车道〔图5a〕；配合交通岛使行车道轨迹顺畅，线形、曲度结合实际交通情况考虑〔图5b〕；道路太宽，消除路面多余部分等〔图5c〕。

a) 暂绘渠化线以预留日后左转专用车道

b) 配合交通岛使用

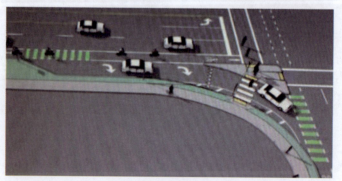
c) 消除路面多余部分

图 5　渠化线功能众多

设置渠化线时需要注意，边线尽量少用折线，建议圆弧化（Rounding）。如图6所示，原路侧渠化线边线为折线，不利于完成驾驶任务，建议设置为如图 6 中黄线所示的圆弧形式渠化线。此外，考虑视觉原理，渠化线必须向正确行车方向倾斜（图7）；应结

合实际选取采用实体渠化岛还是标线形式渠化线。

图6 渠化线边线不宜使用折线　　　　　图7 分岔岛渠化线必须向正确行车方向倾斜

四、适当设置标线有助于辅助驾驶行为

车辆转弯会形成内轮差，其原因是：前轮可转动，转弯时轮胎碾压路面形成的轨迹是圆弧形；后轮固定在后轮轴上，车辆转弯时的轨迹是螺旋曲线。图8中路面上红色部分也是标线的一种，提醒驾驶人注意内轮差的问题。

对向道路有偏差的畸形路口除了应设置转弯导流线，还应设置导引线（图9），使驾驶人各行其道，避免出现错误的驾驶行为，同时还应注意信号灯设置的位置，以防驾驶人误读。

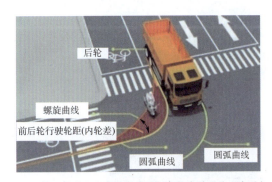
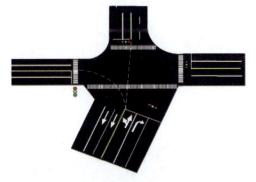

图8 提示驾驶人注意内轮差的红色标线（设计示意图）　　图9 畸形路口应设置导引线

五、标线设置过多反而会影响驾驶任务的完成

交叉路口面积较大时，驾驶任务困难度较高，尤其左转造成的事故较多，因此可以设置左转待转区，同时辅以信号控制。但需要注意，不建议设置直行待行区、右转待转区，因为除左转待转区外，交叉路口其他区域须清空，否则容易影响驾驶人视距，产生风险隐患。图10为待转区设置不合理的实例。

当标志和路面标字共享时，不宜过度设置，驾驶人同时看标志、标字会造成驾驶人工作负荷（Driver Work Load，DWL）太大。如图11所示的情况可能造成驾驶人工作负荷太大，建议不在同一处设置标志和路面标字。

图 10　待转区设置不合理案例

图 11　标志、路面标字过度设置的实例

非车道处不可设置停止线,图12中红色圆圈处并非车道,而是路肩,不应设置停止线。此外,停止线应与行车方向垂直。标线具有法律意义,若标线斜向一侧[图13a)],当车辆一半超越停止线而另一半未超越停止线时无法判定车辆是否超越停止线。建议停止线采用阶梯式处理方法[图13b)]。

图 12　非车道处不应设置停止线

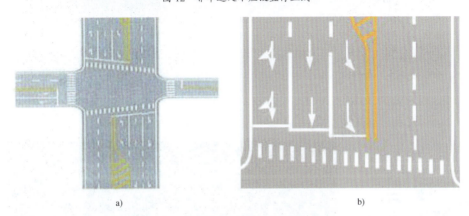

a)　　　　　　　　　　　　　　b)

图 13　不同设置方式的停止线

　　减速标线利用视觉原理提醒驾驶人减速,形式有多种,但不管哪种形式,都不应设置过长的距离(图14),否则可能带给驾驶人过大的视觉压力。

图 14　减速标线不应设置过长

六、适当优化标线可提高明视性

不同尺寸标线的明视程度不同，可根据实际情况增加标线宽度，提高明视性。这一方法成本低，安全效果提升明显。图15a）中白色边线宽15cm，图15b）中白色边线宽20cm，图15b）中边线明显清晰度较高，更利于驾驶人判断道路线形。

a) 边线宽度尺寸为 15cm　　　　　　　b) 边线宽度尺寸为 20cm

图 15　不同尺寸边线

应重视标线的夜间明视性，尤其雨夜时，传统聚酯标线识认性不佳，甚至完全无法辨认，应利用辅助设施帮助驾驶人识认。例如采用强化玻璃反光路面标记或突起路标（图16），驾驶人在远处便能识认。

扫一扫查看原文

图 16　强化玻璃反光路面标记或突起路标

道路路径指引标志的功能及布设要点

徐耀赐　公安部道路交通安全研究中心特约专家
　　　　台湾逢甲大学运输科技与管理学系所副教授

一、车辆在路网中行驶须有配套的路径指引标志

车辆在路网中要行驶一定距离，根据实际路网形式，采取变换车道、转向、停止等

行动才能抵达目的地，而这一过程必须有配套的交通控制设施进行路径指引。具体设施以标志为主，以标线、信号灯为辅，同时，路径指引长度根据道路形态与路网状态也有所不同，短则数百米，长则数千米。

合理有效的路径指引标志可辅助驾驶人完成驾驶任务，兼具"预告"与"指引"功能，将相关道路信息准确地传输给驾驶人，令其对标志内容有所警戒，根据自身需求在短距离内做出合适的对应驾驶操作。路径指引标志的应用场景主要包括高、快速路的出、入口，某一公路分岔为两条公路，复杂平面路网的交叉路口等。

二、路径指引标志是连续式信息系统

1. 路径指引标志沿途布设的5大点位

路径指引标志为连续式信息系统，利用具有前后意义连续性的数个标志，形成完整的路径指引系统，引导驾驶人往预定目的地行进。从驾驶人识认第一个预告指引标志开始，如果驾驶人要完成的驾驶任务与该预告指引标志内容有关，则路径指引标志系统便开始发挥功用。路径指引标志沿途布设，根据其作用，归纳为5大设计点位，包括：预告点（Advance Point）、警戒点（Warning Point）、行动点（Action Point）、告知点（Notification Point）及确认点（Assurance Point）。图1为路径指引标志沿途布设5大点位示例。

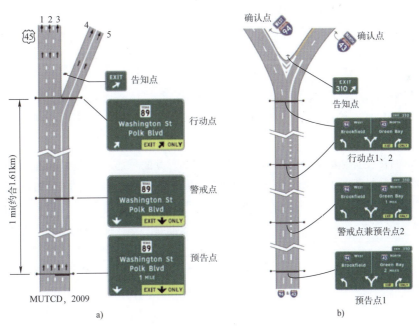

图1 路径指引标志沿途布设5大点位示例

需要注意，5大设计点位顺序不可更改，但实际布设标志数目不定。对于不同路径指引，预告点可能为1~3个；在短路径上，警戒点也可能兼做预告点、行动点；在复杂出口或多出口处，行动点的数目可能不止1个；告知点、确认点通常为1个，如果有特殊需求，可另外增设。

2.5 大点位的设置目的及特征

设置预告点的主要目的在于令驾驶人有心理准备，提示其将精力集中在完成驾驶任务上，不可分心，与驾驶人的出行目的地有关。

设置警戒点的主要目的在于再次提醒驾驶人，已接近下游端"行动点"，准备行动。在长路径指引中，警戒点可能单独存在，位于预告点下游，或与上游端某一预告点合并；较短路径指引时，警戒点可能单独存在，位于行动点上游，也可能与其下游端行动点合并。

设置行动点的主要目的在于指引驾驶人必须依标志内容进行"驾驶动作"的改变，例如"变换车道""进入某车道""左转向""右转弯"等。长路径指引时，行动点必然位于警戒点的下游端短距离处。行动点可能单独存在，在短路径指引时可能与警戒点合并；在交叉路口处，也可能与告知点合并，例如"停"标志。依道路路网形态而异，行动点可能不止一个，只是相邻两个不同行动点间的最短间距必须精准计算。

设置告知点的主要目的在于清楚明示驾驶人，道路上某节点的具体方位、位置、出口编号等，可帮助驾驶人检核其行车路径是否与其原先规划相同。在长路径指引中，告知点通常独立存在，只有在较短路径指引中，告知点可与行动点、确认点合并。

设置确认点的主要目的在于让驾驶人针对行驶路径做最后的确认，判断其正行驶中的路径是否与其原先规划的行程一致，是否能到达想要前往的目的地。在短距离路网中，如市区道路路网，确认点或可忽略；但对于长距离的高、快速路路网，布设确认点对驾驶人的驾驶任务一定有帮助。

三、路径指引标志布设要点

1. 路径指引标志设置应结合人因理论考虑

设置路径指引标志应了解路网内各可能连续行驶路径、驾驶人面对的各种驾驶任务，向驾驶人传递有意义的信息，并应适用于该道路上所有不同的车辆动线。

路径指引标志布设要结合人因理论，重点从3个方面考虑：一是具备主动引导作用，且标志在不同外在环境下，均应具有明视性，可一目了然；二是不同位置的标志需要驾驶人注意的程度不同，根据车辆路径轨迹有"程度轻重"的区分；三是传递的信息符合驾驶人预期，驾驶人能根据路径指引标志找到自己关注的行驶路径信息，当驾驶人识认到第一个与自身有关的预告标志内容后，会继续关注且预期后续有相关标志出现，对道路路线越不熟悉的人越依赖路径指引标志的信息。

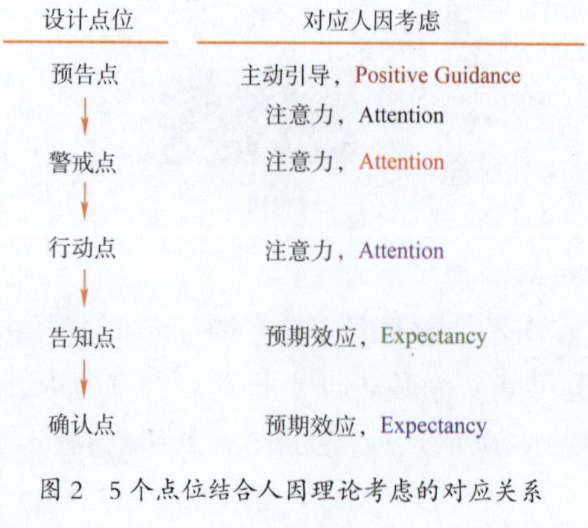

图2为5个点位结合人因理论考虑的对应关系，设置预告点要考虑的重点在于主动引导和吸引驾驶人注意力，即预告点设置得当，可引起驾驶人的注意；警戒点需要吸引驾驶人注意力的程度比预告点高；行动点需要吸引驾驶人

设计点位	对应人因考虑
预告点	主动引导，Positive Guidance 注意力，Attention
警戒点	注意力，Attention
行动点	注意力，Attention
告知点	预期效应，Expectancy
确认点	预期效应，Expectancy

图2 5个点位结合人因理论考虑的对应关系

注意力的程度也较高；告知点和确认点主要对应预期效应，应符合驾驶人的期望。

2. 路径指引标志的信息量应合适

需要传输给驾驶人的信息量一定要合适，否则若驾驶人信息过载（Driver Information Overload，DIO），无法全部有效识认，将导致其不能做出恰当的应对或反应时间不足，产生安全隐患。

路径指引标志预告重点包括：前方立交桥出口编号；进入前方立交桥出、入口后的城市名、道路名或编号；前方立交桥出口与预告标志的距离；箭头指向，标明道路遵行方向为左、右、左前、右前、正上方等，用向下指车道正中心的形式明确应遵行车道。各点位应结合道路形态及本身性质提供需要传输的信息。

3. 根据实际情况选用路径指引标志支撑结构

考虑车道数、道路横断面的构造，路径指引标志的支撑结构设计有路上方标志和路侧立柱、悬臂式标志两类，如图3所示。在同一路径指引系统中，可以根据实际情况合理搭配使用这两类支撑结构形式。一般而言，路上方标志较适用于横断面为3车道以上的高、快速路。

a) 路上方标志
（Overhead Sign）

b) 路侧立柱、悬臂式标志
（Ground Mounted Sign）

图3　路径指引标志支撑结构

4. 路径指引标志距离信息估算基准点为分流点

根据路网结构与道路形态的不同，预告点可能1~3个，当有预告点2~3个时，第一个预告点的位置最为重要。一般而言，枢纽立交桥设置第一个预告标志距离前方出口为3km，普通立交桥为2km，区域路网交叉路口为1km。预告点标志上的距离信息估算时有对应的基准点或参考点，采用行动点、分流点、分流鼻为基准点较常见，考虑到分流点只有1个，且位置固定，因此最常用的是以分流点为基准点。图4中X_1就是第一个预告点以行动点为基准点估算的距离，X_2以分流点为基准点，X_3以分流鼻为基准点，即X_2这种情况最常见。

路径指引标志布设位置也不能太集中，应分散，两不同设计点位间的间距应考虑驾驶人的认知-反应时间（Perception-Reaction Time，PRT），保证驾驶人有足够时间提前应变。

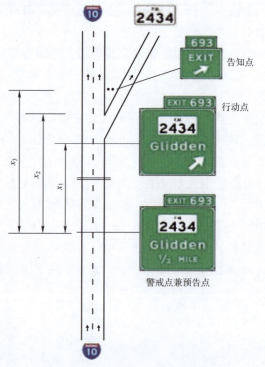

扫一扫查看原文

图4 以3种不同点位为基准点的情况

优化交通标志标线有助于控制驾驶人注意力

官　阳　公安部道路交通安全研究中心特约专家
　　　　3M交通安全系统部首席交通安全与教育联络官

一、为何驾驶人会忽视一些重要信息

为完成驾驶任务，驾驶人需要获取和筛选道路信息。研究发现，这个过程主要依靠视觉和听觉，其中约90%的路况信息来自视觉。

1. 中心视觉和外围视觉是人的两种视觉状态

为什么驾驶人有时会对一些重要信息"视而不见"呢？这与人眼观察事物的特点有很大关系。如图1所示，人眼的构造决定其有两种视觉状态：一种是中心视觉（Foveal Vision），它是由落在人眼视网膜架构上的光斑刺激形成的视觉。由于人眼的视网膜系统是视网膜中唯一允许100%视力的部分，所以更亮的物体会更容易吸引人的注意力。我们平常说的"注视"指的就是中心视觉。另一种是外围视觉（Peripheral Vision），也叫间接视觉，是指在固定点（眼底的视网膜中心）之外、远离注视中心的视觉。我们平时说的"余光"就是外围视觉。外围视觉包括"远外周"视觉、"中外周"视觉和"近外围"视觉（又称"准中枢"视觉），涵盖了视区的绝大部分。在外围视觉中，越鲜亮的物体越容易被捕捉和分辨。正因如此，无论标志、标线，还是车辆尾部，都需要使用逆反射材料来反射车灯光（图1）。

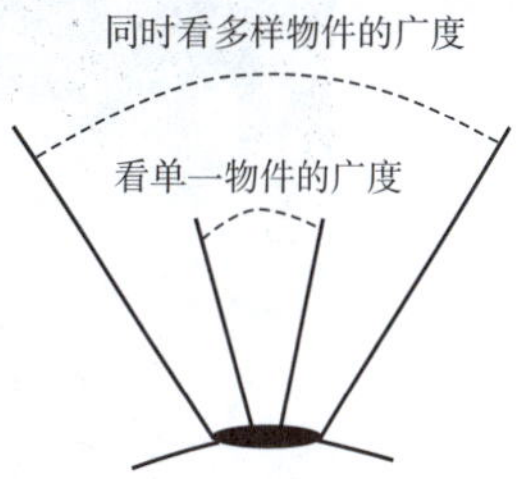

图 1　中心视觉与外围视觉的视野范围

2. 驾驶人主要靠外围视觉采集、筛选道路信息

当驾驶人观察道路信息时，需要对海量的信息进行采集和筛选，无法全都使用中心视觉来读取和识别，因此会使用外围视觉来采集和初步筛选绝大部分信息。该过程是这样的：驾驶人首先扫视道路前方，依靠眼球快速移动搜索有用信息（这时用的是外围视觉），然后大脑筛选出与驾驶任务最相关的重要信息进行进一步注视和识别判断（这时才用中心视觉处理信息）。驾驶人使用中心视觉注视单一物体的时间都是短暂的，即便像读取标志信息这样需要较长时间的行为，其持续时间一般也不会超过3.5s。这是因为驾驶人在行驶过程中需要注视和预判的东西很多，比如前方车辆特征和运动状态、路侧行人举动等，不会在单一物体上停留太长时间。

3. 线状信息有助于提升驾驶人注意力

对完成驾驶任务而言，预览路径轮廓（使用中心视觉）和获取车道内车辆横向定位坐标（使用外围视觉）是重要的基础支撑信息，驾驶人的注意力需要重复地回到这些轮廓坐标上，所以标线、轮廓标、反光凸起路标等都是典型的线状信息，这也是为什么路径坐标（标线和轮廓标等）的夜间亮度越好、发现距离越远，就越能改善驾驶任务完成质量、减少驾驶人工作负荷和降低疲劳驾驶发生概率，因为观察标线和道路轮廓主要依靠的是近距离的外围视觉，在专业领域中称这类措施为车道定位注意力管理措施。好的车道定位注意力管理措施可使驾驶人的中心视觉仅在需要时（比如低能见度条件或意外目标出现时）定向到近距离标线并快速掠过，在其他时间则可以把注意力用于完成其他驾驶任务，如扫视路侧、读取标志、观察后视镜等。

4. 复杂、能见度不佳的路况导致驾驶人对点状信息"视而不见"

如果路况复杂、能见度不佳，就会导致人眼工作负荷加大，需要占用更多中心视觉进行判断，例如：当标线质量不佳、亮度不够时，驾驶人就要采用其他方式或耗费更多时间来找到行车坐标，可能导致处理所有重要信息的时间不足，甚至使得驾驶人观察有些一次性的点状信息时，并未达到形成强化信息和足以支撑记忆的注意力时长就过去了。如图2所示，现在很多交通标志和电子信息屏提供的信息都属于这种一次性的、不连贯的点状信息，即使字体高度和对比度都可以支撑约4s的阅读时间，但中心视觉也很可能会转移到快速出现的更重要的信息上，比如前方车辆制动灯突然亮起、前方突然出现变道超车的车辆、用于车辆定位的标线能见度突然下降、车道宽度过大（宽车道意味着驾驶人需要分配更多视觉资源判断近距离坐标以完成车道内的横向定位）等。

图2 左侧连续的柔性柱提供线状警示信息，右侧的标志提供点状信息

复杂、能见度不佳的路况会使得人眼工作负荷加大，并分散对其他重要信息的注意力，导致驾驶人对点状信息"视而不见"。这就是为什么在高速公路出口上游要设置4层的出口提示标志，因为驾驶人在高速公路上驾驶车辆时工作负荷很大，需要向其提供线状提示信息（而非点状）才能保障较高的信息处理质量（图3）。

图3 立面标识标志（点状信息）和反光凸起路标（线状信息）对注意力控制的差异

二、有效控制驾驶人注意力的措施有哪些

那么，怎样做才能避免上述情况的发生呢？需要实施一些能够有效控制驾驶人注意力的措施，主要是从视觉方面入手，即在传递信息时进行视觉优化，其中较为直接有效的途径是变点状信息为线状信息，增加驾驶人读取信息的机会和次数，此外，还有压缩车道宽度，提升路面标志的亮度、对比度和尺寸等措施，具体如下。

1. 重复设置提示信息标志，变点状信息为线状信息

虽然一块标志或者可变信息板提供的是点状信息，但如果重复设置、多次提示，就形成了线状信息。例如，弯道线型诱导标志的连续设置，就是变点状信息为线状信息的典型案例（图4）。重复设置的限速标志、轮廓标等也是变点状信息为线状信息的措施，其中最典型的一项就是标线和反光凸起路标的重复设置，能向驾驶人提供持续的行车轨迹引导。也正因如此，标线改善一直是国际上主流的安全改善措施。

2. 在特别需要约束车速、控制驾驶人注意力的地方，注重车道宽度压缩和轮廓描述强化措施

车道宽度压缩分为实质性压缩和虚拟的视觉压缩，主要利用反光柔性柱、反光锥筒、反光凸起路标甚至普通标线等临时或长期的措施来压缩车道宽度，目的是在释放驾驶人中心视觉占用时间的同时，提供线状信息来传递行车路径和车道横向定位的空间局促感，进而控制驾驶人注意力，迫使车速下降到合理区间（图5）。

图4　弯道线型诱导标志的连续设置　　　　图5　主干道上设置的长期注意力控制强化措施

举例而言，如果我们要在公路上进行道路作业或处理事故，担心因为车辆排队导致后面车辆追尾，就要在作业区上游加强控制。具体思路是，在估算最可能的排队长度的基础上至少再延长50%~100%的距离（根据流量和车速决定，至少要为可能的队尾上游留出10.5~14.5s的发现距离和渐变操作空间），并在上游进行车道宽度控制和变换车道的主动引导：如果压缩车道宽度，那么根据我国公路的普遍车道宽度（3.75m），应将车道宽度逐渐压缩到3m以下来抑制车速；如果要减少车道数，则需要在上游利用反光锥筒和临时标志提示来逐渐减少车道数量，其渐变和控制范围取决于车道数和车速，控制范围通常应为2km以上，具体长度则要考虑常见车速、车型和车道数等，原则是不能让队末车辆的车尾溢出控制区。需要注意的是，不要突然压缩车道宽度和减少车道，避免因紧急制动导致的追尾事故；一定要在实行上述措施的起点路侧设置多次警示，并逐渐压缩。图6、图7为国外公路作业区的车道控制现场，可供参考。

3. 设置合理的设施尺寸和亮度

设施的尺寸和亮度是控制注意力的重要元素。由于中心视觉要尽量被节省出来，那么驾驶人注视设施的时间就要尽可能"短"。在驾驶过程中，道路设施的发现距离越远，驾驶人就越有时间做处置，这就是"注视时间短"的意义和本质。因此，如图8所示，对任何控制注意力的设施而言，大比小好（同时也要避免过大而导致的遮挡问题），

扫一扫查看原文

亮比暗好（同时也要注意特定条件下的"灯下黑"和识别顺序与注意力释放需求）。

图 6　重复强化设置车道两侧的轮廓标志和隔离设施

图 7　大量、持续设置的路侧反光锥筒，是典型的强化注意力控制设施

a) 白天　　　　　　　　　　　　　　　　b) 夜间

图 8　大型反光锥筒的视认效果

高速公路"过山车"式限速乱象的根本原因

郭　敏　公安部道路交通安全研究中心特约专家
　　　　交通工程师

一、道路限速不仅是工程技术问题，与公共政策、实施机制也密切相关

在新华社一篇《120，110，80，60，40……山东高速"过山车"把人整晕了》的报道中，驾驶人提出了种种意见，其中的一些问题甚至比管理部门人员发现的更为专业，譬如提到的宽阔公路存在莫名限速、限速标准忽高忽低等问题，都反映出限速措施明显不合理给驾驶人带来的困惑。

其实，随着一些标准规范的推出，我国高速公路的限速问题在逐步改善，在许多省份，譬如浙江、江苏，驾驶人对高速公路限速的投诉减少了很多，但在一些省份仍然存在着大量关于限速的投诉。引发这些限速投诉的根本原因，与其说是技术问题，不如说是管理机制适应性问题。

从《道路交通标志和标线　第5部分：限制速度》（GB 5768.5—2017）和《公路限速标志设计规范》（JTG/T 3381-02—2020）开始，已经从标准层面确认了设计速度和限制速度概念的分离。而在这之前，许多省份，譬如广西、浙江、广东等，以安全性评价的方式对高速公路限速进行提高或降低，已实践10多年了。那么，对于百姓已投诉多年的高速公路限速乱象，还把问题归结于工程技术能力不足似乎有点说不过去。

对道路限速调整的实践，其意义远不止在工程技术层面。道路限速并不仅是个工程技术问题，同时更是公共政策。道路限速，其关键点并非在于有没有标准规范，也不在于对技术的理解有多深，而在于是否已建立起与速度管理相适应的公共政策制定和实施的机制。这么说也许比较绕口，换句话说，就是有没有真心执政为民。执政为民不是口号，应该是实实在在说得通也走得通的机制。

二、从浙江省实践看如何理顺限速设置机制

在浙江省2006年出版的《高速公路交通安全设施设计要点》和2008年发布的地方标准《高速公路交通安全设施设计规范》（DB 33/704—2008）里，将当时面临的高速公路限速调整问题进行了梳理，整理出了一套可用于实践的机制，并以地方性标准的方式固定了这种做法。那么浙江省具体是如何做的呢？

1. 解决限速乱象首先要明确标志速度的概念

在《高速公路交通安全设施设计要点》里提出了"标志速度"这个概念，这个概念

在2017年发布的《道路交通标志和标线　第5部分：限制速度》（GB 5768.5—2017）中被包含在"限制速度"里，在2020年发布的《公路限速标志设计规范》（JTG/T 3381-2—2020）中修改为"标志限速"。

　　在这之前，在速度的定义方面，在标准规范里与限速密切相关的只有设计速度、运行速度两个概念，而在当时的教科书、研究文献里，也同样缺少标志速度的概念。标志速度的提出，区分了设计速度、运行速度的应用场景，将标志速度独立出来，成为需要单独讨论的议题。

　　概念的独立，意味着设计速度、运行速度都不是能替代或者决定标志速度的名词，也就意味着要另起炉灶来理顺新名词的相关问题。

2. 新概念应有配套的使用机制才具有实际意义

　　在当时既有机制下，设计速度有自己的形成和使用机制，几乎所有的道路设计相关规范都和设计速度有关，而运行速度也有自己的形成和使用机制。新概念的提出也需要形成和使用机制，否则，这样的新概念毫无意义。

　　为配合这个新概念的提出，在2006年和2008年的浙江省《高速公路交通安全设施设计规范》里，在分析了《中华人民共和国道路交通安全法》（以下简称《道路交通安全法》）、《中华人民共和国道路交通安全法实施条例》（以下简称《道路交通安全法实施条例》）、《浙江省公路路政管理条例》《中华人民共和国行政许可法》等多本法律之后，编列了这样的条文说明，摘抄如下：含有限制速度值的标志是"直接关系公共安全的"重要内容，且在"高速公路应当标明"，经"公安机关交通管理部门与同级公路管理机构应当在听取各方意见和科学论证后"，由公路管理机构"提出书面意见"，报上级机关"同意"，并报上级"公安机关交通管理部门备案"。

　　根据以上观点，确定标志速度可以参考的模式是：高速公路标志速度应符合《道路交通安全法》的规定，在法律规定的区间内选取。对于新建高速公路，设计单位应根据道路条件，参考设计速度，经分析得出推荐的标志速度。对于改建高速公路，设计单位应根据道路条件，参考设计速度，对现状车辆运行速度、交通事故数据做调查分析，根据分析结果，确定推荐的标志速度。确定推荐的标志速度后，设计单位应与相关部门沟通，听取相关部门的意见，经协商统一后，报省级交通主管部门批准，以确定最终的标志速度，标志速度应与公安交通管理部门的管理速度相协调。高速公路的标志速度应符合交通工程的安全、舒适、迅速、准确的通用原则。

　　这个条文说明虽然地位并不高，但作为一种解释，使具体的流程机制和责权清晰化。

　　在这之后，浙江省利用了公路项目安全性评价的相关规范对高速公路的限速进行了逐步的梳理。据不完全统计，至少有1600km的高速公路用这样的流程机制调整了标志上的限速值。

　　公路限速的调整，与公路管理机构和公安机关交通管理部门密切相关。在持续这么多年之后，浙江省相关的部门已经达成共识，只要有关于限速的投诉或者建议，就必须进行必要的解释，如果没法解释清楚，就得启动调速的流程，这是责任倒置的做法。老百姓有提问题的权力,权力机关应该认真对待这些问题。

这样的实践,也充分体现"将权力关在制度的笼子里"的理念。把权力关进"笼子"的方法,是让权力拥有者去面对诘难进行解释,解释也要能够经得起公开的讨论。而如果没有倒置责任的话,权力机关的自保、推卸责任的心理,会经常在限速管理过程中出现。权力机关往往认为降低限速就可以免于担责,这样以免责为主、安全为次的心理,也往往使机制难以顺畅。或许也可以尝试一下这几年从上海流行起来的"负面清单",给权力机关贴上限速施政的"负面清单",让负面信息上榜公开。

三、低速并不等于安全,限速调整应遵循相关规范

1. 将低限速等同于交通安全的思维并不合理

传统上,管理部门"重建设、轻管养"。而限速的调整,涉及的建设管养资金很少,更是难以得到重视。不过,从社会效率和交通安全的角度来看,限速这个议题,要比建造隧道、桥梁的议题大得多。道路上车辆的运行速度提高,大家的时间都会得到节约,而以节约的时间计算,如果出行者能省10%时间的话,折合的工资总量,每个省每天都能攒出一座桥梁或一条隧道来。

传统的工程技术,往往和公共政策分离,而公共政策也往往和算经济账脱钩,这样才出现了种种限速不合理的现象。这些问题,在近几年微信公众号"交通言究社"已经推出了很多相关文章,可惜传播仍然不够广,或者相关人员对此的理解仍然不够深。用直觉来将低限速与交通安全直接挂钩,这样的思维在管理部门里仍占主流。一些近年来许多老师推广的技术,如徐耀赐推广的人因技术等,似乎并没有真正流传来。

2. 限速调整及施工作业区限速均有相关规范可参照

人因理论认为,困惑容易带来安全隐患。而限速忽高忽低等明显不合理的措施给驾驶人带来了困惑,那如何才能避免人为制造出这些困惑呢?

在2020年颁发的《公路限速标志设计规范》(JTG/T 3381-02—2020)中,已经详细说明了具体的方法。在这本规范里,把限速调整分为资料收集与现场调查、交通工程论证及方案设计、限速标志及相关设施设计、实施效果评价4个阶段,每个阶段又提供了方法、工具。用这本规范,大致可以解决日常出现的限速"把人整晕"的问题。

新华社的这篇报道还提到了作业区的问题,可能还需要引用一些其他的标准规范,譬如《道路交通标志和标线 第5部分:作业区》(GB 5768.4—2017)、《高速公路改扩建设计细则》(JTG/T L11—2014)、《高速公路改扩建交通工程及沿线设施设计细则》(JTG/TL 80—2014)等。

今后数年里,我国高速公路改扩建工程会逐步增多,边通车边施工的现象也将比较普遍。在这种背景下,设置好施工作业区的限速,无论对驾驶人还是对施工方而言都至关重要。只是,这是利益冲突的两方,如果无法形成新的方法、新的公共政策,就还会出现新华社这篇报道中的现象,要么限速过低,要么只见限速不见施工。

其实,《高速公路改扩建设计细则》(JTG/T L11—2014)的第3.0.12条规定,维持通车的施工路段,其服务水平可较正常路段降低一级。如果结合该细则的第3.0.3条,高速

公路改扩建宜在服务水平下降至三级服务水平下限之前实施,作业区通车路段的服务水平在四级。处于四级服务水平的施工作业区路段,无论查哪本标准规范,都得不出60km/h、40km/h的限速标准。

用直觉定限速,或者以为低速就安全,往往是限速怪相产生的原因。在许多地方,限速设置一直停留在靠"拍脑袋"的水平上。

从标准规范要求可知,高速公路作业区仍然是需要认真设计的通车路段,有设计速度的要求,也有服务水平的要求,因此,只要是遵守规范的,就不可能出现莫名其妙的40km/h限速。40km/h的限速限制驾驶人的驾驶操作,如何能保障他们的安全?低限速看上去是为了安全,但更可能是为了管理部门免责,毕竟,在高速公路上开车,即便是在施工路段,车速低于40km/h也是很难的。在这种限速下出事故,涉事车辆大概率超速行驶。看样子,拍的这颗"脑袋",是规避责任的"脑袋"。

在浙江省近几年改扩建项目中,施工作业区的限速经常会成为改扩建项目开工前的关键议题。限速多少和服务水平密切相关,和是否分流、车种管理、应急救援也密切相关。由于施工期间场地的变化,施工作业区的限速也形成了"一事一评"、评审通过后才能开工的管理机制。服务水平、是否分流、车种管理、应急救援等内容是限速评估报告里的组成部分。试想一下,如果以40km/h限速作为评估报告结论,那么,服务水平等内容既满足不了规范要求,也无法自圆其说。这样的评估报告,估计都上不了评审会,更别说把牌子立在路上了。

扫一扫查看原文

说回到机制,对于这些乱象,我们应该思考的也许并不是技术上该如何做,毕竟已经有了这么多标准规范来支持,而是该思考,究竟是什么原因让"拍脑袋"也能成为决策机制的主要方法的呢?

限速的含义及美国设置限速的相关规定

梁康之　公安部道路交通安全中心特约专家
　　　　美国资深交通工程师

一、限速的含义及美国的相关要求

1.限制速度的含义与分类

简单地说,限制速度就是指车辆在路上应该以多高的速度行驶,即车辆在特定区段的最大合法运行速度,在法律上讲不应超过限制速度行驶。限制速度一般是根据交通调查得出的,并以行政行为来加以确定。如果速度限制不合理,会造成区域车辆行驶混乱,导致危险。实行限制速度的期望就是让车辆最好在一个比较统一的速度下行驶。在美国,限制速度既是道路交通控制和管理的重要项目,也是交通工程学科的主要内容之一。

对车辆行驶速度的限制属于道路交通控制管理法规的一部分,通常分为由政府制定的法定限制速度和通过工程研究建立的限制速度区段两种。

2. 美国设置限速的要求

在美国，设置限速一般须遵循下列要求：

有些特殊的土地使用或其他因素造成该道路与典型道路不同，产生了"非典型交通特性"，在这种情况下需要设置与典型道路不同的限速。这里的"典型道路"指的是按照最佳建议设计或在更好的条件下设计建造的道路，符合法定限速标准；当道路设计的约束元素大大高于或低于典型道路值时，比如在道路条件较差的山区或者城市里一些条件较差的地段，需要考虑设置不同限速值；在当前道路上车辆行驶速度一直高于或低于法定速度限制值时，需要考虑原来的限速值是否不合理，是否需要重新设置限速值；主要公路在城市与郊区交界处会产生过渡路段，需要考虑不同的限速设置（郊区车速快、城市车速慢）；在学校或其他行人较多的主要交通区域需要设置限速，设置限速的主要目的是保证学生、行人安全；在长时间的道路施工区域，或者虽施工时间不长但对交通影响较大的区域，比如因施工导致车道变窄或大量关闭车道的路段、因速度原因造成事故频发的路段，需要考虑设置不同限速值；在一些非典型的特殊道路上，如按照旧规范设计建造但现未改造的道路、道路边有不能移除的建筑物（如古迹）和国家保护植物等情况，需要考虑不同的限速。

3. 理性车速限制

一般来说，设置限速时应考虑如何设置一个合适的速度以使车辆、道路和驾驶人3者相协调，因为多数驾驶人在驾驶车辆时首先会受到周围环境的约束，期望车速与周围环境保持协调，即以令自己"舒适"的速度驾驶车辆。这里的"舒适"指的是当车速与道路上其他车辆的速度基本保持一致时，不会频繁变道、超车。由此便产生了"理性车速限制"的概念。

理性车速限制是理性而非强制的速度限制。它首先要反映对于大多数驾驶人来说"合理和舒适"的车辆驾驶行为；其次，它的存在能够鼓励驾驶人自觉遵守道路的限速并以合理速度行驶车辆，也就是说，当限速合理时，驾驶人能够很容易地按照限制速度行驶，而当限速不合理时，驾驶人驾驶车辆时就会速度过高或过低、违反限速要求；第三，它有利于减少超速违法的现象，节省有限的执法资源；最后，它有利于维持均匀的车流速度，减少换道超车等行为的发生，从而能够降低车辆碰撞风险。

二、设置限速的目的

1. 设置限速的首要目的是保证安全

设置限速的首要目的和主要目的就是为了安全。限速是一个驾驶人能达到的、均匀且"舒适"的目标速度，用以保障所有道路使用者的安全。

美国多年前就针对车流速度与事故风险的关系展开了研究。图1显示了在无干扰或平交路口的理想情况下车流速度与事故风险之间的关系，其中，红色抛物线是描述事故风险概率的曲线，用以说明在什么样的车流速度下容易发生事故。研究表明，90百分位速度代表着最低事故风险点，也就是说，约90%的驾驶人驾驶车辆时都能达到的那个车速，是碰撞概率最小的速度。当限速接近90百分位速度时，就能做到既让驾驶人感到"舒适"，又把事故风险降到最小。

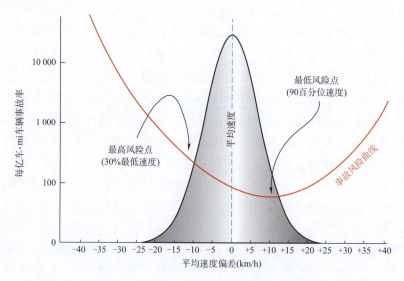

图1 无干扰情况下车流速度与事故风险之间的关系曲线（来源：美国联邦公路局）

图2则更为接近现实中的道路，描述在有干扰道路或平交路口的情况下不同路段上的车辆应以什么样的速度行驶比较安全。由图2可知，无论车辆是在高速公路、主干道还是双车道道路上行驶，其速度接近平均速度时事故风险最小、最为安全；当车辆都以均匀的速度行驶时最为安全；限制速度应设置在曲线的低端以降低事故风险。

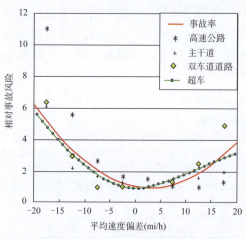

图2 有干扰情况下不同路段车辆行驶速度与事故风险关系图（来源：美国联邦公路局）

图3是我们在速度调查中需要了解的3个常用速度评价指标，分别是85百分位速度（85th Percentile）、平均速度（Mean Speed）和10mi/h配速（10 mi/h Pace）。85百分位速度是最常用的指标。85百分位速度指的是在某一段路上，85%的车辆经过测速点时的速度小于等于的速度值，是图3中蓝色竖线左侧的黄色抛物线部分。它表示的是理想条件下大多数驾驶人所认同的、不会超过的速度值，因此它是在路段设置合理限速的指导性指标。平均速度是将所有测量的速度总和除以样本总数所得出的平均值，用于分析速度分布的集中趋势。一般而言，在低速行驶的城市居民区或商业区，可考虑使用平均速度作为限制速度值。10mi/h（注：1mi/h约合1.6km/h）配速指的是在图3"速度"与"以速度统计的车辆数"的抛物线上，最高10mi/h范围内包含的车辆数。图3中的红色横线就是10mi/h配速，红线上面的抛物线是在这个速度范围内以不同速度行驶的车辆数，在10mi/h范围内行驶的车辆数越多，则大多数车辆的行驶速度越接近、车流速度越接近匀速，此时设置的限制速度也就越合理。

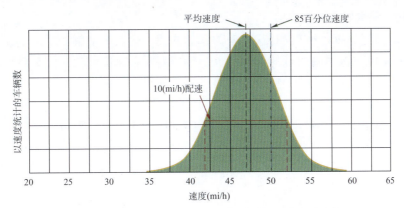

图3　3种常用速度评价指标（来源：美国联邦公路局）

根据测试路段现场取来的速度样本评价限速是否合理时，通常以图4所示的曲线来进行描述，曲线越窄，离散程度越小，则限速设置越合理；曲线越宽，离散程度越大，则限速设置越不合理。图4中的实线和虚线的平均速度都是52mi/h，但实线的标准偏差为7mi/h，虚线的标准偏差为12mi/h，因此实线的偏差较小，虚线的偏差较大。图4中的红色部分表示的是10mi/h配速，红色部分面积越大，则限速越合理。

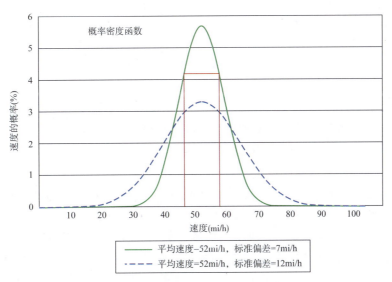

图4　描述限速是否合理的曲线（来源：美国联邦公路局）

2.设置限速要保证效率

除了安全目的以外，保证效率同样是限速的目的之一。效率一方面指的是在什么样的速度下能够使车辆最快到达目的地，另一方面指的是当道路限速为多少时在特定时间内能够通过最多的车辆数。

关于效率，有观点认为"速度越快，通过的车辆越多"，这其实是个误区，实际并非如此。概括地说，当车辆在道路上行驶时，车与车之间要保持一定安全间距，车速很慢时，单位时间内通过的车辆数量不多；车速很快时，安全间距必然会很大，因此单位时间内行驶的车辆数量也不会很多。

图5是用以描述速度、密度和流率3者关系的曲线，也很好地解释了上述误区的错误所在。流率就是单位时间内通过的车辆数。速度很高时，速度越快，流率越低；速度降低，流率变大，但速度太低时，流率虽大但已达到临界值，这时就表明发生了拥堵。道路不同，使流率到达临界值的车速也不同。一般情况下，在高速公路或者快速路上，当车速约为80km/h的时候，流率到达临界值，道路利用效率最高，单位时间内通过的车辆数量最多。

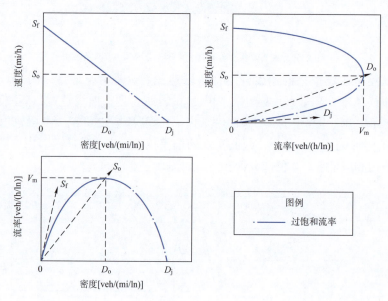

图5　速度、密度和流率3者之间的关系（来源：美国联邦公路局）

图6更为清晰直观地呈现出了速度与流率之间的关系。当速度为55mi/h（90km/h）的时候，流率达到临界值，该道路每小时通过车辆数为1750辆；当速度变快，例如分别为60mi/h、65mi/h、70mi/h时，流率降低，该道路每小时通过的车辆数持续减少，分别为1600辆、1450辆、1300辆。

驾驶人个人的期望是以最快的速度行驶，道路的建设者和管理者则期望道路被安全、高效地利用起来，单位时间内通过的车辆数量最多。因此，在美国，城市快速路的限速一般较低，约为55mi/h；城外道路的限速一般较高，约为70mi/h。总之，道路管理者需要在限速与效率之间找到平衡点。

三、美国确立或调整限速的步骤与法律依据

1.美国确立或调整限速的步骤

在美国，确立或调整限速是一种行政行为，须按照行政行为的程序由相关部门批准执行，具体步骤如下：

需要进行交通工程调查研究，然后提出交通工程评价报告，评估限速是否合理；如果报告建议更改限速，就需要申请交通管理法令制定或变更的相关文件；文件建立后，

需要报请议会或政府指定机构批准,批准后就可写入当地的交通管理行政行为条例中;写入条例后,须报送到执法机构(警察)、裁决机构(法院)和交通管理机关3个部门进行文件存档;最后,要安装有效的限速标志来替换旧限速标志。

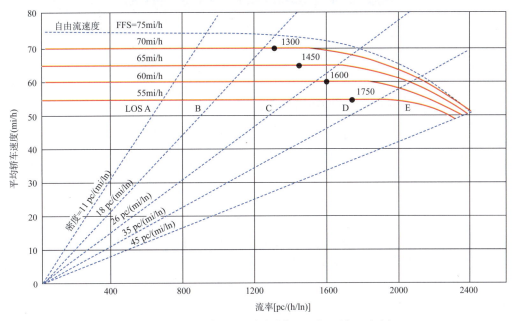

图6　平均车速与流率之间的关系(来源:美国联邦公路局)

2.美国设置或调整限速的法律依据

美国联邦政府制定了全国性质的限速法令《统一车辆条例》(Uniform Vehicle Code, UVC)对全美的限速管理进行指导,美国的州和地方政府的交管部门会根据该条例制定辖区内的法定限制速度值。因为美国各州道路和交通的实际状况不同,所以交管部门也会对法定限速做相应调整,设置符合现有条件的限速标准,以满足该地区道路交通运输的需求。

那么,什么是法定限速呢?法定限速是在理想的道路和交通条件下,对同一类型道路所设置的安全有效运行的最高行驶速度。美国各州的机动车法律规定了各种类别街道和高速公路的限制速度。例如,住宅区的法定限制速度为25mi/h(40km/h),商业区为30mi/h(50km/h),所有其他道路,如国道、快速路等,法定限速为55mi/h(90km/h)。当然,这只是大致而言,各州的实际法定限速略有出入。

由于自然条件的变化,道路在建设过程中往往与理想条件不同,因此,在特定道路、交通或土地使用的条件下,法定限速可能并不足以保证道路交通的安全和效率。道路管理部门有权制定与法定限制速度不同但合理的限制速度区域,以保证道路交通的安全和效率,这时所选择的合理限速可能高于或低于《统一车辆条例》(UVC)或州政府规定的法定的限速,当然,制定新限速的前提是必须要有数据或者调查报告的支撑。

美国如何确定及设置限速

梁康之　公安部道路交通安全中心特约专家
　　　　美国资深交通工程师

一、驾驶人对道路的期望与需求

了解驾驶人的期望与需求，对于限速管理而言十分必要。一般来说，驾驶人希望能够以最短时间、最快速度到达目的地，因此往往期望道路管理者能在可接受的范围内让限制速度的上限尽可能高一些。道路管理者需要考虑的问题就是，在保证限速合理的前提下，限速的上限究竟能够设置到多高？

除了速度方面的期望以外，驾驶人还在其他方面有一定的期望，具体如下：期望及时得到关于限速的信息，不仅是通过路侧限速标志获取信息，而且期望在进入行车环境后就能大致了解该路段的限速情况；期望设置的限速与周边的驾驶环境相符合；期望有稳定连续的速度区段，以便平稳驾驶，而不是速度忽高忽低；期望周围其他车辆的行驶速度基本相同；期望有安全的行驶间距；期望道路畅通。

概括地说，驾驶人期望有"舒适"的驾驶速度、明确清晰的信息以及合适的反应时间。

二、决定限速的要素

1.两种不同状况的道路

在决定限速时，首先要面对的就是两种不同状况的道路：新建道路与现有道路，现有道路又分为交付运营道路和须改造道路两种。道路状况不同，决定限速的因素也相应不同。

在新建道路上如何决定限速？一般是根据指定设计速度、推断设计速度和目标速度3者来设置限制速度。

在交付运营道路或须改造道路上如何调整限速？一般是根据工程调查来对限制速度进行调整。

2.设置限速需考虑的关键因素

1）设计速度（Design Speed）

根据美国2018年版《公路和街道几何设计政策》（A Policy on Geometric Design of Highways and Streets）中所给出的定义，设计速度是用于确定道路各种几何设计要点的选定速度，其中，"几何设计要点"一般指的是道路弯道，包括道路水平曲线和竖直曲线，前者指道路拐弯，后者指上下坡。水平曲线的限速由其弯道半径和外超高决定；竖直曲线的限速由坡道停车距离决定。所选择的设计速度应该满足合理的需求，包括：预期的运行速度、地形、相邻的土地利用、共用模式以及高速公路的功能分类。其中，共用模式指的是行人、非机动车和其他一些特种车辆，如大型货车、大型公交车辆等是如何分配使用同一道路平面的。在美国联邦公路局另一本有关速度的手册《速度概念：信息引导》（Speed Concepts: Informational Guide）中，设计速度被定义为"指定的设计速度在公路设计中明确使用的最小值"，比如水平曲线半径和视距。举例来说，在某个复杂路段设计水平曲线半径时所取的不低于设计速度的最小值，就是该路段的设计速度。当然，反过来说，该道路设计速度最小值就是该复杂路段设计速度的最大值。

2）推断设计速度（Inferred Design Speed）

上面提到的《速度概念：信息引导》这本手册还提出了一个叫作"推断设计速度"的概念（这个术语是笔者从英文直接翻译过来的，此前国内似乎还未有人用过），它的含义是"在特定的地段，满足所有设计速度相关条件临界点的最大速度"。

推断设计速度仅用于根据（指定的）设计速度得出的规范确定的特征和元素（如垂直曲率、视距、超高），是在特定道路区段上满足所有设计速度相关规范关键值的最大速度。当实际值不同于规范限制值（最小值或最大值）时，道路特征的推断设计速度将不同于指定的设计速度。

弯道半径和超高组合得到的推断设计速度是对于设计的超高率和推断设计速度不超过以限制速度为基准的侧向摩擦系数限制的最大速度（通过反复迭代确定）。也就是说，外超高与车速之间呈正相关系，但由于车辆在超高路段上行驶时会向内侧滑，因此需要超高的高度设置一定要避免车辆侧滑情况的发生。此外，车辆是否侧滑与路段所在地区的自然条件也有一定关系，例如，在冬天不下雪的美国南方，超高可以设置得高一点，在冬天下雪、地面易结冰的美国中部或北部，超高就要设置得低一点，避免车辆侧滑。总之，我们需要在超高的设置高度与车辆侧滑的发生概率之间寻找到合适的临界值。

根据道路水平曲线得到的推断设计速度可能受到水平曲线内侧视线障碍物的水平偏移限制。就是说，当车辆在水平曲线的弯道上行驶时，驾驶人的视线会随着曲率偏移而发生变化，所以它其实是动态的，这时就不能用静态的设计速度来进行衡量了。

垂直曲线的推断设计速度则要求停车视距不超过可用停车视距的最大速度。车辆在下坡行驶时，停车视距是动态的，处于不断变化之中，因此需要找到停车视距的最大值，该取值优于静态的设计速度值。

此外，推断设计速度也可能受到车道宽度和平均每日交通量的组合限制。因为推断设计速度是动态的，所以它可以大于、等于或小于指定的设计速度。一般来说，大于的情况多一些，小于的情况少一些。

图1是在某路段上进行的各类型限制速度的比较实验，即汇总某条道路从设计、建造、运营各阶段的数据并加以叠加所得出的结果。上方的黑色粗线是推断设计速度，中间的点线是指定设计速度，下方的两条浅灰线分别是第85百分位数速度与第15百分位数速度，浅灰线中间的线是两条曲线的中间速度，下方的灰色虚线是标志限制速度，即公布的限速。通过对图1的研究可得出图2。

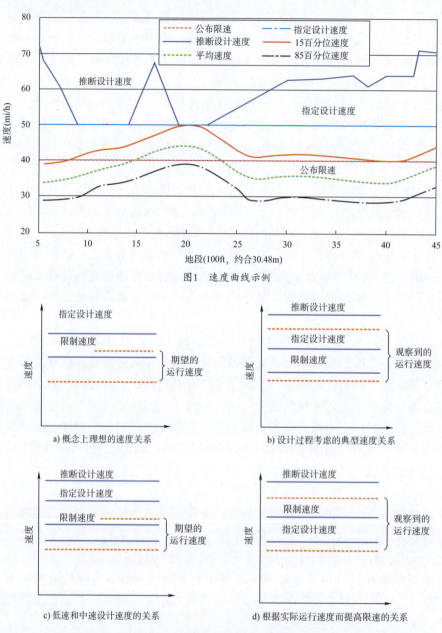

图1 速度曲线示例

图2 不同情况下各种速度之间的关系

图2a)是"概念上理想的速度关系",包含了指定设计速度和限制速度,说明理想状态下的限速应该是多少。限速一般不能等同于指定设计速度,因为这两者之间通常需要预留一个安全值。在不考虑驾驶人、区段、出入口数量等因素的前提下,指定设计速度减去5或10就能得出限制速度。当然,这只适用于美国的洲际公路。这是最简单、最理想的情况。

图2b)是"设计过程考虑的典型速度关系"。在设计过程中综合考虑这些典型的速度关系(即规划中对于典型道路的设计速度)以后,能够看出指定设计速度和推断设计

速度的大致关系：推断设计速度在多数情况下都会高于设计速度，因此，最好的情况是限制速度处于设计速度与推断设计速度之下，即低于设计速度和推断设计速度。这意味着即使驾驶人驾车时超速，也不会产生太大的安全问题。

图2c）是"低速和中速设计速度的关系"。在低速道路上，推断设计速度会稍微超过设计速度，因为低速道路通常处于学校、居民区或商业区，期望的运行速度不超过推断设计速度。道路设计者在设计时就应考虑如何实现这一点。

图2d）是"根据实际运行速度而提高速度限制的关系"。它用于衡量道路运行一段时间后道路限速是否合理。道路限速可能高于指定设计速度、低于推断设计速度，是在一些道路运行过程中实际的车辆运行速度。当经交通工程调查认为第85百分位数速度高于设计速度，同时并没有产生与较高速度相关的事故时，提高限速可以提高效率和保证安全性。

3）目标速度

虽然我们在设计限速时采用了推断设计速度，但实际中仍然难以实现既保障安全又保证效率的目标，因此美国国家公路与运输协会（AASHTO）在2018年提出了"目标速度"的概念。其实关于目标速度的理念在十几年前就已出现，但一直未在设计政策中提出。

概言之，所谓目标速度指的就是道路建成后的限制速度。具体而言，它指的是车辆在特定环境中通行的最高速度，与邻近土地使用产生的多模式（如非机动车、电动车等）道路运行活动保持一致，为机动车辆提供机动性，为行人、骑自行车者和公交乘车人提供安全的道路环境。目标速度应作为设置的限制速度。在某些司法管辖区，限制速度是根据道路上测量的速度确定的。在这些情况下，非常重要的一点是道路环境设计要保证实际运行速度等于目标速度。

在道路设计过程中，应在较长的直线、很容易超速的路段设置一些诸如弯道、缩减车道宽度或路侧物体的变换等"小障碍"，使车辆速度降低；在条件较为困难的路段则应尽量使车速提高至与目标速度一致的水平。所以，以前的道路设计只关注弯道、困难地段这样的难点，现在则不但要关注这些难点，还要关注容易超速的那些路段，不让车辆在这些路段超速。

三、设定限速的方法

一般来说，有4种设定限速的方法，分别为工程方法、专家系统方法、最佳优化方法、伤害最小化或安全体系方法，实际中较为常用的方法是第1种和第2种。

（1）工程方法：按照交通工程学原理对道路基础设施条件和交通状况，例如行人穿越道路、中间隔离带等，进行调查分析，综合考虑各项因素确定限速。工程方法又分为两种：一是运行速度法，即以第85百分位数速度为基准点设置限制速度；二是道路风险法，即以道路功能分类和设计参数为基准设置限制速度。该方法适用于省道、国道的限速。

（2）专家系统方法：由计算机程序设定限速，该程序由美国联邦公路管理局编写，电脑利用程序里存储的知识库和特定的条件数据模拟分析道路条件和交通状况，并进行判断，得出最合适的限制速度。该方法适用于城市道路限速。

（3）最佳优化方法：以减少运输的社会总成本为目的来设定限制速度。确定最佳限制车速时要考虑旅行时间、车辆运营成本、道路交通事故率、交通噪声和空气污染等因素。据美国联邦公路管理局的相关记载，目前尚未有国家采用这种方法设置限速。

（4）伤害最小化或安全体系方法：根据可能发生的碰撞类型、撞击力产生的结果以及人体对这些撞击力的耐受性来设置限制速度。一些北欧国家和新西兰采用这种方法设置限速。该方法适用于低速度的居民区、商业区或者一些城市道路。

四、限制速度的交通工程评价

限制速度的交通工程评价包括5个步骤：首先，查阅道路的环境、特征、条件和交通特性；其次，在理想的天气和车辆行驶自由流动的交通条件下，沿道路选取一个或多个点，观察和测量能够反映该路段运行状况车辆行驶的点速度；第三，分析数据以确定平均值、第85百分位数的行驶速度和其他速度特征；第四，查找和分析该路段3~5年内的事故记录历史；最后，驾驶车辆上路进行检查，以便及时发现驾驶中可能发生的任何道路和交通控制的异常情况。

在限制速度的交通工程评价中，主要分析以下3种速度数值：第85百分位数速度、平均速度、10mi/h配速。

那么，美国如何根据上述数据确定限速呢？表1反映了美国州政府和地方政府在确定限速时考虑的各类因素的比例。所有州政府都考虑85百分位速度来制定限速，地方政府考虑的其他因素多一些，其中事故记录、行人量是考虑比较多的因素。

美国州政府和地方政府确定限速时考虑的各类因素占比　　　　表1

因　素	使用比例(%)	
	州政府	地方政府
85百分位速度	100	86
路侧发展情况	85	77
事故记录	79	81
10mi/h配速	67	34
道路几何线型	67	57
平均测试速度	52	34
行人量	40	50

扫一扫查看原文

马里兰州州政府制定的《统一交通控制设施手册》（MUTCD——MD）规定，限速通常最好设置在第85百分位到第90百分位速度范围内，以正确反映最大安全速度。通常限速在这个范围内时事故率最低。

需要注意的是，限速区域（法定限速除外）只能在根据交通工程实践进行的工程研究的基础上设置。工程研究应包括对自由流动车辆当前速度分布的分析。限速区域的长度应该尽可能长,并且与道路环境和交通状况保持一致。限速区段长度主要根据车辆行驶的特点和限速值的高低而定,一般不应小于0.5mi（0.8km）（表2）。

限速区段最小距离　　　　　　　　　　　表2

限制速度（mi/h）	最小长度（mi）	限制速度（mi/h）	最小长度（mi）
30	0.30	55	0.55
35	0.35	60	1.20
40	0.40	65	3.00
45	0.45	70	6.20
50	0.50	75	6.20

美国设置限速标志的具体要求

梁康之　公安部道路交通安全研究中心特约专家
　　　　美国资深交通工程师

一、限速标志的种类

美国《统一交通设施手册》（MUTCD）把法规标志分为几类,均以大写字母R开头,第一大类是"停"标志,以R1表示；第二大类就是限速,以R2表示,其中,R2-1表示最常见的限速标志。

据《统一交通设施手册》规定,限速标志（R2-1）应显示法律、法令、法规或授权机构根据工程研究采用的限速值,显示的限速值应为5mi/h的倍数。

图1是美国道路上几种常见的限速标志：R2-1是表示最高限速的标志（注意,只要标志上没有出现"Minimum"即"最小、最低"这样的字眼,均表示最高限速）,R2-4P是表示最低限速的标志,R2-2P表示货车在道路上行驶时的限制速度,R2-3P是表示夜间限速的标志（美国有些地区会根据特殊需要而在夜间设置特别限速）,R2-4a则是把最高限速与最低限速放到了同一个标志上。

图1　美国几种常见的限速标志

二、如何设置限速标志

1. 设置限速标志的原则及应用

总的来说,美国在设置限速标志时,须遵循下面4条原则:限速标志应单独设置,不能作为其他标志或有关信息的附带设置,但可以附加与限速标志相关的辅助标志;限速标志的尺寸与速度相关,限速越高,尺寸越大;任何一个限速标志或限速标志组合上显示的限速信息都不应超过3个;限速标志应设置在变化点、交叉路口之后,并重复显示。

通过道路上一些限速标志的实拍图或数据表格,更容易明了上述4条原则的实际应用,如图2所示,限速标志是设置在道路旁的独立标志,拥有专门的支柱和标牌,不与后面的其他标志放在一起。但是,限速标志上可以设置一些相关的标志,图3a)的限速标志附带着"学校区域设置有限定时间的限速"(School Days)且"一旦超速会被面临双倍罚款"(Fines Double)的标志,图3b)的限速标志下方有提示前方道路"用拍照的方法来进行测速"(Photo Enforced)的标志,通过这些附带标志,驾驶人能够更清楚地了解所在路段的限速管理情况。

图2 单独设置的限速标志

a)

b)

图3 附带有辅助标志的限速标志

限速标志的使用尺寸与速度有关。一般来说,在多车道的普通道路与车速快的道路上设置的限速标志尺寸会大一些。如表1所示,普通道路上的限速标志应设置为61cm×76cm(一车道)或76cm×91cm(多车道),快速路上的限速标志应设置为91cm×122cm,高速公路上的限速标志应设置为122cm×152cm,也就是说,车速越快的道路上,越应该让驾驶人能在更远处看到限速标志,因此限速标志相应也要使用较大的尺寸。

限速标志尺寸与不同道路类型的关系　　表1

道路类型	Conventional Road(普通道路)		Expressway(快速路)	Free Way(高速公路)	Minimum(最小)	Oversized(超大)
	Single lane(单车道)	Multi-lane(多车道)				
尺寸	24in×30in(约合61cm×76cm)	30in×36in(约合76cm×91cm)	36in×48in(约合91cm×122cm)	48in×60in(约合122cm×152cm)	18in×24in(约合46cm×61cm)	30in×36in(约合76cm×91cm)

图4是美国某处道路上设置的限速标志牌，它由3个限速标志组成，分别是最大限速标志（Speed Limit）、货车速度标志（Truck Speed）和最小限速标志（Minimum Speed）。任何一个限速标志或限速标志组合最多只能容纳3个速度限制信息，不应显示更多的限速信息。

图4 美国某道路上的限速标志牌

2.限速标志应设置于哪些位置

首先，限速标志应设置于限速区域的起点，当然，受现实条件所限可能略有调整，不能非常精确。在设置限速标志时应考虑地形和环境条件，合理设定。

其次，如图5所示，若限速区域的起点位于交叉路口，第一个限速标志通常就应设置在交叉路口之后约20~30m处，以便驾驶人驾驶车辆进入交叉路口后第一眼就能看到限速标志；此处的限速标志应遵循如图6所示的交叉路口标准的标志序列，图6a）的标志序列是相对简单的序列，限速标志设于道路编号和方向牌与前方地点距离提示牌之间，图6b）是比较复杂的序列，限速标志设于道路警示牌、道路编号和方向牌与提示牌、前方地点距离提示牌之间。这是美国限速标志的设置定式。

图5 设置于交叉路口的限速标志

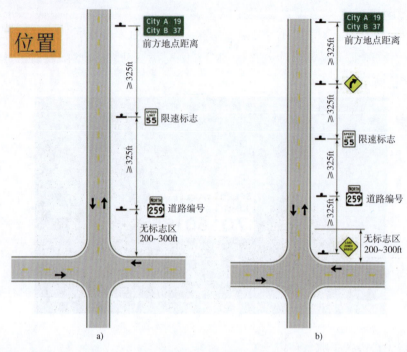

图6　交叉路口标准的标志序列

第三，如果道路是高速路或有分隔带的道路，且每个方向有3条或更多车道，限速标志应设置在道路两侧，以便车内的驾驶人及时看到。

第四，在有信号灯控制的交叉路口或交叉路口前500ft（150m）内不设置限速标志，因为车内驾驶人在此处需要遵循信号灯规则，并及时避让行人和转弯车辆，其注意力不应再被限速标志分散。

3.限速标志是否需要重复设置

限速标志应在整个限速区域内重复设置，以起到反复提醒的作用：通常在有较大车流量的交叉路口或变换地段之后重复设置，在低速道路的重复设置间距约为0.25~0.5mi（0.4~0.8km），高速公路的重复设置间距为1.0~3.0mi（1.6~4.8km）。

在非高速公路的其他道路上，如果前方路段比所在路段限速低的话，第一个限速标志就应比通常的限速标志尺寸大一号，因为限速降低路段需要用更为清晰的限速标志进行提示。此外，如果限速降低超过10mi/h（16km/h）或工程设计判断表明需要提前警告驾驶人时，应设置"前方限速降低标志"（W3-5或W3-5a），提前告知驾驶人需遵守前方限速。

在主干道或主要高速公路的减速区，第2个限速标志应放置在距离第1个限速标志800ft（344m）以内［对于速度为35mi/h（56km/h）或更低的限速］，或1500ft（457m）以内［对于速度为40mi/h（64km/h）及以上的较高限速］，其目的在于给驾驶人提供重复的限制速度信息，使其确认应该采用的行驶速度。

如果需要设置减速过渡区，应在距离降低限速点之前设置约0.2~0.5mi（0.3~0.8km）的过渡减速区。当限制速度的变化值≥15mi/h（24km/h）且≤25mi/h（40km/h）时，应设置长度为0.2mi（0.3km）的过渡减速区；当限制速度变化值大于25mi/h（40km/h）时，即从速度较高的路段过渡到速度较低的路段，就要设置限制速度渐变区，使车速缓缓降低，例如车辆限制速度从55mi/h（90km/h）降至40mi/h（65km/h），最后变为30mi/h（50km/h）的最终限速。图7较为直观地呈现出了上面所描述的这一过程。

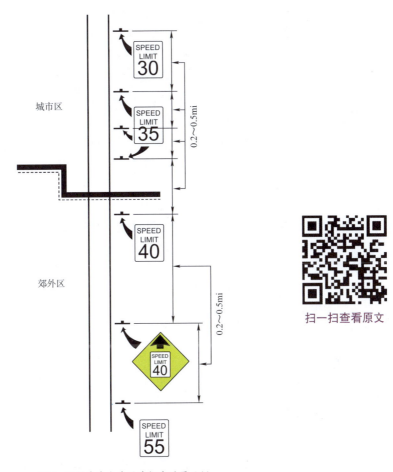

图7　限制速度变速区域标志设置示例

路网规划应结合多方面因素综合考虑

徐耀赐　　公安部道路交通安全研究中心特约专家
　　　　　　台湾逢甲大学运输科技与管理学系所副教授

一、进行路网规划前应了解的基本观念

1.规划路网结构是综合性的战略考量

交通空间与生活空间紧密相连，建什么样的道路、形成怎样的路网，都不可随意决

定，同时也不能忽视自然生态资源，应考虑可持续发展。规划设计不同层面的道路，路网结构思维不同，例如国家层面属于宏观的，区域、城市、小区层面属于微观的，需要考虑的内容存在区别。

路网包含长距离路网和短距离路网，有的可能延伸到其他省市，至上百千米甚至几百千米之外；也有市区内部的，互相交织在一起。但需要注意，路网建设不应一味追求壮观、美观，应以实用为主，保证道路交通安全、运输效率高。例如，两条高速公路或快速路可以交汇在一起，但是如果仅为了使立交桥整体变得更壮观而层层垫高，让3条或更多高速公路交汇在一起，不仅使驾驶人通过的难度大，造价也高。

道路所处地形不同，会影响设计思维。例如，山岭地区地形变化复杂，应尽量避免大挖大填；平原地区地形平坦，可依路侧状况考虑设置护栏。不同地区的开发程度、土地使用状态不同，也会影响路网布局，例如，乡村地区人少但车速较快，城市人多、车多，但车速相对较慢。因此，如果进行长期比较，会发现乡村地区事故总量较少，但事故严重程度较高；城市事故总量较多，但严重程度相对较低，这些都是区域特性所造成的。城市跟乡村地区两者若相隔距离远，可能有渐变区（Transition），不会直接突变。

交通拥堵是供给和需求不平衡产生的问题，交通量如果大于道路供给量就会产生拥堵。依靠交通技术解决供给需求不平衡问题是有条件的，只有当供需差距在一定程度内，才有办法利用交通技术解决，若供需差距太大，纯粹依靠交通技术是无法解决的。因此，规划路网时就应考虑诸多事项，包括：土地使用、生态永续（即可持续发展）；人口分布，例如小区居住人数、出行需求等情况；资源分配，人生存需要一定的资源，资源丰富的地方人口相对较多，交通需求量更大；城乡规划；交通出行量等。路网规划是系统性工程，包含面广，影响因素多，各因素间也会互相影响。路网结构规划是综合性的战略考量，与解决短期问题不同，需要考虑解决长远问题。

此外，城市路网线型的选择存在不同说法。例如，在日本普遍认为越大型的城市用环状式路网越好，中型城市用棋盘式路网更好。对此，可能见仁见智，笔者认为重点在于达到目的，大型城市也不一定采用环状式路网。道路规划跟土地使用存在一定关系，道路建于土地之上，道路功能定位直接影响土地价值，而土地使用思维的改变会影响交通状态。因此，理论上城乡规划工作者对道路交通工程规划需要有一定了解，应综合考虑。

2.路网规划应具备分支概念的思维

汇集一定数量的小路连通至某中型路，汇集一定数量的中型路再连通至更大型路，以此类推，即是分支（Branching）概念。道路有阶层之分，小型路服务小区域，大型路服务大区域，各自的功能有所不同，规划设计者需要注意区分。例如图1为某区域内部路网，其中最长的道路可以服务整个区域，是此区域内很重要的一条道路。

图2中红圈为某规模不大的城镇，高速公路未从城镇中穿过，而是利用主干道连接从旁边经过。凡是高速公路不能直接通过城市、城镇的范围，应利用快速路或主干道连接，从旁边通过，否则将会带来一系列"后遗症"。分支概念的充分应用体现在高速公路规划上，例如，从北京到广州，沿途经过很多城市，但都不需要从城市内部穿过，只

需要从旁边经过,不会受到城市交通的影响,因此在做规划设计时就应该充分考虑,不可随意混合设计。

图1 某区域内部路网

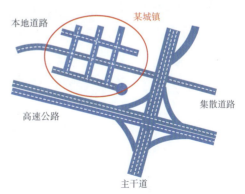

图2 高速公路从某城镇旁通过

3.路网规划与城乡规划密不可分

城市会扩张成长,数年后,城市边缘会外移,对道路规划有一定影响,道路功能可能改变,须提前考虑预留空地。图3为日本某城市在人口太稠密后不得已采取立体化运输规划的案例,原因在于最初的城市规划考虑得不够全面,道路建成后,建筑物空间不足,只能利用道路空间修建高楼。虽然这种方案并非完全不可行,但舒适度不高,太过拥挤,不建议采用。

图3 日本在道路上方构造建筑物的实例

路网规划与城乡规划密不可分,主要应注意4大重点:人车分流,各行其道;人的居住空间与道路通行空间不互相影响,可利用树木等缓冲区相隔;城市居住的人多,应注意绿化;不能破坏生态环境,保证整体生活环境良好。

二、规划路网时应先决定道路功能

进行路网规划时,需要明确了解道路承担的交通功能。车流移动路径的方向及长短距离都会有所不同,图4中是某出行过程的交通需求,包括长距离行驶、转向、进入区域性干道等,路网就是要满足这些交通需求。可从不同角度对道路进行分类,各国分类做法不同,理论上讲有十几种,但终极目标相同,都是为了明确建立规范、手册、指南,建立管理机制。其中最重要也最复杂的是根据交通功能分类，道路交通规划者需要掌握这种分类方式。

道路功能分类、道路规划、道路设计应三位一体，打造合理的交通空间，连接生活休憩空间。道路功能跟规划设计是有相关性的，一定要先决定道路功能，否则会导致设计混乱、无立足点。当道路交通功能模糊不清、功能定位与设计规则无法全然对应时，设计者应有自身的专业判断，活用系统性专业，结合整体路网布局综合考虑设计速度、几何设计等。

三、不可随意连接不同功能、层级的道路

路网的组成元素包括面、带、线、点，例如，图5整体为面，沿着一条道路绿色虚线范围内为带，路段为线，平面交叉路口或者立交桥为点，具有一定层次。但是需要注意，图5中所示距离对道路路网内车流运作绩效影响极大，若随意增加道路，可能导致距离不够；高速公路或快速路匝道出口与第一个交叉路口距离太近可能造成拥堵。因此路网结构对后续影响极大，若一开始规划不合理会留下许多"后遗症"。

干线、集散道路和本地道路（图6）是路网中3种具有不同功能的道路，以人体血管模拟道路，大动脉对应干线，小动脉对应集散道路，微血管对应本地道路。血管互相之间的连接遵循一定道理，不可乱接，否则会出现异常情况。道路也一样，不同功能道路连接具有一定层次，例如，某人驾车从家出发，应先到本地道路，再到集散道路，最后再到干线。需要注意，不能由于民众方便性的要求而任意连接两条距离较短的道路，否则只能是方便了少数民众，却给大多数民众留下隐患。

图4 某出行过程交通需求

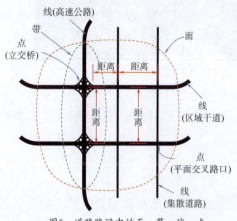

图5 道路路网中的面、带、线、点

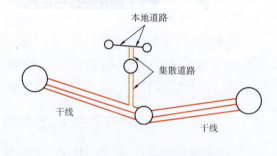

图6 干线、集散道路和本地道路

干线的基本定义为：一大区域内，连通长距离两点的"干道"（主要道路）或"运输走廊"，可细分为主干线和次干线。进行道路功能分类时，干线与高速公路不可混为

一谈，干线为某区域的运输大道，高速公路为长距离贯通不同行政区域的连通大道。图7中是4种不同情况的干线，其中两个村落间只有一条6m宽的道路，这条道路就是这两个村落之间的干线［图7a］；两个县城中间18m宽的4车道道路就是干线［图7b］；某城市南北之间的快速路就是干线［图7c］；两个大城市之间的高速公路就是干线［图7d］。因此，需要注意，干线是分类时的一个概念，不代表具体的道路形式。

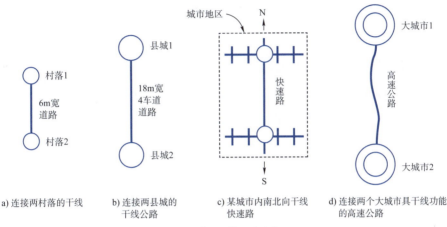

图7　4种不同情况的干线

下面再来介绍一下城市环道（Beltway）。图8为某城市路网规划示意图，预留了一定的城市成长空间。上文提到高速公路不要直接穿过城市，但图8中的城市周边有很多其他城市，为满足交通需求，其中一种方式就是采用城市环道的形式。不管哪个方向的高速公路建成了，都方便通往市中心，且高速公路自始至终不会干扰到此城市，仅保持在外围，图8中的禁建、限建植栽缓冲区更好地将城市与高速公路隔离开。

扫一扫查看原文

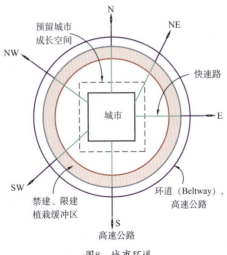

图8　城市环道

路网结构不合理的隐患

徐耀赐　公安部道路交通安全研究中心特约专家
　　　　台湾逢甲大学运输科技与管理学系所副教授

一、道路路网形成的历史进程

1.完整路网形成的5个阶段

完整路网的形成经历了一定过程,大致可分为5个阶段。

阶段1:最早期路网仅由干线、集散道路、本地道路3种道路组成。

阶段2:发明高速公路(Freeway)之后,路网由干线、集散道路、本地道路及高速公路4种道路组成(图1)。

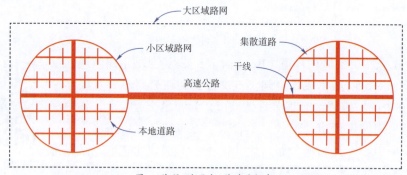

图1　阶段2路网由4种道路组成

阶段3:由于经济快速发展、车流量增加等原因,平面道路出现拥堵,为缓解拥堵,城市里出现了限速比高速公路低、以高架形式为主的快速路,此阶段路网由5种道路组成,已可满足长距离、大区域的易行性(Mobility)功能,但却无法满足小区域、短距离的可达性(Accessibility)功能。

阶段4:为使路网功能更丰富,干线细分为主干线(Principal Arterial)与次干线(Minor Arterial);集散道路细分为主集散道路(Main Collector)与次集散道路(Minor Collector)。这样细分后,此阶段路网由7种道路组成。

阶段5:上一阶段的路网结构已较为完整,但还需要考虑小区域及出入衔接目的地才能真正实现及门、及户(Door to Door),因此,完整的路网还应包含接入通道(Access)。这样一来,完整的路网就由8种道路,也可称为"八阶"道路组成。其中,最高阶的高速公路无平面交叉,但可能有特殊信号控制;快速路与干线接合处可能有信号控制;主干线、次干线、主集散道路为信号控制交叉路口集中区;次集散道路、本地道路、接入通道为无信号控制交叉路口集中区,且无信号控制交叉路口数量远大于有信号控制交叉路口数量。

道路八阶功能分级可涵盖任何区域，但路网的选取没有一定标准，选取的可能是某地区高速公路、快速路路网，也可能是某城市的主要道路网，且所选取的大路网中也可能包含数个小路网，规划设计者应根据所需要解决问题的实际情况决定路网范围（图2）。

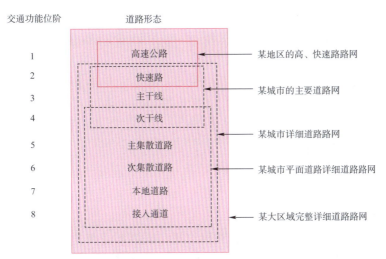

图2　八阶道路与路网选取示意图

2.将道路功能分为八阶的原因

道路功能分为八阶的原因主要有以下几点：可完整描述道路路网内易行性与可达性的概念；可完整描述任何区域、任何面积、任何距离，涵盖城市、乡区等不同功能道路组成的路网架构；可涵盖所有不同设计速度的道路；可检核车流由起点（Origin）至终点（目的地，Destination）是否具备车辆行驶路径连续性；对路网交通控制计划易建立清晰的蓝图，例如区域路网的信号系统联控；八阶道路功能分类可与国土规划、生活圈规划、城市规划、城乡规划、土地使用形态等彻底结合。从图3中可以看出，高速公路易行性、设计速度最高，服务距离最长，且两条高速公路之间的间距比其他同阶道路的间距要长；接入通道的可达性最高。道路功能定位可初步决定设计速度、预期的第85百分位速度V_{85}、限速值（图4），不过需要注意，后两项需要与速度管理手段搭配使用。

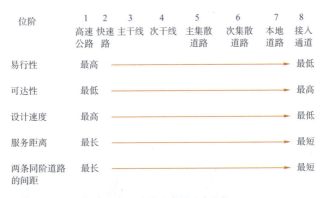

图3　八阶道路交通功能比较

	设计速度（km/h）	V_{85}（km/h）	限速值（km/h）
高速公路	80～120	80～110	80～110
快速路	80～100	80～90	80～90
主干线	60～80	60～70	50～70
次干线	50～60	50	50
主集散道路	50～60	50	50
次集散道路	40～50	40	40
本地道路	40	40	40
接入通道	20～30	20～30	30

道路八阶功能

速度管理（Speed Management）认可、辅助

图4　道路功能定位可用以初步决定设计速度、预期的V_{85}、限速值

二、路网道路阶差大存在隐患

1.道路相接应遵循一定规则

八阶道路具有一定层次，两条道路相连接时需要考虑彼此之间交通功能位阶的差值，即阶差，不可随意连接。阶差越大，代表路网结构越差，拥堵与事故风险越大。因为两条道路通行能力（容量，Capacity）相差太大，不符合自诠释道路（Self-Explaining Roadway，SER）的设计理念，易形成瓶颈（Bottleneck），由此驾驶人行为的驾驶动作被迫变大，驾驶人工作负荷（Driver Work Load，DWL）增大，同时也会导致不遵守交通规则行驶的人增加，车流稳定性下降，最终造成交通控制难度增高，事故发生概率升高，特别是在某些地段不利于行人的安全。

两条道路之间的阶差会存在4种情况：阶差为0，单纯转向到另一条交通功能位阶相同的道路；阶差为±1，驾驶动作变化极小，道路通行能力接近，此种情况最佳；阶差为±2，此种情况勉强合理；阶差大于2，离“自诠释道路”的理念越远，须使用交通工程辅助的力度越大，容易造成事故与拥堵。因此，两条道路的阶差最好小于等于2。举例来说，当规划道路为高速公路时，合理的阶差的可能性为3种（图5）；规划道路为快速路时，合理的阶差的可能性为4种（图6）。

规划道路		连接道路		阶差及说明		
高速公路	—	高速公路	：	0，	平阶	好（Good）
	—	快速路	：	-1，	下降一阶	好（Good）
	—	主干路	：	-2，	下降二阶	尚可（OK）

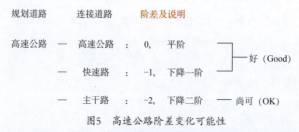

图5　高速公路阶差变化可能性

图7为八阶道路阶差变化可能性，由最高阶至最低阶，阶层对称，其中主干线、次干线、主集散道路、次集散道路路网规划变化程度相对复杂。利用此概念可以检核路网结构分布是否合理，针对需要整改之处，可利用区域路线重整（Regional Rerouting）策略进

行路网整改，即重新调配出入动线。

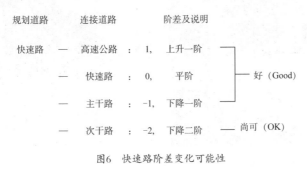

图6 快速路阶差变化可能性

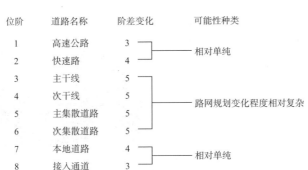

图7 八阶道路阶差变化可能性

2.道路阶差太大的反面案例

路网优劣直接影响城市景象，路网规划合理的地区整体景象具有层次，不会给人压迫感，生活空间也相对舒适。每单位面积人口数不同代表路网的交通荷载能力不同，举个比较夸张的例子，每平方公里居住1万人与10万人所产生的交通需求量不同，交通状况不同，配套的道路设施也应有所不同，因此路网规划与城乡规划应紧密结合，考虑周边区域容积率、建蔽率，楼层高的地区居住的人相对较多，建蔽率高，但需要注意土地承载能力有限，若楼层过高，超出一定范围，容易留下"后遗症"。

此外，两条相接道路的阶差太大也会有"后遗症"，容易出现畸形路口，且由于是路网规划造成的原因，改善起来并不容易，下面看几个典型的反面案例。

图8中，某学校前方即为主干线，每天上下学接送学生的家长较多，道路拥堵严重，原因就在于路网规划不合理，"接入管理"未融合城乡规划、路网规划，接入口直接与主干线结合，阶差过大，会造成后续交通管理长期处于高负荷状态。

图9中干线与周边小区直接相连，若干线为主干线，与接入通道的阶差为5，若干线为次干线，与接入通道的阶差为4，两种情况阶差都已大于2，尤其早晚高峰干线拥堵严重，原因就在于路网规划不合理。按照图9中情况，与小区接入通道直接相连的道路位阶应不高于次集散道路。

图10中，原本中央分隔带是封闭设置的，后来为方便民众，打开中央分隔带，直接连通两侧小路，导致相接道路阶差过大，容易造成事故。这种情况较为合理的做法应保持中央分隔带封闭，小路只许"右进右出"，不可直接穿越中间的大路。

图8 某学校前方为主干线

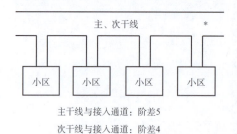 

图9 相接道路阶差过大

图10 中央分隔带应封闭设置

图11中交叉路口中间区域呈长方形，说明相接道路阶差过大。若长期观察，可以发现此类交叉路口较容易发生事故。较为合理的交叉路口中间区域应接近正方形。

图12a）为路网不合理形成的畸形路口，图12b）为利用交通控制设施改善后的交叉路口，但由于路口本身结构不合理，即便通过一些辅助手段改善后也无法达到最理想状态。因此，在最初进行路网规划时就应该充分考虑多方面因素，否则形成畸形路口后不容易改建。

图11 交叉路口物理区呈长方形

a)

b)

图12 路网不合理形成的畸形路口

总结一下路网结构合理性的4大准则：每条道路本身的设计通行能力(Design Capacity)合理；若想两条道路合理相接，需要考虑道路的几何线形、交通功能阶差；若想两条道路间距合理，需要考虑的包括高、快速路立交桥之间的间距，平面交叉路口之间的间距，高、快速路匝道与平面道路交叉路口之间的间距；充分配合城乡规划。

三、可充分利用侧、后车道服务地区性交通

上文提到的阶差过大的反面案例，不仅存在安全隐患，也会给周边区域民众出行带来影响，类似这种情况，应考虑设置本地道路里的侧车道（Frontage Road）和后车道（Backage Roads），虽然这两种道路对长距离运输的贡献较小，但可以在不干扰主线车流的前提下，更好地服务地区性交通。充分利用侧车道，可以保证长距离交通顺畅，长、短距离的交通功能明显区隔；后车道设置则能充分体现路网规划与城乡规划的紧密结合。图13为后车道与侧车道的对比图。

侧车道是连接不同功能道路的重要做法，尤其对建立干线公路邻侧的路网有益，同时可结合道路景观布设。侧车道适用于这些情况：对于有专用路权的公路，可利用侧车

道服务于专用公路无法到达的邻近地区；侧车道可作为主要干道的出入口，连接附近村落或农庄；在繁忙的路旁商业区，可由道路分隔设施将主要道路与侧车道隔开，有利于商业区交通独立。图14中间的道路为主干线，距离长，目的是直通；两侧为侧车道，将主干线与周边区域切割开，同时可服务于周边区域。

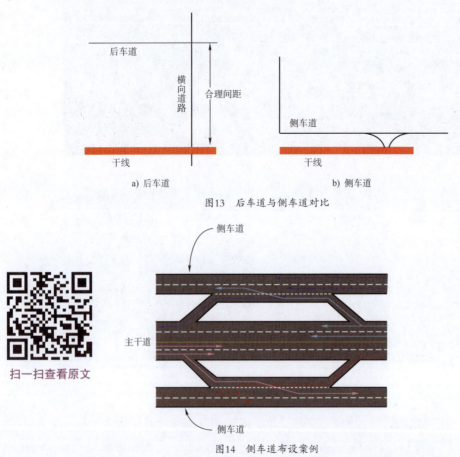

图13 后车道与侧车道对比

图14 侧车道布设案例

后车道多位于商业区、住宅区等后方，可有效减少甚至消除干线道路、集散道路对商业区、住宅区、学校等的负面影响，图15是后车道的典型布设示例。

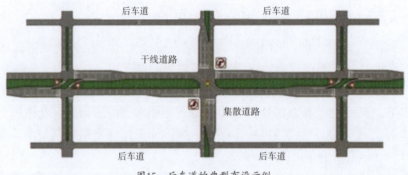

图15 后车道的典型布设示例

交叉路口非机动车左转交通组织设计方法及适用性

黄晓磊、杨林山　安徽省淮南市公安局交通警察支队
邱　猛、张卫华　合肥工业大学汽车与交通工程学院

由于交叉路口左转非机动车流通过距离长、流线复杂，与机动车流冲突点多且严重，因此其对交叉路口运行状态具有重要影响。然而，由于非机动车左转过街已有的多种组织方法及其适用条件都较为模糊，且相互之间缺乏系统比较，因此对交叉路口非机动车左转交通运行特征和交通组织方法及适用性的探讨可为交通管理与设计提供一定理论依据。

一、交叉路口非机动车交通流特征分析

1. 非机动车交通流过街运行特征

与机动车交通流相比，非机动车在骑行时具有以下特征：

（1）不稳定性。由于非机动车轮胎与地面接触面积仅为30~50cm²，骑行者须随时调整重心以维持运动中的平衡。因此非机动车在静态时无法稳定直立，必须用脚撑架住或由骑行者用脚撑立。当非机动车行进时，人车合成系统的重心将升高，不及时自我调整重点位置将会失去平衡。

（2）成群性。非机动车一般不像机动车那样有规则地纵向行驶，而是一队一队成群前进，特别是在交叉路口，由于受到信号灯影响，在红灯期间到达的非机动车在绿灯亮起时会成群涌进交叉路口，形成非机动车群，尤其当左转非机动车流较多时，左转的非机动车群经常导致左转机动车空间受挤。

（3）多变性。非机动车的骑行过程往往随机性较大，其速度、方向、运行轨迹常常发生变化。例如，在交叉路口处常有一些骑行者脱离原骑行者群体单独行驶，同时另外一些骑行者加速插入该群体，导致车流中出现"你追我赶"的现象，以及左转非机动车长时间占用左转机动车行驶空间的情况。

（4）遵章性差。非机动车骑行者在通过交叉路口时经常存在寻求近路和间隙的心理，若交叉路口无人监管则可能会出现闯红灯和抢行等违章现象。

2. 非机动车左转过街排队等待特征

非机动车左转排队等待特征与其流量大小有密切关系，具体表现为：平峰时期，多数非机动车停在停车线后，只有少数越过停车线停车；高峰时期，由于非机动车到达比较密集，且没有明确的车道划分以及本身穿插骑行的灵活性，后到达的非机动车容易绕过前车停车，从而产生交叉路口内部范围的"梯形停车"和"扇形停车"（图1）。这种

类型的停车严重影响了机动车通行，降低了机动车在交叉路口的通行效率。

a) 梯形停车

b) 扇形停车

图1　高峰时非机动车停车现象

那么，在交叉路口内应如何进行非机动车左转交通组织设计才能规避上述问题呢？目前有哪几种设计方法可供参考，适用性如何？

二、非机动车左转交通组织设计方法剖析

（一）非机动车随行人通行交通组织设计方法

1.慢行共板交通组织设计方法

慢行共板道路交叉路口非机动车左转普遍采取二次过街方式。如图2所示，黄色虚线表示非机动车在这种左转过街模式下的骑行轨迹，当南北方向绿灯亮时位于等候区的左转非机动车随直行非机动车运行至对面的待行区内，待东西方向的绿灯亮时再通过交叉路口完成左转过街。

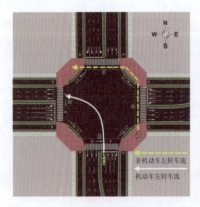

图2　慢行共板道路非机动车交叉路口左转轨迹及实际场景图（来源：淮南交警）

主要优势如下：

（1）减少交通冲突。消除了左转非机动车与机动车之间的干扰，提高非机动车及机动车通过交叉路口的行驶速度与通行能力，减少交叉路口内部干扰，规范交叉路口通行秩序，确保人、机动车、非机动车路权明确，降低了非机动车与机动车碰撞事故发生

率,安全性较高。

(2)节约空间资源。采用慢行共板道路可以使行人与非机动车共同利用有限的空间,大多数情况下可以相互调剂、补充,在有限的红线宽度内可以节约空间资源。

(3)安全性能较高。交叉路口右转弯路缘石采用实体岛隔离(在人行横道线处断开),防止交叉路口范围内行人与非机动车随意穿越道路,提高安全性的同时增加了景观效果。由于右转半径较小,车辆右转时需要减速通行,安全性较高且右转车辆待行区空间感清晰。

(4)降低管理难度。机动车与非机动车隔离绿化带的设置可保证机动车与非机动车分离,消除混合交通流之间的相互干扰,减少放行管理难度。由于交叉路口相位不受行人和非机动车干扰,可灵活配置相位方案,更容易实现交叉路口间双向绿波控制,通过合理优化信号配时、加强机动车与非机动车控制信号协调等能够使交叉路口完全清空,避免行驶较慢的非机动车影响到机动车通行,因此交叉路口管理难度降低。

主要问题如下:

(1)影响步行安全。因为非机动车车速较快且制动性能往往存在一定问题,所以在交叉路口行人和非机动车共用区域,行人路权可能受损。若行人与非机动车交织,则行人需要小心行走,提防非机动车冲撞,以免影响步行者的交通安全及舒适性。

(2)增加过街时间。在多相位放行的交叉路口,非机动车二次过街需要等候两次红绿灯,停车次数与过街时间相对于一次过街都有所增长。

(3)影响右转非机动车通行。非机动车较多时,排队车辆可能将整个待行区占满,与右转非机动车相互干扰,容易降低右转非机动车道的通行能力。

适用范围:机动车道和非机动车道存在物理隔离、左转弯非机动车流量较低、道路沿线商业用地较小且道路交叉路口空间较大、机动车流量较大的交叉路口。

2.设置右转渠化岛的非机动车交通组织设计方法

在设置右转渠化岛的交叉路口,非机动车左转采取二次过街方式,实际上是将非机动车和行人看作一体的交通流,在同一绿灯相位左转的非机动车和行人共同过街。

如图3所示,黄色虚线表示非机动车在这种左转过街模式下的骑行轨迹,当南北方向绿灯亮时,左转非机动车随直行非机动车运行至对面的渠化岛内,待东西方向绿灯亮时再通过完成左转过街,整个过程经过3个渠化岛。

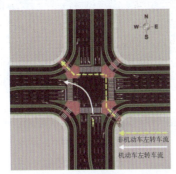

图3 设置右转渠化岛交叉路口非机动车左转轨迹及实际场景图(来源:淮南交警)

主要优势如下：

（1）车辆右转提前，不需要通过交叉路口转弯。

（2）等候时间减少，即行人与非机动车在通过较大交叉路口时等候红灯的时间减少，过街安全得到进一步保障。

（3）空间资源优化，交叉路口内交通设施可全部置于渠化岛内，通过实体岛种植低矮绿化，提高了交叉路口的景观效果以及交通设施的可视性。

主要问题如下：

（1）等候空间限制。非机动车在通过交通岛过街时，不可避免会遇到红灯或者多相位禁行的情况，岛内可供行人与非机动车等候的区域面积直接影响到相交道路行人与非机动车的通行。如果等候区面积不足，最直接影响的就是相交道路绿灯相位通行的非机动车及行人。

（2）适应性较差。对交通需求动态变化的适应性较差，尤其是涉及右转车道调整时改造成本高。

（3）右转车速较高。右转半径较大、右转车速度较快，来往人行道和渠化岛的行人和非机动车没有信号灯控制，右转机动车容易与行人和直行非机动车产生冲突，右转车道可靠性较低。

适用范围：相交道路红线宽度较宽、道路等级高且行人及非机动车较少的交叉路口，一般设置在城市外部环线及大型车辆右转需求大的道路。

（二）非机动车随机动车通行交通组织设计方法

1.非机动与机动车同步左转的交通组织设计方法

非机动车随行人通行的交通组织是我国目前最常见的交叉路口非机动车通行管理模式，但在实际情况中也采用非机动车与机动车同步左转的交通组织，就是将非机动车和机动车看作一体化交通流，将左转非机动车从交叉路口进口道的非机动车群中分离出来并利用机动车的左转相位通行，即交叉路口的左转非机动车与机动车以相同方式过街（图4）。

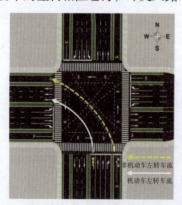 

图4 机非同行道路非机动车交叉路口左转轨迹及实际场景图（来源：淮南交警）

根据《中华人民共和国道路交通安全法实施条例》，机非同步左转时，左转非机动车须让直行车辆和行人优先通行，向左转弯时须靠交叉路口中心点右侧转弯。由于我国交通环境复杂、不同道路上的交叉路口间存在差异,且各类交通参与者的交通特性不同,因此需要对非机动车与机动车同步左转的交通组织特点进行分析。

主要优势如下:

(1)符合驾驶习惯。同步左转的交通组织设计使得左转非机动车流能够一次性通过交叉路口,比较符合骑行者的实际骑行习惯和心理期望。

(2)减少车辆干扰。左转的机动车和非机动车在同一相位各行其道,相互间没有干扰。

(3)方便交通管理。因为左转非机动车没有单独的左转信号灯,所以当其按照机动车左转信号灯行驶时,便于交叉路口车辆通行管理。

主要问题如下:

(1)右转通行受限。左转非机动车与本向、对向的右转机动车流都存在冲突干扰,右转机动车转弯半径较小,导致交叉路口右转机动车通行能力降低。大型车辆右转时,由于存在内轮差,容易碾压正常行驶的非机动车和行人,存在一定安全隐患。

(2)容纳空间较小。当交叉路口进口道的非机动车流量比较大时,左转非机动车和直行非机动车混合排队,可能会使非机动车通行混乱,增加延误。

(3)增加行人过街时间。同步左转的交通组织设计使得人行横道向交叉路口内收缩,其起点和终点均在右转弯路缘石上,相比于路段上的人行横道,行人过街距离增长。在同样步速的情况下,行人过街时间也相应增加。

(4)依赖信号控制。同步左转的交通组织设计比较依赖信号控制,同时须采用对称放行模式,避免左转非机动车与直行机动车产生冲突,因此需要对交叉路口的信号配时方案进行优化。

适用范围:左转非机动车流量较大、道路沿线商业用地面积较小、交叉路口空间较大且独立设置左转相位的交叉路口。

2.前置非机动车待行区交通组织设计方法

由于目前的国家标准中并没有非机动车左转待行区的设置标准,参考《道路交通标志和标线》(GB 5768—2009)中机动车左转的设置标准以及国外的设置形式,根据设置位置可将非机动车待行区分为两种形式:一种是前置非机动车待行区,将待行区设置在人行横道前面,非机动车通过人行横道进入待行区;另一种是将停车线后退4~5m,在机动车和非机动车道前设置非机动车待行区。由于我国大多数城市道路交叉路口采用的是前置非机动车待行区形式,因此只对前置非机动车待行区的交通组织设计进行分析。

为尽量扩大待行区面积,非机动车待行区一般布置在左转和直行车道前方。前置非机动车待行区一般对信号相位有所要求,为减少与对向车辆间的冲突,支路进口道相位应采取单口放行模式。非机动车待行区是在进口道单放行相位前引导左转和直行非机动车至待行区等候,等单放行相位开始后,左转和直行非机动车凭借其起动速度快、位置靠前等优势,可先于机动车驶入交叉路口,减少机非冲突。这种设置非机动车左转形式是从时间角度分离左转非机动车和机动车车流的一种非机动车左转交通组织设计方法。

在常见的4相位信号控制交叉路口上（支路相位应采取单口放行模式），当设有非机动车待行区时，非机动车行驶轨迹如图5中黄色虚线所示：单口放行相位开始前，左转非机动车驶入交叉路口非机动车待行区等候，单口放行相位开始后，向出口道行驶完成过街行为。

图5　前置待行区交叉路口非机动车左转轨迹及实际场景图（来源：淮南交警）

主要优势如下：

（1）优先通行。该方法赋予了非机动车较大优先权，符合非机动车骑行人希望快速通过交叉路口的预期，能满足骑行者靠前排队的意愿。总体而言，各类车辆较为有序，绿灯期间待行区车辆能较快回到非机动车道，对机动车阻滞干扰较小，可有效疏导交叉路口待行区车辆通行，保障非机动车人车安全，提升道路通行安全性。

（2）缩短距离。待行区可有效将交叉路口过街距离缩短1/4以上，并且同时提升非机动车通行效率。

（3）减少冲突。减少绿灯期间与右转车流的交叉，将部分甚至全部非机动车引导至待行区内，减少非机动车与右转机动车流交叉及抢行现象。

主要问题如下：

（1）人非冲突。非机动车待行区会增加非机动车与过路行人冲突，主要表现在，当红灯亮时，非机动车通过斑马线进入待行区，可能会与正处于行人放行相位的行人发生冲突。

（2）快慢混合。如果非机动车流非常大，且待行区内已被停满，后续车辆就会占用行人斑马线区域来进行停放，进而影响行人正常通行。此外，不间断的非机动车流会大幅降低可穿越间隙的出现概率，导致机动车延误增加。

适用范围：路面宽度较窄的次干路、支路交叉路口，其非机动车道宽度不足2m或者无非机动车道，机非混行且非机动车流量不大，信号灯相位模式为单口直行和左转同时放行。

三、非机动车左转不同交通组织方法比较

为合理比较不同道路交叉路口非机动车左转模式的应用效果，考虑到机非同行交叉路口内是否前置非机动车等待区对机动车流左转运行效果以及空间布局的影响不大，因此仅针对慢行共板道路交叉路口、设置右转渠化岛交叉路口、机非同行交叉路口3种左转

模式进行比较分析。按照道路设计的一般模式，以50m道路红线为统一标准进行通行效率、舒适性以及空间利用率等方面的分析，具体断面情况如图6所示。

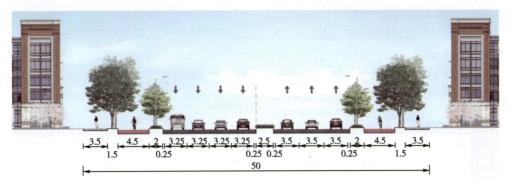

图6　50m道路红线断面（单位：m）

1.过街距离比较

图7为3种道路交叉路口的设置形式，通过计算可以得到，非机动车左转过街距离分别为80m、88m、61m。

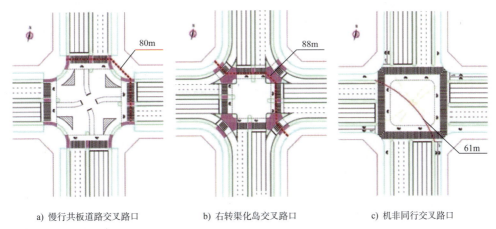

a) 慢行共板道路交叉路口　　b) 右转渠化岛交叉路口　　c) 机非同行交叉路口

图7　3种道路交叉路口形式下非机动车左转距离

2.过街时间及停车次数比较

为有效比较3种交叉路口非机动车左转模式的通行效率（假设全部为电动自行车），设置以下条件作为前提来对车辆在交叉路口的运行速度特征进行分析：

（1）信号控制交叉路口绿灯放行时，通行的非机动车做匀加速直线运动至离开交叉路口后匀速直线运动；

（2）电动非机动车的速度一般为20~30km/h，因此这里取中间值，设为25km/h，加速度为1.73 m/s^2；

（3）信号控制为4相位，每个相位时间30s，中央驻足区有二次过街红绿灯，非机动车进入交叉路口时为该方向绿灯亮起时的第一辆车。

同时，依据下述运动学公式进行计算：

$$S=v_0t+1/2at^2$$

式中：S——非机动车的加速通行距离（m）；

v_0——非机动车的初速度（m/s）；

a——非机动车的加速度（m/s²）；

t——加速阶段的时间（s）。

按照以上给定条件和公式，假设不同方式左转过街的车辆到达起点处的时间为刚亮绿灯的同一时刻，以南进口左转非机动车过街为例，在南北直行相位刚开始时，分别对3种交叉路口非机动车左转模式下的过街时间及停车次数进行比较分析，其中过街时间包括等待时间以及实际行驶时间。如表1所示，通过计算可得出3种交叉路口设置形式下非机动车左转过街时间及停车次数，机非同行交叉路口非机动车左转的平均骑行时间和等候时间仅为在右转渠化岛及慢行共板交叉路口左转所需时间的一半左右。

3种交叉路口非机动车左转过街通行时间与停车次数　　　表1

交叉路口类型	非机动车到达时刻	骑行时间（s）	等候时间（s）	总通行时间（s）	停车次数（次）
慢行共板道路交叉路口	南北直行相位开始	21.24	42.98	64.22	2
	南北左转相位开始	25.02	129.2	154.22	4
	东西直行相位开始	25.02	99.2	124.22	4
	东西左转相位开始	25.02	69.2	94.22	3
	平均值	24.08	85.15	109.23	3.25
右转渠化岛交叉路口	南北直行相位开始	21.98	44.18	66.16	2
	南北左转相位开始	29.18	127.01	156.19	4
	东西直行相位开始	29.18	97.01	126.19	4
	东西左转相位开始	25.91	70.28	96.19	3
	平均值	26.56	84.62	111.18	3.25
机非同行交叉路口	南北直行相位开始	10.76	30	40.76	1
	南北左转相位开始	10.76	0	10.76	0
	东西直行相位开始	10.76	90	100.76	1
	东西左转相位开始	10.76	60	70.76	1
	平均值	10.76	45	55.76	0.75

3.安全性比较

如图8、图9所示，以4相位控制交叉路口为例，选取南进口道左转非机动车为研究对象，则慢行共板道路交叉路口的左转非机动车与机动车会产生4次交通冲突；右转渠化交叉路口左转非机动车与机动车会发生2次交通冲突；机非同行交叉路口的左转非机动车与机动车会产生2次交通冲突。

从交通安全角度来看：慢行共板道路交叉路口右转半径较小（一般在15m左右），右转车辆因离心力作用须主动减速，且右转车待行区空间感清晰，右转车辆驾驶人与非机动车骑行人视线夹角为45°，便于互相观察，但非机动车过街中产生冲突数最大（4次），因此过街安全性一般；右转渠化岛交叉路口右转半径较大（一般在25m左右），右转车速度较快，但非机动车过街中产生冲突数较少（2次），且右转车辆驾驶人与非机动车骑行人视线夹角基本为90°，便于互相观察，安全性有保障，是一种较为安全的过街方式；机非同行交叉路口右转半径小（一般在10m左右），非机动车与机动车产生的冲突数较少（2次），但右转车辆驾驶人与非机动车骑行人视线夹角小于45°，不便于相互观察，且大型车辆右转时存在内轮差，易碾压行人及非机动车，交通安全隐患相对较大。

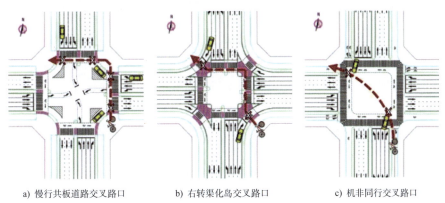

a) 慢行共板道路交叉路口　　b) 右转渠化岛交叉路口　　c) 机非同行交叉路口

图8　非机动车左转与机动车冲突数及位置分析

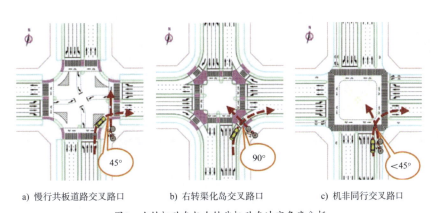

a) 慢行共板道路交叉路口　　b) 右转渠化岛交叉路口　　c) 机非同行交叉路口

图9　右转机动车与左转非机动车冲突角度分析

总而言之，从冲突次数、驾驶人视角、右转机动车速度等角度来看，右转渠化岛交叉路口左转非机动车舒适性最好，慢行共板道路交叉路口次之，机非同行交叉路口的舒适性较差；从行驶速度、驾驶人视角、转弯半径、待行区域等角度来看，慢行共板道路交叉路口右转机动车舒适性最好，右转渠化岛交叉路口次之，机非同行交叉路口较差。

4.交叉路口空间适应性比较

通过对3种交叉路口面积的对比可知，在道路空间有限的情况下采用机非同行交叉路口最节约空间资源，如图10所示。此外，由于道路周边土地利用以及其他特殊的历史、社会原因，交叉路口的交通流量也会发生变化，其形式需要相应调整，因此在进行交叉路口设计时需要提高交叉路口应对交通需求动态变化的适应性和灵活性，保证交叉路口改造更简便易行。

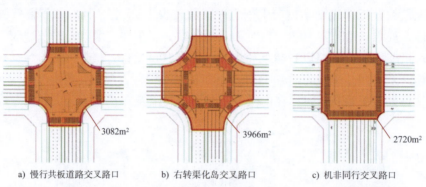

a) 慢行共板道路交叉路口　　b) 右转渠化岛交叉路口　　c) 机非同行交叉路口

图10　3种交叉路口空间形式及面积

在上述3种交叉路口形式中，若对慢行共板及机非同行交叉路口进行改造，只需要调整车道功能即可；若对右转渠化岛交叉路口进行改造，则需要对渠化岛进行破除并重新设计，尤其是涉及调整右转车道时，改造难度会进一步增加，因此改造成本较高。换言之，右转渠化岛交叉路口适应性较差。

通过对4种不同形式非机动车左转交通组织设计方法的利弊分析，以及对慢行共板道路、设置右转渠化岛道路、机非同行道路3种道路交叉路口安全性、通行效率和适应性分析，可得出如下结论：根据交叉路口行人与非机动车流量以及交叉路口空间大小的不同，非机动车左转应选择不同的交通组织管理方式，同时，不同的非机动车左转交通组织模式在提高交叉路口通行效率、减少交通冲突点、占用交叉路口空间资源等方面具有不同特点，在实际交通设计及交通管理中应因地制宜地进行选择。

扫一扫查看原文

国外城市道路交叉路口通行规则特征解析

赵琳娜　公安部道路交通安全研究中心助理研究员

本文针对城市道路交叉路口车辆让行车辆、车辆让行行人、自行车通行等特定情境，归纳通行行为发生前、过程中、结束时各个环节通行规则的细节要求，分析交通设施对通行规则的科学表达和诠释，并从时间顺序、重要程度角度解析通行规则的优先级判断基准，总结美国、日本、新加坡、荷兰等国家在这3类情境下12项具有共性特征的通行规则。

一、车辆对车辆让行通行规则特征

美国、日本、新加坡虽然道路环境、驾驶习惯差别很大，但道路交叉路口车辆让行车辆通行规则的制定和执行却体现出了一些共同特征，即决定是否该让行的影响因素都无外乎是道路交通时序、道路空间特征、车辆行驶方向3个方面。同时，各通行规则之间并不是相互独立的，而是存在明显的优先级次序，即驾驶人的让行行为是按照通行规则的逻辑顺序递进认知、判断的，当前这一让行规则不适用时，顺延至下个规则进行判断。概括来讲，车辆让行车辆相关规则包括以下特征。

1. "先到先行"是首要原则

车辆到达道路交叉路口的时间顺序决定了通行次序。即先到达的车辆无论所处进口道的空间特征和行驶方向，均可以优先通过交叉路口，后到达的车辆应让行（图1）。这一原则是无信号控制道路交叉路口车辆通行次序的先决条件。对于信号控制道路交叉路口，交通信号灯通过信号相位分配了各进口道车辆的通行时序，车辆应遵照交通信号指示通行，但须注意，即使在绿灯信号下，尚未进入交叉路口的车辆仍应对已经在交叉路口内的车辆让行。如日本规定，绿灯信号表示可以通行，但不代表优先通行权，绿灯信号下通行的车辆应不妨碍交叉路口内的车辆通行。

2. 进口道的空间特征决定车辆通行次序

当车辆同时到达道路交叉路口，"先到先行"原则不适用时，在无信号控制的条件下，

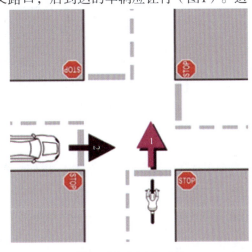

图1 "先到先行"示例

按照进口道的空间特征判断车辆通行次序。进口道的空间特征主要包括道路优先等级、进口道所处交叉路口方位两个方面。

道路优先等级高的进口道，车辆优先通行。美国规定无控制道路交叉路口，交通流量较大的道路的车辆具有优先通行权，交通流量较小的道路上的车辆应让行。日本规定无信号控制道路交叉路口，设置了"优先道路"交通标志或道路中央线在交叉路口内延伸的道路为优先道路，优先道路上的车辆优先通行，其他进口道的车辆应让行（图2）。

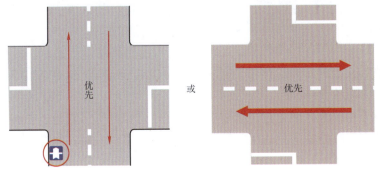

图2 优先道路示例

根据进口道所处道路交叉路口的方位确定车辆通行次序。美国、新加坡规定右侧先行，即相邻进口道的车辆同时到达道路交叉路口，右侧进口道的车辆有优先通行权，左侧进口道的车辆应对右侧进口道的车辆让行［图3a］；日本道路靠左行驶，规定左侧

先行，即相邻进口道的车辆同时到达道路交叉路口，左侧进口道的车辆有优先通行权，右侧进口道的车辆应对左侧进口道的车辆让行［图3b）］。

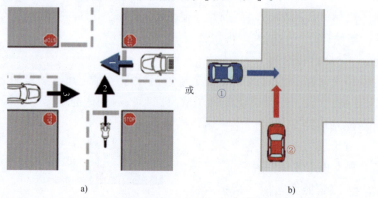

图3 右侧先行或左侧先行示例（注："STOP"意为"停"）

3.交叉路口内直行车辆通行优先于转弯车辆

对于无信号控制道路交叉路口，当车辆同时到达道路交叉路口，"先到先行"原则不适用时，且进口道的空间特征相似，车辆通行次序应按照行驶方向判断，即对向进口道，直行车辆有优先通行权，转弯车辆应让行直行车辆。对于信号控制道路交叉路口，在没有专门转向信号控制条件下，转向车辆应对对向进口道或相邻进口道的直行车辆让行（图4）。

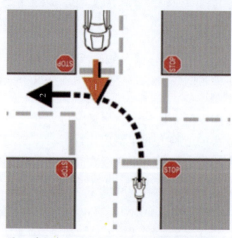

美国道路是靠右侧通行，大部分州规定交通信号红灯条件下，直行、左转车辆应保持停止，但均是单行道的道路交叉路口可以红灯右转，右转车辆可以通行，但也应对相邻进口道的直行车辆让行；交通信号绿灯条件下，直行、左转、右转车辆可以通行，其中，左转车辆应对所有接近的车辆让行，即对对向进口道的直行和右转车辆让行。

图4 直行先行示例（注："STOP"意为"停"）

日本道路是靠左侧通行，规定交通信号红灯条件下，直行、右转车辆应停止，左转车辆可以继续通行；绿灯条件下，右转车辆应不妨碍对向进口道的直行车辆。

新加坡道路也是靠左侧通行，规定交通信号红灯条件下，直行、左转、右转车辆应保持停止，设置有特定交通标志的道路交叉路口允许红灯左转；绿灯条件下，直行、左转、右转车辆可以通行，其中，右转车辆应对对向进口道的直行车辆让行。

4.不同转向车辆通行次序由转弯半径决定

当对向进口道不同转向的车辆同时到达道路交叉路口，以上原则均不适用时，不同转向车辆的通行次序应由转弯半径决定，即转弯半径较大的转向车辆应对转弯半径较小的转向车辆让行。美国道路是靠右侧通行，道路交叉路口右转车辆先于左转车辆通行,这一原则适用于无信号控制道路交叉路口。对于信号控制交叉路口,在无专用转向信号控制时,交通信号绿灯条件下,对向进口道转弯车辆同时放行,右转先于左转原则也同样适用[图5a]。日本、新加坡道路均是靠左侧通行,道路交叉路口左转车辆先于右转车辆通行,这一原则既适用于无信号控制道路交叉路口,也同样适用于信号控制道路交叉路口[图5b]。以日本为例,其《道路交通法》明确规定,车辆在道路交叉路口右转时,若该道路交叉路口有直行或左转车辆,不得妨碍直行或左转车辆通行。

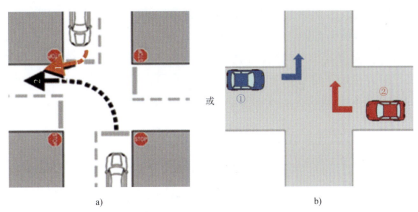

图5 右转先行或左转先行(注:"STOP"意为"停")

二、车辆对行人让行规则特征

行人过街安全已在世界范围内成为城市道路交通管理的重点和难点问题。美国2018年道路交通事故死亡人数中行人占总量的16%,日本2019年道路交通事故死亡人数中行人占总量的35.6%,车辆与行人的通行冲突是导致交通事故伤亡的最主要成因。因此,越来越多的国家和城市重视保障道路交叉路口行人通行权利、强调突出车辆对行人让行的通行规则。以美国、日本、新加坡为例,虽然这3个国家对行人及车辆通行权利和义务的界定、让行规则适用情形的规定都不尽相同,但在道路交叉路口保护行人通行安全、平等分配通行路权等方面的理念却是完全一致的。总体来看,道路交叉路口车辆对行人让行的通行规则可以概括为以下4个特征。

1.行人是否在人行横道内是判断车辆是否让行的首要条件

美国联邦法律规定,行人和车辆在道路交叉路口的通行权利是平等的,没有任何一方的通行权利优先或凌驾于另一方。而各州在道路交通法律中对道路交叉路口行人和车辆的通行权利和义务主要是依据人行横道来界定,即道路交叉路口人行横道内的行人拥有优先通行权,车辆应让行;道路交叉路口除人行横道以外区域上的行人应对车辆让行。日本虽然并未在法律中明确道路交叉路口人行横道以外区域行人和车辆通行优先次序,但明确规定了道路交叉路口行人优先的条件,即只有在人行横道内的行人才有优先通行权。同时,美国、日本、新加坡不仅规定了道路交叉路口行人通行的权利,而且也强调了道路交叉路口行人通行应遵守的义务,施划了人行横道的必须通过人行横道穿行交叉路口，设置了交通信号的必须遵照交通信号指示通行。

2.车辆应对行人让行是通用原则

道路交叉路口人行横道前车辆应对行人让行是通用原则。日本、新加坡规定，无论是无信号控制还是信号控制道路交叉路口，当人行横道上有行人时，车辆应在人行横道前完全停止，在观察道路情况确保行人安全通过后再起动通过。美国各州均要求车辆在人行横道前让行行人，但对于是否需要停车让行各州的规定相差较大。鉴于近年来美国无信号控制道路交叉路口行人事故不断攀升，越来越多的州开始提高对车辆让行行人的要求，截至2019年底，已有19个州规定车辆在人行横道前应停车让行人优先通过。

下面以美国华盛顿州车辆让行行人的规则为例进行解析：

行人进入人行横道，让行规则为当机动车到达交叉路口时，不论是否设置停车让行标志及标线，只要机动车道正前方的人行横道上有行人通过，机动车都必须完全停止。图6中行人或自行车行经机动车道正前方，进口道1处的车辆应停车让行。

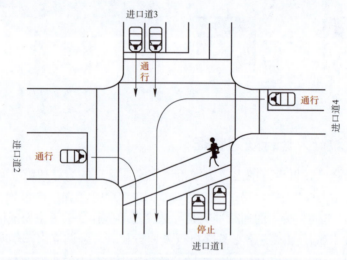

图6　行人或自行车行经机动车道正前方

行人在人行横道中央，让行规则为当行人已经过机动车所在车道的正前方，但与机动车的间隔距离还未超过1条车道宽时，这时机动车仍须保持完全停止状态；同时，其他进口道的车辆在道路交叉路口内的行驶路径与行人步行路径判断距离未超过1条车道宽的，车辆也应当保持完全停止状态。图7中行人或自行车已经过但间隔小于1条车道宽，进口道1处的车辆应保持停止状态，进口道2处右转车辆应停车让行，进口道3处直行车辆应停车让行，进口道4处左转车辆应停车让行。

行人即将但未完全通过人行横道，让行规则为当行人已经过机动车所在车道的正前方，且间隔距离超过1条车道宽时，机动车即可通行；同时，行人或自行车尚未完全通过人行横道，并正处于其他进口道的车辆在道路交叉路口内的行驶路径上，车辆应保持停止状态直至行人通过人行横道。图8中与行人或自行车的间隔已超过1条车道宽，但行人或自行车尚未完全通过，进口道1处的车辆可以通行，进口道2处右转车辆应保持停止状态，进口道3处直行车辆应保持停止状态，进口道4处左转车辆应保持停止状态。

第一篇 / 道路通行管理

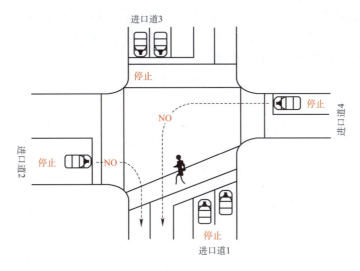

图7 行人或自行车已经过但间隔小于1条车道宽

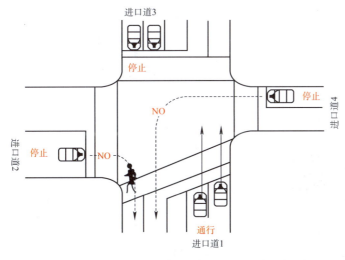

图8 与行人或自行车的间隔已超过1条车道宽，但行人或自行车尚未完全通过

需要强调的是，日本对人行横道前车辆停车让行的要求较高。当人行横道内有行人通过或路侧行人即将进入人行横道时，车辆都应保持停止状态直至人行横道上行人清空。美国对人行横道前车辆停车让行的要求相对较低。佐治亚州、伊利诺伊州、马萨诸塞州等地规定，当行人在人行横道内行走，且与车辆处于同一个半幅路时，车辆应停车让行人优先通过。

3.绿灯信号下车辆在人行横道前也应让行

新加坡在《道路交通法》中明确规定，在信号控制道路交叉路口，若前方人行横道上有行人通过，即使在绿灯条件下车辆也应停车让行。美国、日本在交通信号对应车辆的通行规则中，也明确绿灯的含义是可以通行，不代表绝对通行权，若车道前方人行横道上有行人，车辆应停止或减速让行人优先通过。同时，日本、新加坡在《道路交通

71

法》中规定，距离道路交叉路口人行横道一定范围内，禁止车辆驾驶人做出超车行为。美国威斯康星州、明尼苏达州等地规定，当前方车辆正在停车或减速对人行横道上的行人让行时，后方车辆不得超过前方车辆。

4.强调红灯时左转或右转车辆在人行横道前必须对行人让行

美国道路右侧通行，通常情况下，信号控制道路交叉路口允许红灯右转，右转车辆也应对人行横道上的行人让行。近些年，越来越多的州开始重视右转车辆对人行通行安全的影响，如2018年以来，明尼苏达州持续倡导右转车辆在转向时应在人行横道前停车让行人优先通过。日本、新加坡道路是左侧通行，日本通常在信号控制道路交叉路口允许红灯左转，左转车辆在转向时应在左侧道路人行横道前停车，让行人优先通过；新加坡通常不允许信号控制道路交叉路口红灯左转，除在设置了"红灯左转"交通标志的情形，左转车辆在转弯时应在人行横道前先停止，让人行横道上的行人优先通过，其次让道路交叉路口右侧进口道的直行车辆优先通过，最后在确认人行横道行人清空、没有右侧车辆后，才可以起动向左转弯（图9）。

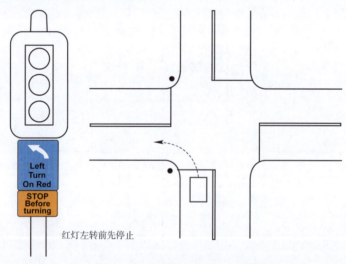

图9 新加坡信号控制道路交叉路口红灯左转示例图

值得一提的是，车辆让行行人的规则并不是要求越高越好，仍应以可行性、可操作性为制定准则。以日本为例，要求车辆只要在人行横道前无论是否有行人通过都应停车，为人行横道上的行人或即将进入人行横道的行人预留充足的通行时间和空间。日本的这一要求远远高于其他国家，但是，让行规则的执行效果却很不理想。根据日本汽车联盟2018年的调查显示，全国无信号控制道路交叉路口车辆让行率仅8.6%，即超过90%的车辆没有停车让行。可见，制定车辆让行行人规则并不能以保护行人安全为唯一导向，也要兼顾道路交通通行效率，应符合道路交通的实际通行需求。

三、自行车通行规则特征

美国、日本自行车保有量低、骑行者少，还未成为城市主流的交通出行方式，只是作为一种健身工具以较小规模、较低频率出现在城市道路上。因此，美国、日本没有在法律法规中明确要求设置专门的自行车通行路权,而是参照机动车或行人来设置自行车通行权利和义务。荷兰是自行车大国,一直以来,非常重视和保障自行车的通行安全,城市道路交叉路口普遍设置了自行车独立、专属车道和交通信号,并通过物理设施和交通信号清晰、准确地向道路使用者传递自行车通行的权利和义务。虽然以上3个国家自行车的发展和管理情况大相径庭,但是,从规则制定的角度看,不难发现道路交叉路口自行车的通行规则存在着明显的共性特征,主要包括以下4个方面。

1. 对通行权的界定设置了具体明确的适用条件

虽然美国部分州、日本在交通法律法规中将自行车划归于为车辆,但自行车在道路交叉路口的通行权利和义务适用范围的界定较为灵活,既可以将在机动车道上的自行车通行权等同于机动车,又可以将在人行横道上的自行车通行权等同于行人。

在没有设置自行车专用道的道路交叉路口,美国、日本针对自行车在道路交叉路口的通行权适用于机动车还是行人,规定由自行车在进入道路交叉路口前的骑行位置决定。具体来讲,若进入道路交叉路口前,自行车骑行者在人行道上骑行或推行自行车,则进入道路交叉路口后,自行车骑行者应继续在人行横道上骑行或推行通过;若进入道路交叉路口前,自行车骑行者在机动车道靠近路侧处骑行,则进入道路交叉路口后,自行车应按照机动车道行驶方向划分要求骑行通过。可以看出,美国、日本对道路交叉路口自行车通行权的界定主要是基于通行空间连续性的考虑,与路段自行车通行权的界定保持一致。

在设置自行车专用道的道路交叉路口,美国部分州、日本、荷兰均在交通法律法规中明确要求自行车通行应使用自行车专用道。在此情况下,自行车享有独立通行权,既不等同于机动车,也不等同于行人;既要履行让行行人的义务,也应享有优先于转弯车辆通行的权利。

2. 二次通行实现大半径转弯是通用原则

对于道路交叉路口自行车需要大转弯半径实现的转向通行,美国、日本、荷兰均设置了明确的通行规则。

美国道路是靠右侧通行,针对道路交叉路口的左转自行车,除加利福尼亚州等地允许自行车借用左转机动车道直接左转外,大部分州均要求自行车通过二次通行实现左转,在机动车道内骑行的自行车,应首先骑行至对向道路路侧边缘,停车或减速完成左转,再二次通过道路交叉路口;在人行横道内骑行或推行的自行车,应沿着相邻道路和对向道路的人行横道,先后二次通过道路交叉路口;在自行车专用道骑行的自行车,应沿着所在道路和相交方向道路的自行车专用道,先后二次通过道路交叉路口。

日本道路是靠左侧行驶,《道路交通法》规定道路交叉路口的右转自行车应进行"两级右转",或等同于行人先后通过相邻道路的人行横道实现右转,或等同于机动车通过在对向道路路侧边缘右转二次通过道路交叉路口。

荷兰道路是靠右侧通行,规定自行车骑行者在道路交叉路口应遵守交通信号或交通标志标线控制。道路交叉路口内通常设置了闭环矩形的自行车专用道,没有设置专门的左转自行车专用道,自行车左转应沿着相邻道路和对向道路的自行车专用道,先后二次通过道路交叉路口。

综上所述，采用自行车二次通过实现大半径转弯已成为国际通用原则，这样虽然增加了自行车在道路交叉路口的通行时间和距离，但消除了左转自行车交通流、降低了道路交叉路口通行管控难度，对于减缓自行车与机动车、行人的通行冲突，保障道路交叉路口通行安全具有明显效果。

3.减缓或消除转弯车辆与自行车的通行冲突成为重要的发展趋势

随着自行车出行的推广，道路交叉路口自行车骑行安全问题得到了更多的关注，特别是转弯车辆给通行安全带来的威胁得到了更多的重视。欧洲以荷兰为典型国家、美国以纽约和波士顿等北美城市为典型城市，近年来持续推行"面向行人和自行车的保护型道路交叉路口"的设计改造行动，其中一项关键目标就是减少转弯车辆对自行车及行人的安全威胁，主要通过物理设施设置及交通信号控制优化实现。

物理设施设置包括：在道路交叉路口自行车专用道的进口道处设置自行车与转弯车辆的混行区，将通行冲突在进入道路交叉路口前消解，并通过在混行区设置让行标线明确转弯车辆应让行自行车；在道路交叉路口设置转角安全岛，为自行车进入道路交叉路口提供排队等候的路面空间，同时加大转弯车辆的行驶转弯半径，将自行车与转弯车辆的通行冲突前移至道路中央，为转弯车辆对自行车让行提供充足的行车视距和路面空间。图10为荷兰城市道路交叉路口对自行车通行路权的表达示例。

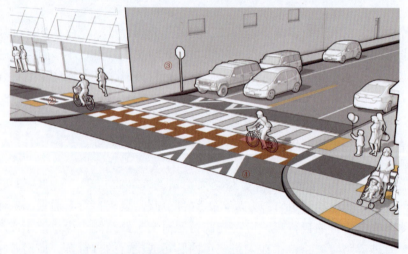

图10 荷兰城市道路交叉路口对自行车通行路权的表达示例

①-彩色铺装自行车专用道；②-行人穿越自行车专用道处施划人行横道；③-无信号控制交叉路口进口道处设置停止或让行标志；④-道路交叉口自行车专用道前设置减速丘标线

交通信号优化包括：将转弯车辆的绿灯信号延迟放行，即在自行车的绿灯信号开始后3~10s，再放行转弯车辆，以此减少自行车在道路交叉路口的通行延误，也为转弯车辆对自行车、行人让行提供充足的识别和反应时间；转弯车辆交通信号相位与自行车交通信号相位分离，在时间和空间上完全避免了转弯车辆与自行车的通行冲突。图11为荷兰城市道路交叉路口针对自行车通行的信号优化示例。

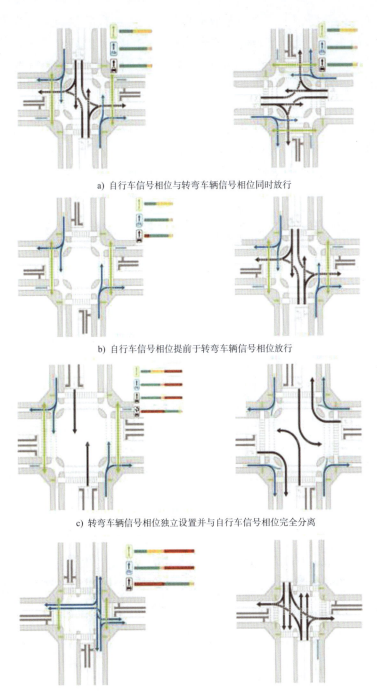

a) 自行车信号相位与转弯车辆信号相位同时放行

b) 自行车信号相位提前于转弯车辆信号相位放行

c) 转弯车辆信号相位独立设置并与自行车信号相位完全分离

d) 转弯及直行车辆信号设置与自行车信号相位完全分离

图11 荷兰城市道路交叉路口针对自行车通行的信号优化示例

4.对违反交通信号或在自行车专用道外骑行的自行车,机动车辆没有让行的义务

美国、日本、荷兰,对于城市道路交叉路口自行车的通行规则,其中最根本也是最首要的就是要遵守交通信号或交通标志标线控制;对于自行车通行违反交通信号或在自

行车专用道外骑行的情境，也相应规定取消自行车优先通行的权利。如荷兰规定，如在道路交叉路口自行车违反交通信号骑行，即自行车在自行车红灯信号下通过道路交叉路口，即使自行车正处于自行车专用道内，转弯车辆、直行车辆也没有让行的义务。再如日本规定，在设置了自行车专用道的道路交叉路口，无论自行车在路段上是处于人行道还是机动车道内，进入道路交叉路口后，均应进入自行车专用道骑行；对违反这一通行规则的自行车，即使在人行横道内骑行或推行，也不等同于享有行人的优先通行权利，转弯车辆、直行车辆没有让行的义务。

扫一扫查看原文

探讨：优化行人过街信号，缓解过街难题

李克平　同济大学中德交通研究中心主任
　　　　同济大学交通学院教授、博士生导师

一、交叉路口空间设计问题制约行人信号设计

在探讨交叉路口行人信号设计问题前，我们先来看一个现实中常见的交叉路口。图1a）为该交叉路口原设计图，可以看出原设计对过街的行人并不友好，从空间设计角度来看，主要问题在于转弯半径大、行人过街距离长、缺少中间安全岛、机非交织等，这些空间设计问题同时也制约了交叉路口行人信号的设计。对此，图1b）中通过缩小转角半径、增加过街安全岛、规范自行车道并对该空间进行彩色铺装、设置导流线等方法来进行改良设计。

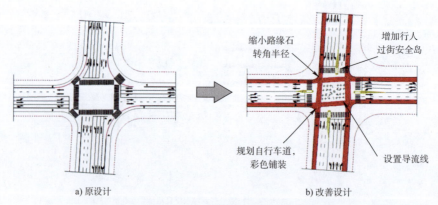

a) 原设计　　　　　　　　　　　　　b) 改善设计

图1　某交叉路口的原设计图与改良设计图对比

通过图1中改良前后对比，可以发现，在原设计中，行人过街距离较长，一次过街大概要超过40m，这就导致行人清空困难。改良后，安全岛将一次过街分为两次，一次过街距离明显变短，行人过街的最小绿灯时间和清空时间都会相应变短很多，由此信号设计就会比之前灵活得多，更能体现人性化的要求。

二、行人过街信号采取"绿闪"模式是造成交叉路口行人清空困难的原因之一

1.相关法规并未对"绿闪"信号做出明确规定

正如上文中的案例,当前我国城市中行人过街信号设计普遍存在清空时间不足的问题。图2是一个真实交叉路口,通过观察发现,"绿闪"到最后几秒时,还会有行人走上人行横道,要完成过街,剩余路程需要在红灯期间完成,而机动车方向接下来将进入绿灯状态,机动车就会与行人产生冲突。首先,这对于行人来讲不安全;其次,这种冲突也使得机动车在绿灯开始时无法正常加速行驶。由此可以看出,若交叉路口行人难以清空,机动车的通行效率也会受到很大影响,将远低于理论计算数值。

图2 行人信号灯马上将进入红灯状态,行人却未完成过街

在对《中华人民共和国道路交通安全法》(以下简称《道路交通安全法》)的学习中,可以发现目前行人过街信号中采用"绿闪"清空模式,不符合法规规定,也是造成交叉路口行人清空难的原因之一。

关于"绿闪"信号,可以追溯到《道路交通安全法》公布之前,1988年国务院公布的《中华人民共和国道路交通管理条例》(以下简称《条例》)中的第12条第2款对于"绿闪"信号有一个定义,即"绿灯闪烁时,不准行人进入人行横道,但已进入人行横道的,可以继续通行"。现行《道路交通安全法》实施以后,这一条例便废止了。在现行的《道路交通安全法》和《中华人民共和国道路交通安全法实施条例》(以下简称《道路交通安全法实施条例》)中均未对"绿闪"这个信号作出任何规定。

通过仔细分析现行《道路交通安全法实施条例》第39条,关于人行信号灯规定为:(1)绿灯亮时,准许行人通过人行横道;(2)红灯亮时,禁止行人进入人行横道,但是已经进入人行横道的,可以继续通过或者在道路中心线处停留等候。可以明确看出,行人过街有绿、红两个灯色。且红灯亮时,已经进入人行横道的,可以继续通过或者在道路中心线处停留等候,这个之前在《条例》中作为"绿闪"定义的信号时段,在这里改为了红色。从交通工程层面来看,也就意味着清空时间行人信号灯应该是红色。因此,若继续使用"绿闪"来做行人清空信号,就与现行的《道路交通安全法》和《道路交通安全法实施条例》相冲突。

我们观察到,《道路交通信号灯设置与安装规范》(GB 14886)中规定,人行横道信号灯转换应该是"红—绿—绿灯闪烁—红",这显然与上位法《道路交通安全法实施条例》存在冲突。另外,在《人行横道信号灯控制设置规范》(GA/T 851—2009)中要求:持续绿灯最小时长应保证使红灯期间等待的行人都可以进入人行横道;"绿闪"时长视具体情况确定。这是关于"绿闪"时长的说法也是极其模糊和笼统。技术规范是指导工程师设计、计算的最重要依据,若信号设计工程师在工作中缺少明确的技术规范指导,就会导致具体工作的无所适从。

2.行人对过街信号的心理分析与行为分析

在现实生活中,行人对"绿闪"信号含义的理解同样模糊不清。据同济大学交通运输工程学院课题组的调查,95%以上的行人并不遵守"绿闪"信号的要求,行人遵守规则的比例非常低,各地普遍存在行人过街秩序不良的现象。尽管有些城市开展了"行人闯红灯自动抓拍"及"机动车礼让行人"的执法管理行动,取得了一定效果,但由于行人对于"红灯停、绿灯行"的基本理解,"绿闪"信号期间依然会走上人行横道,导致"绿闪"期间交叉路口行人清空失效,造成交叉路口交通秩序混乱、效率降低,甚至成为安全隐患。

图3是一项关于行人在不同信号阶段过街的安全感受调查统计的结果。该调查中让行人给不同信号下过街安全感受打分,1分表示不安全,10分表示很安全。这里可以看到一个很有趣的现象,在对6~8分的评价栏中,有几乎等量的行人对绿灯时间过街与红灯时间过街的安全感受是一样的,甚至在有些情况下,行人认为红灯时间过街更安全。这就说明行人并未普遍感到绿灯时间过街是安全的。

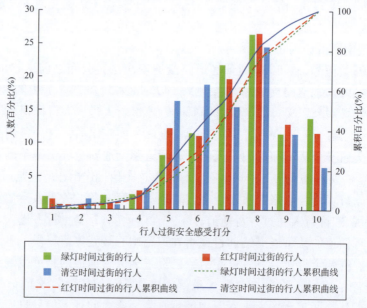

图3 行人过街安全感受打分

图4是德国一项关于在不同颜色信号灯下行人闯红灯过街比例的调查统计。如图4所示,当行人信号仅用红、绿两色时,增加"绿闪"会提高闯红灯的比例;假如采用黄

灯清空，则闯黄灯的比例会进一步增加；在用"绿闪"作为清空信号的情况下，则会有8.8%的行人不遵守"绿闪"的规定过街。可见，采取"绿闪"作为行人清空信号对于维持行人过街秩序来说是最不合适的。

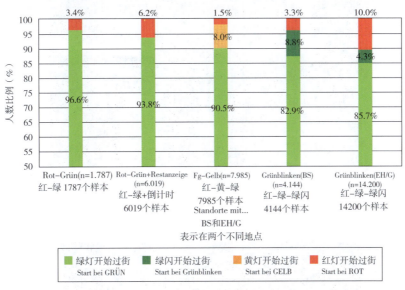

图4 在不同颜色信号灯下行人闯红灯的比例调查

三、国外行人过街信号控制案例分析

事实上，行人过街清空信号并非只能采用"绿闪"信号。怎样选择行人过街信号，我们可以借鉴国外关于行人过街的信号控制相关规定。下面我们就来看看部分国家关于行人过街信号控制方式的规定。

澳大利亚对于行人过街采用红灯禁止、绿灯通行、"红闪"清空的信号控制（图5）。"红闪"信号告诉行人，此时已不可再走上人行横道，但已经走上人行横道的，可以继续通行。这种设计让行人能够很好地理解及接受，并能规范过街行为，在执法层面也很明确，提升了执法可操作性。

图5 澳大利亚采取"红闪"为行人道路清空信号

图6是美国华盛顿唐人街一个路口的过街情况，行人通行信号白色，相当于我国行人绿灯，禁止通行信号为橙红色，使用橙红色闪烁信号为清空信号。

图6 美国采用橙红色闪烁信号为行人道路清空信号

德国的行人过街信号只有红色和绿色两种。红色代表禁止通行，清空时间也用红色代表，相当于澳大利亚和美国的"红闪"（图7）。

图7 德国行人过街信号只有红色和绿色

新加坡的行人过街信号先是绿色代表可以通行，再采用"绿闪"清空，然后为红灯禁止通行，与我国现状相同。但是即使是在以纪律严明著称的新加坡，在图片中也可以看到很多人并不遵守"绿闪"清空道路的信号（图8）。

图8 新加坡采用"绿闪"为行人清空道路信号

瑞士的行人信号控制用黄色表示清空，用红色表示禁止通行，用绿色表示通行（图9）。用黄色表示道路清空有其合理之处，但用3个灯头的不足之处是成本较高。

图9 瑞士采用"黄色"为行人道路清空信号

四、改善行人过街信号控制设计的若干建议

通过上文分析，以及对其他国家行人过街信号的观察，笔者认为我国对于行人道路清空信号的设置也应该进行广泛深入的讨论，协商出能够被行人理解、方便执法、科学可行的方案，并在法规上作出相应的规定，在工程规范上做出相应的设计指导，以进一步提升我国信号控制水平。

1.试用"红闪"作为行人道路清空信号取得良好效果

笔者主笔，协助安徽省于2015年编制出台《安徽省城市道路交叉路口信号控制设计规范》，其中建议行人道路清空信号采用"红闪"，"红闪"倒计时不宜过长，最多不要超过45s（图10）。此外，在此规范中还建议规定行人过街的最长红灯时间，大城市不得大于90s，中小城市不得大于60s；要按照人行的步速（每秒1m或者是1.2m）以及交叉路口人行过街道不同的空间尺度来计算最小道路清空时间。以上规定，使得工程师在设计计算时有据可依。

 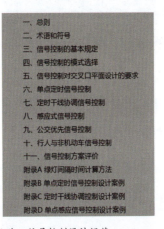

图10 安徽省的城市道路交叉路口信号控制设计规范

近几年，银川市试点行人"红闪"过街模式取得了很好的效果（图11），这说明在我国使用"红闪"信号作为行人道路清空信号也是可行的。

图11　银川试点"红闪"为行人过街道路清空信号

2.采用信号灯控制车辆右转，缓解人车冲突

图12是上海的一个交叉路口，在直行圆形灯的旁边增加一个只能亮红灯和黄灯的右转箭头灯。右转箭头红灯亮时，禁止右转车辆通行；右转箭头红灯熄灭，右转车辆在不影响其他流向交通流通行的情况下，按照相应的交通规则通行；在允许通行到禁止通行之间用黄箭头过渡。该控制方式可以根据右转机动车和行人、非机动车的流量及其相互冲突的情形，进行灵活的时间控制，既能有效地避免右转车辆与非机动车及行人的冲突，也能充分保证右转机动车的通行时间。

a)

b)

图12　增加控制车辆右转的信号灯

3.采用有利于行人过街的信号控制模式

图13展示了一个典型交叉路口的4相位控制模式。其特点是右转机动车受控，仅在侧向机动车左转相位可以通行，这样行人跟随直行机动车通行时，没有右转或左转车辆与其冲突，可以实现行人安全过街，是一个比较好的有利于行人安全通行的解决方案。

在交叉路口行人过街交通设计与信号控制方案的设计过程中，要权衡机动车、非机动车、行人三者的关系，根据主要矛盾的不同，在工程上采用不同的设计。因此，要因地制宜，视具体情况来设计行人过街空间与信号的模式。

▷ 交叉口信号控制与冲突点分析

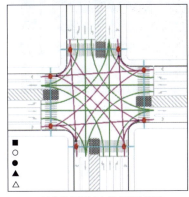

4相位信号控制(右转车保护放行)

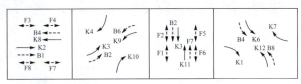

● 机-非冲突点

●右转机动车-左/直行非机动车

● 非-人冲突点

●行人-右转非机动车

图13　4相位信号控制模式

日本道路交通管理对策实例之交叉路口设施建设

江泽浩　同济大学交通工程博士
　　　　日本京都大学外国人共同研究者

目前，日本城市交通发展方向已经由"增量建设"向"存量提升"变化，且由于目前面临"少子老龄化"的严峻挑战，因此日本高度重视学生通学与居民生活区域的交通安全问题。2019年1月，日本国土交通省道路局汇集了全日本的优秀案例，编写出台了《为了确保通学路、生活道路的安全，交通管理者的对策实施案例》，并面向政、产、学等社会各界公开。该《对策实施案例》在形式上主要采用了"改造前后对比"（Before and After），图文并茂，便于直观理解。本文选取并介绍其中交叉路口设施建设的部分实施案例。

一、在交通流较大的交叉路口抑制交通量

1.设置可升降挡板（杆）

在通学路交叉路口，若交通流较大或有车辆高速通过，会有较大危险。可通过安装可升降挡板（杆）（ライジングボラード，Rising Board）在通学时间范围内（如工作日7:30—8:15进行通行限制）临时阻断通学路上的机动车交通或抑制交通量，有效保障通学路上学生的通行安全（图1）。

a) 改造前　　　　　　　　　　　　b) 改造后

图1　通过安装可升降挡板（杆）来抑制通学时间带的交通量

2. 设置路障

在学校、生活区、商圈周边，人员密度较大，车辆行驶对于学生通学造成一定安全隐患。因此，可利用路障进行分时控制，规定车辆在一定时间内不许通过，可以抑制通过交通，为行人提供安全的步行空间（图2）。但在利用路障时需要注意，路障的设置和撤去，每次均需要人工操作，为了持续下去，必须得到当地居民的理解和协助。

3. 铺装弹石路面（ブロック, Block）

弹石路面是用经过粗凿加工的石块，铺筑在砂垫层后碾压成型的一种中高等级路面。弹石路面的平整度不如沥青路面和水泥路面，行车振动明显，产生的噪声大，机动车驾驶人会倾向于不选择这种路面。然而，该路面的这种特性正好可以从交通工程的角度加以巧妙利用，如在需要抑制交通量或限速低的步行者优先空间的入口路段使用（图3），通过铺装互嵌砖，并形成平顺的人行横道，可有效抑制交通量、降低机动车的行驶速度。

图2　通过设置路障达到分时控制效果　　　图3　通过弹石路面达到抑制交通量、降低机动车的行驶速度的效果

二、建设步行空间

1. 为步行空间设置防护栏

虽然机动车道与步行者有各自的通行空间，但由于机动车的通行速度高，会有驶出机动车道的危险。此问题在交叉路口处尤为典型，即表现为"内轮差事故"。车辆转弯

时，前轮的转弯半径大，后轮的转弯半径小，内轮差则指的是车辆转弯时内前轮和内后轮的转弯半径差。一旦行人或非机动车出现在内轮差范围内，则很容易被转弯的机动车卷入后轮酿成严重事故（图4）。因此为了避免此类事故，日本通常会在交叉路口的机动车道与步行道之间的路缘石上设置防护栏，把机动车与步行者分开，防止机动车从机动车道中驶出，来确保步行者的通行安全。

图4　内轮差范围示意（图中紫色区域）

图5是关东地方整备局甲府河川国道事务所的具体做法，改造前由于交通量较大，且超速行驶的机动车较多，步行者走在路上非常危险。通过设置橡胶杆（类似防护栏的效果），可防止行人在车辆的内轮差区域被卷入，以确保学生通行空间的安全。

a) 改造前　　　　　　　　　　b) 改造后

图5　设置橡胶杆，把步行者与机动车分开

图6是京都府京都市桂阪口的一处类似设计，可以看出此交叉路口机动车左转路缘石半径较小，且机动车道与步行道之间没有明显的高差，因此左转机动车（相当于国内右转）很容易侵入行人等待空间。为了避免此类事故的发生，交通管理部门在路缘石上安装了橡胶杆提示左转机动车注意安全。

图6　设置橡胶杆，把步行者与机动车分开（京都市桂阪口）

图7是爱知县名古屋市荣町的一处大型交叉路口，可以看出此交叉路口机动车左转路缘石半径较大，且采用了"非机动车二次过街"的设计。同样为了避免机动车左转内轮差事故，交通管理部门一方面在非机动车等待空间使用彩色铺装，提示非机动车在此等待；另一方面也安装橡胶杆将机动车和非机动车的通行空间分开。

通过安装橡胶杆，提示左转机动车（相当于国内右转）不要侵入行人等待空间

图7　设置非机动车等待空间的彩色铺装并设置橡胶杆

2.扩大步行者的驻足空间

有时由于空间限制，交叉路口内的步行者驻足空间往往很小，在面对穿梭的机动车时会有很大的危险。因此，通过新设置驻足空间并设置防护栏将驻足空间单独隔离出来，从而降低步行者与机动车接触的可能性，提升步行者的安全。

图8是九州地方整备局福冈国道事务所的实例。原本人行横道前的步行者驻足空间很狭窄，通过拓宽步行者的驻足空间，设置路缘石和橡胶杆（ラバーポル，Rubber Pole），可提升步行者的安全；图9是栃木县对步行者驻足的场所设置防护栏（ガードレール，Guard Rail）的做法，在交叉路口内，行人空间与机动车道没有分离，对此，栃木县在交叉路口的步行道边缘设置了防护栏，增大了步行者驻足空间，有效地保障了步行者的通行安全。

a) 改造前　　　　　　　　　　　　b) 改造后

图8　人行横道前步行者的驻足空间扩展

第一篇 / 道路通行管理

a) 改造前　　　　　　　　　　　　　　　b) 改造后

图9　设置防护栏增大驻足空间

三、提升驾驶人视认性

1.使用道路反射镜

在交叉路口，如果道路的通视条件差，则会存在发生侧面碰撞事故的危险。对此，在平曲线路段或通视条件差的交叉路口设置道路反射镜，可以让驾驶人提升对平曲线路段和交叉路口的交通状况的视认性，从而防止侧面碰撞事故的发生。图10是北海道旭川市针对驾驶人难以确认交通状况的交叉路口设置道路反射镜的实例。由于交叉路口附近存在建筑物，会使支路上的驾驶人很难看清行人，借助道路反射镜，可使驾驶人更容易看到步行者。

a) 改造前　　　　　　　　　　　　　　　b) 改造后

图10　在难以确认交通状况的交叉路口设置道路反射镜

而有些交叉路口在道路反射镜中仍然存在死角，步行者在这些地点依然存在被卷到机动车下方的危险。对此，广岛县熊野町通过加大道路反射镜的尺寸（从$\phi 800mm$提升到$\phi 1000mm$），提升驾驶人的视认性（图11）。

2.撤去遮挡视线的天桥挡板

图12是四国地方整备局香川河川国道事务所通过撤去遮挡视线的板子而对人行天桥的步行者的视认性的改善。如图12a）所示，从左转车辆的驾驶人的位置，很难看到隐藏在人行天桥楼梯上将要穿越县道的儿童，当撤去人行天桥上部分遮挡视线的板子后，可提升驾驶人的视认性，提醒驾驶人减速。尽管这是一个很小的案例，但可以看出日本交

通安全管理部门工作的细致性,他们并没有机械地执行"视距三角形范围内不得存在高度超过1.2m障碍物"的规定,而是实事求是地根据此天桥儿童较多且身高较矮的实际情况撤去了遮挡视线的板子。

a) 改造前　　　　　　　　　　　　b) 改造后

图11　加大道路反射镜的尺寸提升驾驶人视认性

a) 改造前　　　　　　　　　　　　b) 改造后

图12　撤去人行天桥上部分遮挡视线的板子以提升驾驶人的视认性

3. 移除或优化禁止进入的围栏

有些高架桥下会设置禁止行人进入的围栏,围栏内部会因野草、树木生长而降低机动车与步行者之间的视认性,从而在学生通学路上埋下安全隐患。如图13所示,四国地方整备局大洲河川国道事务所一方面将围栏向远离交叉路口的方向后移,增加了驾驶人的停车视距;另一方面对围栏内部进行了防草化处理,从而使儿童不被围栏和杂草遮挡,机动车驾驶人能够更早地发现行人,确保了步行者的安全。

扫一扫查看原文

a) 改造前　　　　　　　　　　　b) 改造后

图13　改造围栏及内部区域以确保驾驶人视认性

日本道路交通管理对策实例之交叉路口车速控制

江泽浩　同济大学交通工程博士
　　　　日本京都大学外国人共同研究者

目前，日本城市交通发展方向已经由"增量建设"向"存量提升"变化，且由于目前面临"少子老龄化"的严峻挑战，使其高度重视学生通学与居民生活区域的交通安全问题。2019年1月，日本国土交通省道路局汇集了全日本的优秀案例，编著出台了《为了确保通学路、生活道路的安全，交通管理者的对策实施案例》，并面向政、产、学等社会各界公开。该《对策实施案例》在形式上主要采用了"改善前后对比（Before and After）"，图文并茂，便于直观理解。本文选取并介绍其中在交叉路口控制车速的部分实施案例。

一、交叉路口车速控制措施：安装隆起带

在车辆通行速度高的交叉路口，可以采取安装隆起带的措施来限制车辆通行速度。总体而言，该措施可以起到如下效果：如果车辆仍旧以较快速度经过隆起带，车内的驾驶人会感到不适，因此其会在经过隆起带之前就减速，从而实现降低车辆在交叉路口处行驶速度的目的；此外，通过隆起带的连续设置，能够实现对整个区域的速度控制。

如图1所示，隆起带既可以设置在交叉路口内部，也可以设置在交叉路口前。

在车辆进入行驶速度高的交叉路口内部设置隆起带。图2为静冈县静冈市的具体做法，可看到交叉路口地面被明显抬高，能够起到提示车辆减速的作用。

在车辆进入行驶速度较高的生活区道路路口设置隆起带。这是一种"区域速度管理"的手段，即在某个限定区域（通常为生活区）进行道路隆起带设置来抑制车速。图3为神奈川县藤泽市的具体做法，在主干道和生活区道路交叉路口处的人行横道设置了隆起带，在降低机动车速度和减少车辆进入的同时，还使得道路两侧的人行道与人行横道

之间的高差减小，从而使行人通行更为顺畅。

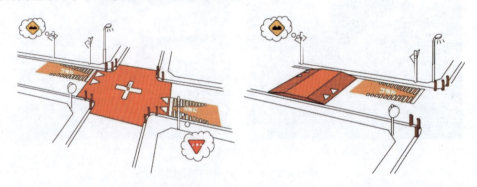

图1　设置在交叉路口内部（左）与交叉路口前（右）的隆起带

图2　静冈县静冈市设置隆起带的交叉路口

图3　在生活区道路的路口设置了隆起带

为保证通学路上学生的安全而设置了平顺的人行横道。所谓"平顺的人行横道"，译自"ハンプ・スムース"，即"Hump·Smooth"，亦可归入隆起带的范畴，意为将过街人行横道抬高至道路两侧人行道缘石的高度，这样设置既能在事实上形成"隆起带"，也能让过街行人与非机动车平顺的通过该处。图4就是新潟县新潟市在通学路上设置的"平顺的人行横道"，不仅降低了经过车辆的速度，还增强了驾驶人对路过此处的儿童的视认性。

二、交叉路口车速控制措施：缩窄

在车辆通行速度高的交叉路口，还可以对其进行缩窄改造（亦有英文文献称之为

"缘石外探",即所谓Curb-extension)。如图5所示,通过物理手段或者视觉手段,将交叉路口的宽度缩小或使驾驶人误认为宽度缩小,使其降低车速。但是,这一措施的速度抑制效果不如隆起带。

a)　　　　　　　　　　　　　　　　b)

图4　新潟县新潟市在通学路上设置了平顺的人行横道,与道路两侧人行道缘石的高度平齐

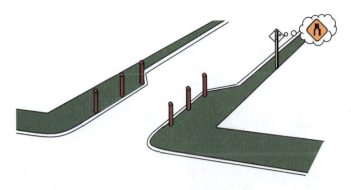

图5　交叉路口前的道路缩窄

在车辆通行速度高的交叉路口前进行道路缩窄。图6为兵库县淡路市在进行道路缩窄改造前后的效果对比。从图6a)来看,改造前该交叉路口较宽,车辆通过时一般不会减速,危险程度较高。图6b)为缩窄改造后的交叉路口进口道,相对较窄,实现了控制车速的目的。

a) 改造前　　　　　　　　　　　　b) 改造后

图6　兵库县淡路市在车辆通行速度高的交叉路口进行道路缩窄改造

图7 东京都葛饰区的道路缩窄改造

图7为东京都葛饰区的具体做法。通过在交叉路口前的道路缩窄，达到了"降低车辆行驶速度"与"抑制交通量"的目的，从而使步行者和自行车骑车人都能安全地使用该道路。

三、交叉路口车速控制措施：设置路面标志

当交叉路口的车辆通过速度高且交通流量大时，可以考虑设置路面标志，提前告知驾驶人前方道路状况，以此来控制车速、促使驾驶人慎重驾驶。

在人行横道前设置路面标志与"图像隆起带"（イメージハンプ，Image Hump），以引起驾驶人注意。图8为山形县一具体实例。该处交通量大，车辆行驶速度高，导致儿童横穿道路时十分危险，因此在地面施划了写有日文汉字"横断者注意"（中文意为"注意横穿者"）的路面标志及"图像隆起带"，以唤起驾驶人注意。

a) 改造前　　　　　　　　　　　　b) 改造后

图8 在人行横道前设置路面标志与"图像隆起带"

设置引起驾驶人注意的看板及使人行横道前彩色化（カラー化）。图9为北陆地方局金泽河川国道事务所管辖范围内一处交叉路口的具体设置。如图9a）所示，改造前，驾驶人容易被人行横道尽头的交叉路口吸引注意力，存在忽视人行横道上过街行人的安全隐患。为此，设置了标有"前方通学路走行注意"警示牌，并进行人行横道前彩色化［图9b）］。

a) 改造前　　　　　　　　　　　　b) 改造后

图9 设置注意唤起看板和进行人行横道前彩色化

设置"十字标识"明确交叉路口。图10即为日本某地交叉路口设置的"十字标志"。

四、交叉路口车速控制措施：设置警戒标志

在交叉路口设置"左转时注意唤起"标识。图11为中部地方整备局名古屋国道事务所辖区内一处交叉路口的具体设置。该交叉路口交通流量大，导致行人横穿道路时十分危险。因此，特意为驾驶人设置了左转时注意行人的

图10 交叉路口处设置的"十字标识"

警戒标志，标志内容为日文汉字"左折时横断者注意"，意为"左转时注意横穿者"，用以提示机动车驾驶人左转时注意人行道上行人（注：日本机动车靠左通行）。

a) 改造前

b) 改造后

图11 在交叉路口设置"左转时注意唤起"标志

五、交叉路口车速控制措施：彩色铺装

当在交叉路口的车辆通行速度高时，可进行彩色铺装，即在交叉路口内着色，明示其存在，让驾驶人事先意识到交叉路口的存在，提前降低速度，实现车速控制。

将车辆通过速度高的交叉路口和人行横道彩色化。图12为山口县下关市一交叉路口，该处为当地小学生的通学路，但本身又是连接性道路，改造前车辆很多且速度快，危险程度很高［图12a］。为唤起驾驶人注意，将交叉路口和人行横道彩色化，实现车速控制［图12b］。

为明示人行横道的存在，将其附近彩色化。图13为岐阜县多治见市一处人行横道，车辆通过速度高，将人行横道之前的道路进行彩色化。

六、交叉路口车速控制措施：铺装弹石路面

在交叉路口内铺装弹石路面。图14为鸟取县鸟取市在观光游客通行量大的交叉路口内铺装的弹石路面，其作用为：一方面使交叉路口内铺装颜色与路段不同，从而提示机

动车驾驶人注意到交叉路口的存在；另一方面弹石路面会使车辆振动，从而引起驾驶人注意，使其降低车辆行驶速度，保证交叉路口交通安全。

a) 改造前　　　　　　　　　　　　　　b) 改造后

图12　将车辆通过速度高的交叉路口和人行横道彩色化

a) 改造前　　　　　　　　　　　　　　b) 改造后

图13　将人行横道附近彩色化

在交叉路口内铺装互嵌砖（インターロッキング，Interlocking）。如图15所示，千叶县流山市在新兴住宅区的交叉路口处铺设了互嵌砖，以降低通过车辆的行驶速度。

图14　在交叉路口内铺装弹石路面

七、交叉路口车速控制措施：设置步行者与自行车感知系统

在容易发生车辆与步行者、自行车碰撞事故的交叉路口，设置步行者与自行车感知系统，也就是使用发光二极管（LED）指示牌来提醒驾驶人正在有行人和自行车骑行者过马路。它不仅能让驾驶人更早发现行人与自行车的存在，还能起到提醒驾驶人礼让行人或降低行驶车速的作用。

图16是四国地方整备局国道事务所设置的步行者与自行车感知系统。该交叉路口

的交通量在县内首屈一指，右、左转机动车与行人、非机动车碰撞事故时有发生。为提升右、左转机动车对过路口的行人与自行车的识认性，设置了步行者与自行车感知系统。

a)

b)

图15　在交叉路口内铺装互嵌砖

a) 改造前

b) 改造后

图16　步行者与自行车感知系统的设置

八、交叉路口车速控制措施：交叉路口改造

当车辆进入交叉路口的通行速度高，且对"一时停止"交通标志（相当于我国的"停车让行"标志）的遵守率低时，可对交叉路口进行改造，如在交叉路口设置信号灯，并实施配套改造措施来降低人行横道前的车辆行驶速度。

图17为东北地方整备局仙台河川国道事务所实施的交叉路口改造措施。该交叉路口为国道和市道斜交，左转车辆行驶速度高，儿童在过街时很危险，因此，在人行横道前设置斑马带（ゼブラ带），即图17b）红圈处的"鱼肚线"，进行交叉路口改造，从而降低进入交叉路口车辆的行驶速度。

扫一扫查看原文

（笔者注：由于文中主要内容由日语翻译而来，为了尽可能体现原著意图而采用了"直译"手法。本文中这种情况很多，但相信并不影响读者的理解，因此恕不一一解释。）

a) 改造前　　　　　　　　　　　　　　b) 改造后

图17　在车辆通行速度高的人行横道前设置斑马带

美国危险品运输线路甄选技术标准要素概览

官　阳　公安部道路交通安全研究中心特约专家
　　　　3M交通安全系统部首席交通安全与教育联络官

一、美国重视危险品公路运输线路甄选

高风险的危险品运输，在国际上普遍被重点关注，除了欧洲国家联合构建的《国际危险品道路运输协议》（ADR协议）外，美国、加拿大等国也都有很多技术规定和协议，其中美国交通部发布的《危险品公路运输线路甄选指标应用指南》（Highway Routing of Hazardous Materials Guidelines for Applying Criteria，Publication No. FHWA-ID-97-003，以下简称《指南》）也非常有借鉴意义。本文在这里做一些概要介绍。

《指南》的最初版本发布于1985年7月，1996年修订。制定《指南》目的是针对非放射性危险品（Non-radioactive Hazardous Materials，NRHM，以下简称"危险品"）的公路运输线路甄选建立统一的技术指标应用方案，使用者是州政府、印第安自治部落和地方政府的危险品运输线路决策机构，希望让对危险品安全问题了解很少的个人也能够进行路线分析和甄选。美国的危险品运输分类，首先看是否为放射物，主要因为美国有无核地区的地方法律等，即使是运输放射物通过也不行。

美国危险品运输总量的62%由公路运输完成，但每年因危险品运输事故造成的伤亡较少。1982—1983年，美国共运输15亿t危险品，其中9.27亿t通过公路运输，共使用46.7万辆货车，运输936亿t·mi。在此期间，共发生大约211起涉及危险品泄漏的事件，造成约121人受伤，不超过8人死亡，其中包括了由车辆事故和其他原因造成的死亡，如阀门故障导致的泄漏等。

这15亿t危险品大部分是类别相对单一的品种，其中近50%是汽油和石油产品，大约

13%是化学品。按照运输重量排序,主要危险品类别是易燃物、B类毒物、A类毒物、易燃压缩气体和固态易燃物;按照运输周转量排序,主要是易燃物、B类毒物、固体易燃物、易燃液体和腐蚀性物质。

二、美国危险品运输线路分类

美国的危险品运输线路分为两类,即指定运输线路(Designated Routes)和禁止运输线路(Restricted Routes)。危险品的指定运输线路是指必须使用的运输线路,禁止运输线路是指不允许运输危险品的线路,这些禁止规定包括隧道限制、车道限制、时间限制、事前通报机制、护送要求等。一旦某路线成为危险品指定运输线路,沿途需要频繁设置警示标志和指引标志,所有相关接入路口和上游路口都要提供引导、警告、禁令标志等。随着电子技术的发展,电子地图、导航、卫星定位技术等也都得到运用(图1)。

a) 危险品运输车辆禁止进入隧道标志
(注:该标志意为"危险品运输车辆禁止进入隧道")

b) 危险品运输线路路侧标志
(注:该标志意为"运输危险品需要许可证")

c) 危险品指定运输线路标志

d) 危险品禁止运输线路标志

图1 美国公路上与危险品运输路线上的标志牌示例

三、美国危险品运输线路甄选标准

根据《指南》,美国相关部门在进行危险品运输线路甄选时要权衡考虑以下13个要素。

1. 人口密度

要评估一旦发生危险品泄漏,该线路周边受危险品威胁范围内的人口密度,这包括居民、雇员、道路使用者和其他在该区域的人员。同时,要根据不同泄漏事件的种类、数量等来测算受影响区域的大小。人口测算要考虑特殊人群集中的场所,比如学校、医院、监狱和老年公寓等,还要考虑时间点,比如什么时间段会有高密度人群聚集。

2.公路类型

要充分比较每一条备选线路的特征。车辆质量和尺寸限制、下穿公路和桥梁高度净空限制、道路几何线型、车道数量、路口接入程度、中央隔离带和路肩结构等都是甄选线路时要考虑的要素。公路种类等因素,特别是地形、气候和拥堵情况等,会影响事故严重程度、应急响应能力和后续清理活动。

3.危险品的种类和数量

危险品公路运输要做数量和种类核查。要根据沿途情况和危险品特征、数量来有针对性地进行影响区域风险评估。一般情况下,指定线路是为所有类型危险品设置的,要以可能导致最严重后果的危险品种类、数量条件作为研判依据。特别要注意的是,备选线路上如果有桥梁或隧道等重要设施,要考虑危险品泄漏的情况及其后果(如爆炸)。由于不同危险品泄漏后的危害不同,对备选线路的评判要考虑到所有种类危险品的危害。有时,会有一些特定危险品只能使用某些特定线路的情况。表1是不同的危险品危害区域的速查表。

不同危险品危害区域速查表 表1

危险品级别	代码	影响区域半径及方向
爆炸品	EXP	1.6km,全方向
可燃气体	FL	0.8km,全方向
有毒气体	PG	8km,全方向
易燃液体	FCL	0.8km,全方向
易燃固体;自燃物;遇水危险物	FS	0.8km,全方向
氧化剂/有机过氧化物	OXI	0.8km,全方向
毒害物(非气体)	POI	8km,全方向
腐蚀品	COR	0.8km,全方向

4.应急响应能力

在甄选线路时,要考虑每条线路沿线的应急响应资源条件,这需要向消防、执法和公路安全机构咨询。应急响应分析要考虑发生泄漏(包括压缩气体泄漏)后,相关部门在受影响区域里的应急处置能力。通常,如果这类备选路线相互距离不远,处在同一路网体系里,对应急响应能力的影响就不大;但是如果备选线路在公路类型、地形和拥堵情况等方面差异很大时,应急响应能力可能就会非常不同,因此,应考虑道路出现拥堵的可能性和救援力量通过时的条件,从而进行应急响应能力评分。美国联邦公路管理局规定的危险品泄漏初始窗口期是10min,所以甄选线路时首先要评估10min响应能力,即看事故发生后,各线路沿途在10min之内能投入到事故现场的应急响应资源数量。相关评分的计算公式是:应急反应能力=10min内应急反应单位数量/线路长度。此外,应急处置力量的危险品知识学习情况(美国要求消防员危险品知识学习时间必须达到8h)、沿线社区居民和相关机构的安全训练等都是评分项。

5. 其他关联方的意见反馈

应该公开听取来自所有受到甄选线路影响的机构和个人的意见。

6. 暴露和其他地貌风险因素

线路甄选机构要定义所有与指定线路有关的暴露风险和其他地貌风险因素。要考虑与敏感地区的距离。敏感地区包括居住区、商业建筑物、医院、学校、残疾人集中设施、监狱、体育场馆、水源地，以及河流、湖泊、自然保护区、公园、湿地、野生动物保护区等。虽然保障公共安全是危险品运输线路甄选的首要目的，但同时也要注意环境污染问题，因为危险品泄漏所导致的环境污染有可能同时造成短期和长期伤害。公路都有排水系统，一旦危险品泄漏到路表，就有可能快速地进入排水管网，会影响后续清理效果，特别是会危及河流、湖泊、栖息地、野生动物保护区和其他生态敏感地区。针对风险因素的评估，最后都会落实到价值，比如沿途不同类型建筑物的单位面积造价都有指标可循，人的生命价值也有统计值等。

7. 地形考虑

拟定线路的沿途和相邻地形可能会影响事故严重性，危险品扩散、后续控制与清理也都需要考虑地形问题。在线路特征方面，道路线形以及路侧特点（如侧坡斜率、高度、路堤构造、净区和临水等）都会影响事故严重程度，也会影响救援响应以及危险品清理速度和难度。

8. 线路的连续性

要重点考虑不同行政区划之间的衔接。因为危险品运输有时会跨越行政区域，因此要尽量缩小不同地区管理规则的差异。

9. 替代线路

在现有线路之外，要考虑替代线路的可行性，评估危险因素和各种条件，看其安全条件是否优于现有线路。

10. 对商业的影响

根据线路甄选规则选择的危险品运输线路不应导致危险品运输成本的不合理增加，无论州际或州内运输，都应考虑成本增加的合理性。指定专用线路时，应比较里程改变和运输时间变化带来的成本变化。线路上的各种限制，只要可能会影响到商业运行成本的，如时段限制导致的工作时间延长、绕路导致的各种成本增加等，都应该列入评估体系，与现行运行成本进行比较，看看增加了哪些负担。美国常用标准是：当其他风险因素差别在50%以内时，衡量商业成本增加的方法是以160km为限，原运输路程不超过160km的，如果调整线路后增加的运输距离不超过25%，可忽略不计；原运输路程超过160km的，如果调整线路后增加的运输距离在40km内，可忽略不计。

11. 运输延误

危险品指定线路不应导致非必要的运输延误。这就需要运输沿途的道路服务水平数据（Level of Service）。表2是在发生拥堵时的一个基本参照表，目的是测算路线上的车辆数量来进行评分，一旦超过表中数值，道路会被堵死，导致运输延误，进而影响救援响应速度。

高速公路典型的小时能力和瓶颈路段流量（通过车辆数，单位：辆）　　　表2

单方向车道数（条）	高 速 公 路	一条道被堵后	路肩被堵后
2	3700	1300	3000
3	5500	2700	4600
4	7400	4300	6300

注：来源于Analytical Procedures for Estimating Freeway Traffic Congestion, Morales, Juan M., Public Roads, Vol.50, No.2, September, 1986。

12.气候条件

对一条公路运输线路而言，天气条件可能会影响线路安全水平，比如下雪、结冰、起雾或其他气候条件，都可能产生安全威胁、引发事故、导致危险品泄漏以及增加事故后危险品泄漏控制与清理的难度等。有时，同一区域多条备选线路的气候条件近似，但是不同线路的一些局部气候条件可能存在不同，比如路侧造纸厂排出的水蒸气可能导致一条线路多雾，因路侧物体遮蔽形成的长时间阴影会导致某条线路路面更容易结冰等。

13.拥堵和事故历史记录

一条公路运输线路上的交通流条件，比如拥堵、涉车事故记录等，都会影响未来事故预期、公众暴露在泄漏的危险品中的风险、应急响应速度，以及临时关闭道路实施清理的效率等，因此，要分别评估和比较不同线路的拥堵情况和事故情况。拥堵导致延误的时间长短直接影响到公众面临危险品威胁的时间长短。隧道里和高架桥上的拥堵更危险，会导致驾驶人被困，所以需要评估泄漏发生时的风险。在事故风险预测方面，有一个专门的计算公式：

$$P_a = A \times L_S$$

式中：P_a——路线段的事故风险可能性；

A——选定路段的每车英里事故率或事故数量；

L_S——路段的长度（单位：mi）。

事故率的一般展现方式是每亿车英里事故数量。最理想的方式是统计涉及危险品车辆的事故和发生泄漏的事故（表3）。

单位车英里事故数量的测算参考指标　　　表3

	公 路 类 别	货车每百万车英里事故数量			
地区	道路种类	加利福尼亚州	伊利诺伊州	密歇根州	加权平均值
乡村	双车道	1.73	3.13	2.22	2.19
乡村	多车道未隔离	5.44	2.13	9.50	4.49
乡村	多车道有隔离	1.23	4.80	5.66	2.15
乡村	高速公路	0.53	0.46	1.18	0.64
城市	双车道	4.23	11.70	10.93	8.66
城市	多车道未隔离	13.02	17.05	10.37	13.92
城市	多车道有隔离	3.50	14.80	10.60	12.47
城市	单行线	6.60	26.35	8.08	9.70
城市	高速公路	1.59	5.82	2.80	2.18

前述13个评估要素，在《指南》中都有对应的详细技术流程和标准工作方式的指导，包括可以寻找的统计数据资源的查找方式等。

在评价分析上述要素后，要对线路进行评分的决策顺序依次为：去除有物理限制的路线；考虑当地的法律变更可行性和政治影响；选择相对风险影响明显更低的直线型路线；如果一时无法确定评价和指定线路，就维持现行路线；选择路线时要考虑沿途社区民众的意见；一旦选定了路线，要有公开征求意见的程序；按照规定，路线甄选必须在18个月内完成。

在征询意见方面，如果给相关管理部门官员的问询未在60d内得到回复，可默认为自动认可；对公众的征询一般是30d。

提升运输危险品安全的措施有很多，例如，可通过优化包装材料、车辆设计和操作流程、驾驶员培训、危险品处理方法、道路设计以及意外泄漏的应急响应程序等加以改善。公共和私营部门都要为这些安全问题制订方案。

运输线路选择是危险品运输管理中非常重要的一项安全措施，其主要操作者应是政府主管部门。在线路选择后依旧无法满足零妥协的安全部署要求时，安排安全护送车辆开道和押后，也是很多地方采用的安全措施，特别是在经过高危区域时，安全押运，特别是派携带应急抢救装备的车辆跟随护送是一种有效的安全措施。

扫一扫查看原文

美国《公路能力手册》及道路能力评价体系的演进

官　阳　公安部道路交通安全研究中心特约专家
　　　　3M交通安全系统部首席交通安全教育与政策联络官

应该修建什么样的道路？如何评价道路通行能力和道路服务水平？需要多少条和具有哪些功能的车道才能合理满足交通需求？这些问题一直困扰和吸引着公路交通工程界人士不断寻找和尝试各种评价和测算方法。在这个领域，有一部非常著名且影响力巨大的专业工具书——《公路能力手册》（Highway Capacity Manual, HCM，以下简称《手册》），对回答上述问题有着举足轻重的技术贡献，但因为其编写较早且仍处在不断扩充修订中，已从最初的147页扩充到现在的3000多页，导致人们很难全面了解和认识这部巨著。为帮助大家对道路能力评价技术有一个初步的了解，本文摘选一些相关资料，来展示这部伟大著作的形成和发展历程。

《手册》是美国国家科学院下设的运输研究委员会（Transportation Research Board，TRB）的主要出版物。它在决策道路建设规模、分析道路运输能力和评价道路服务水平方面已成为美国和其他很多国家使用的最重要的技术指南。在美国，该手册被强制用于所有使用联邦援助资金的公路项目。它由美国公路能力和服务质量委员会（Committee on Highway Capacity and Quality of Service, HCQSC）编写和维护。至今，《手册》已经更新到第六版的部分章节。因此，熟悉和掌握《手册》是权衡道路建设资源、评价道路服务水平、解决交通拥堵、提高道路运输效率的必备知识。

一、公路研究委员会的成立

20世纪20年代，美国已经出现了对道路的使用效率和质量问题的关注及相关研究。这种关注与美国最初在道路建设方面大量筹措资金，特别是利用过商业资金的传统有关。筹资建路的商业运行模式，需要对投资规模、回收和经济效益"斤斤计较"，尽量做到节省和可持续发展。公路能力与服务质量委员会（HCQSC）的最终形成，与这种评价机制的需求有关。

美国于1920年成立了全国公路研究顾问委员会（National Advisory Board on Highway Research），1925年更名为公路研究委员会（Highway Research Board），也就是后来大名鼎鼎的交通运输研究委员会（TRB）。之所以采用委员会的形式，主要是因为工作人员都来自各州不同的道路交通机构，并不是固定的雇员，只是因为业务需要而走到一起的。这些机构的出现，为公路能力与服务质量委员会的建立打下了基础。

公路研究委员会赞助的第一个审议与道路能力有关问题的小组是公路交通流分析委员会（The Committee on Highway Traffic Analysis），它比公路能力研究委员会成立的时间还早。公路交通流分析委员会曾在1927年制定了一套公路能力理论估算体系。1941年，美国总统罗斯福建立了"全国地区互通公路委员会"（National Committee on Interregional Highways），旨在解决各州之间的公路互通问题。这种机制和任务形成了对公路能力分析的现实需要，人们这时最需要回答的问题是：到底应该修建多大的公路来实现地区互通呢？

当时的联邦政府公共道路局（Bureau of Public Roads）专员托马斯·麦克唐纳（Thomas H. MacDonald）当选为全国地区互通公路委员会主席[图1a]。麦克唐纳从公共道路局指派了几名专业人员在委员会全职工作，其中包括对之后的公路能力研究产生巨大影响的奥拉夫·诺曼[Olav K. Normann，图1b]。诺曼当时是一名年轻的工程师，负责大部分的技术分析，这些分析工作构成了委员会具有历史意义的一批报告的基础。诺曼利用自己开发的设备研制了一种估算多车道公路能力的创新方法。他通过对前后一组车辆之间速度关系的研究发现：当两辆车以35mi/h（56km/h）的速度行驶时，其间距至少达到约2s。当车速更高或更低时，车辆间距会增加。他由此得出结论：公路的理论通行能力约为1800辆/（h·车道）。单车道每小时运送1800辆车的基础能力概念，就是从这个时期开始逐渐成为交通工程界的一个基本常识。直至今天，虽然车辆和道路技术均有所变化，但美国交通工程师也依旧将其作为一个

a) 托马斯·麦克唐纳

b) 奥拉夫·诺曼

图1 托马斯·麦克唐纳与奥拉夫·诺曼

基础数据概念，只是把单车道1h行驶1800辆车修正为约1900辆车。

随着人们对国家公路系统兴趣的上升，加上认识到需要新的、更好的和更统一的设计和分析方法来估算各类公路能力的重要性，公路研究委员会在1944年设立了公路能力委员会（Committee on Highway Capacity），诺曼为首任主席。委员会当时有10名成员，都来自基层公路运输和顾问机构，他们的共同特点是有丰富的处理日常工作的经验，这种经验在测算不同的道路设施服务能力上非常重要。委员会的工作目标就是编写一份用于帮助从业人员估算各类道路能力的文件，即《手册》第一版。公共道路局还分配了一些支持人员协助这项工作。

《手册》第一版的大多数内容由诺曼和公共道路局的公路工程师秘书沃克撰写，委员会其他成员负责审核。随着《手册》第一版编写工作的进行，公路能力委员会又增加了八名成员，依旧是各级基层单位从事具体工作的工程师，当时的委员会中没有来自大学的学者——大学学者在这方面的研究兴趣刚刚出现，并未接触实际工作。

二、1950年《手册》第一版问世

《手册》第一版于1950年出版。它实际上是从1949年开始发表在公共道路局的《公共道路》杂志（Public Roads）上的一系列文章的集合。它虽只有147页的篇幅，但提供了一套用于测算各种公路设施能力的标准方法。手册涵盖的道路类型也很丰富，包括双向双车道公路、双向三车道公路、多车道公路、信号灯控路口、交织段、匝道和匝道终端等。

《手册》第一版首次正式界定了道路的"能力"（Capacity）。最初的界定有3个层次的能力：基本能力（Basic Capacity）、可能能力（Possible Capacity）及实际能力（Practical Capacity）。"基本能力"实际上是"理想"条件下可以达到的最大小时车流量。"可能能力"是在现有的通行道路和交通状况下所能达到的最大小时流量。"实际能力"是指在不造成任何不当延迟或交通流干扰的情况下提供的最大小时流量。这3种能力是通过间接方式解决道路服务质量问题的早期尝试。

虽然《手册》第一版为从业人员估算各种类型道路的能力提供了基础条件，但主要应用于设计阶段，其目的是回答一个基本问题：应该修建多大的路？进一步说，它使从业者能够计算出需要多少条车道才能满足不同级别的交通需求。虽然手册的一些方法可以应用于分析，但当时没有把分析作为重点。还需注意的是，《手册》第一版主要针对的是在不间断流动下运作的长距离道路。灯控交叉路口、交织路段、匝道和匝道终端的方法处理等相对于道路整体而言只占了非常少的部分，其测算方法并不限于高速公路，也可应用于多车道和双车道公路，以及某些情况下的主干道。

总体而言，《手册》第一版最大也是最重要的贡献就是建立了一套通用的方法和标准，可供全美公路工程师考虑应为新建或重建道路设施提供多少车道时使用。

三、第二版：建立服务水平概念

在发布第一版《手册》后的几年，公路研究委员会暂处于非活动状态。随着关于道路能力的新问题出现，以及对道路能力研究和方法兴趣的日益浓厚，委员会于1953年重启,诺曼继续担任主席,并增加了新成员,致力于继续研究道路能力问题。

诺曼虽然在1957年成为公共道路局负责研究方面的副局长,但仍投入大量时间进行与《公路能力手册(第二版)》编写相关的工作。委员会其他成员也一样,在保持自己专业职位的同时,额外继续为《公路能力手册(第二版)》的编写投入大量时间和精力。虽然大家都意识到需要第二版,但依靠志愿人员的做法导致这项任务在时间和资源方面都遇到了挑战。

委员会重新启动后,做了两项最重要的努力:

1954年,委员会面向全国交通官员进行了一次详细的调查,向其分发了具体的表格和说明,以寻求关于灯控交叉路口的实践数据。这个调查取得了1600个信号交叉路口的控制方法和数据。公共道路局对这项调查结果进行了详细分析。

1957年,委员会赞助出版了《公路研究公报167》(Highway Research Bulletin 167)。报告载有6篇关于道路能力的分析和建议方法的论文,这些论文基于相关专业人员的广泛研究,诺曼或沃克作为作者参与了其中的4篇。《公路研究公告167》通常被称为"《公路能力手册》1.5版",在其出版后的10年间被业界广泛使用。

到20世纪60年代初,面对有限的资源,委员会明显感到仅依靠志愿者的努力已经很难完成《公路能力手册(第二版)》。1963年,公共道路局指派了5名员工全职编写,仍由诺曼指导。

随着编写工作取得新进展,委员会经过了长时间激烈的讨论,在1963年正式投票决定用单一和更明确的定义方式取代《手册》第一版中界定的3种能力级别,这就产生了道路服务级别的概念,它可以用来描述在保持某些定义清晰的操作特征(指道路使用者使用道路时的操作状态)的情况下,道路可以容纳的有效最大流量。如下所示:

服务级别E旨在复制1950年第一版《手册》中定义的"可能能力"的概念。这时的车流密度已经很高,随时可能发生中断。

服务级别D旨在反映日常情况中观察到的最大可持续交通流的服务水平。

服务级别C旨在复制第一版《手册》中定义的"实际能力"概念。

服务级别B代表在农村地区人们可以期望获得的"实际能力"。

服务级别A源于新泽西州收费公路(Turnpike)首席工程师查尔斯·诺布尔(Charles Noble)的意见。诺布尔指出,他的工作是设计收费公路,因此想提供高于"实际能力"的服务标准。根据他的意见,工作组引入了服务水平A的概念,即完全自由流车速的一种操作状态。

人们关于服务水平理念一直有着大量讨论乃至争论。服务水平是五个级别还是六个级别之争的焦点在于服务级别F是否属于服务级别。有观点认为,可以在五个级别之外设立一种"全面"类别,即服务级别F,用来涵盖在因某种故障导致的交通流中断的区域里可能发生的任何操作(美国标准是交叉路口信号灯延误80s以上为F级)。1965年《公路能力手册(第二版)》在参考文献中对这两种立场均表示了支持。还需注意的是,服务水平概念的总体结构主要是为了不间断的流量开发的,特别是考虑到高速公路。这一概念随后被修改并应用于其他类型的道路,例如灯控交叉路口。

1965年《公路能力手册（第二版）》扩充到411页，不仅建立并实施了服务水平的概念，还提供了很多新材料。例如，基于高速公路运营的一系列新认知，它被视为一个单独类别加以能力评价论述；关于灯控交叉路口、主干道和市中心街道的能力评价也都增添了新材料；交织段和匝道领域的内容也得到更新；还增添了对公共汽车服务水平的评价（图2）。

高速公路	平面交叉路口
多车道公路	交织段
双向双车道公路	匝道
双向三车道公路	匝道终端
主干道	公交车
市中心道路	

图2 《公路能力手册（第二版）》涵盖的道路类型

同上一版一样，交织路段和匝道终端等方法可应用于高速公路上的此类设施以及其他类型的道路。对平面交叉路口的处理范围也已扩大，包括了无信号交叉路口和信号交叉路口的一些资料。

四、《公路能力手册（第三版）》的变化

有赖于联邦、州和地方公路机构的广泛使用，《公路能力手册（第二版）》在美国得到了广泛的普及和接受。服务水平的概念也开始流行，成为评价公路设施服务质量的标准语言。

随着《公路能力手册（第二版）》使用人数的增加，人们对其成书质量的审视力度也加大了，这时出现了新的问题：虽然服务水平概念得到了接受，但用于界定服务水平的业务措施是否适当等问题还存在很多争议，特别是信号灯控路口问题。人们发现在使用1965年《公路能力手册（第二版）》中的承载因子参数（Load Factor Parameter，指路口的车辆数量）方法来评价路口能力时，往往很难解释和测量，于是有人建议使用基于时间参数（Time-based Parameter，指通过路口需要的时间）的方法来测算。这个变化非常重要。路口排队的车辆之所以多，很多时候是因为信号延误时间长。此外，工程师们出于分析和设计路口上下中断流量的需求，大量使用该手册，这也暴露出了手册对主干道和市中心街道的测算方法需要重大改进。第二版中新增的公交车一章，使得人们开始关注其他交通方式的测算方法，特别是行人和自行车的道路能力问题。

20世纪60、70年代是美国道路交通管理和技术研究发展的一个重要历史阶段，不仅很多研究有了质的进展，有关机构也发生了变化，比如，公路研究委员会变为运输研究委员会（TRB），联邦政府公共道路局成为联邦公路管理局（Federal Highway Administration，FHWA），公路能力委员会变成了公路能力和服务质量委员会（HCQSC）。

1977年，《公路能力手册（第三版）》的推出被提上日程。在委员会与各政府机构，特别是国家公路合作研究计划（National Cooperative Highway Research Program，NCHRP）和联邦公路管理局（FHWA）的合作下，制定了新的研究方法和计划。表1列出

了为制定第三版作出贡献的国家资助研究项目。

为制定第三版作出贡献的国家资助研究项目一览　　　　　表1

研究项目	项目编号	项目支持单位	研究机构	完成时间（年）
新版公路能力手册	3-28（B）	国家公路合作研究计划（NCHRP）	纽约理工学校交通训练研究中心、德州运输研究院	1986
制定改进的公路能力手册	3-28	国家公路合作研究计划（NCHRP）	JHK交通工程咨询公司、西北大学交通学院	1980
交织段操作研究	3-15	国家公路合作研究计划（NCHRP）	布鲁克林理工学院	1971
城市信号灯控路口能力	3-28（2）	国家公路合作研究计划（NCHRP）	JHK交通工程咨询公司、西北大学交通学院	1983
双向双车道乡村公路能力	3-28A	国家公路合作研究计划（NCHRP）	德州运输研究院，KLD公司	1983
高速公路能力分析流程	DOT-FH-11-9336	联邦公路管理局（FHWA）	纽约理工学院交通训练研究中心	1979
城市主干道交通流质量第一阶段研究	—	联邦公路管理局（FHWA）	Alan.M.Voorhees公司	—
城市主干道交通流质量第二阶段研究	—	联邦公路管理局（FHWA）	PRC Voorhees	—
瑞典公路能力手册翻译	—	联邦公路管理局（FHWA）	Transmatics	—
交叉路口和城市主干道能力研究协调与审核	—	联邦公路管理局（FHWA）	DonaldS.Berry, Consultant	—
交织段设计和分析流程结题	DTFH61-82-C-00050	联邦公路管理局（FHWA）	JackE.Leisch &Associates	1984
交通流特征	—	联邦公路管理局（FHWA）	明尼苏达州交通部	1984
新版公路能力手册的交织流分析	DTFH61-83-C-00029	联邦公路管理局（FHWA）	JHK交通工程咨询公司	1984
主干道能力分析流程的优化和验证	—	联邦公路管理局（FHWA）	DonaldS.Berry, Consultant	—
城市快速路乘用车等值测算	DFTH61-80-C-00106	联邦公路管理局（FHWA）	Institutefor Research	1983
乡村公路乘用车等值测算	DFTH61-80-C-00128	联邦公路管理局（FHWA）	德州运输研究院、H.S.Whyte Associates	1983

到20世纪70年代后期，委员会针对各种关键议题的编写审查了大量新材料。由于新版手册尚需要很多年才能出版，所以委员会发布了TRB第212号通告，题为"公路能力的临时资料"（Interim Materials on Highway Capacity），其中很多内容包含在1985年《公路能力手册（第三版）》中，也就是表1中列出的一系列研究任务。

212号通告提出了对信号交叉路口、无信号交叉路口、公交和行人（测算方法）的改进。由于《公路能力手册（第二版）》中关于灯控交叉路口的测算方法受到的批评最多,因此212号通告演示了一种基于关键移动分析(critical movement analysis)的方法来测算灯控交叉路口能力。这种方法取得了成功,得到了广泛应用且沿用至今。在非灯控路口的测算方法方面,则借鉴了瑞典的一种方法,并根据美国的实际需要做了修订。212号通告还对交织段的能力分析等提出了新的建议,并在其后的几年里形成了进一步的共识。

《公路能力手册(第三版)》出版发行于1986年1月。表2列出了其所包含的道路设施种类,以及其方法与第二版的关系说明。

《公路能力手册(第三版)》所包含的道路设施种类及与第二版的关系　　　表2

道 路 种 类	与1965年HCM的方法的关系	道 路 种 类	与1965年HCM的方法的关系
高速公路基本交织段 Basic Freeway Segments Weaving Areas	主要修订 Major Revisions	非灯控交叉路口 Unsignalized Intersections	新方法 New Methodology
匝道和匝道终端 Rampsand Ramp Terminals	新方法 New Methodology	城市和郊区主干道 Urban and Suburban Arterials	主要修订和更新 Major Revisions and Updates
高速公路系统 Freeway Systems	小修订 Minor Revisions	公交车 Transit	新方法 New Methodology
多车道乡村和郊区公路 Multilane Rural and Suburban Highways	新资料 New Material	行人 Pedestrians	主要更新和修订 Major Revisions and Updates
双车道公路 Two-Lane Highways	小修订 Minor Revisions	非机动车 Bicycles	新方法 New Methodology
灯控交叉路口 Signalized Intersections	新方法 New Methodology		新资料 New Material

与以往的版本相比,《公路能力手册(第三版)》有几个明显的变化:

第一次使用了合同制资助研究机构的研究结论。

第一次以活页形式出版,初衷是未来该手册会继续更新,有些内容会一页页地添加进去,后被证明不可操作。

该手册第一次包含了一些非常困难的方法,以至于用人力测算会非常耗费时间。公路能力软件包(HCS package)由此在联邦公路管理局的资助下开发,以减轻计算的负担,特别是信号灯交叉路口的能力测算。

该手册是最后一部由公路能力和服务质量委员会(HCQSC)全体成员审查所有章节和方法,全体成员都熟悉其内容的《手册》。该手册一共506页,其长度尚能允许每一位委员会成员通读并详细理解。

第三版问世后不久,公路能力和服务质量委员会(HCQSC)为《手册》每一章节都设置了一个永久性分会。这些分会负责审核手册使用者的反馈和评价,向委员会提出修改建议,以及审查相关的研究结论,为下一步修订手册提供方法等。

第三版的首次更新发布于1994年,有一半内容被替换或更新,涉及的章节有:定义和概念,交通流特征,基本的高速公路段,匝道和匝道交叉段,多车道公路,信号灯控路口，非信号灯控路口。

另外，个人计算机的普及使很多人认为依靠人工来实施一些更新过于低效，这对《手册》的修订和使用产生了深远影响。因此，伴随着每一个方法的更新，公路能力软件包也必须同步更新。为此，委员会与佛罗里达大学的McTrans计算中心有了更密切的合作，该中心一直负责公路能力软件包的存储和维护。

1995年，约翰·泽吉尔（John D. Zegeer）成为公路能力与服务质量委员会（HCQSC）主席，这个时间点与1994年手册更新面世的时间紧紧相连，对第三版的第二次更新也随即展开讨论，并计划在1997年完成。1997年更新的内容于1998年早期面世，包括全新内容和更新章节，涉及高速公路基础段、信号灯交叉路口、无信号灯交叉路口和城市主干道。

五、内容显著扩展的《公路能力手册（第四版）》

到2000年《公路能力手册（第四版）》出版时，公路能力与服务质量委员会（HCQSC）已经处于持续的生产模式，大部分时间都在开发和审查全新和更新的材料，负责灯控交叉路口的分会尤其活跃，不断提出更新和增加其测算方法。

第四版与前面几版有很大不同。在编写时，它考虑了潜在的用户的广泛性。因为除了操作层面的分析人员和设计师等手册的传统使用者外，在规划方面使用手册的人员也大幅度增加了，所以第四版专门针对规划方面的需求制订了很多标准流程。手册的覆盖面也有了扩展，增加了对多种类型的设施、走廊和系统的评估，虽仅限于通用模式，但已包括了一些分析流程和方法。第四版还触及了仿真软件问题，包括如何使用仿真软件补充或者评价《手册》的方法。该版本有1100多页，有了新的展示形式和边角注释，还有一张配套光盘，不仅包括了全部内容，还含有多媒体内容、网页链接资源、仿真教材和示例问题等。

第四版在章节组织上也发生了重大变化。全手册包括了5个部分。第一部分是手册介绍材料，讲解了如何使用本手册的方法，包括服务水平定义、应用原则、决策方法、术语、符号等。不同设施的介绍内容分别编入了第二部分"概念章"和第三部分"方法章"。第四部分是针对走廊和区域分析的新资料，第五部分是关于仿真软件的内容。由于当时美国有新的立法要求单位制式转换为公制单位，所以第四版还包括了两种单位：标准英制和公制。

1994年和1997年研究出来的新方法，仅经过很小的编辑改动就收入了第四版中。更早期的很多方法，则依据国家公路合作研究计划（NCHRP）和联邦公路管理局（FHWA）资助的研究项目结论，做了明显的改写和更新。

《公路能力手册（第四版）》的一个特殊变化，是介绍了一种新的方法来分析高速公路的基础段、交织段和匝道的能力。这套新方法相当复杂，计算几乎不可能由人力完成，而且该方法还没有用户友好度较高的软件，所以大部分手册的使用者直接忽视了这种新的计算方法。这也说明若要进行复杂的计算，拥有用户友好度较高的软件是非常重要的。

表3展示了第四版手册所覆盖的道路类型以及最后一次显著更新的时间。

《公路能力手册（第四版）》所覆盖的道路类型　　　　表3

设 施 类 型	最后一次更新时间（年）
城市道路 Urban Streets（Urban Arterials and Downtown Streets）	1997
灯控交叉路口 Signalized Intersections	1997
非灯控交叉路口 Unsignalized Intersections	1997
行人 Pedestrians	1985
非机动车 Bicycles	1985
双车道公路 Two-Lane Highways	1985
多车道公路 Multilane Highways	1994
高速公路 Freeway Fadities	新方法
高速公路基础段 Basic Freeway Segments	1997
高速公路交织段 Freeway Weaving Segments	1985
匝道和匝道交叉路口 Ramps and Ramp Junctions	1994
互通立交匝道终端 Interchange Ramp Terminals	新方法
公交车道 Transit	1997
多类型设施综合体 Multilane Fadities	新方法
走廊分析 Corridor Analysis	新方法
区域分析 Area-Wide Analysis	新方法

六、篇幅庞大的《公路能力手册（第五版）》

在经历了1985年版与2000年版之间的更新热潮后，委员会最终决定放弃对手册进行临时的碎片型更新的想法，转而制作2010年版，即《公路能力手册（第五版）》的工作陆续开展。这也是两版之间时间跨度最短的一次。

此时，各方面研究的进展还在加速，2000年后，由国家公路合作研究计划（NCHRP）资助的9个研究项目和联邦公路管理局（FHWA）资助的2个项目都得以完成。在委员会的支持和督导下，在《手册》之外，突破性地发布了一本重要文件《公路能力手册实施指南》（The Highway Capacity Manual Applications Guide book），该指南通过提供综合详细的案例研究，诠释了如何运用《手册》和其中的方法来进行复杂的案例分析和测算。同时也指出在使用《手册》时，有一些情况类型需要结合其他模式进行测算。《指南》的成功发布，又给委员会带来了一个新的问题，即每次更新《手册》时，还要更新《指南》。

如果说第四版代表了《手册》所涵盖的材料和内容有了显著扩展，2010年的第五版，则出现了名副其实的"内容大爆炸"，篇幅已超过3000页。该版新增的内容包括（但不限于）：针对各种不同形式的互通立交匝道终端的分析方法；针对各种环岛的分析方法;将多模式通行纳入城市街道和交叉路口分析,这种分析方法还包括了预测道路使用者对服务质量的看法;一种针对高速公路交织段的新分析方法;开发用于规划应用程序的综合默认值集,以便在一些需要的数据无法获得时使用通用参数;为规划使用开发了基于日平均流量的道路服务流量数据;关于使用替代工具、模型分析道路能力及服务质量的附加指南;一种共享道路的新分析方法(行人和非机动车);为提高道路能力和服务质量而实行主动交通流管理而产生的影响的新资料;将《指南》应用也纳入《手册》。

第五版的章节组织和发布形式与以往有根本不同。手册包含4个单独卷,其中3卷有印刷版,采用的是分离式活页夹形式,第4卷仅有发布于网络的电子版。只有购买了印刷卷的用户,才能获得电子版。

第五版的内容非常丰富,篇幅超过3000页,对比第一版的147页,在这60年里,研究投入之巨大,可见一斑。如此一个大型工具书,已经不可能要求任何人通读和了解全部细节了,而且无论是对委员会还是分会的编写人员,也不能要求他们通晓全部内容,所谓术业有专攻,在这方面有了充分的体现。

扫一扫查看原文

更值得关注的是,从2010年起,美国道路质量和服务委员会就已经在策划对第五版进行更新,委员会批准了国家公路研究合作项目资助的关于行程时间可靠性的研究计划(Travel Time Reliability,NCHRP Project 3-115)等,这些后续的研究计划将被写入第六版。截至2019年,《公路能力手册》部分章节已得到更新。

城市停车管理"灰色地带"
——建筑退线区停车治理思路

刘金广　公安部道路交通安全研究中心政策规划室副主任、研究员

我国城市路侧建筑退线区(俗称"道路红线外")停车问题,是各城市面临的治理难题之一,问题主要表现在:退线区内乱停车,机动车侵占行人通行空间,利用人行道进出,通行秩序混乱,交通事故多发,影响城市市容市貌等。尤其是随着城市停车供需矛盾的日益紧张,退线区停车问题更为突出。"建筑退线区内是否可以停车,如何有效加强退线区停车管理"等问题,亟待科学分析、答疑解惑。本文通过梳理我国现行法规标准等文件相关要求,分析境外城市停车理念及方法,结合我国城市停车现状情况,试图尝试研究分析这些问题。

一、我国现行法规标准等文件的相关规定

1.建筑退线区的范围及功能

建筑退线区范围。《民用建筑设计通则》(GB 50352—2019,以下简称GB 50352)中规定了道路红线、用地红线和建筑控制线的定义,道路红线是指规划的城市道路(含

居住区级道路）用地的边界线；用地红线是指各类建筑工程项目用地使用权属范围的边界线；建筑控制线是指有关法规或详细性规划确定的建筑物、构筑物基底位置不得超出的界限。一般情况下，道路红线与用地红线重合，建筑控制线退出用地红线一定距离。从上述三线的定义规定来看，道路红线以内为城市道路，道路红线以外至建筑控制线，这块区域即建筑退线区范围，如图1所示。

建筑退线区功能。《城市道路交通体系规划标准》（GB/T 51328—2018）中规定，城市道路规划，应与城市防灾规划相结合，干路两侧的高层建筑应由道路红线向后退10~15m。GB 50352中规定，建筑物主要出入口前应有供人员集散用的空地，其面积和长宽尺寸应根据使用性质和人数确定。另外，上海、天津、南京等多个城市制定出台了关于城市路侧建筑退线的相关规定。综合分析可知，设置建筑退线区主要目的在于，应急情况下的人员安全疏散、保障交通有效视距、预防交通事故、降低道路交通噪声污染以及增强街道采光等，退线区不具有停车功能。

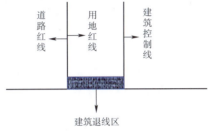

图1 建筑退线范围示意图

2. 建筑退线区内停车管理

关于退线区设置停车泊位的所有权问题。我国《物权法》第71条规定，业主对其建筑物专有部分享有占有、使用、收益和处分的权利。业主行使权力不得危及建筑物的安全，不得损害其他业主的合法权益。第74条中规定，占用业主共有的道路或者其他场地用于停放汽车的车位，属于业主共有。从法条可知，建筑退线区域属于用地红线以内的空间，是否要使用这一区域，应由业主共同决定，不得损害其他业主的合法权益，并且如果设置停车泊位，其所有权归业主共有。

关于退线区设置停车泊位的交通安全管理问题。我国《道路交通安全法》第29条规定，道路、停车场和道路配套设施的规划、设计、建设，应当符合道路交通安全、畅通的要求，并根据交通需求及时调整。公安机关交通管理部门发现已经投入使用的道路存在交通事故频发路段，或者停车场、道路配套设施存在交通安全严重隐患的，应当及时向当地人民政府报告，并提出防范交通事故、消除隐患的建议，当地人民政府应当及时作出处理决定。第56条规定，机动车应当在规定地点停放。禁止在人行道上停放机动车；但是，依照本法规第33条规定施划的停车泊位除外。在道路上临时停车的，不得妨碍其他车辆和行人通行。第119条规定了本法中用语的含义，"道路"是指公路、城市道路和虽在单位管辖范围但允许社会机动车通行的地方，包括广场、公共停车场等用于公众通行的场所。从法条可知，城市路侧行人通行的区域不鼓励设置停车泊位，如果退线区设置了停车泊位，其交通安全管理工作应受公安机关交通管理部门监管，发现交通安全隐患问题应向当地人民政府报告，并提出改善建议，当地人民政府应当及时作出处理决定。

关于退线区设置停车泊位的施划标准问题。我国行业标准《城市道路路内停车泊位设置规范》（GA/T 850—2009）、《城市道路路内停车管理设施应用指南》（GA/T 1271—2015）等，对城市道路设置停车泊位的条件进行了详细的规定，立足道路交通安全与交通秩序,从城市用地功能、道路类型、道路宽度、交通流量、交通特性和道路交通环境等方面,提出了规定和要求。如果建筑退线区设置停车泊位,宜参照人行道设置泊位的要求,充分考虑设置泊位后行人通行有效宽度,应确保行人交通安全,保障行人通行效率。

二、境外城市街道停车管理经验

纵观境外发达国家城市街道停车管理经验(注:通常情况下,境外城市街道是指道路两侧建筑设施之间的空间,包含本研究中所提及的路侧退线区),都经历了从"以车为本"转向"以人为本"的理念蜕变,经历了从"一味迎合机动车交通需求,忽视步行和自行车交通"到"严格抑制机动车使用,倡导步行和自行车活力空间"的过程变迁。2018年美国畅销书《抢街》中提出,步行不仅有助于城市的安全和生活品质,也与城市经济息息相关。生机勃勃的街道才能成为"街坊",这是社会"财富"至关重要的表现形式,这种财富也有益于商业。适合步行、富有生气的街道会自发生成公共秩序,步行交通推动当地商铺的发展。境外设计手册或报告中体现的最新管理理念及思路值得我国城市借鉴思考。

1.首要确保道路网络交通安全有序运行,原则上不宜设置停车设施

美国国家公路与运输协会(AASHTO)2011年编制出版的《道路几何设计规则》中指出,道路通行路网首先要确保交通安全和交通运行效率,保障交通运行是道路通行网络的主要功能,在充分考虑用地功能的情况下,根据实际交通需求,部分路段可设置路内停车泊位。其体现出的停车管理理念是,原则上不鼓励道路区域范围设置停车泊位,应首要保障交通安全有序通行,如果有特殊需求,并且在道路交通条件允许的情况下,可根据实际需求设置。

2.特别关注道路区域行人通行及活动,营造良好城市步行公共空间

美国纽约市交通局2015年编制出版的《纽约街道设计手册(第二版)》中提出,在过去的10多年中,街道设计最佳实践案例倾向于支持步行、自行车和公共交通的设计。街道行人空间优化带来的益处不仅体现在交通便利性方面的提升,还能够改善公共卫生、改善宜人环境和促进城市经济活动等。手册中提出多项将街道设计成步行公共空间的措施,并付诸实践,例如,曼哈顿哥伦布大道,重新改造行人通行空间和环境,将未充分利用的道路空间重新分配给行人广场,扩建人行道等。其体现出的街道空间设计理念是,以人为本设计城市街道,尽可能把城市街道空间还给行人,确保不被机动车占用。

3.强化"以人为本"设计城市街道交通体系,不鼓励机动车交通出行

伦敦市政府2018年编制出版的《伦敦市长交通战略》中提出,将更多街道用作步行公共空间和行人休憩场所,倡议减少市民开车出行。在可达性较强的区域实施无汽车化发展,减少汽车使用,路侧不可设置停车位。提倡通过设置物理设施的方式,防止机动车侵占道路。其体现出的交通发展理念是,减少机动车的使用,不鼓励设置路侧停车泊位,应把公共空间还给行人,营造绿色通行交通氛围。

三、管理策略思考

"停车难"是中央城市工作会议提出的当前我国城市普遍面临的五大城市病之一,"停车难"的表象是停车泊位供给相对停车需求严重不足,车辆无处可停、难以停放,停车秩序相对较为混乱;其根源在于,由于各种因素原因,城市停车规划相对滞后,配建车位监督乏力,泊位供给量严重缺失,随着城市机动车保有量逐年急剧攀升,停车供给与停车需求之间的矛盾日益严重。在这种背景情况下,加强城市路侧建筑退线区停车管理相对困难;如果放手不管,不仅无法缓解停车难问题,并且会危及道路交通安全,扰乱交通运行秩序,影响城市文明形象。因此,应本着"系统研判、科学施策、精细管理、创新应用"的原则,在我国现行法规标准等相关文件的要求下,积极借鉴境外城市停车管理先进经验,从理念、思路、机制、方法等方面系统性提出退线区停车管理的策略思考,以期为有效解决退线区停车问题提供决策支撑,如图2所示为策略流程示意图。

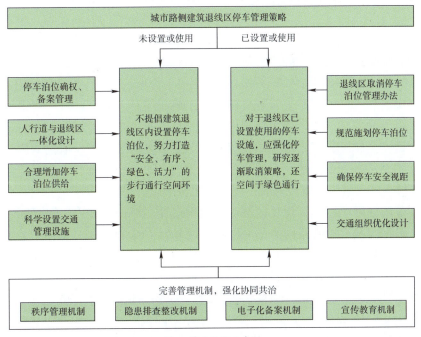

图2　策略流程示意图

1.转变交通理念,厘清管理思路

不提倡建筑退线区内设置停车泊位,努力打造步行良好通行空间环境。

明确停车泊位权责问题,做好现有泊位备案工作。按照我国现行法规标准的相关要求,结合现有建筑退线区范围停车设施实际情况,研究确权停车泊位,明确停车管理主体,确定停车管理职责,即明确现有停车泊位中,哪些泊位属于公共管理范围,哪些泊位属于非公共管理范围,加快完善停车泊位备案管理,夯实路侧退线区停车管理基础。

保障行人通行活动空间,营造以人为本交通环境。境外城市管理经验表明,把城市街道空间还给行人,不允许机动车占用步行空间,确保行人通行路权,合理设置行人休憩设施,构筑人与街道和谐的生态环境,不仅有利于道路交通安全,而且可以提升城市品质，激活城市活力，促进城市经济繁荣发展。建议强化城市人行道与建筑退线区一体化设计，优化行人通行及活动环境。

合理增加路外停车泊位供给，优化城市交通出行结构。从建筑退线区的功能来看，其不属于建筑设施配建停车的空间，不可作为配建停车场地使用，也不宜作为临时停车的场所。建议本着"适度满足基本停车需求，严格控制出行停车需求"的原则，参照《城市停车规划规范》（GB/T 51149—2016），结合各地实际情况，制定完善各城市建筑设施配建停车泊位规范，并要切实加强配建停车泊位建设使用监管。加快城市公共交通系统建设，科学规划公交站点分布，提升公交可达性与服务水平，鼓励公众采用公共交通方式出行，削减出行停车需求。

科学设置交通管理设施，防止行人通行空间被侵占。参照《城市道路交通设施设计规范》（GB 50688—2011）、《城市道路路内停车管理设施应用指南》（GA/T 1271—2015）等标准规范，通过合理设置交通标志标线，明确规范交通语言，告知公众哪些地点或区域不得停车；通过合理设置阻车设施，利用物理隔离的方式，阻止车辆进入行人通行或活动空间。同时，结合道路接入优化设置退线区停车的进出口。

2. 规范停车秩序，确保交通安全

对于退线区已设置使用的停车设施，应强化停车管理，研究逐渐取消策略。

研究制定退线区取消停车位管理办法，把空间还给行人通行。应明确退线区的功能属性，其不可作为停车区域，建议综合考虑建筑设施用地功能、道路交通特征、停车供需状况、交通安全状况、城市市容市貌等方面，从所处区域位置、取消时限、配套措施等维度，科学制定城市取消建筑退线区停车的管理办法。积极创建文明规范停车示范街道、示范区域，以点带线、以线促面，逐步优化城市通行空间环境。

科学规范施划停车泊位，优化区域交通组织设计。对于短期内退线区暂时未取消的停车设施，根据《城市道路路内停车泊位设置规范》（GA/T 850—2009）、《城市道路路内停车管理设施应用指南》（GA/T 1271—2015）等标准中关于停车泊位施划的要求，应参照人行道设置停车泊位标准，确保行人有效通行空间，保障行人交通安全；对于行人通行空间不足的，应加快泊位取消进程，退线区设置停车泊位后步行道有效剩余宽度参考值如表1所示。规范设置停车泊位标线，根据空间实际情况，合理选取停车泊位设计形式，可采用平行式、斜列式（倾角30°、45°、60°）和垂直式，明确车辆停放位置，确保车辆停放整齐规范。优化区域交通流线设计，在保证交通安全的前提下，提升综合交通效率。

退线区设置停车泊位后步行道有效剩余宽度参考值　　　　　表1

项　目	步行道有效剩余宽度（m）	
	大城市	中小城市
各级道路	3	2
商业或文化中心及大型商店或大型文化公共机构集中路段	5	3
火车站、码头附近路段	5	4
长途汽车站	4	4

确保停车安全视距，预防退线区交通事故。视距不良容易引发交通事故。应保证车辆停放过程具有良好的通视条件，绿化植被、建筑设施等均不可影响车辆有效视距，对于遮挡视线、影响视距的情况，应及时整改消除。尤其是退线区临时停车场出入口处，建议参照《城市道路工程设计规范》（CJJ 37—2012）的规定，出入口边线以内2m处视点的120°范围内，不应有遮挡视线的障碍物（图3）。另外，临时停车场出入口处宜设置减速设施。

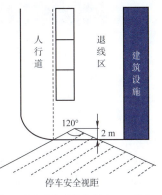

图3　退线区临时停车场出入口停车安全视距示意图

3.完善管理机制，强化协同治理

加快推进城市停车管理办法制定完善，努力构建退线区停车社会共研共管共治格局。

建立退线区停车秩序管理机制，明确秩序管理职责。从建筑退线区的功能和属性来看，退线区泊位通常属于非公共管理范围的泊位，设施业主或直接使用人是退线区停车秩序管理的主要负责人，建议应明确其停车秩序管理责任，应对退线区不按规定停车、乱停车等行为进行有效管理，及时清理私设车位情况。另外，通过监管、教育、劝导等方式，依法依规协同参与退线区范围停车秩序治理，共同维护城市管理秩序。目前，我国部分城市制定的停车管理办法中已明确了退线区停车秩序管理职责，例如，在2018年北京市人大常委会发布的《北京市机动车停车条例》中，明确提出"国家机关、社会团体、企事业组织、个体工商户等单位，应当做好门前停车管理责任区内的停车秩序维护工作，有权对违法停车行为予以劝阻、制止或者举报"。

建立退线区停车安全隐患排查机制，督促隐患问题及时整改。从《道路交通安全法》中规定来看，建筑退线区停车场应符合道路交通安全、畅通的要求，公安机关交通管理部门具有检查退线区停车安全隐患的职责，如果发现存在交通安全隐患，应提出防范交通事故、消除安全隐患的建议，并及时向所在辖区人民政府报告，其应及时作出处理决定。

完善停车泊位电子化备案机制，夯实科学城市停车规划基础。参照《城市道路路内停车管理设施应用指南》（GA/T 1271—2015）规定，对城市停车泊位进行电子化规范编码，构建城市停车备案管理数据库平台，为深入研判城市停车供需关系，科学编制城市停车管理规划，精细管理建筑设施配建停车设施，创新调控使用现有停车泊位资源等提供信息基础，为逐步取消建筑退线区停车泊位，打造"以人为本"道路通行空间提供数据支撑。

广泛开展文明停车社会宣传，号召全社会共同维护交通秩序。社会宣传是转变理念、落实政策、规范行为的重要手段。通过向全社会进行深入、系统、有效的文明规范停车宣传，建立人与城市环境和谐相处的绿色交通氛围，规范社会公众停车行为，形成全社会绿色出行、文明行车、规范停车的良好道路交通环境。

注：本文撰稿时间为2019年3月。文中提及部分标准规范具体有效时间以实际为准。

我国路内限时长停车管理可行性研究

褚昭明　公安部道路交通安全研究中心助理研究员
戴　帅　公安部道路交通安全研究中心政策规划室主任、研究员

汽车保有量快速增长，停车资源有限，停车难已成为我国所有城市普遍存在的"城市病"。当路内停车泊位占有率较高时，驾驶人寻找车位会导致绕行增加，产生无效交通量，甚至造成局部交通拥堵。当路内停车资源长时间饱和，驾驶人只能行驶到较远的停车位，并且步行较远的距离才能到达目的地。这种低效和不便的经历导致公众对城市停车系统不满。为提高路内停车泊位周转率和缓解城市中心区交通拥堵，发达国家和地区广泛采用城市中心区0.5~2h限时长停车模式，效果显著。

一、路内停车泊位限时长管理的必要性

路内停车是停车系统的重要组成部分，优势在于效率高、设置方式灵活、使用方便。但城市道路的首要功能是满足动态交通需求，路内停车泊位设置前提必须是城市道路在投入使用后具有一定剩余的通行能力，其设置不会对动态交通流产生重大影响。因此，城市停车系统应使"配建停车场为主，社会公共停车场为辅，路内停车作为有效补充"成为共识。国内外经验表明，城市合理的路内停车比例不应超过15%。

目前，我国部分城市在道路上设置了夜间临时停车泊位，并规定了可停放时段，缓解了部分居住区夜间停车难问题。但对于白天路内停车，我国城市普遍缺少对停车时长的限制，同时由于部分城市路内停车泊位收费较低，甚至免费，造成路内停车泊位经常被车辆长时间占用，带来一系列衍生问题，包括降低道路通行能力、影响道路交通运行、降低路内停车周转率、容易产生僵尸车等。

为充分利用路内停车泊位，一些发达国家和地区根据城市功能分区和停车资源稀缺程度，对城市中心城区路内停车位设置一定的停车时长限制（通常为0.5~2h），这种管理方法被称作限时长路内停车管理，主要有以下3个方面的优点：提高路内停车泊位的周转率，方便短时停车需求，使路内停车更加便捷；在一定程度上抑制长时间停车需求，长时间停车的需求被分流到路外停车场，有利于进一步分清不同类型停车位的功能定位，防止路内僵尸车存在；减少出行者寻找车位的绕行时间，避免过多停车绕行导致的交通拥堵，保持道路更加畅通和有序。

二、境内外限时长停车的相关规定

1.我国大陆地区

在我国，限时停车管理分为限时段停车管理和限时长停车管理两种类型。

限时段停车管理一般可通过交通标志实现，需要和机动车限时段停车位标线配合使

用，如图1所示。限时段停车位标志表示此处机动车只能在标志准许时段停放，其他时段禁止停放，如为解决居民区夜间停车难问题，部分城市在道路条件允许的情况下设置了晚19:00到早7:00的限时停车泊位。

图1　限时段停车标志和标线示例

限时长停车位标志表示此处车辆停放时长不应超过标志所示的时间，如图2所示车辆停放时间不允许超过3min，这种情况可以不划停车位线。目前我国《道路交通标志和标线》（GB 5768—2009）中虽然有限时长标志标线相关规定，但在实际应用中仅限于学校、医院、交通枢纽周边道路，供学校上下学、医院上下客临时停车，时长限制通常为30s~15min。

图2　限时长停车标志和标线示例

2018年6月深圳市印发了《深圳市交通拥堵综合治理策略措施及2018年行动方案》，首次提出将推动在福田区、罗湖区11条道路实行限2h停车管理措施，但至今尚未正式实施。

2.美国

美国路内停车时长限制一般为0.5~2h。停车时长限制设置依据包括道路所在片区的城市功能、用地性质、道路类型、交通运行和停车供需特征等。同一类型路内停车泊位，停车需求越大，泊位设置的停车时长限制越短。美国联邦公路局发布的2009版《道路交通管理标志统一守则》（MUTCD—2009）中，对限时长停车标志有较为详细的规定，如图3所示。

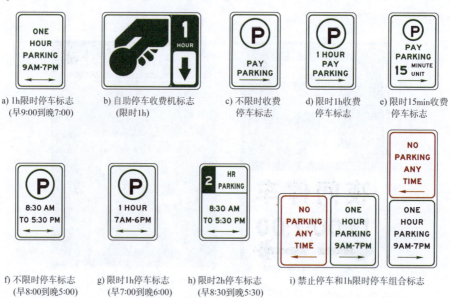

a) 1h限时停车标志（早9:00到晚7:00）　　b) 自助停车收费机标志（限时1h）　　c) 不限时收费停车标志　　d) 限时1h收费停车标志　　e) 限时15min收费停车标志

f) 不限时停车标志（早8:00到晚5:00）　　g) 限时1h停车标志（早7:00到晚6:00）　　h) 限时2h停车标志（早8:30到晚5:30）　　i) 禁止停车和1h限时停车组合标志

图3　美国《道路交通管理标志统一守则》（MUTCD—2009）中关于限时长停车的标志

在美国，如果免费限时长停车管理措施不足以有效管理路内停车，往往会采用"限时长停车+收费管理"的综合手段。收费限时长停车管理措施一般通过路侧停车计时表或支付展示（Pay and Display）系统来实现。驾驶人从售票机购买停车票，并把停车票展示在车辆的仪表盘、风窗玻璃或侧面车窗处。停车票上一般包括售票机地点、运营商、到达停车位的时间、停车截止时间以及所支付的金额。

3. 欧洲

欧洲限时长停车管理分为收费和免费两种形式，收费限时长停车管理采用路侧停车计时表或支付展示系统来实现；免费限时长停车管理通常借助停车盘（Parking Disk）来实现。停车盘停车系统通过展示停车盘来显示停车的起始时间，停车管理员可以巡查停车盘，并核对是否需要付费。最原始的停车盘停车系统随着城市蓝区（Blue Zone，免费停车区）的建立而引入，在蓝区，使用停车盘的车辆可以享受1~2h免费停车；其他区域，则采用停车计时表进行更严格的停车管理控制。驾驶人泊车完毕，需要将停车盘展示在风窗玻璃后，以便从车辆外面能够清晰读取停车盘所显示的时间，停车盘的指针须指向到达时刻后的0.5h整点。如图4所示的是欧洲国家典型的停车盘实例。

4. 新加坡

新加坡的路内限时长停车管理除了采用计时表，还广泛采用停车券停车系统（Coupon Parking）。驾驶人需提前从政府手中购买停车券，使用停车券时，驾驶人需要撕掉停车券上停车时的日期和时间标签。这个过程类似于停车盘停车系统，但停车盘可重复利用，而停车券是一次性的。如果停车时间超过了单张停车券允许的停车时长限制，可以同时使用多张停车券。目前，新加坡城市中心区短时路内停车价格为1.2新币/0.5h，城市中心区以外的短时路内停车价格为0.6新币/0.5h。图5展示了新加坡市政府发行的15min、0.5h和1h停车券样品。

a) 欧洲标准的停车盘　　b) 瑞典的停车盘　　c) 德国组合停车标志（下面的标志表示2h限时停车的停车盘）

图4　欧洲国家典型停车盘实例

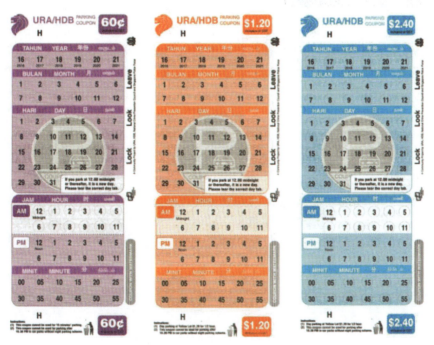

图5　新加坡市政府发行的15min、0.5h和1h停车券

5.香港特别行政区

香港的路内停车泊位一般设置在不妨碍通行的道路上，停车位有限且需求较高的区域，通常用停车计时表来防止过长时间的停车。此外，还规定车辆停车不可超出停车位界线，且不可在同一停车处停放车辆超过24h。目前，香港拥有大约18000个带计时表的停车泊位，工作日收费时段为早8:00到晚上12:00，节假日收费时段为早10:00到晚10:00，所有带计时表停车位（图6）均可以使用八达通卡支付停车费。

在停车收费表的收费时段内停车，必须缴付收费表标明的费用。停车后，应尽快把合适的硬币投入停车位收费表内。附在停车位标志旁的时间牌，标明每次缴费后可以停车的最长时间以及停车收费表的收费时段。停车收费表柱的颜色，可分别显示每次入表后可停车的时限——黄色0.5h、咖啡色1h、蓝色2h。如表柱顶部为白色，则收费表每天均可以收费，包括星期日及公众假期在内。一些地点不设停车收费表，而采用凭票停车，如果需要在这些地方停车，应先在附近的电子售票机购买停车票，并把停车票清楚地展示于车内的风窗玻璃上。

6.违反限时长停车管理政策的处罚

采用限时长停车管理措施的国家，一般会对超过时长限制的停车行为进行处罚，部分国家和地区典型城市对超时违停和禁停道路违停的处罚标准见表1。从超时违停和禁停道路违停处罚标准的差别来看，各城市对超时违停的罚金均低于禁停道路违停的罚金，

图6 带计时表的停车位

反映出各城市交通管理部门均认为超时停车的违法严重程度低于在禁停道路停车的违法严重程度。处罚金额除新加坡处罚标准较低外，其他城市的处罚标准都在200元/次以上，伦敦、布里斯班、纽约和香港的处罚标准更是超过400元/次。针对超时违停行为，部分城市还根据违停地点和超时程度，设置了不同的处罚标准。如巴黎市中心的第1~10区，超时违停罚金为50欧元，巴黎市中心外的第11~20区，超时违停罚金为35欧元；在新加坡，超时小于0.5h违停的罚金为6新币，超时在0.5h和1h之间违停的罚金为10新币，超时1h以上违停的罚金为20新币。

部分国家和地区典型城市对禁停道路违停和超时违停的处罚标准　　　表1
（表格中汇率换算仅供参考，以实际为准）

国家	城市	超时违停	禁停道路违停
英国	伦敦	80 英镑（701 元）	130 英镑（1153 元）
澳大利亚	布里斯班	97 澳币（464 元）	130 澳币（617 元）
中国	香港	480 港币（410 元）	680 港币（582 元）
美国	纽约	65 美元（436 元）	115 美元（772 元）
美国	亚特兰大	35 美元（235 元）	100 美元（671 元）
美国	休斯敦	30 美元（201 元）	40 美元（269 元）
法国	巴黎	35~50 欧元（265~378 元）	135 欧元（1021 元）
新加坡	新加坡	6~20 新币（30~99 元）	50 新币（248 元）

三、加强我国路内限时停车管理的具体建议

国内外违法停车处罚统计表明，现阶段我国违法停车主要类型还是在禁止停车的道路上停车，而发达国家和地区违法停车主要类型为超时长停车。目前，我国仍然处于

城市化和机动化快速发展的时期,机动车保有量迅猛增长,停车供需矛盾日益加剧。随着我国经济由高速度增长阶段转向高质量发展阶段,城市停车管理措施有待进一步精细化。路内停车管理是城市停车管理的重要抓手和着力点,发达国家和地区相对成熟的路内限时长停车管理措施值得借鉴和尝试。结合我国基本国情,建议从以下几个方面加强我国的路内限时长停车管理:

(1)明确路内停车的属性,增强限时长停车立法支持。道路是有限、不可再生的公共资源,停放机动车则是个人需求,个人可以使用公共资源,但不能长期占用。通过限定道路停车最长时限,可保证公共资源的有效利用率。在目前停车资源紧缺的情况下,研究路内停车限时长的可行性及相关法规政策,明确超时长限制停车的违法性质,有助于进一步盘活路内停车资源,将长时间停车引入路外停车场,真正形成以配建停车场为主、公共停车场为辅、路内停车为补充的合理停车供给格局。

(2)不同区域区别对待,实现停车管理精细化。综合评估道路条件、交通流量、停车需求变化和社会公众意见等因素,确定各类道路路内停车泊位停车时长限制的设置标准。例如,人、车流量都很大,商业繁忙区域路段可实行限时长停车,允许最长停车时间0.5~2h;其他非商业繁忙区域和路段,则可以适当延长停车时长,以分流和缓解繁忙区域的停车压力。

(3)适时采取合理的限时长停车管理手段。参考国外停车计时表、支付和显示系统、停车盘、停车券等多种形式的限时长停车管理设施和设备,结合高位视频、移动支付、人工智能等先进技术,实施多种形式的限时长停车管理政策,拟定不同片区、不同路段路内停车收费定价机制,满足路内停车差异化和精细化管理的需求。

(4)研究相关配套管理措施。研究完善和细化限时长停车管理的具体制度、办法和流程,限时长停车管理设施及标志标线的相关标准。组织专业人员,参考国外有关限时长停车标志和标线的优秀案例,补充和细化我国限时长停车标志、标线的国家标准,并在全国推广使用。根据泊位所处区位和超时严重程度,细化限时长违停行为的处罚标准。加强对市中心限时长停车路段的巡查力度,同时加强电子警察等非现场处罚,畅通举报超时停车的渠道,前瞻性地制定超时长违停处罚标准,全方位加强对超时停车驾驶人的威慑,确保道路交通运行的高效、有序、安全、畅通。

扫一扫查看原文

《道路交通公约》道路通行规则研究与借鉴

柴 蕊 公安部道路交通安全研究中心助理研究员

一、《公约》通行规则的基本情况

《道路交通公约》(以下简称《公约》)是国际上应用范围最广的道路通行规则

框架性制度，也是国际道路通行规则与标准的制定平台。《公约》鼓励各国共享道路交通管理经验，为各国道路通行规则提供借鉴。《公约》分为两个版本，分别是由美国和日本倡议签署的1949年《维也纳道路交通公约》（以下简称49年《公约》）与俄罗斯倡议签署的1968年《日内瓦道路交通公约》（以下简称68年《公约》）。《公约》分为总则、通行规则、汽车与挂车进入国际道路交通的条件、驾驶证管理、自行车和轻便摩托车进入国际道路交通的条件以及程序条款六部分，其中通行规则是《公约》的核心内容。

与49年《公约》相比，68年《公约》的通行规则更具指导性和实用性（图1）。首先，通行规则内容更完善。49年《公约》仅规定了机动车行车位置、车速、超车、路口通行、车辆灯光等基本行车规则。68年《公约》在此基础上既增加了高速公路、路口与铁路道口、隧道、特殊天气等复杂交通情境下的机动车通行规则，也新增了行人、非机动车骑行人和驾驶人等其他道路交通参与者的通行规则。其次，驾驶操作指导更具体。49年《公约》未详细规范驾驶操作行为，68年《公约》则细化了道路交通参与者行为指导，明确道路交通参与者应当"如何做"，以驾驶人为例，从开车门到上路行驶到最终停稳车辆，全流程闭环规范驾驶人操作。

图1　1968年《道路交通公约》

二、《公约》中的机动车通行规则

机动车通行规则是《公约》通行规则的核心。《公约》在融合各国道路交通安全法律法规的基础上，总结归纳出了普遍适用的机动车通行规则，集中体现了便利国际道路交通、重视道路交通安全这一基本原则。

1. 严格把关资质，重视教育培训

68年《公约》是第一部规范驾驶人资质的国际法律文件，对驾驶人资质提出了严格要求，规定驾驶人应具备必要的身体条件、智力能力以及健康的精神状态，同时应掌握驾驶车辆的理论知识与必要技能。68年《公约》也是第一部规范驾驶人培训与考试的国际法律文件，规定国内法应明确机动车驾驶人考试的内容和程序，严格管理驾驶培训教练员和考试员。

2. 规范驾驶操作，夯实安全管理

明确驾驶人保障道路交通安全的义务。驾驶人应当避免妨碍道路通行，严禁驾驶行为对其他道路交通参与者的人身和财产造成损害；驾驶人对于自身可能造成的危险或不便，应采取必要措施消除，如不能立即予以消除，则应提示其他道路交通参与者加以注意。

规范驾驶动作。驾驶人驾车时应时刻保持谨慎并减少非驾驶动作，兼顾判断其他道路交通参与者的位置、方向和速度，注意观察路段、车辆、天气以及交通流等情况。

明确安全行车位置。右侧通行的国家，路口右转时应做小半径转弯，路口左转时应靠近道路中心做大半径转弯。

正确选择车速和车距。驾驶人应当严格遵守限速规定，严格控制车距，建议各国细化新驾驶人和大中型客货车驾驶人等重点驾驶人群体的车速与车距规定。

选择适当时机安全超车。驾驶人超车前应确认超车环境，按《公约》规定的"准备、观察车辆前方和后方、开启转向灯、向左（右）移动、并行、加速、开启转向灯、向右（左）移动并恢复速度"超车动作完成超车。上坡、弯道、铁路道口、人行横道和视线不良处严禁超车。

复杂路段安全通行。高速公路行车应满足时速要求，正确选择车道，不得在高速公路随意停车、掉头、倒车或驶入中央分隔带。隧道内行车禁止掉头、倒车和随意停车；由于事故或紧急情况停车时，驾驶人应尽可能将车辆停靠到指定位置并关闭发动机。

3.规范通行路权，保障行车安全

明确道路交通参与者让行关系。车辆应当让行行人和非机动车，非轨道车辆应当让行轨道车辆，一般车辆应当让行具有优先通行权的车辆。

明确机动车通行基本规则。路段交会时，乡村小路中驶出的车辆应当让行干路车辆，城市建筑密集区道路驶出的车辆应当让行主路车辆，即将驶入高速公路的车辆应当让行高速公路内行驶的车辆。车辆交会时，有障碍的路段上，有障碍的一方让无障碍的一方先行；坡路上，下坡车辆让上坡车辆先行。路口通行时，右侧通行的国家，车辆应当为其右侧驶来的车辆让行；左侧通行的国家自行制定路口优先通行规则。

明确特殊情形通行要求。在设有交通信号灯的路口发生拥堵时，为提升通行效率、避免拥堵加剧，即使此时信号灯允许通过也不得驾车进入路口。

4.倡导文明通行，提升交通素养

明确驾驶人对交通弱势群体的礼让。驾驶人应当礼让行人、骑行人、儿童、老年人和残疾人等交通弱势群体。

注重驾驶人安全文明素质养成。《公约》要求驾乘人员均应系好安全带，遵守交通信号，严禁驾驶人在日常驾车过程中有使用手机、乱鸣笛、扬尘和通过积水路面不减速等行为，倡导文明出行。

三、《公约》中的行人通行规则

除了对机动车通行规则的规定，《公约》还单独规定了行人的通行规则。行人应当遵守的安全准则包括可视、专注、警惕及遵守通行规则。具体对行人通行规则的规定如下：

正确选择行人通行地点。行人横过道路时应注意观察，在有人行横道的地点应使用人行横道通行，在没有人行横道的地点横过道路时，应当确认安全后通过，并选择直线距离最短的路线，不在道路中间逗留。

特殊情况行人可以借用车行道通行。在设有人行道的地点，行人应当使用人行道通行；但推拉大件货物可能妨碍其他行人通行、有人带领的行人队伍以及在未设置人行道的路段，行人可以借用车行道通行。为了避免妨碍交通并保障行人通行安全，在借用车行道通行时，行人应当靠近顺行方向的边缘。

行人应当按照信号灯指示通行。在设有人行横道信号灯的地点，行人应按照人行横道信号灯指示通行。在未设有人行横道信号灯的地点，行人应按照机动车信号灯或交警指挥通行。在既未设置任何信号灯也没有交警指挥的地点，行人应根据驶近车辆的距离与速度判断是否可以通行。

行人遇红灯可以继续通行的情形。红灯亮起时，在保证其他道路交通参与者人身财产安全的情况下，已经进入人行横道的行人可以继续通过；红灯亮起，交通勤务人员指挥行人可以通过时，行人应按其指挥继续通行。

四、《公约》与国内法的通行规则比对研究

通过上文对《公约》中机动车与行人通行规则的分析研究，经比较可以看出我国道路交通法律法规与《公约》在道路通行规则方面共性多、差异性小，二者主要的区别在于：

1.道路交通信号优先级差异

《公约》道路交通信号的优先级明确规定，交通警察的指挥优先于交通信号灯，交通信号灯优先于交通标志、交通标线，以上优先于其他交通规则。《中华人民共和国道路交通安全法》（以下简称《道路交通安全法》）仅规定交通警察的指挥优先于交通信号灯、交通标志、交通标线等交通信号，对交通信号灯、交通标志、交通标线的优先权并未作出明确规定，驾驶人遇有交通信号灯与标志标线冲突时难以抉择。

2.速度限制不同

《公约》既禁止车辆超速行驶，也禁止车速过慢妨碍其他车辆通行，降低通行效率。我国《道路交通安全法》仅规定车辆不得超越限速标志标明的最高时速，在没有限速标志的路段，应当保持安全车速，而并未对于车辆低速行驶做出明确规定。同时，《公约》明确要求对特定驾驶人，特别是新驾驶人单独设置限速规定，而我国并未对新驾驶人单独做出速度限制。

3.车辆灯光的使用规则差异较大

转向灯使用差异。《公约》未细化转向灯使用规则，而《中华人民共和国道路交通安全法实施条例》（以下简称《道路交通安全法实施条例》）规定超车、转弯、变更车道、掉头、驶入高速公路、驶离高速公路、驶离停车地点以及靠边停车时应开启转向灯，细化并规范了转向灯的使用规则。

危险报警闪光灯使用差异。在雾天行车、恶劣天气下高速公路行车或道路养护施工作业车辆工作时，《公约》与我国对危险报警闪光灯的使用存在明显区别。《公约》规定车辆应开启危险报警闪光灯的情形包括：发生道路交通事故、车辆故障或向其他道路交通参与者示意危险。我国《道路交通安全法》及其实施条例中规定：发生道路交通事故、车辆故障、雾天行车、恶劣天气下高速公路行车或道路养护施工作业车辆工作时，应开启危险报警闪光灯。

禁用远光灯情形差异。我国《道路交通安全法实施条例》和《公约》均规定夜间近距离跟车与会车时不得使用远光灯。《公约》在此基础上还规定了在照明条件良好的路段，以及驾驶人能够看清较远距离且其他道路交通参与者也可在较远处看到车辆时，不得开启远光灯，避免由于开启远光而造成其他道路交通参与者炫目。

非机动车灯光使用差异。《公约》建议手推车、畜力车以及其他非机动车均安装车辆灯光，以提示其他道路交通参与者，而我国《道路交通安全法》及其实施条例并未对此做出规定，仅在相关技术标准中规定非机动车灯光要求。

4. 具有优先通行权的车辆范围不同

《公约》规定具有优先通行权的车辆包括：正在执行任务的警车、消防车、救护车、工程救险车以及正在实施道路养护和工程作业的车辆；而我国《道路交通安全法》中并未规定正在实施道路养护和工程作业的车辆享有道路优先通行权。

五、我国道路通行规则的完善思考

我国应当立足国情，坚持以"安全为本、文明为上"的基本原则，充分吸纳借鉴《公约》中道路通行规则的先进理念，细化、优化我国道路通行规则，完善道路交通安全法律规范，切实发挥其在现代交通安全治理中的基础性作用。在比对研究的基础上，《公约》对我国道路通行规则完善的启示如下。

1. 细化机动车通行规则

针对我国道路交通法律法规重导向、轻操作的特点，应加强完善行车规范化引导，细化基本驾车操作要求。

编写具有我国道路交通情景特点的机动车驾驶人操作规范。围绕不同车型、不同驾驶人群体制定专业化、针对性强的驾驶人操作要求，精准规范车速控制、行车位置等基本驾驶动作，精确细化超车、会车等复杂驾驶操作，切实保障驾驶人学得会、做得对。

完善特定驾驶人群体管理。调研了解新驾驶人驾车问题、排查驾车隐患并总结出行特点，制定新驾驶人驾车操作指南，为新驾驶人安全驾车出行提供操作指导。借鉴《公约》缔约方对新驾驶人在一定期限内限制行驶车速的经验，增设新驾驶人限速规定，引导新驾驶人熟悉道路交通环境，提升驾驶技能和规则意识。

2. 完善慢行交通通行规则

精细设计慢行交通参与者通行规则。以部门规章、标准规范或指南手册等形式为载体，细化完善慢行交通通行具体要求，改变慢行交通通行准则不精细、不完善现状。在坚持"以人为本"原则基础上，借鉴《公约》规定平衡行人与车辆的通行权利与义务，树立行人按道通行、按灯通行理念，在保障行人通行安全的同时提升道路交通运行效率。

适度提升慢行交通违法成本。首先，推进道路交通安全法律法规修订，释明违法后果与处罚执行标准；其次，适度提升违法处罚标准，在现场教育、警告处罚方式基础上，采取直接处罚、累进式处罚、多样式教育等执法模式，强化执法效能；同时，对于行人交通违法造成重大事故的情形，除给予其经济处罚，还应当考虑由其承担相应的刑事责任处罚，提高执法震慑力。

3.合理界定交通参与者路权

近年来，我国机动车驾驶人群体数量逐步扩大，非机动车驾驶人群体日益复杂，行人群体数量仍然庞大，三者的路权冲突日益加剧。因此，可以采取以下做法：

清晰划分机动车、非机动车和行人路权。科学设置行人、非机动车通行设施、隔离设施和机动车让行提示设施，明确不同群体通行权利和义务，使机动车、非机动车和行人各行其道，消除交通安全隐患。

严格规范非机动车通行管理。加强电动自行车规范管理，严格制定电动自行车、电动摩托车管理对策，推进电动自行车集中登记上牌，为电动自行车规范使用奠定坚实基础。尽快明确老年代步车的法律地位，按照"升级一批、规范一批、淘汰一批"的总体原则，强化源头与路面协同治理，严厉打击非法生产、非法销售、非法上路，保障其他道路交通参与者的合法权益。

逐步完善交通信号设置。交通信号是路权分配的直接体现。为明确界定路权、分配路权，应从立法层面细化和明确交警指挥、信号灯、标志、标线之间的优先级顺序，为道路交通参与者确认通行路权提供设施基础保证，避免因为交通信号优先级不明确而导致事故发生。

4.精准开展培训和宣传教育

分群体、分阶段开展针对性强、覆盖面广的通行规则宣传教育，构建不同群体的道路交通安全培训教育体系，帮助道路交通参与者认识规则、理解规则、遵守规则。

围绕行人和非机动车的通行规则宣传教育应抓早抓小。联合教育部门持续开展通行规则教育，全面覆盖义务教育阶段与后义务教育阶段，形成以学校、家庭和社会教育"三位一体""简单与复杂情境下通行规则渐进式"的培训模式，培养道路交通参与者的安全通行规则意识。积极开展交通安全宣传活动，组织行人与非机动车骑行人参与增强现实（AR）、虚拟现实（VR）等交通模拟情景体验，了解道路交通风险，培养遵法守规明理的规则意识，令通行规则意识入脑入心。

围绕机动车驾驶人的通行规则宣传教育应当抓细抓实。搭建驾驶人通行规则学习框架，夯实通行规则培训基础。结合我国通行规则与驾驶人认知特性，研究编制通行规则与路权意识理论课程；督促驾培机构细化讲解路权概念与通行规则，加强落实通行规则知识培训，切实做到讲细、讲透、讲实。规范推进通行规则培训教育场地建设，有效融合驾驶技能培训与通行规则培训。鼓励驾培机构、道路运输企业搭建驾驶人通行规则教育基地，构建复杂路口、路段等模拟交互情境，在提升驾驶人特别是大中型客货车驾驶人驾驶技能基础上，帮助其准确了解行驶路权的时机、地点、范围与限度，学通、用对、用好通行规则，树立强化驾驶人路权观念，提升驾驶人规则意识。

围绕安全通行规则的驾驶人考试机制应当创新创优。优化驾驶人理论考试题库设计，以强化规则意识、路权观念为主导，设计场景式、交互式的理论考试题目，形成以规则为核心的驾驶人理论考试系列题库。加强驾驶技能考试科目中规则意识的考察，重点考核驾驶人礼让行人和非机动车、让行救护车等具有优先通行权的车辆等驾驶操作。创新"两个教育"学习考试模式,结合驾驶人日常违法行为,剖析其与规则意识欠缺、路权观念缺失的关联性,优化"两个教育"培训内容,提升"两个教育"学习的针对性和实效性。

扫一扫查看原文

第二篇 >>>
道路安全管理

国省道交通事故预防如何避免
"头痛医头、脚痛医脚"

王长君　公安部道路交通安全研究中心主任、研究员

　　国省道是国民经济发展的大动脉，交通流量大、周转量增速快，交通安全形势严峻。本文针对目前国省道交通事故预防的诸多难点、症结，提出基于大数据的国省道交通事故预防新思路。

　　（1）国省道交通安全形势严峻。截至2019年，国省道里程仅占公路总里程的15%，而事故数量、死亡人数却分别占比公路总量的47%和50%。其中，国省道事故死亡人数占全国事故死亡人数的34%，百公里事故数达公路平均水平的3倍以上。

　　（2）从国省道交通事故发生的地点看，道路开口、穿村过镇路段以及无中央隔离、弯坡路段事故高发。近10年，国省道穿村过镇路段交通事故、死亡人数增长了2倍；无中央隔离弯坡路段的事故数、死亡人数是有中央隔离弯坡路段的6.7倍。

　　（3）从国省道交通事故形态看，过去10年机动车撞行人和非机动车、车车对向相撞事故数量增长明显，特别是机动车撞行人、非机动车事故，近十年上升了257%。

　　（4）从国省道交通事故原因看，未按规定让行、逆行等不遵守基本交通规则的违法行为比例高，超过1/4。

　　（5）国省道交通事故预防的症结之一在于措施不够精准、不能完全发挥效果。有时采取的措施甚至是为上而上，没有精准地进行实地勘察、设计、施工、安装、维护等。

　　（6）国省道交通事故预防的症结之二在于单纯在某个物理点上采取某项技术措施，缺乏全方位的系统性考虑，有时形成"按下葫芦浮起瓢"的情况。

　　（7）国省道交通事故预防的症结之三在于缺乏针对性的提前预警、告知。特别是针对穿村过镇的行人、非机动车，或是缺乏针对性预警，或是提前预警的时间不够充分。

　　（8）国省道交通事故预防的症结之四在于采取的措施多为防小概率事故，缺防大概率风险。目前仍然缺乏对大概率交通安全风险的分析研判；而对安全风险分析不足的原因是事故数据分析得不深入，缺乏动静态、多源数据的关联分析。

　　（9）除事故数据、违法数据外，驾驶人驾驶行为动态数据、路面视频信息数据等，对发现可能诱发事故的风险非常重要。

　　（10）国省道事故预防的新思路为：融合多源数据；基于不同地域、不同交通特征选择适用的风险指标，构建风险研判模型；得出初步分析结论，由专家现场勘察复核，提出系统治理措施；从人、车、路、管、环等各个方面综合实施。

　　（11）事故预防新思路核心之一是基于"大数据+人工智能"的动静态数据融合。即由传统、单一的事故数据分析过渡到大数据分析，形成动静态数据融合的交通风险分析

数据源。

（12）事故预防新思路核心之二是由事故隐患点段分析到安全风险研判。即从过去单纯的事故黑点排查分析计算，过渡到安全风险研判，找到这段路上更多的风险点，实现主动。

（13）科学交通事故预防可概括为三个关键词，即"主动""系统""精准"。"主动"，即要主动发现风险点，对于高风险点要主动预防；"系统"，即事故预防措施和手段要系统，从工程到执法，到宣传教育等一系列措施要系统地实施；"精准"，即措施要精细，从具体分析到设计，再到中间施工，包括后期维护都要到位。由此构成现阶段"减量控大"事故预防的科学方法。

扫一扫查看原文

注：本文整理改编自公安部道路交通安全研究中心主任王长君在2020年国省道交通安全文明示范路创建活动现场推进会上的演讲《基于大数据的国省道交通事故防控新思路及实践》。

风险评估在公路安全生命防护工程中的应用

周荣贵　交通运输部公路科学研究院道路交通安全研究中心主任、研究员

近年来，为满足道路交通的强劲需求，我国道路基础设施快速发展，带来了人员的大流动、货物的大流通。然而，我国道路交通在安全发展方面与公路通车里程迅速增长和人民群众出行需求持续增加还存在不小的差距。虽然近几年交通安全形势在逐步好转，但是由于我国的人、车、路、环境、管理等影响道路交通安全的诸多因素还没有从根本上发生改变，仍然存在道路交通事故总量大、万车死亡率高、重特大事故时有发生等特点，道路交通安全形势依然十分严峻。

为此，国务院于2014年底提出在全国实施公路安全生命防护工程，从完善交通安全设施的角度提升公路交通安全保障水平。2015—2019年，交通运输部连续五年将"公路安全生命防护工程"实施工作列为贴近民生实事之一。截至目前，全国约70万km公路已经完成安全生命防护工程实施工作，力争到2020年底前实现乡道及以上行政等级公路基本完成安全处置的目标。

面对我国庞大的公路网和依然严峻的安全形势，如何有效识别高风险路段并提出针对性的处置对策呢？

一、公路风险评估技术简介

针对我国公路风险管理的特点和需要，我国科研人员在国际道路评估组织（iRAP）成熟应用于全世界70多个国家的评估模型的基础上，结合我国交通安全领域多年的研究

成果和实施经验，研发了符合我国国情和公路交通安全特点的公路风险评估技术。相对于传统的经验判别法和定性分析手段，公路风险评估聚焦公路基础设施，通过量化评估路段发生交通事故的可能程度，系统反映公路基础条件、路侧环境、交通运行情况等多种因素对行车安全的综合影响，并在地图上以不同颜色直观展示高风险路段的位置和事故严重程度；按照评估和分级结果，分步制定高风险路段的安全改善实施计划与针对性的处置措施。公路风险评估技术顺应了我国大规模公路网的安全管理要求，也是安全改善资金计划编制、处置措施效果分析的重要工具。

（一）公路风险评估技术路线

交通事故风险客观存在，反映了交通系统发生事故的可能性与严重程度。交通安全管理从传统事故理论支持的事后整治，到隐患理论支持的事中预防，发展到风险辨识评估、分级管控和隐患治理的双重预防机制，公路风险评估技术正是这一管理体系的核心与抓手，实现了从事后处置到源头管控转变，如图1所示。

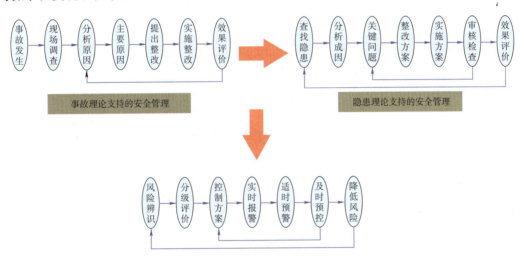

图1　公路风险管理体系

公路风险评估的技术路线如下（图2）。

对公路设施全要素进行系统的风险因素辨识，既考虑实际的交通事故情况，又综合公路基础设施条件，建立各种基础设施要素和交通事故的关联模型；分析风险致因，量化评估路网各组成部分的交通事故发生可能性及损失严重程度，对风险水平进行分级；形成评估范围内的高风险路段清单，做到精准定位，并给出直观的风险地图展示；通过专家库的形式给出高风险路段的处置对策，指导设计施工；完成处置的公路，验收运营一定时间后，进行处置措施实施效果后评估，即实施隐患排查，核查风险控制措施是否到位，是否达到预期目标，形成闭环的公路风险管控过程。

（二）公路风险评估方法

公路风险评估包括交通事故风险评估、公路设施风险评估及公路综合风险评估3个方面。"交通事故风险评估"体现突出重点、优先处置事故多发易发路段的原则;"公路设施风险评估"则可预见性地判别一些虽然当前事故不突出、但潜在风险突出的路段;二者结合得到公路综合风险评估结果,依据评估结果,分风险等级制定针对性的安全改善技术措施,分"轻重缓急"制订安全改善的时间计划与资金计划,全面、持续提升公路交通安全保障水平。具体评估方法如下:

1.交通事故风险评估

交通事故风险以每年单位公里交通事故死亡及受伤总人数为评估指标,量化分析路段交通事故风险程度。交通事故数据来源于公安交通管理部门记录并统计的事故数据。根据交通事故风险指标在累计分布曲线上不同的特征值,将交通事故风险等级分为五级,从高到低分别用罗马数字Ⅰ、Ⅱ、Ⅲ、Ⅳ、Ⅴ表示(表1)。

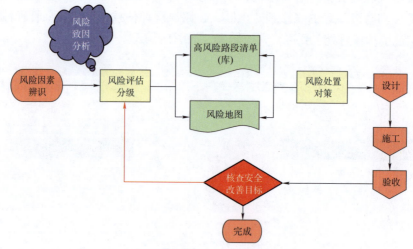

图2 公路风险评估的技术路线图

交通事故风险分级标准 表1

风险等级	风险状况	交通事故风险指标范围	风险等级	风险状况	交通事故风险指标范围
Ⅴ级	高	$CR_{90} < CR$	Ⅱ级	较低	$CR_{30} < CR \leq CR_{50}$
Ⅳ级	较高	$CR_{70} < CR \leq CR_{90}$	Ⅰ级	低	$CR \leq CR_{30}$
Ⅲ级	中	$CR_{50} < CR \leq CR_{70}$			

注:CR_{30}、CR_{50}、CR_{70}、CR_{90}分别代表某条公路或某区域路网交通事故风险指标的30%、50%、70%和90%累计百分位值。

2.公路设施风险评估

公路设施风险,是指按照公路基础和交通条件对确定事故发生概率和可能严重程度的影响模型,量化分析公路设施交通运行风险。一般按100m间距对公路进行测量,一级公路按两个行车方向分别划分测量路段,二、三、四级公路按整幅划分测量路段,获得公路条件指标;结合交通条件指标,按照影响模型计算风险分值,用该值代表这100m范围内的公路风险程度。公路设施风险等级分为五级,从低到高分别用罗马数字Ⅰ、Ⅱ、Ⅲ、Ⅳ、Ⅴ表示。公路设施风险影响模型如图3所示。

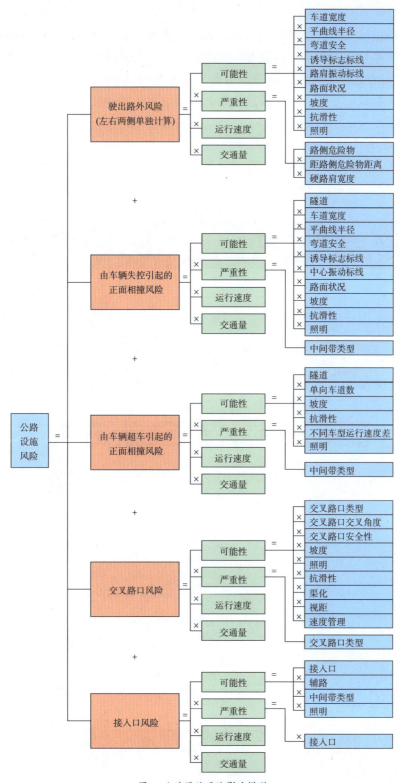

图3 公路设施风险影响模型

该模型涉及的因素包括：

公路基础设施条件：中间带类型、路侧危险物距车道边缘线距离（左侧和右侧）、路侧危险物（左侧和右侧）、路肩宽度（左、右）、交叉路口类型、交叉路口安全性、交叉路口交叉角度、接入口、单向车道数、车道宽度、平曲线半径、坡度、路面抗滑性、诱导标志标线、照明、速度管理措施、辅路、视距等；交通运行因素：交通量、不同车型运行速度及运行速度差。

3.公路综合风险评估

将交通事故风险评估结果和公路设施风险评估结果相结合分析，得到公路综合风险矩阵（表2和图4）。依据风险矩阵，将公路综合风险分为A、B、C、D4级。

公路综合风险评估　　　　　　　　　　　表2

公路设施风险	交通事故风险				
	Ⅰ	Ⅱ	Ⅲ	Ⅳ	Ⅴ
Ⅰ	D	D	D	C	C
Ⅱ	D	D	D	C	C
Ⅲ	D	D	D	C	C
Ⅳ	B	B	B	A	A
Ⅴ	B	B	B	A	A

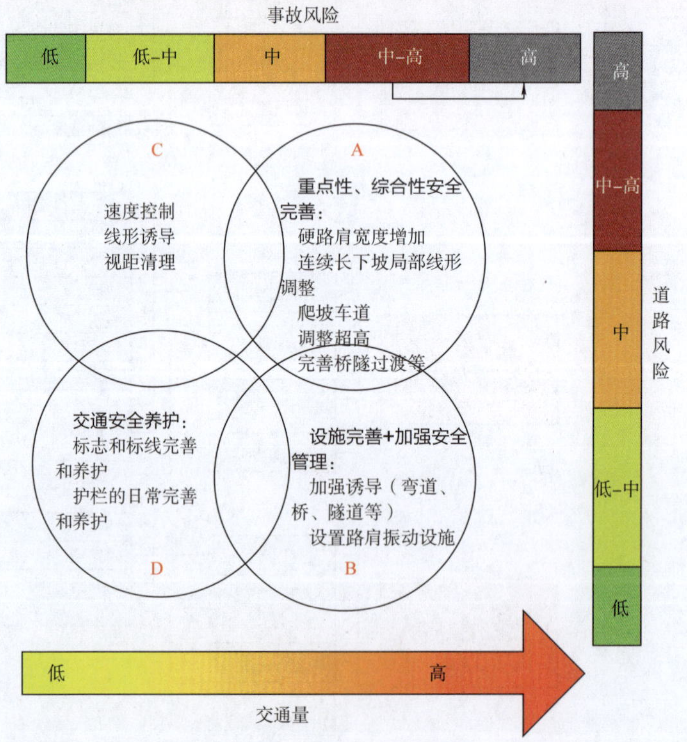

图4　公路综合风险矩阵

A级：公路设施风险和交通事故风险均较高，属于高风险路段，需要重点关注，优先采取处置措施。

B级：公路设施风险较高，但交通事故风险较低，应注意潜在风险控制，完善公路设施，强化交通安全管控。

C级：公路设施风险较低，但交通事故风险较高，需要在完善公路设施的基础上进一步强化安全管理。

D级：公路设施风险和交通事故风险均较低，应加强交通安全养护。

二、公路风险评估技术的主要应用

应用公路风险评估技术，可把握整体，对指定的公路网进行相对宏观的风险分级，制定安全改善的决策；可聚焦局部，对公路网中的高风险路段进行相对微观的风险分析，提供安全处置的对策。除此之外，还可完成特定条件下的公路风险比较，进行交通管控方案的比选。

（一）高速公路网风险评估

以某省开展的高速公路网风险评估为例。首先，从历史交通事故和公路基础设施两个角度，分别分析高速公路网已经展现出的风险和潜在的事故风险，最终得到公路综合风险评估结果，如表3所示。交通事故风险和公路设施风险二者均处于较高水平的路段（风险等级为A）占总里程的4.4%，交通事故风险高（风险等级为B）或公路设施风险高（风险等级为C）的路段共占9.1%，86.5%的路段处于低风险水平。

某省高速公路网安全风险分析结果　　　表3

风 险 等 级	里程占比（%）	风 险 等 级	里程占比（%）
A	4.4	C	6.8
B	2.3	D	86.5

将公路风险评估结果直观体现在风险地图上，也可通过清单形式输出全省需要进行安全处置的重点路段，并输出路段的主要高风险特征，如出口分流三角端、弯道视距不良、中分带开口或路侧护栏防护能力不足等，从公路基础设施条件改善的角度提出针对性的技术对策及资金建议，为后续制定安全改善专项工程的决策奠定基础。

（二）高风险路段识别处置

利用公路风险评估技术，可以在大路网中找出高风险路段，分析其交通事故成因和风险因素，提出针对性的处置对策。高风险路段识别整治主要包括以下几种情形：

1.逆向借道超车需求强烈的双车道路段

交通量大、大型车辆比例较高的双车道公路，小型车辆的超车需求强烈，逆向借道超车或占用硬路肩违规超车多，迎面相撞的事故风险远高于四车道及以上路段，特别是在一些山区丘陵视距受限的弯道路段,超车带来的行车安全风险更高,如图5所示。

图5 双车道路段超车多,车辆迎面相撞风险高

建议根据驾驶人的跟车忍耐性分析,可在具备条件的路段实施"2+1"车道布局,设置间隔超车路段,为车辆提供间隔超车机会,让车辆在规定的区段内实现超车,如图6所示。

2.急弯、陡坡及组合路段

对于急弯、陡坡及组合路段,应深入剖析风险致因,根据风险评估得到的风险等级,分别采取针对性对策,避免"同质化"处置。如图7~图9所示为3种不同风险等级的急弯路段及安全改善措施。

图6 "2+1"超车路段改造后　　图7 弯道半径较小,视距良好,路侧边坡缓和

图7中路段弯道半径较小、视距良好、路侧边坡缓和,风险等级低,为Ⅰ或Ⅱ级,建议设置视线诱导设施。

图8中弯道半径和图9相同,视距受限,路侧边坡较高,风险等级为Ⅲ级,建议改善视距,并设置线形诱导标和路侧波形梁护栏。

图9为急弯与陡坡组合路段,视距不良,路侧险要,风险等级高,为Ⅳ或Ⅴ级,建议

改善视距,设置线形诱导标和路侧混凝土护栏,并采取速度控制措施。

图8　弯道半径缓和,视距良好,但路侧深沟

图9　陡坡、急弯,视距不良、路侧险要

3.路侧安全防护

通过公路风险评估技术,可预估车辆驶出路外的风险并进行风险分级,根据风险等级采取路侧安全处置措施,并应大力提倡"宽容设计、适度防护"的理念。首先应通过合理的公路工程设计将发生驶出路外事故的可能性以及事故的影响程度降至最低,因护栏自身也是一种障碍物,护栏并非设置得越多越好、强度越高越好,只有当驶出路外车辆产生的事故后果比碰撞护栏更严重时,才考虑设置护栏,并应合理选择护栏的防护等级,采用成本效益比最优的防护措施。

图10为根据不同路段的特点和风险等级所采取的路侧安全处置措施,从左往右依次为:路段设置路侧净区,为驾驶人提供容错空间;为驾驶人提供充足的视距和视线诱导;通过隆震带对偏离车道的车辆进行预警,降低发生驶出路外事故的概率。

a) 设置路侧净区

b) 为驾驶人提供充足的视距和视线诱导

c) 设置隆震带,提供车辆偏离车道的警告和提醒

图10　路侧安全防护措施

(三)限速值提高前后风险对比分析

近年来,国内对于提高限速值的呼声比较强烈,但从世界发达国家交通安全改善的经验来看,提高限速值会使行车安全风险增加。究竟应如何提高道路限速值?如何科学设置限速呢?通过公路风险评估技术可以得出当前限速条件下和提高限速值后的风险对

比，据此判定提高限速值的方案是否可以接受。

扫一扫查看原文

图11为某市省道S108、S109、S417和S206提速建议方案，分别对这4条公路进行公路风险评估，得到当前限速条件下和提高限速值后的风险评估结果，风险地图如图12所示，各风险等级的路段占比情况见表4。通过对比分析可以看出，提高限速值后，在公路基础设施不变的条件下，Ⅳ级和Ⅴ级高风险路段里程所占比例增加了2%，说明提速后某市省道S108、S109、S417和S206的总体安全风险提高，表明该提速方案还须进一步优化提升预防措施。

图11 提速建议方案

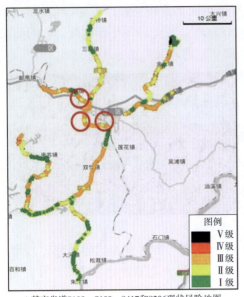 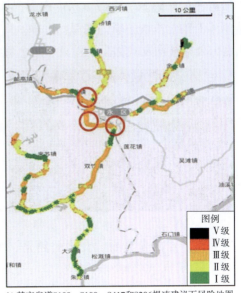

a) 某市省道S108、S109、S417和S206现状风险地图　　b) 某市省道S108、S109、S417和S206提速建议下风险地图

图12　某市省道S108、S109、S417和S206当前限速条件下和提高限速值后的风险地图

现状风险与提速建议下的风险　　　　　　　　　　　　　　　　　　表4

公路风险等级	现状风险			限速建议下的风险		
	里程（km）	百分比（%）	合计百分比（%）	里程（km）	百分比（%）	合计百分比（%）
Ⅰ	31.20	12.24	89.90	28.80	11.30	86.97
Ⅱ	42.40	16.63		42.60	16.71	
Ⅲ	153.00	60.02		150.30	58.96	
Ⅳ	19.10	7.49	11.10	23.50	9.22	13.03
Ⅴ	9.20	3.61		9.70	3.81	
合计	254.90	100	100	254.90	100	100

连续回头弯盘山公路交通安全隐患分析及治理建议

刘海平　新疆维吾尔自治区公安厅交警总队事故处理和秩序管理支队
　　　　警务技术二级主管、高级工程师
丛浩哲　公安部道路交通安全研究中心宣教室副主任、研究员

一、盘山公路的特征

我国很多山岭地区，或因道路自然展线无法争取需要的距离以克服高差，或因地

形、地质条件所限不能采取自然展线时，通常采用回头曲线来设计和建设越岭公路。正如歌曲《山路十八弯》唱的那样："十八弯啊九连环，弯弯环环环环弯弯。"而如图1所示的盘山公路被网友戏称为全程只有两个弯，即"左转弯和右转弯"。

 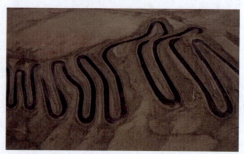

图1 某网红盘山公路俯视图

从道路专业的角度看，盘山公路是一种连续设置回头曲线的越岭公路，线路蜿蜒曲折、反复回环，部分路段进出山口海拔落差较大，最大落差达到上千米，往往途经达坂、垭口（即山口）等高海拔区，因其山脉沟谷纵横、地势高峻崎岖，吸引了不少游客前来寻找和体验驾驶刺激，一些越岭公路逐渐成为"网红"自驾游公路。但是，回头曲线密集的越岭公路通常安全设施比较薄弱、道路安全隐患较多、交通事故风险较大，亟须通过道路安全隐患排查治理来进一步提升道路交通安全水平，让每一位用路者都能切实感受到盘山公路应有的安全和顺畅。

二、盘山公路存在的安全隐患

（一）设计不符合现行标准规范

依据《公路工程技术标准》（JTG B01—2014）、《公路路线设计规范》（JTG D20—2017）和《公路交通安全设施设计规范》（JTG D81—2017）等现行标准规范，通过查阅设计图纸，发现上述盘山公路是按照三级公路标准进行设计建造的，其设计指标存在许多低于规定标准或符合规定标准但叠加、连续使用极限值设计的公路急弯陡坡、连续下坡、视距不良、弯道未加宽、短直线接急弯等安全隐患路段，造成了严重的先天性缺陷及隐患。例如，部分弯道处圆曲线半径低于极限值30m，个别路段甚至不足10m；部分圆曲线长度小于极限值50m，个别路段不足20m；部分路段曲线间直线最小长度小于极限值60m；部分坡段坡度超过最大纵坡极限值8%或9%（海拔3000m以上，坡度极限值为8%，其余为9%），部分坡长超过对应的极限值300m或200m（坡度8%的坡长极限值为300m，坡度9%的坡长极限值为200m）。

（二）道路安全隐患多

根据交通运输部颁布的有关技术标准和公安部《公路交通事故多发点段及严重安全隐患排查工作规范（试行）》规定，使用皮尺、轮式测距仪、坡度计等专业设备，对某些盘山公路平面线形、纵断面线形、不良线形组合、弯道路面加宽、停车视距、防护设施、标志标线、道路养护方面进行了实地踏勘和测量，发现的突出问题列举如下：

（1）存在连续上下坡、陡坡路段。按照《公路路线设计规范》（JTG D20—2017）8.3.4规定，公路越岭线连续上坡或下坡路段，相对高差为200~500m时，平均纵坡不大于5.5%；相对高差大于500m时，平均纵坡应不大于5%；任意连续3km路段的平均纵坡不宜大于5.5%。部分盘山公路的个别路段平均纵坡达到9.4%，严重超出了规范的极限值。

（2）存在小半径曲线的急弯路段。按照《公路路线设计规范》（JTG D20—2017）7.3.2节规定，公路圆曲线最小半径，设计速度30km/h时极限值为30m。部分盘山公路存在小半径急弯，个别曲线半径不足15m（图2）。

图2　部分盘山公路存在多处急弯路段（半径不足15m）

（3）存在急弯陡坡路段。急弯陡坡是盘山公路常见不良线形组合形式，若采用弯道、坡道的设计极限值相叠加，将对行车安全造成不利影响（图3）。

图3　部分盘山公路存在多处急弯陡坡路段

（4）弯道路段路面加宽不足。按照《公路路线设计规范》（JTG D20—2017）7.6.1规定，圆曲线半径小于或等于250m时，应设置加宽，圆曲线半径越小、设计车辆越长，路面加宽值越大。部分盘山公路急弯路段半径过小且路面加宽不足，导致车辆无法一次性转弯通过，甚至出现车辆占据对侧车道转弯、在弯道处倒车等情况，极易引发车辆相撞、刮擦，侧翻甚至冲出路面事故（图4）。

（5）路侧安全防护设施缺失。按照《公路交通安全设施设计细则》（JTG/T D81—2017）6.1.1规定，当实际净区宽度小于计算净区宽度且驶出路外车辆碰撞护栏的后果比不设护栏的后果轻时，应考虑设置护栏。部分盘山公路未设置应急车道或未按规定设置应急停车带及避险车道，护栏和防撞墙等安全防护设施缺失；急弯陡坡、临水临崖、连续长下坡等部分路段无防护设施；警示桩埋深不足，根部松动，起不到防护作用；路侧护栏端头处置不当,多处护栏出现螺丝松动缺失、立柱松动倾斜等问题(图5)。

图4 部分盘山公路弯道路面加宽不足

图5 部分路段安全防护设施缺失、护栏不达标、警示桩防护能力不足

(6)弯道路段停车视距不足。按照规范要求,设计速度为30km/h,停车视距最小为30m。部分弯道路段视距严重不足,易导致车辆相撞事故发生。

(7)交通标志标线缺失。部分路段交通标志缺失严重,未设置线形诱导标、轮廓标、凸面反光镜,尤其在急弯、陡坡、连续回头弯路段,缺少相应警示提示标志。

(8)路面及坡面缺乏管养。部分路段出现边坡塌落、碎石洒落情况,尤其是路堑边坡段,靠山体一侧岩体稳定性较差,缺乏有效防护。

(9)易受自然环境影响。因雾、雨、风、冰、雪等气象、地质及自然因素影响道路交通安全的风险较高,易导致路面损毁、坍塌、滑坡、漫水、结冰,形成道路障碍、路面湿滑、视线不良等严重影响行车安全的问题。

三、提升盘山公路交通安全水平建议

推进乡村振兴和旅游业发展,道路设施是基础条件,交通安全更是基本前提。旅游公路选线和建设不应以"险峻"吸引游客,更应遵循"安全是旅游业发展的生命线"的准则。安全隐患一旦引发安全事故,势必给当地安全生产形势和旅游业发展带来重大负面影响。为有效治理越岭公路安全隐患问题,建议如下:

1.严格执行竣(交)工验收制度,及时开展交通安全评估

《中华人民共和国安全生产法》第28条规定:"生产经营单位新建、改建、扩建工程项目的安全设施,必须与主体工程同时设计、同时施工、同时投入生产和使用。"《国务院关于加强道路交通安全工作的意见》(国发〔2012〕30号文)第13条要求:"新建、改建、扩建道路工程在竣(交)工验收时要吸收公安、安全监管等部门人员参加，严格安全评价，交通安全设施验收不合格的不得通车运行。"因此，要本着对人民生命财产安全高度负责的态度，严格执行上述规定和制度，确保道路生产一致性和竣工时交通安全设施保障到位，方可通车运行。

对于存在严重安全隐患的越岭公路，建议由当地政府组织相关部门开展安全评估，依法及时采取相应的限制通行措施，如"全线禁止7座（不含）以上载客汽车、中型以上货车等车辆通行，夜间及冰雪等恶劣天气时封闭道路"等措施。

2.改良超极限值线形路段，确保车辆安全顺畅通行

对于连续回头弯路段，应满足行车运动学要求，做好直线与圆曲线连接段缓和处理，在下坡接急弯处前增加限速标志和减速设施，引导车辆以安全速度平顺地进入弯道；回头曲线处应满足基本的行车几何学要求，增加弯道路面宽度，确保可通行的所有车型在本车道内一次性完成转弯，不会占据对向车道或偏出路外。

对于连续陡坡路段，要合理设置爬坡车道、临时停车带和应急避险车道。同时，通过削减山体、清除障碍、增加轮廓标和视线诱导标等措施，消除弯道、坡道等处视线视距不良隐患。

3.认真开展隐患排查治理，切实加强安全设施建设

根据隐患排查情况，将存在严重安全隐患的越岭公路纳入"生命安全防护工程"并挂牌督办治理。进一步加强越岭公路安全防护设施建设，特别是临水临崖、连续下坡、急弯陡坡等事故易发多发路段，严格按照标准安装隔离栅、防护栏、防撞墙等安全设施，规范施划标线，设置警示提示标志。

4.大力做好公路管理养护，提升和改善道路环境

越岭公路断面形式多采用半填半挖结构，易造成路基沉降、路面开裂等病害，因此要做好路基边坡及路肩稳定性防护，防止山体碎石塌落洒向路面。还应定期巡查道路设施运行状态，加固护栏和警示桩，正确处理护栏端头，维护标志标线、边沟及排水设施，消除道路病害，保持路面干净、路况良好。

5.严格执行安全性评价，从源头上避免再现危路

按照《公路项目安全性评价规范》（JTG B05—2015）要求，三级公路及以上公路应实施公路项目安全性评价，包括工程可行性研究、初步设计、施工图设计、交工及后评价5个阶段。

在工程可行性研究阶段，应评价急弯陡坡、连续长下坡，路侧悬崖、深沟等危险路段对交通安全的影响。

在初步设计阶段，应对设计要素进行评价，包括公路平面评价（圆曲线最小半径、平曲线长度、回头曲线间距等）、视距评价（停车视距、会车视距、超车视距）、公路纵断面评价（连续上下坡等）、公路横断面评价（横断面过度渐变段、避险车道等）以及对交通工程及沿线设施（包括安全设施中标志、标线、护栏、视线诱导设施、防眩设施等）进行评价。

在施工图设计阶段，应根据公路等级、区域气候条件对最大超高值、加宽值及加宽形式进行评价，对交通工程及沿线设施（包括交通标志、标线、轮廓标、线型诱导标志、护栏等）进行评价。

在交工阶段，应根据实地驾驶状况，对平纵线形的连续性和协调性、横断面过渡顺畅性、平纵断面视距等进行评价。

通过逐个阶段的安全评价，可以有效避免和终止不安全设计思想的蔓延和扩散，有效终止不科学和不规范设计，提出较好的改善措施和建议，从而保障最终公路项目的安全性。

低等级沙漠公路交通安全隐患分析及治理建议

冯朝阳　新疆公安厅交警总队事故处理和秩序管理支队政委
丛浩哲　公安部道路交通安全研究中心宣教室副主任、研究员

一、沙漠公路对推动经济建设等多方面具有重大意义

我国沙漠及沙地主要分布在新疆、青海、甘肃、宁夏、内蒙古西北五省及毗邻的陕西、吉林等省区。目前所修建的沙漠公路（图1）主要分布在塔克拉玛干沙漠、巴丹吉林沙漠、腾格里沙漠、库布齐沙漠、科尔沁沙地、毛乌素沙地等地区。

a) 阿和沙漠公路

b) 且末 - 塔中沙漠公路

图1　目前修建的部分沙漠公路

沙漠公路中最为著名的是"塔里木油田沙漠公路"。该公路位于塔克拉玛干沙漠，途经巴州轮台县、尉犁县、且末县及和田地区民丰县，全长522km，是世界上穿越流动

沙漠最长的等级公路。1993年，该沙漠公路动工兴建，是国家"八五"重点科技攻关项目，全国十余所科研单位、数百名专家和科技人员先后参加了科技攻关，逐个攻破坚固路基、抵御流沙等世界级技术性难题。两年后，塔里木油田沙漠公路全线通车，创造了世界公路史上的奇迹，不仅解决了深入沙漠腹地勘探开发石油的交通运输问题，同时对推动经济建设、文化交流、民族团结、巩固国防具有重大意义。

近年来，随着旅游业快速发展，内地赴疆旅游和自驾游旅客迅猛增长，2019年接待游客总量首次突破2亿人次大关。旅游兴疆和农村振兴战略是新疆维吾尔自治区党委贯彻落实新时代党的治疆方略的重要组成部分，要求打造"十一个旅游品牌"，并明确以塔里木油田沙漠公路等5条旅游风景道为重点打造自驾旅游品牌。自治区公布的10条自驾游精品线路，也包括塔里木油田沙漠公路（图2）。旅游安全是旅游业的生命线，旅游安全事故危及旅游者生命和财产，直接影响社会的安定团结，甚至损害新疆的旅游声誉，阻碍旅游业发展。

图2 塔里木油田沙漠公路

伴随着自助游、自驾游以及公路旅游运输持续旺盛，越来越多的游客既希望领略神秘、壮阔的沙漠风光，更期盼安全、舒适的游览通行环境。为更好地为新疆各方面发展提供保障、延续好的发展态势，应加大财政资金投入力度，支持升级改造和安全生命防护工程建设，解决管好、护好的短板不足，建造安全、舒适、环保的通行环境。

二、低等级沙漠公路存在一定安全隐患

沙漠公路的存在给多个方面带来了众多益处，但是，随着交通流量的不断增长，目前沙漠公路的交通安全状况堪忧。

2019年9月18日，某沙漠公路K201+100m处发生一起较大道路交通事故，造成4人死亡、2人受伤。经初查，事故主要原因由于小型客车驾驶人在视线不良的坡顶路段强行超车并占用对向车道与对向驶来的车辆迎面相撞导致人员伤亡。2018年10月15日，同一沙漠公路K224+300m处发生一起5人死亡、1人受伤的较大道路交通事故。在近一年的时间内，上述公路先后发生两起较大道路交通事故，人员伤亡和财产损失严重。据统计，该

沙漠公路发生的事故占所属地区事故总量约30%，2015年以来该公路先后发生4起较大道路交通事故，占较大事故总数的31%。

三、加强低等级沙漠公路交通安全管理建议

为减少低等级沙漠公路的安全隐患，结合道路交通事故原因以及道路因素存在的安全隐患，以塔里木油田沙漠公路为例，对加强低等级沙漠公路交通安全管理工作建议如下。

1.进一步明确公路管理养护和安全监管责任

塔里木油田沙漠公路是中石油塔里木油田公司投资建设的专用公路，自1995年9月建成通车后，公路管理养护一直由建设单位承担，目前油田服务车辆与社会车辆通行比例约为4∶6。该公路还存在管理养护体制不健全、财政投入职责不明确、交通安全保障不足以及道路安全隐患排查整改不到位等安全监管问题。该公路通车之时已向社会车辆开放并承担社会公共运输，其公路管理、养护不应由公路建设企业独立承担，道路交通安全监管责任也不应由建设企业全面负责。

《中华人民共和国公路法》第11条规定，专用公路是指由企业或者其他单位建设、养护、管理，专为或者主要为本企业或者本单位提供运输服务的道路；第19条规定，专用公路主要用于社会公共运输时，由专用公路的主管单位申请，或者由有关方面申请，专用公路的主管单位同意，并经省级人民政府交通主管部门批准，可以改划为省道、县道或者乡道。

《中共中央、国务院关于推进安全生产领域改革发展的意见》《国务院关于加强道路交通安全工作的意见》要求：地方各级政府要把安全生产、道路交通安全工作纳入经济和社会发展规划，严格落实属地监管责任……并加强对道路交通安全工作的统筹协调和监督指导。

新疆维吾尔自治区安委会《关于进一步加强道路交通安全工作体系建设的实施意见》（2019年9月自治区人民政府第65次常务会议审议通过）第12条规定：专用公路安全管理由专用单位和属地政府共同管理。按照"谁建设、谁负责"的要求，专用单位应落实安全主体责任，在建设专用公路时规范设置标志标线、设置安全防护设施，并加强专用公路养护；准许向社会开放的专用道路，应由政府职能部门管理监督，并将专用公路交通安全工作纳入本地安全生产工作范畴，加强道路隐患排查治理。鼓励、推动符合条件的专用公路，经自治区交通运输部门批准，改划为省道、县道、乡道进行管理。

根据上述有关法律法规和规定要求，建议由当地人民政府牵头，加大对该公路安全管理工作的统筹、支持力度，尽快建立权责清晰、齐抓共管的管理养护体制机制，明确政府、建设企业和社会力量管理养护权力和责任清单，实行管理养护责任制，实行专用公路安全管理由专用单位和属地政府共同管理，纳入本地安全生产监管范畴，明确部门监管责任，厘清道路安全综合监管与行业监管的关系，落实到部门工作职责规定中。

2.组织实施道路安全隐患排查及治理工作

塔里木油田沙漠公路为二级及以下公路、单向一条车道，路侧环境单一、里程较长，易诱发超速行驶、借道超车、不按规定让行、疲劳驾驶、操作不当等驾驶人违法行

为，易导致正面相撞、追尾相撞、交叉路口事故及冲出路外等事故，其中后果最为严重的是正面相撞事故。据实地调研发现，该沙漠公路不同程度存在交通标志标线设置不到位、道路线形不良、视线视距不足、隔离设施及安全防护设施缺失等问题。主要有以下改进措施：

加宽中心线，减少正面相撞风险。在急弯、陡坡（驼峰、暗凹）等路段施划中央双黄实线，并视情增大两条实线之间的宽度（图3），一般同时压缩原车道的宽度，压减至3.25m甚至3m。减少对向车辆正面相撞的风险。

a) 中央双黄实线　　　　　　　　　b) 视情增大两条实线之间的宽度

图3　施划中央双黄实线

中心线位置增设特殊物理分隔设施。根据视距和路基路面情况，在驼峰、暗凹中心线位置使用固定式锥桶、增设可倒伏分道体、橡胶分道体等隔离物（图4），同时在分隔设施来车方向增加警示标识、设施，最大限度地消除车辆正面相撞可能。

增设标志标线，加强安全警示提示。施划道路边缘线及震动标线（带），防止车辆偏离车道进入对向车道或冲出路外。路面反光标线或轮廓标通常与普通标线同时使用，以警告驾驶人前方道路状况，反光标志标线在夜晚及恶劣天气时尤为重要。设置带有反光效果警示柱和线形诱导标，为驾驶人指示道路线形。

a) 固定式锥桶　　　b) 分道体

图4　固定式锥桶、分道体

修正道路线形，提升行车安全性。道路纵断面线形（如驼峰、陡坡）的变化通常与迎面相撞、交叉路口事故和超车事故相关，通过削峰填谷、降低坡度、增大竖曲线半径等方式来修改纵面线形，改善安全视距。

附加车道，系统提供安全超车机会。视情实施"2+1"布局的超车路段。利用爬坡车道、下坡辅助车道、平坡设置"2+1"布局的超车路段，即单向增设一条有限长度的行车道，给驾驶人提供更加安全的超车机会。同时在交叉路口处也可以利用附加车道设置转弯车道，减少转弯车辆对直行车辆的冲突和影响。在穿越乡镇或村落路段设置辅助车道，车辆在驶入驶出道路之前首先进出辅助车道，避免车流对主路交通的干扰，减少交叉路口事故。

3.持续加大警力、科技投入，净化道路通行秩序

目前，受制于警力不足，加之财力、资金和电力、网络保障等因素的影响，该公路

道路交通监控建设相对滞后,通过科技信息化手段管控交通安全的能力与实际工作需要还有较大差距。建议当地政府和有关部门加大支持力度,最大限度地保障警力及其人员支出,加大道路交通监控和科技信息化设施投入,进一步提高路面管控能力。

如今在轮台南镇沙漠公路0km和民丰县恰安沙漠公路的终点处都建有壮观的沙漠公路彩楼,两侧书写着"千古梦想沙海变油田,今朝奇迹大漠变通途"的巨幅对联。当汽车驶入被人们称作"希望之路"的沙漠公路时,不禁使人思潮起伏,感慨万千。如图5所示,正如那句标语所言:"只有荒凉的沙漠,没有荒凉的人生"!

a)

b)

图5 标语"只有荒凉的沙漠,没有荒凉的人生"

探讨:在交通高速发展阶段如何更好地利用硬路肩

郭 敏 公安部道路交通安全研究中心特约专家
交通工程师

道路横断面每个细节都影响重大,值得反复推敲。为更好地满足使用者的合理需求,近几年来,一些标准逐步优化调整,譬如中央分隔带不再僵化规定尺寸,允许加宽、缩窄,或者增加路侧净区等,都能有效地满足安全需求。硬路肩是道路横断面的组成部分,同样需要深入了解其属性、具备的实际使用功能,以确保用较小的成本实现对道路使用者的安全承诺,也能提高社会效率。目前关于硬路肩使用功能规定单一,名称也存在硬路肩、应急车道、紧急停车带等相互割裂的说法。本文主要探讨如何更好地发挥硬路肩的作用。

一、应结合实际考虑合理使用硬路肩多维度功能

硬路肩是道路结构采用的名称,图1为路面结构示意图,其中就包含了硬路肩。狭义所称的硬路肩,指路面以下部分,保护行车道不被破坏、确保自身稳固,除了在工程上使用以外,其他领域鲜少使用,可称其为工程属性。广义所称硬路肩,是我们通常理解

的硬路肩，包含路面以下和以上部分。

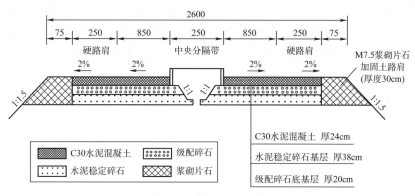

图1　路面结构示意图（尺寸单位：cm）

硬路肩包含的路面以上空间，体现出硬路肩的功能属性。不同行业领域的专业人员对硬路肩的使用有不同认识，对设计者而言，硬路肩是用来保护车道，让雨水排到离车道更远的地方，避免雨水渗入并破坏车道的设施；对管理者而言，硬路肩提供避险空间，遇到紧急情况，车辆可以停在硬路肩上，避免二次事故；对工人而言，可以利用硬路肩停车，临时堆放修理和维护工具，或者在灾害天气下临时堆放清除的垃圾。

实际使用中，在一、二级公路，如果硬路肩宽度接近一条车道的宽度，会出现各种不同使用情况。譬如，在一些城乡接合部或者农村的道路上，硬路肩可供非机动车、行人使用，变成非机动车道，或者设置公交站，方便居民上下车。在一些经常发生拥堵的地区，或者春节、国庆等节假日客货流量集中的高峰期，高速公路、快速路的硬路肩还可以作为车道通行，缓解车辆排队时间。

由此看来，实际使用中对于硬路肩会存在不同方面的需求。在某种程度上，我们是否可以把硬路肩所具备的非机动车道、应急使用、特定时间使用等这些功能理解为一个供管理者选取的"菜单"，根据实际需求"点菜"，灵活地使用硬路肩其中某项或某几项功能，而非一成不变呢？

早期高速公路、快速路刚开通的阶段，流量不大，硬路肩仅做应急使用是合理的。不过，这样形成的惯例并非一直合理，要随着土地使用、经济发展的变化而有所作为。譬如，当高速公路、快速路主要服务对象变为短途通勤客流，每天高峰期间行车道拥堵严重，而硬路肩仍然空闲，类似这种情况，是否可以思考硬路肩转为车道的可能性呢？

二、不同领域对硬路肩使用功能有不同界定

由于硬路肩具有多种功能属性，这也使得交通管理、工程技术、城乡建设等不同行业领域有条件根据自身需求去规定硬路肩的使用。这样的规定理论上是合理的，但实际执行时经常会出现难以满足各地不同需求的现象；且互相之间缺乏衔接，不够全面，对于硬路肩使用功能的界定存在一定分歧，需要形成共识。

1. 交通管理角度

《中华人民共和国道路交通安全法实施条例》中提到"路肩"和"应急车道"两

个名称，不过没有明确含义，在实际使用中，也有不同规定。在第82条中规定："机动车在高速公路上行驶，不得有下列行为：倒车、逆行、穿越中央分隔带掉头或者在车道内停车；在匝道、加速车道或者减速车道上超车；骑、轧车行道分界线或者在路肩上行驶；非紧急情况时在应急车道行驶或者停车；试车或者学习驾驶机动车。"

2. 工程技术角度

公路设计相关规范有多个条款提到了硬路肩，有从工程角度描述的，譬如结构、尺寸；也有从功能角度描述的，譬如紧急停车用、可为慢车道、内设右侧路缘带等，不过，并没查到提及路肩与应急车道关系的条款。

《公路工程技术标准》（JTG B01—2014）中第2.0.10条规定："硬路肩（hard shoulder）与行车道相连，具有一定路面强度的带状部分。主要用于：为行车提供侧向余宽，为路面结构提供横向保护，为故障车辆紧急停车提供全部或者部分宽度等。"

《公路路线设计规范》（JTG D20—2017）中第6.1.3条规定："一级公路在慢行车辆较多时，可利用右侧硬路肩（宽度不足时应加宽）设置慢车道……二级公路在慢行车辆较多时，可根据需要采用加宽硬路肩的方式设置慢车道。"第6.4.1条规定："高速公路、一级公路应在右侧硬路肩宽度内设右侧路缘带"，"二级公路的硬路肩可供非汽车交通使用……"

3. 城乡建设角度

《城市道路工程设计规范》（CJJ 37—2012）在5.3.1条、5.3.7条、5.4.1条、12.2.3条提及路肩或者硬路肩，主要描述了其工程属性；在5.3.2条、5.3.6条、13.3.3条提到了作为应急车道的功能属性。在第5.3.6条里解释了这些概念的关系，与交通管理角度的相关规定有一定衔接，但与《城市快速路设计规程》（CJJ 129—2009）的规定稍有不同，结合目前快速路使用中的具体情况将"连续或不连续停车带"的定义延伸为"应急车道"的概念，其作用不单是停车，交通拥堵时也可作为交管、消防、救护等特殊车辆通行的车道，因此将原规定的2.5m宽度调整为3.0m。

三、如何更加有效地利用硬路肩多维度的功能

上文所述对硬路肩使用功能的规定，从各自领域的角度来看是合理的，但是对于硬路肩这样有多个功能维度的设施，缺乏相互关系的递推解释，难以理解，也约束了实际使用中多样化的需求，造成基层管理出现种种冲突和问题。在机动车保有量不断增长的当下，会出现其他车道拥堵，硬路肩闲置；或者右转排队过长，拓宽没有空间，诸如此类的矛盾。因此，对硬路肩多样化功能的探讨具有实际意义。

从管理角度而言，开放硬路肩，可能出现安全问题、增加风险，但在流量增大的情况下，限制硬路肩功能的使用，不一定就是保证安全的唯一方法。当下，寻求平衡发展、便民和安全间关系的方法，是值得探索的议题。不妨先来看看其他国家硬路肩的使用情况。

（一）美国硬路肩使用情况

目前，美国对于硬路肩使用功能有类似菜单一样的规定，也有开放使用硬路肩的实

际案例。

1.对于硬路肩使用功能的规定

美国2018年版的《公路与城市道路几何设计》（AASHTO, 7th Edition）提道：路肩是道路的组成部分，与行车道连接在一起，供停车和紧急情况使用，并作为底基层、基层和面层的横向支撑。路肩主要有以下几点用途：

为因机械故障、轮胎泄气或其他紧急情况而需要停车的车辆提供场地；为驾驶员偶尔需要查看地图、休息或其他原因而停车提供场地；为避免可能的事故或减轻事故严重性提供场地；通过充足的路肩宽度而产生开阔感，提高行车舒适度和避免驾驶上的紧张；在挖方路段有助于改善视距，进而增进安全；有些路肩的形式增进了公路的美学效果；增大公路的通行能力，促进车辆匀速行驶；为除雪、备料等养护操作提供场地；为设置标志和护栏提供横向净距；可将暴雨水流排泄到路面之外，减少路面附近的渗水，减轻对路面的破坏；为路面提供结构上的支撑；为行人和自行车提供场地，为公共汽车停靠提供场地，为车辆偶然占道提供场地，为施工期车辆绕道提供场地。

2.开放使用硬路肩的相关研究

FHWA《高速公路硬路肩通行使用指南》（FHWA-HOP-15-023，2016）里，总结分析了欧洲和美国的开放硬路肩使用实践之后的情况。在经过了60个月的部分时段开放使用硬路肩实践，英国M42高速公路每月的交通事故从3.17起降到了2.25起，德国Hessen州和荷兰也出现了类似的结果。结合美国明尼苏达州I-35W公路和弗吉尼亚州I-66公路的实践，这本报告认为，通过开放使用硬路肩，可以减少拥堵、抵消交通事故的增加。同时，结合各类数据，对使用部分时段开放硬路肩的高速公路进行了事故预测，从预测结果来看，流量达到一定程度之后，事故是下降的（图2）。

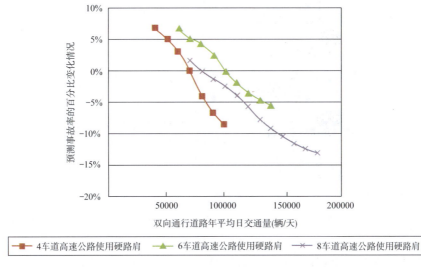

图2 部分时段开放硬路肩供通行，事故概率变化情况预测

不过，实现硬路肩部分时间开放通行功能相较硬路肩紧急停车或者应急车辆通行通道等其他功能更难以管理、操作，需要考虑的因素也更多，例如，要保证该硬路肩宽度

要达到普通行车道的最小宽度，如不足，则缩小所有车道宽度借给硬路肩（图3），同时需要非常复杂的计算和工程改造，也需要严密的观测和总结。

图3　偏移或缩窄行车道形成可以通行的硬路肩
（A5公路黑森州，德国，2007，图中灰色虚线为调整车道宽度前标线的位置）

在英国南安普敦大学的一份报告（Mami Jennifer Ogawa，2017）里认为，硬路肩开放通行至少需要3个步骤（图4）：正常通行、检查硬路肩情况准备开放和开放。期间有多个智能交通系统（ITS）配合，并给驾驶人足够的时间，关闭硬路肩通行也有类似必要的步骤。在出入口附近，也要配套更为复杂的工程措施，形成驾驶人可以清晰理解的出入区间。

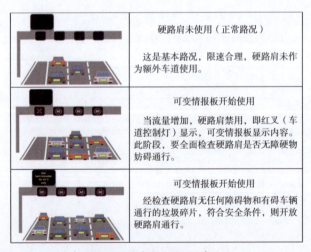

图4　硬路肩开放通行的步骤

这些复杂的专业工作，虽然会花费一些经费，不过，与新建一条道路相比要经济很多。依赖巨大投资解决问题并不专业，只依赖投资来解决需求也并不是可持续的做法，只有技术上的精耕细作才是我们面对类似硬路肩难题应有的专业态度。

（二）实现硬路肩使用功能因需而变应考虑的要点

因需而变在实践中比较难以把握，但从国外的实践情况可以看出，有条件的开放使用硬路肩有一定可行性。那么结合我国实际情况，是否有开放使用硬路肩的可能性呢？

对高速公路、城市快速路而言，硬路肩提供的空间并无转为非机动车道或者慢车道的可能性，否则会和主流使用者的安全冲突。因此，其使用功能可选择菜单里，还剩下应急使用、紧急停车、特殊车辆使用、特定时间使用等选项。但在现有相关规定里，硬路肩只能用于应急使用、紧急停车两项，这和我国对高、快速路理解的历史局限性有关。早期的高、快速路，流量不大，车辆速度较快，将硬路肩留给应急、紧急停车是合理的。不过，这十几年来，频频出现高、快速路拥堵的情况，尤其在大城市周边的高、快速路，经常出现车辆断断续续行驶的现象，这需要我们考虑《中华人民共和国道路交通安全法实施条例》的同时，通过实践寻求更为可行的方法来解决，而非一味跌落在路堵就修新路，然后再堵的恶性循环里。

高、快速路上发生事故等紧急情况，保障救援车辆、人员及时到达是刚性需求，但并非只有留空硬路肩这一种实现方式。在高、快速路上将硬路肩设为应急车道，即把救援的及时性作为主要需求，在一些缺乏平行道路的路网里，高速公路留出硬路肩作为救援通道是必要的，不仅要有，且要与救援装备匹配，硬路肩要确保救援装备快速顺利通行。但在一些大城市周边，有丰富的地方路网可相互连通，硬路肩作为救援通道的必要性就没有那么强，不过，救援的时间指标并不能因为没有硬路肩就增大，仍然需要有细致的研究和实际演练来保证救援时间只会缩小、不会增大。

更何况，现有救援需求，和硬路肩并没有形成推导关系。一些技术标准规范规定高速公路的硬路肩最窄只有1.5m宽，而城市快速路可以没有硬路肩,这本身就无法满足救援车辆通行的需求。救援本身是一个更为宽泛的体系工作，其涉及的领域比硬路肩功能使用更为众多，硬路肩只是救援路径的一个组成部分，救援需要有整体考虑，并做好预案，若只是僵化地理解法规标准，套用规定而留空硬路肩，这样形式上的合规并无意义，也造成对社会资源极大的浪费。

硬路肩用还是不用是个难题，无论怎样风险都会存在。道路使用者需要的安全、简单、易用的路肩，往往需要背后管理者付出诸多艰辛，更需要付出智慧才有可能实现，但这正是为人民服务的价值所在。

扫一扫查看原文

车辆碰撞护栏端头导致车身刺穿事故频发的原因分析

公安部道路交通安全研究中心交通言究社

公路护栏是一种较为常见的交通安全设施，近年来，各地却出现不少车辆碰撞护栏端头后，车身被刺穿，导致车内驾乘人员伤亡，加重事故后果的情况。这不仅给道路交通安全带来安全隐患，威胁到广大驾乘人员人身安全，也给道路交通管理工作带来一定挑战。那导致此类情况发生的原因有哪些？对此，交通言究社对公安部道路交通安全研究中心特约专家、香港道路安全及交通工程顾问邝子宪，道路交通安全专家、教授级高工闫书明进行了专访。

先来看两起车辆碰撞护栏端头后，车身被刺穿，导致车内驾乘人员伤亡的事故案例。2020年2月25日凌晨，在G75线兰海高速公路南宁往北海方向2086km+400m处（钦州西服务区附近），一辆小车行驶途中撞上中央护栏，护栏直接贯穿车身［图1a］，导致车上一名男子当场死亡。2019年2月17日，在稠岭线南市街道横城村路段，一辆小车行驶途中撞向左侧路边钢质护栏，护栏穿过整个车身［图1b］，造成车内人员一死一伤。

a) b)

图1 小轿车被护栏贯穿事故案例

事实上，这类车辆因各种原因碰撞护栏端头后造成严重后果的事故并不少见，交通言究社对近年来媒体报道的相关事故案例进行采集、整理（表1），发现2017—2019年有15起，涉及浙江、山东、四川等11个省份，造成19人死亡。由此可见，这类情况并非偶发，具有一定普遍性。当然统计的事故案例中，车辆与护栏端头发生碰撞的原因涉及多种，包括疲劳驾驶、酒后驾驶、随意变道等。但是作为本该起到保护驾乘人员或减轻人员伤亡作用的护栏为何反而刺穿车体，加重了事故后果呢？请看下面几位专家的分析。

媒体报道的部分车辆撞击护栏事故　　　　　　　　　表1

时间	地点	车型	事故形态	伤亡情况
2019年8月19日	浙江乐清	小轿车	护栏贯穿车身	1死2伤
2019年6月20日	山东济南	小轿车	护栏贯穿车身	4死
2019年5月16日	四川南充	小轿车	护栏贯穿车身	3死
2019年1月8日	广西钦州	小轿车	护栏贯穿车身	1伤
2018年10月5日	江西赣州	小轿车	护栏贯穿车身	3死1伤
2018年8月27日	浙江杭州	小轿车	护栏贯穿车身	
2018年4月20日	重庆渝北	小轿车	护栏贯穿车身	1死
2018年2月26日	内蒙古赤峰	小轿车	护栏贯穿车身	1死3伤
2018年1月16日	广西河池	小轿车	护栏贯穿车身	3伤
2017年8月14日	山东滕州	小轿车	护栏贯穿车身	1死1伤
2017年8月5日	四川成都	大客车	护栏贯穿车身	3伤

续上表

时间	地点	车型	事故形态	伤亡情况
2017年6月19日	云南曲靖	小轿车	护栏贯穿车身	1死2伤
2017年5月10日	安徽宿州	小轿车	护栏插入车身	1死
2017年3月31日	贵州贵阳	小轿车	护栏贯穿车身	1死
2017年3月17日	陕西铜川	小轿车	护栏贯穿车身	1死2伤

问 为什么存在护栏端头？我国常用的护栏端头有哪些形式？

邝子宪：公路护栏不连续设置时便会出现护栏端头，主要有以下情况：路侧风险不高，护栏不连续较经济也可能更安全；路侧不连续设置护栏可为故障车辆提供额外避险空间；接入口、平交口及横道需提供开口，令护栏不连续；分流点三角区。

一组独立护栏的两端可分为上游端头和下游端头。上游端头是面向车流方向的端头，下游端头是背向车流方向的端头。一般而言，上游端头的危害性远高于下游端头。不过，双车道公路的下游端头对于反向交通来说，也是上游端头，因此两边端头都需要小心处理。

闫书明：我国的护栏端头形式多种多样。先了解一下我国常用的护栏端头类型。

按设置位置分为路侧护栏端头、中分带开口护栏端头、出口分流三角端头，如图2所示。

a) 路侧护栏端头　　　　　　b) 中分带开口护栏端头　　　　　　c) 出口分流三角端头

图2　按设置位置分类

按护栏形式分为波形梁护栏端头、混凝土护栏端头、梁柱式护栏端头、组合式护栏端头、缆索式护栏端头等，如图3所示。

按端头结构形式分为直立式端头、地锚式端头和U形端头（图4）。直立式端头和地锚式端头多用在路侧，U形端头多用在中分带开口或出口分流三角端。

 车辆碰撞护栏端头的事故有哪些主要特征？为何会导致刺穿车身的严重后果？

闫书明：此类事故对小型车驾乘人员造成的伤害更大。

通过调查发现，大型车碰撞护栏端头致死的事故较少，这与大型车行驶速度较慢有一定关系；同时由于大型车碰撞护栏端头后多为骑跨形态［图5a）］，且驾乘人员所坐位置一般高于护栏端头高度，死伤率较小，这也是为什么在欧美和我国相关标准中没有将大型车作为评价护栏端头安全性能碰撞车型的原因。不过实际中也发生过如图5b）所示的事故，这虽然比较罕见，但是值得设计和研究人员注意。

a) 波形梁护栏端头

b) 混凝土护栏端头

c) 梁柱式护栏端头

d) 组合式护栏端头

e) 缆索式护栏端头

图3　按护栏形式分类

a) 直立式护栏端头

b) 地锚式端头

c) U形护栏端头

图4　按端头结构形式分类

a)

b)

图5 大型车碰撞护栏事故形态

小型车行驶速度快，碰撞护栏端头概率较大型车高得多，同时驾乘人员位置与端头位置高度接近，小型车碰撞护栏端头后更易对驾乘人员造成直接伤害。小型车碰撞直立式护栏端头或U形端头，若端头的面积和刚度较大，车体产生较大变形，驾乘人员会受到严重冲击，甚至危及生存空间；若端头的面积较小，其很容易插入车体，对驾乘人员造成直接伤害。而车辆碰撞地锚式护栏端头，车辆沿坡面迅速爬升，则易发生翻车和翻滚事故（图6）。

a) 直立式端头

b) U形护栏端头

c) 地锚式护栏端头

图6 小型车碰撞护栏端头事故形态

发生事故的车辆往往是近乎正面碰撞护栏端头。

护栏端头是公路护栏的重要组成部分之一，设置在护栏标准段的端部位置。车辆碰撞护栏标准段一般是小角度侧面碰撞，碰撞以后事故车辆往往能够保持一定速度驶出，由车辆和护栏变形所吸收的能量仅占车辆初始动能一小部分，所以若是车辆被成功阻挡和导出，车辆所受的冲击损坏较小。车辆碰撞护栏端头往往是近乎正面碰撞，若护栏端头形式为直立或U形，车辆的动能需要全部被缓冲吸收，一旦护栏端头不具备缓冲变形能力，则或发生车辆严重变形，或发生护栏端头插入车体；若护栏端头为地锚式，车辆动能消减较少，则会发生类似车辆弹射升空或车辆翻滚现象。

护栏刺穿车身发生的事故形态只是护栏端头事故的一种形态，多发生在波形梁护栏端部位置。通过计算机仿真模拟（图7），影响护栏端头安全性能的因素与护栏端头结构形式、高度、是否锚固、设置方式等多方面有关，想要较好地进行端部结构设计，需多方面考虑。

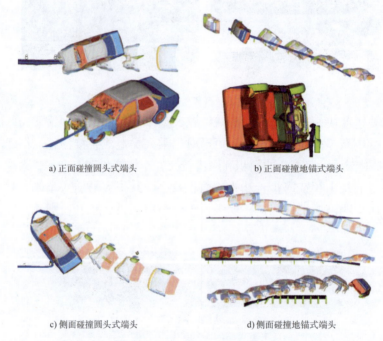

a) 正面碰撞圆头式端头　　　　b) 正面碰撞地锚式端头

c) 侧面碰撞圆头式端头　　　　d) 侧面碰撞地锚式端头

图7　碰撞波形梁护栏端头仿真

邝子宪：在设计速度较高道路上发生此类事故，后果会更严重。一般而言，设计速度超过40km/h的道路都要注意护栏端头的处理；如果设计速度大于80km/h，更需要格外对护栏端头进行安全处理。在设计速度较高的道路，失控车辆可能被波形梁护栏半圆端头插进车厢，导致严重伤亡，此外，如果没有足够锚固，护栏的防护能力会较差。

问

我国是否有关于护栏端头的相关标准规范？具体是如何要求的？

闫书明：我国早期建造的公路主要依据1994年颁布的《高速公路交通安全设施设计及施工技术规范》（JTJ 074—94）、2006年颁布的《公路交通安全设施设计规范》

（JTG D81—2006）和《公路交通安全设施设计细则》（JTG/T D81—2006），对于护栏端头的规定94版规范和06版规范相差不大，仅以94版规范规定进行说明。94版规范的第2.1.10条定义护栏端头是指护栏开始端或结束端所设置的专门结构；在5.1.4条指出路侧波形梁护栏的起、讫点应进行端头处理［图8a)］，还规定上游直立式端头应设渐变段外展，下游端头可与标准段呈一条直线；在5.1.9条指出设置于中央分隔带起点、终点及开口处的护栏应进行端头处理［图8b)］；在5.1.10条给出了交通分流三角地带端部处理意见［图8c)］，还指出在条件允许时应在危险三角区范围设置防撞垫。

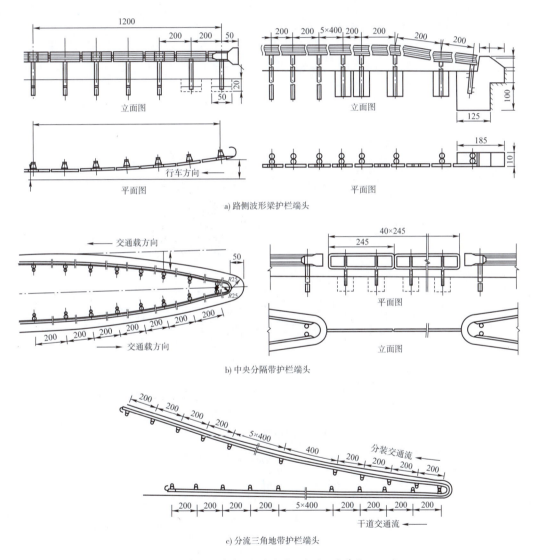

图8　1994年版规范对护栏端头的规定（尺寸单位：mm）

近年依据实际情况对相关标准规范进行了调整。在高速公路建设早期，车辆组成较为单一、运行速度较低，配套设置的护栏端头满足当时的交通流特性，起到了较好的安全防护作用。而随着交通组成复杂化和运行速度提升，早期设置的护栏端头不能适应日益变化的交通流特性,安全防护能力不足逐渐体现出来。为提高公路的安全运营水平,交通运输主管部门颁布了《公路护栏安全性能评价标准》(JTG B05-01—2013),对涉及上述部位的防护设施安全性能进行了规定(图9):路侧护栏端头应通过小客车正碰、偏碰、斜碰、正向侧碰、反向侧碰评价其安全性能,这提高了对路侧护栏端头安全防护性能的要求;对于中分带开口护栏,要求在距离中分带护栏终点2m位置进行小客车、大中型客车、大中型货车碰撞评价其安全性能,这势必要求中分带开口护栏与中分带护栏进行可靠连接,实质上是取消了该位置的护栏端头存在;对于分流三角端的防撞垫也要求通过小客车正碰、偏碰、斜碰、正向侧碰、反向侧碰评价其安全性能,这提高了对分流三角端护栏端头安全防护性能的要求。

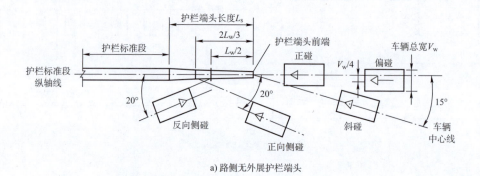

a) 路侧无外展护栏端头

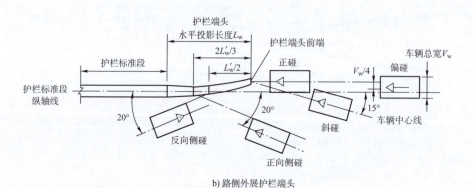

b) 路侧外展护栏端头

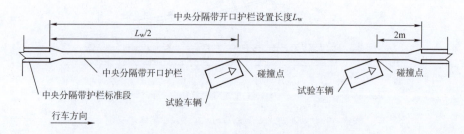

c) 中分带开口护栏

图 9

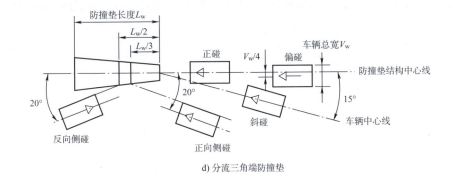

d) 分流三角端防撞垫

图9 《公路护栏安全性能评价标准》相关规定

此外,为更好地指导设计,交通运输部2017年颁布了《公路交通安全设施设计规范》(JTG D81—2017)和《公路交通安全设施设计细则》(JTG/T D81—2017),结合2013年颁布的《公路护栏安全性能评价标准》要求对护栏端头的设计形式与方式进行了合理规定。

扫一扫查看原文

剖析:如何减少车辆碰撞护栏端头后的刺穿事故

公安部道路交通安全研究中心交通言究社

车辆碰撞护栏端头后导致车身被刺穿的事故频繁出现,如何消除或降低护栏端头存在的安全隐患,以减少此类事故?对此,交通言究社对公安部道路交通安全研究中心特约专家、美国资深交通工程师梁康之,公安部道路交通安全研究中心特约专家、香港道路安全及交通工程顾问邝子宪,道路交通安全专家、教授级高工闫书明进行了专访。

 国外如何设置护栏端头,有哪些值得借鉴的经验?

梁康之:美国联邦公路局(FHWA)公布的W梁钢护栏高度是79cm(31ft),这一高度适合大多数车辆。根据美国国家公路和运输官员协会(AASHTO)《路边设计指南》,"如果防护设施的端头位于净空区域内或可能被操作错误的驾驶人撞到的区域内,则认为端头设施必不可少"。防护设施的端头必须具有两个功能:在撞击到端头时具有防撞能力;为下游冲击提供锚固点。

W梁钢护栏端头有多种,美国各州的交通厅根据联邦公路管理局及美国国家公路和运输官员协会(AASHTO)的《硬件安全评估手册》(MASH)决定采用的种类。例如,马里兰州交通厅列出10种端头,科罗拉多州使用8种类型的端头。下面根据科罗拉多州交通厅提供的《护栏系统-施工工程师和监理员现场指南》(Guardrail Systems Field

Guide for Construction Engineers and Inspectors，2018）简单介绍目前美国使用的钢护栏端头情况。

1.W 梁钢护栏主要有 3 种端头设计

当前使用的W梁钢护栏端头设计主要有3种：

（1）埋入后坡设计（Buried-in-backslope）。

埋入后坡设计（图1）通过将端头埋在后坡中来终结W梁钢护栏的安装。坡度对于后坡掩埋端头至关重要，通向后坡掩埋的地形必须是较平坦区域，并且不包含固定的危险物体。如果后坡本身相对平坦，则车辆可以沿斜坡行驶并绕过终端。因此后坡本身必须足够陡峭，以防止车辆爬上钢护栏。此外还需注意，防护设施的斜角必须适合道路设计速度和交通量；护栏应保持相对于车道边缘的高度，保证沟渠排水流畅。

图1 埋入后坡设计

（2）非吸能设计（Non-energy-absorbing design）。

非吸能设计（图2）在车辆正面碰撞护栏端头时不会消耗大量能量。它是一种门式系统，可让车辆撞击后从护栏一侧越过，停止在平行于护栏的区域。主要特性包括：正面碰撞时不会显著降低车速；车辆继续运行距离可能超过46m（150ft）。适用于在护栏装置后面有一段并与护栏装置平行的平坦地段，例如高速公路中间隔离的平坦地段。

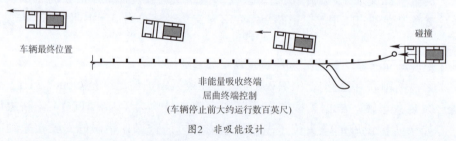

图2 非吸能设计

（3）吸能设计（Energy-absorbing design）。

吸能设计（图3）让车辆撞击端头时散发大量动能。在任何屏蔽物体之前，不足46m（150ft）的防护设施必须安装吸能终端；吸收的能量可让车辆撞击终端后在约15m（50ft）处停下。最适合用于防护设施后方可穿越区域有限，或防护设施后方有固定物体的地段。

需要注意的是，护栏是防护驾驶人离开道路时的安全屏障，应保证在撞击护栏的后果比撞击道路旁其他物体损失较轻、离开道路可能滑至危险区或边坡较斜时才可安装。

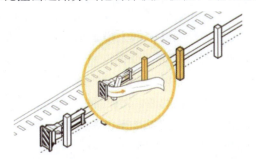

图3 吸能设计

2. 根据实际情况合理选择护栏端头锚固点形式

当护栏切线安装时，端头的锚固点可以是切线或张开；但是当护栏为喇叭口形张开时，端头的锚固点应是张开。需要注意，具体选择哪一种形式，应根据地形、可使用的土地面积、端头的选择和资金几点综合决定。

如图4所示，护栏切线安装，与行车道平行，可用于保护车辆免于撞到道路旁障碍物。在此示例中，右侧上游端锚固点张开，左侧下游端锚固点为切线的形式。

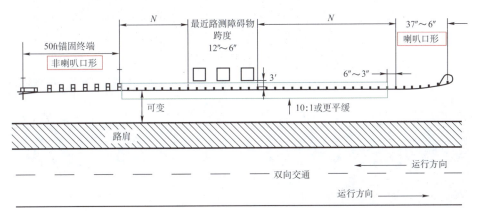

图4 用于保护车辆免于撞到道路旁障碍物的护栏示例

图5显示了喇叭口形护栏和切线护栏。两端锚固点都是张开的形式。

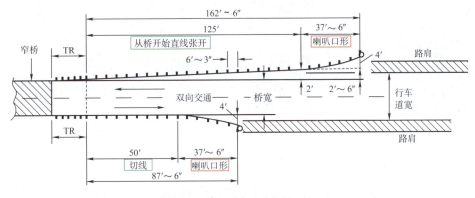

图5 狭窄桥梁末端的护栏示例

闫书明：
1. 设置能吸收车辆动能的可导向防撞垫

国外通过在中分带开口或出口分流三角区设置可导向防撞垫来降低事故严重程度。可导向防撞垫是一种独立防护结构，在受到车辆正面碰撞时，可吸收车辆动能，减轻对驾乘人员的伤害；在受到车辆侧面碰撞时，可导正事故车辆。图6为欧美国家应用较为广泛的可导向防撞垫结构，其主要通过橡胶或金属变形吸收车辆动能，保护驾乘人员安全。

 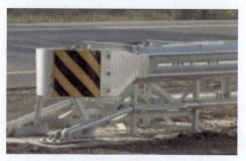

a) 橡胶吸能型　　　　　　　　　　　　　b) 金属吸能型

图6　欧美国家应用广泛的可导向防撞垫

图7为几种欧美国家应用的路侧护栏端头，其中护栏端头形式1和护栏端头形式4的端头通过卷曲波形梁板有效吸收车辆动能；护栏端头形式2通过弯曲和挤压钢管横梁方式吸收车辆动能。

a) 护栏端头形式1　　　　　　　　　　　　b) 护栏端头形式2

c) 护栏端头形式3　　　　　　　　　　　　d) 护栏端头形式4

图7　欧美国家应用的路侧护栏端头

2. 结合实际工况研发新型护栏端头，提升安全防护性能

国外早期的护栏端头，在事故车辆近乎中心垂直碰撞时体现出较好的卷曲波形梁护

栏板功能［图8a）］，这是由于该种工况下波形梁板在压缩时不容易失稳。而实际工况中，事故车辆往往带有一定角度偏心碰撞护栏端头，由于受力不均匀，波形梁板很容易发生失稳而断裂弯折［图8b）］，对驾乘人员仍然存在较大安全隐患。

 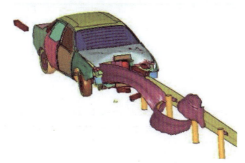

a) 正面中心碰撞

b) 事故照片

图8 对比车辆正面中心碰撞和带一定角度偏心碰撞护栏端头情况

最近几年，国外研发了一种新型护栏端头（图9），将压缩护栏板进行锚固，大大降低了护栏板在整个压缩变形过程中失稳的程度，安全防护性能大幅度上升。

图9 国外新型护栏端头（注：图片来源于网络）

问

如何减少类似车辆碰撞护栏端头后车身被刺穿的事故发生？

邝子宪：

1. 控制端头数目及危害性

公路项目应先从整体风险的角度考虑（图10、图11），控制端头的数目及危害性，包括：减少端头密度，例如50m以下的间隙可考虑将护栏连贯起来，不同种类、形式或防护能力的护栏连贯起来时，需设置合适的过渡段；将护栏往上游延伸至车速较低路段，例如匝道入口、平交口附近；将护栏往上游延伸至弯道前方的直线路段；上游护栏端头应避免设置在高风险位置，如弯道、分流三角区、交通岛起点等，紧贴行车道路侧或分流三角区和交通岛鼻端的上游端头存在很大风险，提供足够的路侧横向净区及鼻端纵向净区，能有效降低失控车辆碰撞端头的机会。

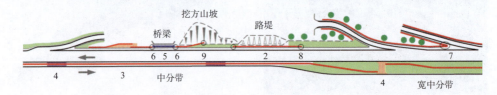

图10　公路应注重整体路侧布局，增加路侧避险空间及减少护栏端头密度

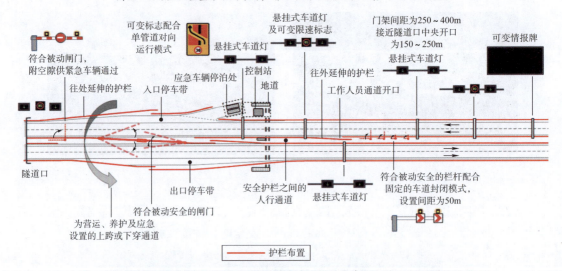

图11　隧道口护栏布局例子，充分利用护栏重叠布局设置管养设施接入口及工作通道开口

2. 采取合理的护栏端头处理方式

为进一步降低端头的危害性，同时应充分考虑以下处理方式：外展布局、端头重叠布局、缓冲设施。

（1）外展布局。

外展布局是指将护栏平面布局以渐变方式往公路外侧偏移，增加护栏端头与行车道之间的横向距离。外展是最简单的处理方式，但需有足够的土路肩。单纯外展只能降低风险，不能移除端头的危害性，外展后的护栏端头应尽可能锚固在边坡内或直接锚固在挡土墙上。边坡锚固的方式可分为两种，一种是将波形梁护栏及桩柱埋进在压实的边坡内，另一种是在边坡外直接用渐变方式设置混凝土护栏。

（2）端头重叠布局。

公路路侧在以下情况可能需要设置开口：让车内人员走进受护栏保护的避险空间；路侧管理或养护设施的接入口；横道开口。这类情况可考虑在开口两端的护栏采用重叠布局（图12），令上一段护栏的下游端头有效覆盖下一段护栏的上游端头，避免失控车辆直接碰撞上游端头。需要注意，这类布局设计非常适合高速公路等有中分带的公路；双车道公路需要考虑两个方向车流，一般不采用；护栏端头需要完善锚固处理，确定需要重叠的范围。

图12　护栏重叠布局结合紧急停车带和人员避险空间

（3）缓冲设施。

缓冲设施包括消能端头和防撞垫，这类装置一般属于经过测试符合规范要求的产品。消能端头一般属于非导向型；防撞垫分为导向型和非导向型。选用这类装置需要考虑以下条件：失控车辆在装置前方冲出路侧是否安全；失控车辆穿越装置冲出路侧是否安全；失控车辆穿越装置是否会与反向交通相撞。不过，缓冲设施产品价格较高，且需要考虑长远养护，因此一般只会在别无选择时于特定的高风险路侧位置采用。但随着技术发展，价格较低廉且具高效益的缓冲设施产品将来也可能更普及采用。

闫书明：

宜结合最新规范对护栏端头进行提升改造。

根据目前掌握的事故情况来看，易出现严重事故的主要是早期建造的护栏端头，建议有条件应结合2017年交通运输部颁布的《公路交通安全设施设计规范》（JTG D81—2017）和《公路交通安全设施设计细则》（JTG/T D81—2017），对路侧护栏端头、中分带开口护栏、防撞垫（分流三角端缓冲设施）的设置进行提升改造。

《公路交通安全设施设计规范》（JTG D81—2017）第6.2.13条规定："迎交通流的护栏端头应按下列方法进行外展或设置缓冲设施（图13）：外展至土路肩宽度范围外，具备条件时，宜外展至计算净区宽度外；位于填挖交界时，应外展并埋入挖方路段不构成障碍物的土体内；无法外展时，高速公路、一级公路及作为干线的二级公路应设置防撞端头，或在护栏端头前设置防撞垫，作为集散的二级公路及三级、四级公路宜采用地锚式端头，并进行警示提醒或设置立面标记；作为干线的二级公路，宜考虑车辆碰撞对向车行道护栏下游端头的可能性。"规范的最新规定能够有效消除或降低路侧护栏端头的安全隐患。

a) 外展

b) 埋入挖方段

c) 设置防撞缓冲设施

图13 路侧护栏端头处理方式

《公路交通安全设施设计规范》（JTG D81—2017）第6.4节规定："中央分隔带开口护栏的防护等级宜与相邻路段保持一致，同时应与相邻中分带护栏合理过渡。"这样规定实质是将中分带开口护栏与中分带护栏合为一体（图14），消除中分带护栏开口端头结构，降低该位置安全隐患程度。

图14 中分带护栏端头处理方式

《公路交通安全设施设计规范》（JTG D81—2017）第6.5节规定"在分流三角端应或宜设置防撞垫（图15）"，这样能有效降低车辆碰撞分流三角端的严重程度。

规范的最新规定将护栏端头消除或增加缓冲防撞设施，均可有效降低护栏刺穿车身的事故概率，对于既有的交通设施，可采用规范的指导原则进行相应提升改造；对于新建公路交通设施，最新规范也具有很好的指导作用。

扫一扫查看原文

图15　分流三角端处理方式

衡量是否布设中央分向护栏需要考虑多方面因素

徐耀赐　公安部道路交通安全研究中心特约专家
　　　　　台湾逢甲大学运输科技与管理学系所副教授

一、中央分向护栏是重要的路侧安全设施

1.从道路横断面设计与交通控制原理来看，"分向"与"分隔"代表不同意义

路侧安全设计领域中，路侧护栏与中央分向护栏可以说是最重要的路侧安全设施。从道路横断面设计与交通控制的原理来看，"分向"与"分隔"代表不同意义，其对道路交通工程设计的影响极大，从图1中可以看出两者的思维差异。"分向"指以实体（例如各式护栏）设施或非实体（例如中央分向双黄实标线）设施将两不同方向的车流完全分开。"分隔"指将两同方向的车流隔开，例如市区道路常见的实体式快、慢车道分隔岛或非实体式快、慢车道分隔标线。

从道路交通安全理论来看，"分向"可避免正撞或对撞事故（Head-on Crash），"分隔"可避免侧撞事故。限于篇幅，本文重点不涉及"分隔"，主要内容仅限于道路横断面中央处的中央分向护栏（Median Barriers）。

2.中央分向护栏与路侧护栏的最大差别在于防护面数量不同

道路设计速度越高，以实体设施进行

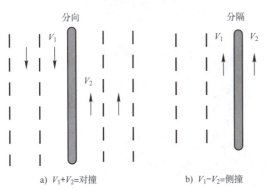

a) V_1+V_2=对撞　　　b) V_1-V_2=侧撞

图1　分向与分隔的思维差异

"分向"的必要性越大。以高、快速公路为例,最常见有早期风行一时的新泽西混凝土护栏、现今较受青睐的F型或固定斜率式混凝土护栏［图2a）］、W型钢板护栏［图2b）］。当中央分向带（Median Strip）较宽时,可能采用钢索式柔性护栏［图2c）］。对于市、郊区主要道路,可能采用具有缘石高度的混凝土分向岛或高度稍高一些的低型混凝土护栏［Low Profile Concrete Barrier,图2d）］。中央分向护栏与路侧护栏的最大差别在于路侧护栏仅有一防护面或迎撞面,中央分向护栏依设计条件而异,可能一护栏结构具有两个防护面,例如图2a）所示;或在中央分向带为某一宽度的前提下,由两个单一防护面组成,例如图2b）所示的W型钢板护栏。

a) 典型的高速公路中央分向混凝土护栏 - 双面防护

双波梁　　　　　　　　　　　三波梁（改良式）

b) 典型的中央分向 W 型钢板护栏

c) 典型的中央分向钢索护栏

d) 典型的低型混凝土护栏

图2　典型中央分向护栏

二、决定是否布设中央分向护栏的考虑要点

(一)要点一:中央分向带本身条件

中央分向护栏是否必须布设及其形式的决定与中央分向带本身具备的条件有关。一般而言,整体式路基道路设计时,常见的中央分向带有以下三大类型。

1. 低洼式 (Depressed Type)

图3为典型的低洼式中央分向带,这种形式的中央分向带排水效果非常好,适用于有宽广土地资源的地方,配合植栽绿化,对美化环境有益。且后续如果交通量增加,需要拓建也很方便,不存在另外征收土地的问题。

图3 典型低洼式中央分向带(图片来自FHWA)

2. 突起式 (Raised Type)

突起式中央分向带不可用在高、快速公路,即使与W型钢板护栏共享也不合适。这种突起式中央分向带通常集中在市、郊区道路,如图4所示,以混凝土缘石作为分向带周界,分向带中辅以植栽。

图4 典型突起式中央分向带

3. 平齐式 (Flushed Type)

平齐式中央分向带通常用在土地资源较不足的地方,由于空间较狭小,其表面处理方式通常为沥青混凝土或水泥混凝土。针对高设计速度的道路,由于车辆对撞的安全隐患较高,所以必须布设中央分向护栏,如图5所示。

(二)要点二:避免对撞事故

中央分向护栏主要目的在于避免车辆越过中央分向带而衍生对撞事故(Cross Median

Crash，CMC），这类事故在严重道路交通事故防治中占极重要的分量。图6是有无中央分向护栏时，造成道路交通事故差异性比较。在中央分向带，无论有无中央分向护栏，理论上都可能因驾驶人、车辆或其他环境因素造成路侧安全事故，只是两者造成的事故形态与严重性截然不同，其中以车辆跨越中央分向带或冲破中央分向护栏而造成的对撞事故最为严重。

图5　典型平齐式中央分向带（图片来自曲涛）

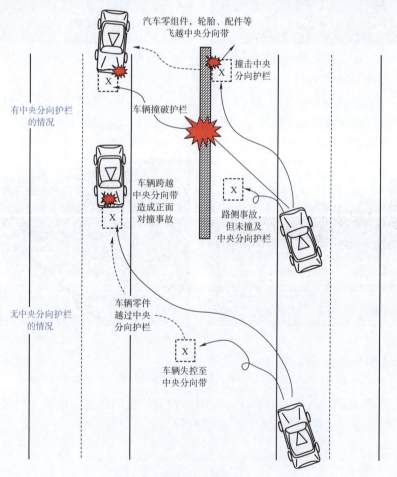

图6　有无中央分向护栏的事故种类

在考虑道路是否有必要布设中央分向护栏时，有一些逻辑可依循，基本思维归纳如下：

设计速度越高，运行速度（Operating Speed）也越高，此时布设中央分向护栏的必要性越高。例如一般常见狭窄中央分向带的高、快速公路一定有中央分向护栏。当然，当中央分向带极为宽广，路侧净区极大，远超出设计规范的规定，中央分向护栏也可忽略。

虽不是高、快速公路，但车流量庞大且设计速度在某一值（例如60~70km/h）以上的路段，应谨慎考量布设中央分向护栏的需求，尤其应该在低型混凝土护栏与正统的F型、单斜率式混凝土护栏中作审慎的评估。以安全性来说，正统的F型、单斜率式混凝土护栏高于低型混凝土护栏。

中央分向护栏需求性高低与中央分向带的宽度有直接关系，主要考虑到失控车辆的宽容空间，宽容空间越小，中央分向护栏的必要性越高。

重型车辆冲越中央分向带，如果衍生事故，严重性通常较大，所以应充分掌握重型车所占车流量比例。

道路几何平面线形较恶劣处，例如急弯路段，或纵断线形具长下坡的路段，布设中央分向护栏的必要性越高。

（三）要点三：平均日交通量、设计速度等因素

参考AASHTO RDG（美国州公路和运输官员协会的《路侧设计指南》）等，结合图7平均日交通量（Average Daily Traffic，ADT）与中央分向带宽度的相互关系，规划设计者可以初步思考是否应设置中央分向护栏，同时总结出一些中央分向带与中央分向护栏规划的考虑重点。

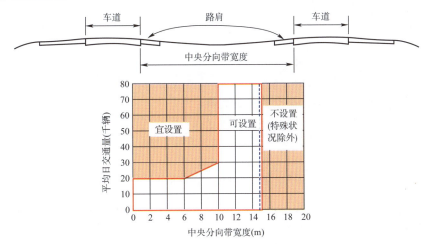

图7　中央分向带宽度、ADT与设置分向护栏的关系

当中央分向带宽度小于6m时，如果采用半刚性护栏（例如W型钢板护栏），其动态挠曲量（Dynamic Deformation，护栏被撞击后的变形量）须小于分向带宽度的一半。

当中央分向带宽度在6~10m时，如果采用柔性护栏（例如钢索护栏），其动态挠曲量

须小于分向带宽度的一半。

平均日交通量高于20000PCU（标准车当量数），中央分向带宽度在6m以下；或平均日交通量高于30000辆，中央分向带宽度在10m以下时，宜设置中央分向护栏。

平均日交通量低于20000辆时，视道路几何线形、坡度、视距条件及肇事纪录等综合评估决定。

平均日交通量为20000~30000辆，中央分向带宽度介于6~10m间，宜设置中央分向护栏。

若中央分向带宽度介于10~15m，应根据工程研究与安全分析，例如道路安全影响评估（Road Safety Impact Assessment），结合实际情况设置。

若中央分向带宽度大于15m，除非曾有严重横越分向带的肇事纪录，否则无须设置。

选择中央分向护栏形式时，应同时考虑渐变段及端末处理形式的配合。

如果因景观需求而采用柔性或半刚性形式，应视道路条件采取适当的配合措施，例如采取速度限制及设置警告标志、标线等措施。

考虑美化路容及防眩等功能而在中央分向带种植花木时，应选择适当形式的路侧护栏设置于分向带两侧，同时考虑与中央护栏的连接及端末处理等问题。

不同地形、地势，道路情况极为多样化，因此任何设计规范、手册、指南等针对中央分向护栏布设的内容只能作相对性建议准则，不可能建立绝对强制性准则。图6的内容完全由美国AASHTO RDG参考而来，美国土地宽广，车辆密度不高，但对土地资源有限的地区而言，选择宽广的中央分向带并不实际，这类地区高、快速公路必须布设中央分向护栏。至于其他类型的道路也应以专业性的研究结果作为依据参考。综上所述，可归纳出以下关于是否布设中央分向护栏的重要考虑因素：

（1）平均日交通量，含重车比例；

（2）设计速度；

（3）中央分向带宽度；

（4）道路几何线形，含平面线形与纵断线形；

（5）事故率、事故严重性；

（6）其他特殊考量，例如与交流道的距离；

（7）视距；

（8）景观与环境的特殊需求。

（四）美国针对是否应布设中央分向护栏的具体建议实例

扫一扫查看原文

较具规模的道路主管机关都会针对中央分向护栏布设准则作适度建议。例如美国得克萨斯州运输厅（Texas Department of Transportation，TXDOT）的道路设计手册（Roadway Design Manual），考虑其辖区范围极广、车流分布情况差异大，作出了针对中央分向带是否应布设中央分向护栏的具体建议，其中，在中央分向带非常宽广的情况下，如果经工程研究确认有布设连续式中央分向护栏的需要，必须要有翔实的经费分析或益本比（Benefit / Cost Ratio）研究。

由于大型海港区域车辆及其邻近道路状况特殊性，纽约、新泽西港务局也针对其辖区道路设计时中央分向护栏布设准则作出具体建议，如图8所示。

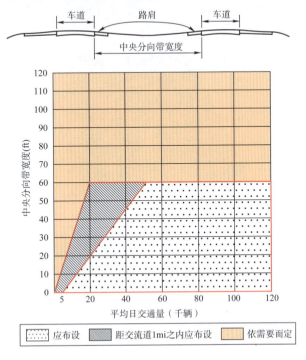

图8　纽约、新泽西港务局针对中央分向护栏的建议

布设中央分向护栏和回复区的要点及误区

徐耀赐　公安部道路交通安全研究中心特约专家
　　　　台湾逢甲大学运输科技与管理学系所副教授

一、中央分向护栏布设要点及防护效果

道路是否必须布设中央分向护栏属于上位思考问题，衡量各相关因素而决定必须布设中央分向护栏之后，紧接着便是深层的专业构思，究竟应采用何种形式、何种材质的分向护栏。图1为美国加州运输厅（Caltrans）针对中央分向护栏的建议：在平均日交通量达到某一数量的前提下，中央分向带宽度在6.1m以内，建议采用混凝土护栏；中央分向带宽度为6.1~11m时，可同时考虑采用混凝土护栏或三波梁钢板护栏；中央分向带宽度大于11m时，可考虑采用三波梁式中央分向钢板护栏（Thrie Beam Median Barrier）。如果想要提升三波梁钢板护栏的耐撞等级，也可思考采用改良式三波梁钢板护栏（Modified Thrie Beam Barrier）。需要注意，图1仅为美国加州运输厅的建议，道路工程须考虑的相

关安全事项繁多，只有经过客观、翔实且具深度专业的工程研究（Engineering Study）才可评估得知究竟应采用何种中央分向护栏。

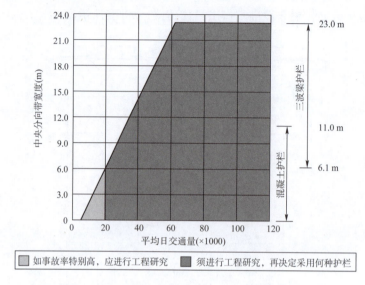

图1　美国加州运输厅中央分向带布设护栏种类建议

中央分向护栏形式多样，下面以混凝土护栏与W型钢板护栏为例进行介绍，以供选用时参考。

（一）中央分向混凝土护栏的布设细节

1.传统混凝土护栏常见形式为F型和单斜率式

可作为中央分向功能的混凝土护栏，凡是新建高、快速公路，有两种混凝土护栏可供采用：F型混凝土护栏和单斜率式混凝土护栏。早期道路建设常用的是新泽西混凝土护栏，目前虽已不获青睐，甚至被某些道路主管机关明文禁用，但仍然大量存在于既有道路的路侧护栏与中央分向护栏中。混凝土材质具有坚硬的特性，中央分向混凝土护栏端头本身即致命性危险障碍物，需考虑在端头前方布设"外置式"吸能设施，早期最常见的是如图2所示的碰撞防护设施（Impact Attenuator）或防撞垫（Crash Cushion）。

图2　混凝土护栏前端的碰撞防护设施

近年来，轻质珍珠岩混凝土（Perlite Concrete）研发成功，已被广泛应用为吸收车辆撞击能的设施，外观虽类似传统混凝土，但是遇到撞击时会因吸能而凹陷，其效果已经过FHWA（美国联邦政府公路管理局）、MASH（道路硬件安全评价手册，由美国州公路和运输官员协会出版，用来评估护栏、防撞垫等设施是否安全）的认证，图3a）为美国新泽西州1号国道（US Route 1）的应用实例。珍珠岩混凝土吸能设施材质极轻，且遇撞击则凹陷，不只可用于中央分向混凝土护栏刚性端头处，也可作为图3b）中个别式危险障碍物的安全防护（Shielding Protection）。珍珠岩混凝土吸能设施单价仅数千美元，相比图2中动辄数万美元一座的传统碰撞防护设施和防撞垫，性价比高。因此，珍珠岩混凝土吸能设施有逐渐受广泛重视的趋势。

a) 用于中央分向混凝土护栏的珍珠岩混凝土吸能设施（图片来自曲涛）

b) 个别式危险障碍物的安全防护

图3 珍珠岩混凝土吸能设施应用实例

F型与单斜率式混凝土护栏在美洲地区、中国大陆被广泛使用，欧洲公路系统常用阶梯式混凝土护栏，道路工程界通称为Concrete Step Barrier，图4为典型的阶梯式混凝土护栏。遇车辆撞击时，其能量转换原理与F型混凝土护栏类似，且如有需要，在保持坡面造型不变的情况下，底座可适度加宽。

由于道路线形与各种条件的不同，中央分向阶梯式混凝土护栏两个防护面可不对称，图5为典型的示意图，仅适用于现场浇筑式混凝土施工。

2.低型混凝土护栏用于道路设计时应重点考虑高度与防撞等级

最常见的低型护栏为混凝土制，也称为低型混凝土护栏（Low Profile Concrete Barrier，LPCB），通常适用于高、快速公路以下等级的主、次要道路及市区道路，起分向、分隔的作用。高度介于障碍式缘石与传统混凝土护栏之间，为35~50cm，当然，规划设计者可根据实际需求决定合适的高度。

低型混凝土护栏分场铸浇注或预铸成型，横断面为矩形［图6a）］或斜坡状，可作为常设性设施，也可设计为可移动、可拆解、现场以钢构件联结的，用于施工区外侧作为防护［图6b）］。

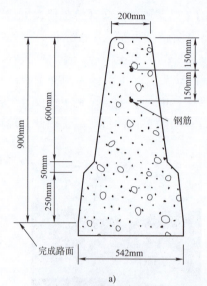

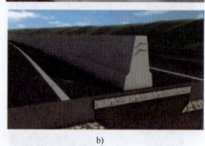

图4 阶梯式混凝土护栏

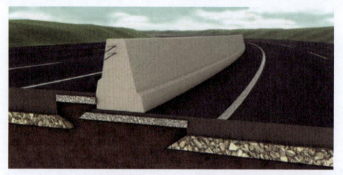

图5 具不对称断面的中央分向阶梯式混凝土护栏

a) 典型低型混凝土护栏断面

b) 典型施工区低型混凝土护栏

图6 低型混凝土护栏

低型混凝土护栏可设计成双面防护，下方具斜坡状，类似F型混凝土护栏下方部分，即底部垂直面，上方为具坡度的斜坡，除作为低型分向护栏外，也可作为有植栽分向带的周界，如图7所示。

a) b)

图7　具斜坡面的低型混凝土护栏

低型混凝土护栏用于道路设计时，适用于设计速度72km/h（45mi/h）之内的情况，思考重点在于高度与防撞等级，尤其应考虑如图8所示的跨越、骑跨效应。一般而言，低型混凝土护栏的耐撞等级要求通常为MASH TL-2。

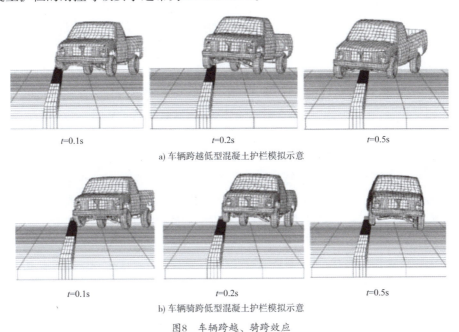

图8　车辆跨越、骑跨效应

（二）中央分向W型钢板护栏的布设细节

1.综合考虑结构力学、行车安全与生命周期成本

中央分向W型钢板护栏的横断面有双波梁及三波梁两大类。究竟应采用何种断面，

关系到设计理念，尤其与防撞等级有关。双波梁的防撞等级通常为TL-2与TL-3，传统式三波梁（Thrie Beam）与改良式三波梁（Modified Thrie Beam）则可提升至TL-3~TL-4。

中央分向护栏相关常见的另一争议是大型车辆、重载车辆造成的横越分向带群死群伤事故，严重性高，因此凡是高、快速公路或重车比例较高之处，预计采用W型钢板护栏实现中央分向功能之前，应多方考虑、谨慎评估，是否采用混凝土护栏较具安全性，同时还应考虑施工性、经济性而定。

中央分向W型钢板护栏与路侧护栏相似，均包括标准段、渐变段与端末处理。以双波梁为例，标准段的布设方法通常有如图9所示的4种。至于选用何种形式，根据设计内容与所需耐撞等级确定。但需要注意，W型钢板护栏养护维修量远比混凝土护栏大，因此除了考虑结构力学与行车安全，生命周期成本也应深入思考。

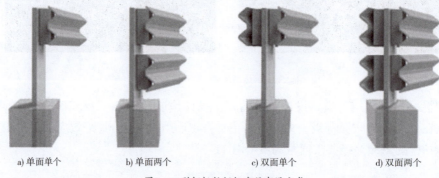

a) 单面单个　　　b) 单面两个　　　c) 双面单个　　　d) 双面两个

图9　W型钢板护栏标准段布设方式

2.结合中央分向带地势起伏状态与车流状况考虑

中央分向带宽度范围内如果决定布设W型钢板护栏，首先必须根据中央分向带地势起伏状态与车流状况初步思考以下3点：W型钢板护栏在中央分向带宽度内的合理布设位置；合理选择设置两个单面防护W型钢板护栏或一个双面防护W型钢板护栏；合理选择钢板护栏为双波梁、三波梁或改良式三波梁。

下面结合图10来具体分析：

图10a）中由于中央分向带较宽，且地形平坦（例如坡度1V：10H以下），因此可布设一个双面防护W型钢板护栏在中央分向带中心线附近，如果顾虑到有大型车存在，也可考虑设置为三波梁或改良式三波梁，甚至混凝土护栏（F型或单斜率型）。

图10b）中当低洼式中央分向带的坡度介于1V：6H及1V：10H间时，分向护栏也可仅在某一车流侧布设，当然，具体采用双波梁、三波梁、改良式三波梁及是否需要辅助梁都应根据设计内容决定。

图10c）中当低洼式中央分向带的坡度大于1V：6H时，W型钢板护栏只能选择布设在坡度转折点（Hinge Point）附近。

图10d）中如果低洼式中央分向带两侧的坡度不对称，一侧陡，另一侧较平缓，这种情况下，分向护栏必须布设在陡坡的高处，布设位置及设计重点结合路侧护栏的内涵考虑。

布设中央分向护栏时必须详细检核车辆可能造成横越分向带事故的车辆前保险杠轨迹，了解中央分向带地形表面的变化。车辆快速冲进中央分向带时，车辆可能有飞跃、弹跳的情况，轮胎可能不会持续与地面有直接接触。中央分向带宽度范围内必须严格检核其地面平整度、可能存在的硬物（例如排水设施、刚性物等），以保证车辆快速冲入中央分向带时不会出现弹跳或其他撞击情况。

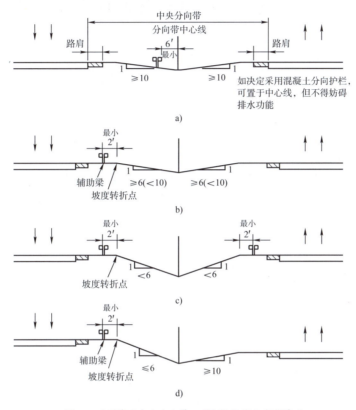

图10　不同情况中央分向带W型钢板护栏的布设情况

衡量车辆前保险杠行进轨迹及其与地面的可能间距（图11），可粗估W型钢板护栏所须高度，可能比传统路侧护栏稍高，此外，也须检核车辆是否有下钻（Underride）的情况，因此在某些情况下，可考虑将护栏迎撞面上下都布设钢板横梁。

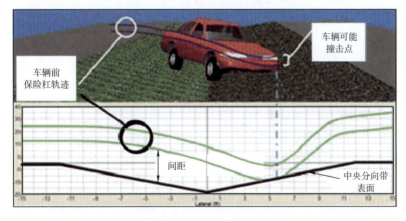

图11　车辆穿越中央分向带的前保险杠轨迹

当中央分向带较宽时，双向桥梁之间一定是中空的，因此桥梁首尾端旁侧中央分向带必须严谨考虑，设置隔离设施，避免车辆进入中央分向带而掉落桥下，图12为以W型钢板护栏构建隔离设施的典型例子。需要注意，W型钢板护栏为半刚性结构，桥梁混凝土护栏为刚性结构，两者相连接处应进行合适的渐变处理（Transition Treatment）。

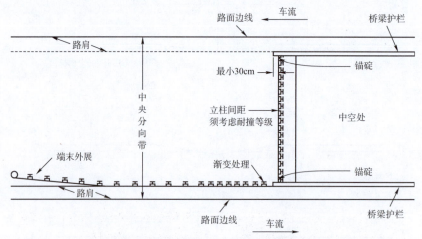

图12　中央分向带与双向桥梁相连接处的隔离措施

3.不可忽视独立障碍物防护时的端末处理、吸能机制与渐变处理

中央分向带范围内有时会有独立存在刚性危险障碍物（例如跨越桥的单一或连续式桥墩），应考虑失控车辆可能冲入中央分向带的可能轨迹，需要进行护栏影响长度（Runout Length）、护栏需要长度（LON）评估，为独立存在障碍物进行个别防护（Shielding，图13），同时，应有的端末处理、吸能机制与渐变处理都不可忽视。

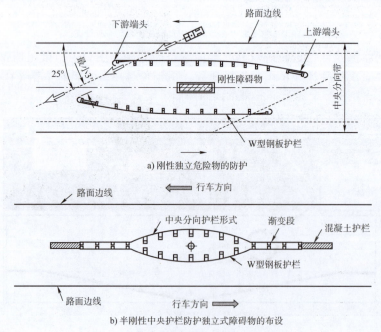

a) 刚性独立危险物的防护

b) 半刚性中央护栏防护独立式障碍物的布设

图13　为独立存在障碍物进行个别防护

二、中央分向护栏开口处理原则

再来看看中央分向护栏开口（Median Barrier Opening），合适的中央分向护栏开口是有必要的。不过虽名为中央分向护栏开口，需要注意此开口只有在特殊情况下才可以开启，平时必须保持封闭，且其防护撞击的功能应与其旁侧护栏标准段相同。因为，中央分向护栏开口如果没有进行适当处理，将增加存在安全隐患的危险端头，必须以某种安全、容易布设且便于移动的设施填满开口。

中央分向护栏开口处的封闭设施在美国的道路、交通工程界称为中央分向护栏的紧急开口系统（Emergency Opening System，EOS）。图14是得克萨斯州运输学院（Texas Transportation Institute，TTI）用于实车碰撞测试（FSCT）的中央分向护栏的紧急开口系统前后情况比较，其耐撞等级经FHWA、MASH证实为TL-3。针对中央分向护栏的紧急开口系统的实车碰撞测试，检验标准如同中央分向护栏标准段有3个重点要素：结构妥善性（Structural Adequacy）、乘员风险因素（Occupant Risk）及车辆轨迹（Vehicle Trajectory）。

a) 测试前

b) 测试后

图14　中央分向护栏的紧急开口系统实车碰撞测试前后比较

图15为各不同形态、已用于实际道路工程的中央分向护栏紧急开口系统。当然，这些设施必须依官方机构认可的实车碰撞测试章程，例如MASH，证实其耐撞等级后才可用于实际工程中。

中央分向带开口的重要性绝不可低估，车辆冲过中央分向带开口而导致严重事故的例子多不胜数。需要注意，若仅考虑有警示功能、可快速布设，却完全无中央分向护栏标准段防护功能的活动式简单隔离设施，反而可能成为高速公路安全隐患突出点，如图16所示。

　　a)　　　　　　　　　　b)　　　　　　　　　　c)

图15　已用于实际道路工程的中央分向护栏紧急开口系统

　　　　a)　　　　　　　　　　　　　　　b)

图16　无防护功能的中央分向护栏开口设施

三、回复区布设的基本原理

　　回复区（Recovery Area）指车辆在紧急情况下可自行返回原行车路径的区域，是失控车辆驾驶人在突发状况下的自救空间，在道路宽容设计（Forgiving Design）中与路侧净区（Clear Zone）相同，具有极为重要的角色。道路设计速度越高，针对回复区的重视程度应越高。回复区大小有时不易由设计者主观控制，易受道路几何线形组合的限制。

　　高、快速公路一定设置有路肩（Shoulder），低等级道路由于设计速度低，无须强制设置路肩。高、快速公路的路肩虽属路侧净区的一部分，但也是典型的回复区，此外，主线、出口匝道形成的尖角区（Gore Area，三角区）也属于回复区，如图17所示。

　　参考图17，针对高架式的高、快速公路尖角区，由于其后方鼻端（Nose）是主线与出口匝道混凝土护栏相连接处，因此刚性鼻端可能成为一致命性的路侧危险障碍物（Roadside Hazard）。某些道路主管机关会选择在此刚性鼻端前方布设碰撞防护设施，例如图18所示就是典型的错误布设例，主要原因如下：

　　为了增进反光效果，回复区范围内布设凸出于路面的塑胶基座，破坏了平坦回复区的功能，

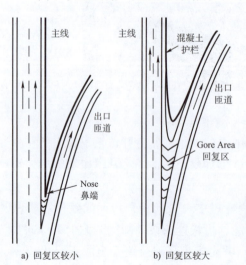

　　a) 回复区较小　　　b) 回复区较大

图17　高速公路尖角区

车辆快速碾压时易产生绊阻效应（Trip Effect），即当某车辆由主线经过回复区，急切入出口匝道时，高凸于路面的塑胶基座将造成车辆弹跳、飞跃，甚至翻覆。这也是高、快速公路在尖角区（或回复区）内绝不得设置缘石的基本原理。

图18　典型回复区内安全设施错误布设实例

刚性鼻端前方虽布设碰撞防护设施（Impact Attenuator），但宽度太窄，没有涵盖鼻端宽度，此碰撞防护设施无法发挥其受车辆侧面撞击而导正车辆的功能。

图19是刚性鼻端前方预计布设碰撞缓冲设施应有的基本思维，当回复区空间太小时不适合直接在鼻端前方布设碰撞缓冲设施，除非将护栏敲除往后，待确定回复区空间足够后，再思考布设碰撞缓冲设施。

扫一扫查看原文

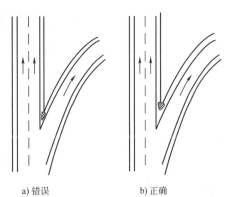

a) 错误　　　　b) 正确
图19　主线、出口匝道刚性鼻端前方处布设碰撞防护设施的思维

波形梁钢板路侧护栏端头处理方法

徐耀赐　公安部道路交通安全研究中心特约专家
　　　　台湾逢甲大学运输科技与管理学系所副教授

一、波形梁护栏端头处理不当易形成安全隐患

波形梁钢板路侧护栏本身即为路侧危险障碍物，必须进行端头处理（End Terminal Treatment），原因如下：

车辆撞击路侧波形梁护栏上游端的端头时，护栏钢板极易对该车辆造成穿刺现象（Vehicle Penetration），全球的例子不可胜数。图1a）和图1b）都是典型的案例，钢板横梁穿刺车身，直刺进入舱间，对车内乘员造成致命性伤害。

图1　波形梁钢板护栏横梁穿刺车辆的例子

波形梁钢板护栏端头处如果太刚硬，当车辆正面或小角度撞击端头时，即便未产生车辆被钢板横梁穿刺的现象，也极可能因车速剧减，造成车辆瞬间不稳定及反弹（Rebound）现象，严重的可能反弹或抛飞至邻近或对向车道，造成二次伤害。凡是车辆在高速行进过程中产生的瞬间车速骤减现象对车内乘员必定造成严重伤害。

二、常见的4种护栏端头处理方法

从全球波形梁钢板护栏建设工程来看，常见的波形梁钢板护栏系统的端头有下弯锚碇式、外展埋置式、外展式及吸能式四种处理方式。

（一）下弯锚碇式端头

早期最常见的波形梁钢板护栏端头处理方法是将端头某长度的钢板横梁弯曲，然后将其以螺栓接合而锚碇于深埋路基中的混凝土基座，如图2所示。

图3为我国台湾地区《交通工程规范》中所示的波形梁钢板护栏端头下弯锚碇处理方式，全长8.2m，由第一支柱开始，逐渐将钢板横梁旋转90°使平顺弯曲至端点后，锚碇埋设于路床之中。

图2　典型的波形梁钢板护栏端头下弯锚碇处理

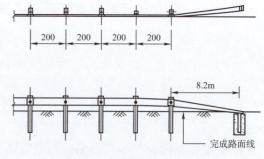

图3　波形梁钢板护栏端头下弯锚碇（尺寸单位：cm）

道路工程规划设计者应深入了解，波形梁钢板护栏端头下弯锚碇处理方式已有极久的历史，基本思维是车辆撞击此端头时，无横梁穿刺车辆的疑虑。然其后遗症是车辆在高速撞击时会沿着护栏表面爬升，衍生其他事故，例如翻覆、翻滚。基于此，此种方法已不获青睐，有些道路主管机关甚至明文规定，严格禁用此方法作为端头处理方式。而对于既有下弯锚碇处理的波形梁钢板护栏端头，如果无法改建，则不可忽略基本的警告设施，例如具优质反光功能的标志，如图4所示。

（二）外展埋置式端头

在路堑段或路外地形比路面高凸处，波形梁钢板护栏端头可外展，同时将端头深埋土方之中，如遇坚硬岩壁也可考虑开凿洞穴将端头插入其中，如图5所示。

图4　下弯锚碇式端头前设置反光标志

图5　波形梁钢板护栏外展埋置式端头

（三）外展式端头

波形梁钢板护栏端头外展式处理指将护栏上游端的端头往路侧方向向外展开，使其更远离路面边线，如图6所示。其中图6a）的做法由图3衍生而来，端头处第一支柱起逐渐将钢板旋转，使其平顺弯曲并外展至端点后，埋设于路床，即道路工程界通称的"外展地锚式"。外展地锚式端头处理与前述下弯锚碇式雷同，均有明显缺失，端头处如一道斜坡，车辆冲撞后易有爬升之势，车速快的情况下车辆易飞抛空中。因此，其旁侧也应辅以合宜的警告及反光设施。图6b）和图6c）则是除了端头外展之外，同时在端头处辅以圆头状吸能设施，即道路工程界通称的"外展圆头式"。

对于波形梁钢板护栏端头外展式处理，当展开率（Flare Rate）$b:a$越大（图7），车辆撞击角度也越大，事故严重程度越高，此现象对刚性、半刚性护栏尤其明显。此外，由于波形梁钢板护栏端头外展的原因，车辆冲撞后也可能被弹回行车道甚至对向车道，进而造成更严重的二次伤害，此现象在双向双车道的地区性道路尤为明显。

a)

b)

c)

图6　典型波形梁钢板护栏端头外展式处理

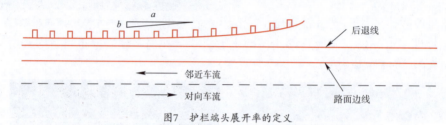

图7　护栏端头展开率的定义

表1为美国国家公路与运输协会（AASHTO）的《路侧设计指南》（RDG）针对护栏端头展开率的建议，由此表可看出以下两点：设计速度越高，展开率应越小；在相同设计速度的前提下，混凝土护栏展开率应小于波形梁钢板护栏展开率。

路侧护栏展开率（1mph=1.6km/h）　　　　　　　　　　　表1

设计速度(mph)	混凝土	波形梁
70	20∶1	15∶1
60	18∶1	14∶1
55	16∶1	12∶1
50	14∶1	11∶1
45	12∶1	10∶1
40	10∶1	8∶1
30	8∶1	7∶1

图8为我国台湾地区《交通工程规范》中针对波形梁钢板护栏端头展开式处理的建议，其优劣可能见仁见智。

波形梁钢板护栏端头展开式处理方法可一定程度降低车辆被护栏穿刺的风险，但工程实务上，常会面临土地空间或其他条件的限制，以致无法采取端头展开的处理方法。

（四）吸能式端头

波形梁钢板护栏的吸能式端头设施于近20年迅速发展，与往昔相比较，技术含量明显提升很多，其对避免或降低撞击护栏端头事故严重性具有实质帮助，这是道路交通工程界的共识。但吸能式端头，不论造价还是后续养护维修费用均比前述的传统式端头处理高。

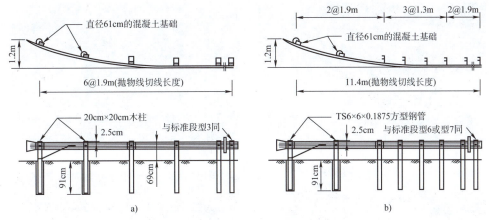

图8　波形梁钢板护栏端头展开式处理

图9是车辆撞击波形梁钢板护栏端头的各种可能位置，包括正撞（T1）、偏撞（T2）、角撞（T3）、侧撞（T4）及反向碰撞（T5）等。车辆撞击端头位置不同，代表可能造成的事故严重性有差异。各种撞击位置中，T1、T2、T3衍生的事故严重性与端头处吸能机制好坏有关，吸能效果好的，当发生T1、T2、T3撞击情况时，事故伤害应可降至最低；撞击为T4位置时，此端头长度范围内应具备如同标准段的拦阻与导正车辆功能。

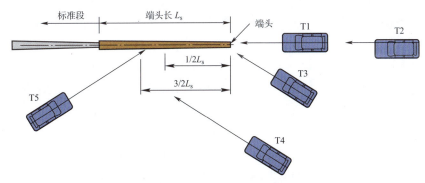

图9　车辆撞击护栏端头的各种可能位置

下面介绍一下设置吸能式端头需要注意的要点。

1.外展式比未外展式端头更符合路侧安全设计理念

具有吸能机制（Mechanism of Energy Absorption）的波形梁钢板护栏端头，于端头整个长度范围内，布设方式可分为未外展式和外展式两大类。

未外展式端头（Non-Flared End Terminal）指护栏端头仅为沿道路平面线形护栏标准段设计长度的延伸段，未向外展开，如图10a）所示；外展式端头（Flared End Terminal）则是端头部分根据空间允许条件而向路侧展开，如图10b）所示。

一般而言，外展式端头比未外展式端头更符合路侧安全设计的理念，因为在所有条件均相同的前提下，外展式端头被车辆撞击的可能性明显比未外展式端头低，不过需要注意，具有吸能机制的端头是否可外展布设与端头旁路侧空间是否受限制直接相关。

a) 未外展吸能式端头

b) 外展吸能式端头

图10 未外展吸能式端头和外展吸能式端头

2.根据实际情况选择端头吸能机制的运作方式

波形梁钢板护栏端头处，针对安全性的设计考虑重点包括吸能机制的运作方式和方向导正性（简称导向性，Redirective）。波形梁钢板护栏端头处的吸能机制指端头承受正撞（T1）、偏撞（T2）、角撞（T3）时，护栏端头如何利用能量转换原理达到吸收车辆撞击能的目的。护栏端头实际吸收车辆撞击能的比例越高，代表车辆本身必须吸收的能量越小，则车辆与乘员受伤害程度越小。端头导向性则是指当发生侧撞（T4）情况时，其导向功能是否与护栏标准段相同。

道路交通工程实务上，波形梁钢板护栏端头吸能机制的运作方式可分为可进入门户系统（Gating System）和不可进入门户系统（Non-Gating System）两大类。英文中"Gate"原意是可进入的门户，波形梁钢板护栏端头即有"门户"之意，因此Gating指此护栏端头可为撞击车辆的门户，不进入最好，进入影响也不大。可进入门户护栏端头（Gating End Terminal）可因车辆撞击而本身钢板横梁弯折、立柱弯曲，甚至将撞击车辆完整包覆住，间接达到吸收车辆撞击能的目的，车辆则因速度合理减小而可停止在护栏端头长度范围内或其邻近位置，如图11所示。

护栏端头旁的路侧如无车辆可停车的空间，此时应选用不可进入门户护栏端头（Non-Gating End Terminal），车辆一旦正撞或小角度撞击端头，端头部分的吸能机制可直接吸收车辆的撞击能，促使车辆完全停下，不会"侵入"此端头结构中，如图12所示。

图13为这两种吸能机制与导向功能共同考虑时的分类。具导向性的波形梁钢板护栏端头可采用可进入门户或不可进入门户系统；如不具备导向功能的，则仅能选用可进入

门户系统。

图11 典型的可进入门户护栏端头

图12 典型的不可进入门户护栏端头

3.吸能式波形梁钢板护栏端头吸能效果与三个关键点有关

用于波形梁钢板护栏系统端头的吸能式产品有多种，最大差别在于消能方式（Method of Dissipating Energy）不同。其中消能指消散或吸收车辆撞击能（Impact Energy），车辆撞击能的主要来源是车辆（含乘员）质量及其撞击速度。

车辆及护栏端头均是可变形体（Deformable Body），且车辆撞击后会往前冲撞形成一道轨迹，一旦发生车辆撞击波形梁钢板护栏事故时，车体本身损伤、破坏，波形梁钢板护栏以及车身摩擦地面等一些其他不可控变异数均可吸收部分撞击能，而其中如果波形梁钢板护栏吸收车

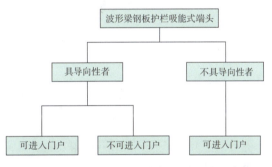
图13 波形梁钢板护栏吸能式端头的分类体系

辆撞击能的效果越佳，对车辆（含乘员）的危害越小。攸关吸能式波形梁钢板护栏端头吸能效果好坏的关键在于以下几点：

端头部分的立柱弯曲、变形、弯折。凡吸能式端头处的立柱通常为可吸附撞击能、遇撞而弯折的型式（Breakaway Type），尤其是可进入门户系统的立柱都是如此。如图14所示槽沟吸能式端头（SRT, Slotted Rail Terminal）为典型的例子，此为不具导向性可进入门户系统（Non-Redirective，Gating End Terminal）。当车辆撞击（T1、T2、T3）此护栏端头时，第一根立柱会弯折，原受力斜拉钢索立即松弛，因此，端头处横梁的抗拉强度便可瞬间释放。

端头处钢板横梁遇车辆撞击时，因挫屈而向路外弯折，车辆继续往前撞击数根可弯折的吸能式立柱，最后可能停止在护栏端头长度范围内或其邻近区域。

车辆撞击护栏端头处的撞击板（Impact Plate），其后方为经由特殊设计的挤拉室（Extrude Chamber）。撞击板的主要目的在于大面积承受车辆正面或小角度撞击，同时避免车辆被穿刺，如图15所示。

图14　槽沟吸能式端头　　　　　　　　　图15　典型的撞击板

图16为钢板横梁被挤压拉伸而向路侧外展开的示意图，原为"W"形断面的钢板横梁经由挤拉室被挤压拉伸成扁平状，此为吸收撞击能的有效方法。

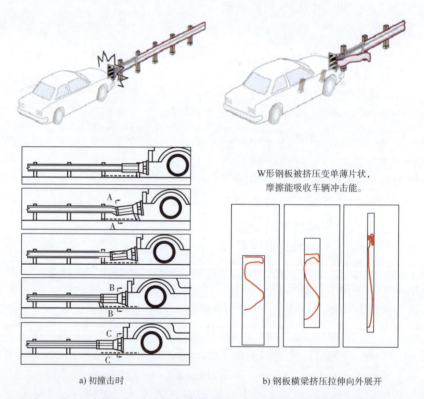

a) 初撞击时　　　　　　　　　　　b) 钢板横梁挤压拉伸向外展开

图16　端头处车辆撞击，钢板横梁被挤压拉伸示意（图片来自美国联邦公路局）

上述利用特殊设计的挤拉室挤压拉伸迫使波形梁钢板护栏横断面变形只是消散车辆撞击能诸多方法之一。图17为利用特殊设计的端头，车辆一旦撞击护栏端头，波形梁钢板横梁将由挤拉室挤压，然后随着撞击板往前移动，被挤压变成扁平状的横梁再往前方下钻至车辆下方。但此种吸能式护栏端头在工程实例中较不获青睐，主要原因在于当车辆斜向撞击端头前方高凸于地面的金属基座时，可能造成车辆弹跳，致使车辆轨迹难以掌控，甚至根本不会撞击端头处的冲击板，失去吸能式端头原本的设计功能。

图17 波形梁钢板横梁挤压下钻式端头（图片来自美国联邦公路局）

道路工程建设中，波形梁钢板护栏吸能式端头的产品极多，但基本设计原理类似，都是借助前述三项消能来源，即考虑立柱、横梁与端头处的特殊设计来达到吸收车辆撞击能的效果。其中被挤压而呈扁平状的钢板横梁必须保证往护栏外侧展开，以避免无谓的二次伤害。此外，吸能式端头与波形梁钢板护栏标准段相同，也应经过一系列实车撞击试验（FSCT），得到道路主管机关认可的耐撞等级证明，例如TL-2、TL-3等，才可用于道路工程实务设计中。

三、护栏端头前端的外置式吸能设施

前述的波形梁钢板护栏端头吸能机制完全在端头长度范围内完成，但很多情况下，例如主线、匝道出口处，不可能布设吸能式护栏端头，故吸能机制无法发挥，因此，只能在护栏端头前端另行布设"外置式"吸能设施，最常见的是具吸能作用的碰撞防护设施（碰撞缓冲设施，Impact Attenuator）或防撞垫（Crash Cushion）。与波形梁钢板护栏吸能式端头类似，护栏前端的"外置式"吸能设施也可分为"可进入门户"与"不可进入门户"两大系统。

图18a）为可进入门户不具导向功能护栏前端吸能设施，车辆可能因撞击而陷入装填细砂的桶状物长度范围内某一深度中，并因此停止。为避免桶状物被撞击后四处飞散，甚至衍生二次伤害，桶状物应利用细钢索圈绕固定。图18b）为可进入门户具导向功能的护栏前端吸能设施。当车辆撞击吸能设施前端时，吸能桶可依序变形缓冲车辆撞击能；当车辆撞击吸能设施侧面时，吸能桶旁侧可发挥导正车辆行车方向的功能。

a) 可进入门户不具导向功能　　　　　　　　b) 可进入门户具导向功能

图18 典型的可进入门户不具导向功能和具导向功能护栏前端吸能设施

图19为典型的不可进入门户具导向功能护栏前端吸能设施，桶状排列物不会被车辆侵入，但具有导正撞击车辆的功能。

图19　典型的不可进入门户具导向功能护栏前端吸能设施

上述桶装排列都有其既定安装规范与特殊材质要求，且须通过一系列实车撞击试验，才可用在道路设计中。例如图18b）与图19所示都是符合美国联邦高速公路总署认证标准，允许使用的MASH TL-3吸能设施。

在高、快速路的三角区（尖角区，Gore Area），主线及匝道出口紧邻区域，波形梁钢板护栏通常连续布设，吸能式护栏端头无法安置，此处可考虑布设"外置式"碰撞防护设施。但需要注意，三角区同时也是车辆在紧急情况下可利用的回复区（Recovery Area），碰撞防护设施的安装绝不可妨碍回复区正常功能。

外置式撞击吸能设施要达到真正吸能缓冲的目的，有两点不可忽视：正撞、小角度偏撞时，吸能设施可变形内缩；车辆侧向撞击防护设施时，该防护设施也应具备导向功能，且设施后端的宽度须大于或等于固定障碍物。

图20为典型的错误例，由于防护设施后端宽度不足，撞击车辆侧撞而导向的过程中将直接撞及固定障碍物，其结果有如车辆直接正面撞击固定障碍物。

图21为另一错误例，装设撞击吸能设施后，导致停止线（Stop Line）反而必须更后退，停止线与人行横道距离太远。

图20　碰撞防护设施后端宽度不足

图21　碰撞防护设施导致停止线后退

扫一扫查看原文

本文提到的"外置式"撞击吸能设施可同时适用于波形梁钢板护栏与混凝土护栏的端点处，但是布设准则与合适设施的选择应因地制宜。

大雾天气如何保障道路交通安全，
看美国有哪些经验

梁康之　公安部道路交通安全研究中心特约专家
　　　　美国资深交通工程师

一、大雾天气对道路交通安全影响密切

　　大雾、强降水、风雪、灰尘等气候原因导致能见度降低、视距不足，使驾驶人不能对前方车辆的运行和道路的物理特征做出正确判断，进而使车辆行驶速度急剧变化，大大增加了道路交通事故发生的风险。美国每年在雾及其他低能见度环境条件下发生的道路交通事故为3.8万多起，共造成600多人死亡、16300多人受伤。早在20世纪70年代，英国就研究了雾对道路交通安全的影响，结果显示，在雾的环境条件下，即使车流量减少20%，行车事故总数仍增加了16%。

　　当雾袭来时，能见度会迅速地降低使驾驶条件恶化。在雾中，驾驶人视线对比度会降低，并有失真感，导致车辆间距缩小、车速降低，进而造成驾驶人判断错误，直接影响道路交通安全。2003年5月，在美国68号洲际公路穿越马里兰州大野人山（Big Savage Mountain）路段，因大雾导致一起80余辆车相撞的道路交通事故，造成2人死亡。再例如，西弗吉尼亚州地处美国中东部的山区和丘陵地带，雾对道路交通影响较大，一年中由于起雾所造成的道路交通事故约占当地事故总数的1.3%。

二、交通管理部门更需了解雾的相关信息

　　根据国际通用定义，当大气中悬浮的水汽凝结，能见度低于1km时，气象学称这种天气现象为雾（Fog），超过1km的称为轻雾霭（Mist）。当水汽充足、微风及大气层稳定，气温达到露点温度（或接近露点），相对湿度达到100%时，空气中的水汽便会凝结成细微水滴悬浮于空中，使地面水平能见度下降。根据凝结条件不同，雾可分为辐射雾、平流雾、混合雾、蒸发雾、烟雾。

　　雾出现的季节因各地地理条件差异而不尽相同。气象部门会根据气象统计的累计数据，测算出一年中容易出现雾的季节与天数。交通管理部门更需要了解雾发生、持续的时间，能见度等对交通运输影响的程度，如何预测大雾及其影响范围，以及如何向驾驶人发出及时警告、调整交通控制方式等，来将自然灾害对交通的影响程度降到最低。

　　美国西弗吉尼亚州立大学在一份研究报告中统计了一年中高速公路各段落雾出现的天数以及大雾使能见度降低，影响道路交通运行的天数。图1显示了一些地区在一年中每个月发生雾的天数和能见度低于400m的天数。

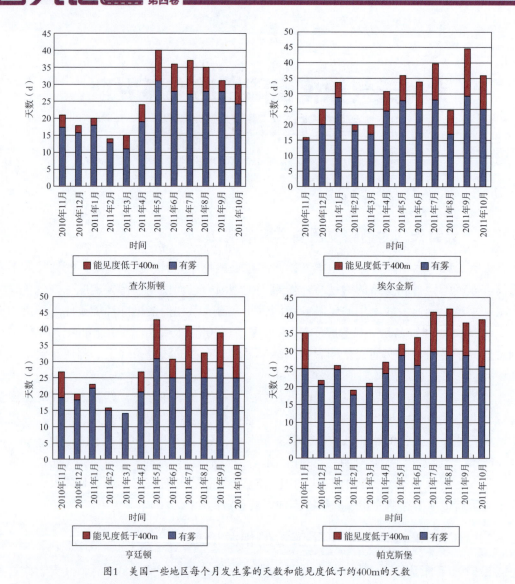

图1 美国一些地区每个月发生雾的天数和能见度低于约400m的天数

三、降低雾对道路交通影响的方法

雾的预测以及如何降低雾对道路交通的影响是气象和交通管理部门一直在探索的课题。随着现代科技的发展，对雾的预测和监测使用了大气卫星、高空气球、地面监测站等科技手段。对可能产生雾的地区不同高度大气环境的温度、湿度、风速风向、地面土壤、周边植被以及地理环境等数据进行搜集和跟踪分析，并将采集的数据通过数学模型计算得出对雾的预测，再根据预测的雾的浓度（能见度）对交通的影响，对道路采取不同的控制模式。

西弗吉尼亚州利用卫星图像追踪云层变化和走向，对已发生的大雾进行监测。并利用地面监测站观测道路周边环境，记录相关数据，包括：大气稳定和不稳定层的位置、强度，空气温度和露点趋势，不同高度的空气密度、强度，湿度，风速和风向，空气提升或下沉运动的可能性，云层的形状和运动趋势等。并运用美国联合包裹服务UPS航空公司的数据采集方法和数学模型，即测量接近地表面层空气中不同高度的湿度或含水率的垂直分布，对不同高度层的大气温度和湿度进行分析，根据露点温度的日间变化来推断绝对湿度的垂直变化，湿度随高度而增加则有利于雾的生成，进而对能见度低于400m的大雾作出预报。

美国联邦公路管理局主导设置的环境传感站（ESS）和道路天气信息系统（RWIS）对雾进行实时观测（图2），在雾出现时及时发出警告，同时可精确测量道路的能见度，得到现场实际能见度的距离，从而使用更准确的交通控制模式。美国的研究人员还在探讨是否能够利用现有道路视频监控设备，对道路可视距离进行实时观测，以便及时发现道路上突然出现雾团等情况。

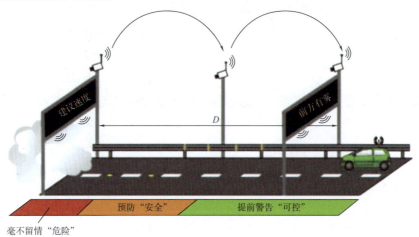

图2　综合监测系统

在实际工作中发现，由于雾发生的区域往往较小，相距较远的环境传感站和道路天气信息系统不能及时发现道路上的雾团。而能见度传感器的价格较高，连续密集的安装需要大量投资。因此，美国的一些研究机构也在探讨如何提高对小区域雾的监测精度，并降低监测设施的成本。佛罗里达大学的研究人员提出使用价格较低的气象传感器及相关设施组成雾监测站（FMS），测量不同高度的空气数据和土壤数据，利用雾的生成原理和数学模型，预测出雾的发生和视线距离，同时利用视频监测手段，进一步确认计算结果。这样一来造价大幅降低，监测站的间隔可缩短为400m。图3展示了监测站的序列，中间1km处安装有视频监控、能见度传感器、气象传感器通信设施等，每间隔400m安装气象传感器站和通信设备，为进一步节省造价，间隔800m安装风速风向传感器。该设施安装测试后获得了良好效果。

根据美国国家运输安全委员会关于提高雾区行车的安全建议，每个综合监测系统（如ESS、RWIS、FMS等）都应包括交通流量检测器和能见度传感器，当天气发生变化能见度降低，或因天气变化导致车速减慢时，自动开启相关的交通控制设施。实时监测交通流量和车辆运行特征是雾警报和监测系统中的关键要素。在恶劣天气条件下，车辆实时运行速度是获取交通流特性的最重要数据，连续车辆的速度变化曲线可能正是路面能见度降低和驾驶条件变化的迹象，监测系统应及时向已在雾区或接近雾区的驾驶人发出适当的信息，以降低事故发生的可能性。

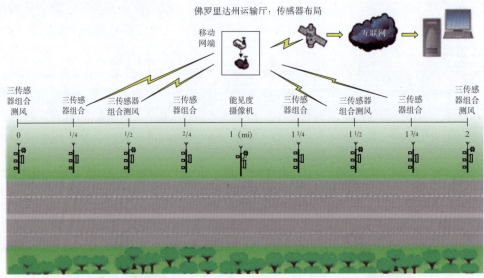

图3　价格较低的气象传感器及相关设施组成雾监测站（FMS）

四、雾区交通控制的措施

1.固定的警告标志与辅助设施

固定的警告标志与辅助设施，如轮廓标杆、反光道钉、反光标线等，可警告驾驶人前方道路可能受到大雾影响，并能在雾中引导和指示驾驶人行驶。美国《统一交通控制设施手册》（MUTCD）中雾的警告标志是警告驾驶人前方是雾区（图4），能见度有可能降低，驾驶人应有所准备，注意前方天气、道路和交通运行情况。

图4　美国《统一交通控制设施手册》标准的雾区警告标志

在有可能发生雾的区域，可沿道路安装柔性引导杆（图5）。有雾时，引导杆能引导并隔离车辆运行，也可以帮助驾驶人识别与前方车辆的距离。反光道钉和反光效果明显的标线，也能起到同样效果。

图5　柔性引导杆

2.智能控制系统（ITS）

智能控制系统（ITS）包括可变信息标志、可变速度控制，以及提供警告信息或建议速度、限制速度信息和发出指令的主动控制系统。主动控制系统可对驾驶人发出警告、降低车辆行驶速度以及关闭道路。

交通管理部门依据道路等级、所处地理环境和车流特点等因素，决定安全合理的行车速度。以亚拉巴马州10号州际公路为例，大致可分为以下几种速度类别：

视距大于275m，警告，注意驾驶；视距在200m和275m之间，行车速度为88km/h；视距在135m和200m之间，行车速度为72km/h；视距在85m和135m之间，行车速度为56km/h；视距小于85m，关闭道路。

在监测到雾发生，并测量到雾中的视距令车辆无法以正常速度行驶时，ITS系统将自动开启对雾区段道路的实时控制。

多年来，各国都在不断探索、积极控制雾发生时的车辆运行，以求用较少的成本获得道路交通的安全与通畅。例如，美国68号州际公路位于马里兰州大野人山的区段，地处山区远离城市，车流量较少，在2003年发生连环碰撞事故后，安装了警告标志和黄色闪灯警告设施（图6）。当监测到雾时，黄色闪灯亮起，警告驾驶人前方视距降低，注意控制车速。

1990年，75号州际公路位于田纳西州接近乔治亚州的区段曾发生99辆车连环相撞的事故，事故发生时的视距仅3m。该区段地处平原，连接中等规模的城镇，车流量较大。田纳西州交通厅沿着经常有雾发生的30km路段，安装了监测和交通控制设施。在雾发生时，监测设施监测视距变化，进而发出警告并控制车辆在53~88km/h的速度行驶，在路面能见度下降到无法安全行驶时关闭洲际公路。

图6 马里兰州大野人山区段的警告标志和黄色闪灯警告设施

扫一扫查看原文

当可变限速标志上的黄灯闪烁时,驾驶人应遵守限速行驶;当横杆上的红色闪灯开启时,道路关闭,驾驶人不得进入公路。2011年10月1日—2012年3月31日,该系统根据雾发生时的道路状况启动了12次降低限速措施;经评估确认后,系统共发出两次关闭州际公路的指令。在同一时期,该系统还因其他事件向驾驶人提供34次警报。

第三篇

事故调查与安全防护

吉林扶余"10·4"重大事故发生后值得探讨的几个问题

官 阳　公安部道路交通安全研究中心特约专家
　　　　3M交通安全系统部首席交通安全教育与政策联络官

2020年,吉林扶余10·4重大交通事故发生后,部分地区农民在秋收期间的出行问题引发了社会各界的关注。媒体报道提到,为了保障农民秋收的客观出行需求,当地相关部门已经组织农民使用预约客运专车的方式出行,并加强了对农用车、载货汽车非法载人的监管。这些措施在一定程度上应该可以缓解当前农民秋收出行的压力,但从道路安全管理的角度来看,还有很多重要任务需要去完成,特别是要从事故中发现问题,并找到解决问题的方法,尽可能减少事故的再次发生。截至发稿,事故具体调查还在继续,但我们至少可以理出一些问题点和方向,进一步挖掘并研究改善对策,在下文中具体分析。

一、危险时段行车,车身显著性问题尤为重要

事故发生在清晨5:40,事发时,自西向东行驶的小型普通载货汽车撞至前方同向行驶的农用四轮拖拉机尾部后驶入对向车道,与对面行驶的轻型普通载货汽车相撞,导致18人死亡,其中包括被撞轻型普通载货汽车上16人全部死亡。是什么原因导致小型载货汽车驾驶人没有及时发现拖拉机造成事故?截至发稿,是否存在疲劳或鲁莽驾驶等情况尚无结论,这里也不做探讨。

不过从事故时间、行车方向来分析,存在一些与安全技术常识相一致的地方,就是黎明和黄昏的时间段,都是公认的交通出行高危时间段,两个时间段的交通事故率远高于白昼大部分时间,主要因为两个时段视认困难,或逆光或昏暗,车辆和道路环境的对比度都不佳。这种视认条件下,车身显著性更为重要。这起事故的诱发,有没有农用拖拉机尾部特征不明导致小型载货汽车发现不及时的问题?

关于车身显著性问题,我国早就开始提倡"亮尾",但因为农用车辆成本和农民教育资源问题,这方面依旧有很大的提升空间。此外,目前普遍使用的"红白条"反光标识,在对抗白天不良视认环境的问题上,远不及目前校车使用的荧光黄绿色反光贴的视认距离,因为荧光色反光材料可以将太阳光中的不可见光波长改为可见波长,增强色彩在白天的显著性,大幅度提高白天视认困难时段的发现距离。相比于其他安全措施而言,这种办法应该是成本最低的措施之一,可以有效降低车辆被追尾的风险。

下面分享几张国外的农用机械和轻型载货汽车尾部照片,体会一下其中的安全道理。图1中的雪佛龙尾部标识用于在道路上行驶的车辆,能在各种视认环境中增加车辆被发现的距离。

a) 皮卡车尾的荧光黄绿色雪佛龙标识　　　　　b) 拖车尾部的雪佛龙标识

图1　不同车辆尾部的雪佛龙标识

国际上通用的农用机械尾部安全作业标识是荧光橙色三角牌，橙色代表作业，三角传递的是警示寓意。图2为根据车身或机械的自身条件，不同的安装位置示意。

图2　安装在不同位置的荧光橙色三角牌

二、道路的速度控制需根据具体环境灵活调整

（一）靠近村镇的主干道应结合实际考虑运用交通静化措施降低车速

下面再从事故地点来分析，事故发生路段是介于村庄和耕地之间联络路段的一部分，虽然是省道，但也是农民出门下田的必经路段。这样的位置由于靠近村庄，出行需求多样而活跃，按照国际上交通工程界普遍接受的安全做法，从驯服交通流的角度，应该配置有效的交通静化措施抑制车速，尽量分割不同速度的交通流，采取能确保安全视距和足以改变驾驶人用路行为的警示措施。

根据相关报道，这里的交通安全设施相对完善，主路段限速70km/h，有区间测速等管理措施。不过因为调查还在进行，事故车辆是否超速，目前不得而知。但从安全角度，有一个问题至少值得思考和探讨：如果途经这个路段的小型载货汽车车速低于30km/h，事故后果严重程度是否会有不同？

我国在国省道上有工程技术标准，设计速度有门槛，但在使用上，往往缺乏灵活性，这与对设计速度和运行速度的理解差异有关。设计速度是工程设计需要的锚定值，根据这个速度来进行工程条件设定，但在使用道路时，应该根据具体的道路环境等条件进行灵活调整。恰恰在这个方面，我们遇到了不少的问题，特别是国省道这类主干道上能不能运用交通静化措施降低车速，目前在相关的各种规范里鲜有提及，这也是一个值得研究和探讨的领域。

（二）英美等国在主干道采取交通静化措施限制车速的相关经验

从国际上的经验看，欧美多地都有根据道路使用条件，在主干道上采取交通静化措施，限制车速的做法，并且都出台了相应的技术规范。英国交通部2004年颁布了《主干道交通静化措施实践指南》（*Traffic Calming on Trunk Roads——A Practical Guide*）；美国2009年发布了《穿越乡村社区的干线公路上的交通静化措施》（*Traffic Calming on Main Roads Through Rural Communities*）。这些文件都对一系列的交通静化和限速措施进行了方法介绍和效果评估，其中普遍将车速降到了20mi/h（约合32km/h）以内。在这些文件中，英国提到了一组关于速度与事故关系的统计分析结论（表1），并得出主干道交通静化措施的应用，可以降低车速，理顺交通流，有效减少伤害型事故发生的结论。这一分析是根据研究56个村庄在1992年到1997年之间主干道上交通静化措施和事故情况后得出的，发现对道路上主要车速类型（v_{85}车速）有效降低的幅度，与事故减少有直接关系。总的来说，主要车速每降低1mi/h（约合1.6km/h），就可以减少5%的伤害型交通事故，减少10%的死亡或重伤事故。

速度与事故的关系　　　　表1

v_{85}车速降低与事故减少幅度的关系			
速度降幅（mi/h）	事故数量变化率（%）	速度降幅（mi/h）	事故数量变化率（%）
0~2	-10	5~6	-32
3~4	-14	≥7	-47

上述发现很有参考意义，特别是对我国很多地区穿越高密度人居环境的主干道车速管理有很大借鉴价值。我国农村地区很多村镇的人口规模都等同于国外很多地方的城镇规模，如果片面沿用郊区甚至农村公路环境进行速度管理和安全设计，出现恶性事故的概率自然会提高很多。所以，即使是国省道，如果会靠近农村地区的村镇，无论是在附近绕行、接入或穿越，都应该按照高密度人居环境进行速度管理和道路断面调整，迫使车辆以不超过20mi/h（约合32km/h）的速度通过，因为这个速度下，驾驶人避让突发危险的能力会显著提高，事故率和伤亡率都有大幅度下降。

新城市主义设计风格也坚持在有行人和环境复杂的路段使用20mi/h（约合32km/h）为设计车速值，因为在这个速度下，驾驶人可以更及时地避让突发危险，30km/h时即使出现事故，其伤亡率也只有65km/h时的约1/6。

为了限制速度，很多时候不是仅依靠处罚可以实现效果的，更多的是"自诠释"措施，就是使用工程手段，迫使驾驶人选择更低的车速。在这方面，有很多案例，图3中都是公路进入村镇区域时采取的强制限制速度措施。

除了上述两个技术点值得我们去进一步挖掘和研究具体实施办法外，还有一个领域也需要更深入思考，就是如何面向广大农村地区进行交通安全教育，无论是对行政管理和专业人员还是老百姓，从使用道路的方式、安全法规和自我保护机能等角度来说，还有很多方面需要研究和拓展。18个生命已经逝去，留给我们的不应该仅是震惊，更应该让我们全面审视、反思，并在可以提升安全的各方面努力。关于人、车、路，无论是专业人士还是普通百姓，我们都有很多功课可以去做，这样才能告慰那些逝者，服务人民。

a) 强行压缩车道宽度让车辆意识到前方道路环境复杂，需降低车速

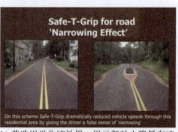
b) 营造视觉收缩效果，提示驾驶人降低车速

c) 速度缓冲垫，强行限制速度

d) 利用弹性设施，提示前方道路环境发生变化

图3　当公路进入村镇区域时采取的强制限制速度措施

进行交通事故调查时应加强事故车辆调查

柴智勇　中国汽车技术研究中心有限公司研究员级高级工程师

据公安部统计，截至2019年6月，全国机动车保有量达3.4亿辆，其中汽车2.5亿辆。近年全国道路交通安全事故起数和死亡人数虽然连年呈"双下降"趋势，但总量仍不容小视。道路交通事故三要素主要为"人、车、路"，其中，"人"的违法行为是导致交通事故的主要原因，但近些年事故调查中发现因车辆本身导致的交通事故反映了车辆生产制造、安全管理等环节也存在问题，因此对于车辆自身的调查同样是事故调查的重要组成部分。

一、从一起交通事故调查看如何调查事故车辆

目前，有一些事故的调查结论相对比较全面，除了理清驾驶人、车辆安全技术检验单位的相关责任外，还客观地对汽车生产企业进行了责任追究，比如2019年在河北省定州市庞村镇发生的"2·17"较大道路交通事故，调查结论就相对全面。

1.事故概况

2019年2月17日上午9：16，一辆中型客运班车由定州市砖路镇西潘村出发，途经王村集市，因频繁使用制动，制动力下降明显，与一辆厢式载货汽车发生追尾，后又驶出

王村集市。10：23，该车行驶至庞村镇西坂村村北牌坊时，因行驶路段为下坡，车辆驾驶人采取制动发现制动系统失效（距事发现场122m），并紧急采取降挡利用发动机制动，但车速未明显降低，撞向十字路口西南侧的烟花爆竹临售点三轮车，碰撞后车辆继续前行，与对向行驶的三菱越野车相撞。该起事故共造成5人死亡、3人受伤，直接经济损失187.5万元（图1）。

2. 参与事故调查，进行车辆质量鉴定

2019年2月19日，河北省政府成立了由省应急管理厅牵头，省公安厅、省交通运输厅、省总工会和定州市人民政府等成员单位组成的"定州市庞村镇'2·17'较大道路交通事故调查组"，笔者受邀参加了此次事故调查。

经查，肇事车辆为定州至西潘班线中型营运客车，系保定某客车制造有限公司生产，车辆型号C6608BFC2G3，车辆类型为中型普通客车，核载人数19人（事发时实载17人），出厂日期为2012年3月31日，初次登记日期为2012年9月29日，检验有效期至2019年9月30日。

图1　河北省定州市庞村镇"2·17"较大道路交通事故现场

根据河北省公安厅刑侦总队技术支队物证鉴定中心进行的毒驾检验、河北省医科大学法医鉴定中心进行的酒精检测和公安机关的侦查，排除了肇事车辆驾驶人的毒驾因素、酒驾因素和主观故意因素。

排除上述因素后，笔者与同事受调查组委托对肇事车辆进行鉴定。在对肇事车辆制动系统进行测试时发现，肇事车辆现有状态下制动系统一直无法建立有效的工作压力，制动管路中由压缩机至储气筒的一段制动硬管有明显破损痕迹（图2、图3），气压由此发生泄漏。上述发生泄漏的制动硬管仅由单一支架固定，并且固定该泄漏制动硬管的支架已从车架右侧纵梁脱落，制动硬管受重力作用向下发生位移，与排气管消音器接触、摩擦并破损。

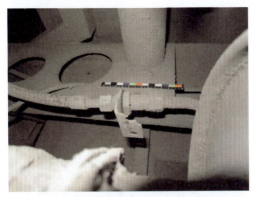

图2　仅由单一支架固定的破损制动硬管

图3　发生破损的制动硬管

为明确故障原因，我们使用替换试验法，将破损的制动硬管用正常管路进行替换后再次测试，发现在此状态下制动系统可以建立有效的工作压力。随着踩踏制动踏板，发现制动总阀、制动管路系统、储气筒、制动分室等制动系统零部件均可运行并完成制动动作，并且在测试及保压过程中均未发现制动系统管路和各零部件存在其他漏气失效情况（图4、图5）。上述情况充分说明肇事车辆制动失效为制动硬管破损、气压泄漏导致。

 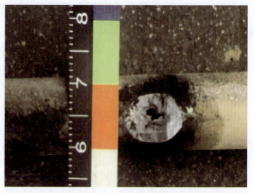

图4 制动硬管破损后经摩擦形成孔洞　　　　图5 破损孔洞直径测量

那么，制动硬管为何会发生破损呢？是否与不正确的制动硬管支架安装方式或支架本身损坏等因素有关？我们继续开展进一步的调查鉴定。在对制动硬管支架检验过程中发现，制动硬管支架预留有两个固定螺栓装配孔，但其实际装配方式并未使用固定螺栓与车架右侧纵梁进行连接固定，而是通过焊接方式与车架右侧纵梁进行连接固定，且制动硬管支架与车架右侧纵梁的接触面仅在其中一侧固定孔区域存在局部点焊痕迹，其余位置均未发现焊接痕迹，制动硬管支架已沿点焊区域开裂、损坏（图6）。

使用扫描电子显微镜对肇事车辆制动硬管支架的焊接区域进行微观形貌检验，发现制动硬管支架点焊区域

图6 开裂、破损的制动硬管支架

的断口表面锈蚀严重，局部区域可见明显焊接气孔存在（图7、图8）。

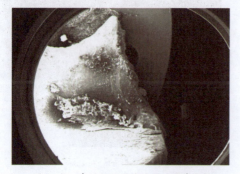 

图7 断口表面锈蚀严重的制动硬管支架　　　　图8 制动硬管支架断口表面实拍

使用金相显微镜对肇事车辆制动硬管支架的焊接区域进行金相组织检验,发现制动硬管支架焊接区域金相组织无明显异常,但局部区域可见细小夹渣,母材与焊缝结合区域局部存在未融合情况(图9)。

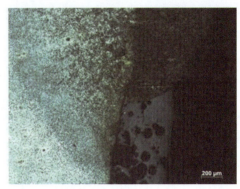

图9　金相显微镜下的制动硬管支架焊接区域

3.形成鉴定意见,车辆存在质量问题

显然,肇事车辆存在产品质量问题:制动硬管固定方式存在安全隐患,制动硬管支架未按企业生产文件SC6608BF系列车型《硬管支架焊接作业指导书》规定的工艺规程要求对支架"前后进行两面满焊",且不满足该工艺规程中"焊缝不允许出现裂纹、咬边、气孔、未融合等焊接缺陷"的要求,导致制动硬管支架与车架右侧纵梁固定不牢,在车辆长期运行、使用过程中从车架右侧纵梁脱落,制动硬管受重力作用向下发生位移,与排气管消音器接触、摩擦,造成破损,泄压后制动系统无法继续建立有效的工作压力,最终导致车辆制动失效,发生道路交通事故。

二、车辆生产企业受到追责

通过较为详尽全面的交通事故调查,我们查明了车辆本身存在较为严重的质量问题,为追责车辆生产企业等相关责任单位提供了依据。2019年9月9日,河北省应急管理厅在其网站上发布《定州市庞村镇"2·17"较大道路交通事故调查报告》,公布事故原因并对相关责任单位及责任人进行了处罚,相关内容如下:

(1)保定某客车制造有限公司:在2012年3月生产SC6608BF系列车型汽车过程中,操作工未按SC6608BF系列车型《硬管支架焊接作业指导书》规定生产,三通支架固定中存在焊接质量不达标,焊接质量检验不认真;总装车间质量检验把关不严,导致该公司生产的肇事客车(冀FF1412)存在制动方面的缺陷,对事故发生负有责任,依据《中华人民共和国安全生产法》第一百零九条第(二)项,建议由定州应急管理局对其处以69万元罚款。

(2)王某某:男,汉族,中共党员,保定某客车制造有限公司原总装车间质量员,现为该公司采购部工程师。未认真监督操作人员执行SC66088BF系列车型《硬管支架焊接作业指导书》工艺纪律要求,导致事故车辆存在焊接质量问题,负有直接责任,建议给予其党内警告处分。

（3）甄某某：男，汉族，中共党员，保定某客车制造有限公司原客车分厂总装车间副主任，现总装车间专家。未认真落实SC66088BF系列车型《硬管支架焊接作业指导书》硬管焊接工艺质量要求，导致事故车辆存在焊接质量问题，负有主要领导责任，由保定某客车制造有限公司对其批评教育。

（4）于某：原客车分厂总装车间合车班制动硬管焊接工。没有按照SC6608BF系列车型《硬管支架焊接作业指导书》规定作业，对事故车辆存在焊接质量问题负有直接责任，建议由定州市司法机关依法处理。

自《道路交通事故深度调查工作规范（试行）》实施以来，公安部部署各地公安机关交通管理部门持续推进道路交通事故深度调查，对发生较大（一次死亡3~9人）及以上的道路交通事故以及造成其他严重后果或者存在严重安全问题的道路交通事故，深入调查事故暴露的人、车、路、环境、管理等交通安全因素和环节中存在的主要问题，及时报告政府、通报主管部门，采取刑事处罚、行政处罚、约谈整改、警示曝光等措施，推动履行交通安全属地责任、监管责任、主体责任，倒逼整改安全隐患。

扫一扫查看原文

不应忽视在道路交通事故深度调查过程中发现的由于汽车产品质量问题导致交通事故发生的案件。对于交通事故个案反映出来的产品批次性、系统性、共性问题，应从"根"追责、一查到底，联合相关部门推动相关行业和企业落实整改，责成整车生产企业改进产品质量，杜绝类似事故再次发生，防患于未然。

在美国如何保障交通事件处置现场的人员安全

梁康之　公安部道路交通安全研究中心特约专家
　　　　美国资深交通工程师

一、交通事件管理不当严重危害响应者和道路使用者的安全

根据美国的相关统计可以看到，交通事件对响应者和道路使用者的安全影响很大。具体影响可以从以下摘录的数据资料中看出：

（1）美国国家职业安全与健康研究所（National Institute of Occupational Safety and Health，NIOSH）收集的数据显示，在交通事件管理中因车辆撞击致死的各类职工数量呈上升趋势。2005年，有390名职工在交通事件中丧生，占职工死亡总数的7%；2004年这一数据为278人；2000年至2004年年均死亡365人。

（2）美国消防局（United States Fire Administration，USFA）报告称，在1996年至2006年10年中，车辆碰撞事故夺去了227名消防员的生命，占死亡总数的20%，另有52名消防员被撞。2003年，因车辆碰撞致死的消防员人数急剧上升，占死亡总数的35%，其

中34人在车辆与车辆碰撞中死亡,5人被车辆碰撞而丧生。2005年共有115名消防员在交通事件管理中丧生,其中22%(25人)的死亡是车辆碰撞造成;2006年,因车辆碰撞丧生的消防人员为22人,占当年死亡总数的21%。

(3)美国全国交通事件管理会议提供的信息表明,二次碰撞占所有碰撞事故的20%以上。美国交通部(United States Department of Transportation,USDOT)估计,州际公路上发生的死亡有18%是二次事故造成的。总体调查结果显示,交通事件管理(Traffic Incident Management,TIM)各个方面的改善,特别在缩减事件持续时间和减少响应者在道路上的暴露作业,降低了二次碰撞的可能性。

那么,如何才能减少交通事件对响应者和道路使用者安全的影响,保障响应者和道路使用者的安全呢?下面我们来介绍美国保障响应者和道路使用者安全的几种手段。

二、做好交通事件管理保证人员安全的关键

《统一交通控制设施手册》(*Manual on Uniform Traffic Control Devices*,MUTCD)对交通事件管理中车辆布局和应急照明的主要目标定义如下:交通事件管理工作(包括消防、救援、泄漏清理、公路机构和执法)的一个重要部分是通过交通事件管理区域对道路使用者进行适当控制,以保护事件发生地的应急人员、受害者和其他人员,同时提供合理安全的交通疏导。

参与交通事件管理活动和事件响应的所有合作部门都关心响应者和道路使用者的安全,同时还要安全、快速地清除事件。应该如何完成交通管理(Traffic Management)和车辆防护停放等是事故响应中的关键因素。

1.使用防护服提高响应者的安全性

提高响应者安全性的重要因素之一是事件响应者使用高能见度安全服装。美国联邦法要求所有职工在公共道路上作业时,必须使用高能见度安全服装(防护服),如图1所示。

2.科学设置交通事件管理区的关键要素

做好交通管理也是事故响应中的关键因素。美国交通部公路管理局颁布的《统一交通控制设施手册》第6章临时交通控制(Temporary Traffic Control,TTC)中,将交通事故定义为"紧急道路使用者事件,自然灾害,或其他没有计划并影响或阻碍正常车辆运行的事件",并建立了用于管理事件响应工作的架构。

《统一交通控制设施手册》第6(I)章"直通交通事故管理区域的交通控制"中对重大、中等和小型3个级别的交通事故做了如下描述:重大交通事故通常要求关闭全部或部分道路2h以上;中等交通事故通常会影响30min~2h的行车道正常使用;小型交通事故通常持续时间不超过30min,不需要关闭车道或进行区域的交通管制。在进行交通控制时,

图1 高能见度安全服装(防护服)

前两种事件需要完整的交通事件管理执行程序；小型交通事故由执法、拖车和恢复部门，单独或组合的巡逻服务处理。

交通事件管理区（Traffic Incident Management Area，TIMA）是公路的一个区域，其中临时交通控制由指定人员设置，对道路使用者造成的事故、自然灾害、有害物质泄漏或其他意外事故进行处理。交通事件管理区从第一个警告设施（如标志、信号灯或锥桶）延伸到最后一个临时交通控制设施，或者延伸到车辆行驶到发生事件地点之后的正常路段。《统一交通控制设施手册》第6（I）章还给出了交通事件管理区相关尺寸的详细指导建议，但具体设置还取决于道路配置情况、车辆速度和天气条件。

建立符合《统一交通控制设施手册》要求的交通事件管理区的关键要素包括：

（1）预警区域。预警区域是在公路上接近事件区域时设置警告标志，建立预警区域，以便告知道路使用者正在接近事件发生区域。高速公路和快速路上驾驶人处于不间断的流量环境，预警标志放置的距离应该更远；同样，郊外公路上的行驶速度通常较高，第一警告标志的有效放置位置也要较远。此外，预警区警告标志的起点还应考虑行驶速度、天气条件、道路配置和用户期望。预先警告除设置警告标志外，还包括交通管制旗手、车载动态信息标志和锥桶布置，目的是确保道路上的驾驶人获得足够的预先通告。

（2）过渡区域。过渡区域是指锥型渐变过渡区域，引导驾驶人从正常道路行驶到管制区域的过渡地段。《统一交通控制设施手册》中列出了锥型渐变过渡区域所需的长度和多车道过渡渐变的区域。同时，《统一交通控制设施手册》表明，较长的锥型渐变过渡区不一定比较短的更好，特别是在城市区域内小街区的进出口连接区，因为较长的锥型渐变过渡区往往会导致驾驶人操作迟缓，延迟了车道变换。锥型渐变过渡区的长度可在临时交通控制方案生效后观察驾驶人的表现再进行调整。

（3）工作区域。工作区域是在公路进行工作活动的部分，由工作空间、交通空间和缓冲空间组成。工作空间是公路上对道路使用者封闭的部分，留给作业人员、设备和材料；交通空间是道路使用者通过救援活动工作区域的公路部分；缓冲空间是横向和（或）纵向区域，将行驶的车流与工作空间或不安全区域分开，并且为错误驶入的车辆提供一段空间恢复正常行驶。在缓冲空间内不应进行任何工作活动或放置设备、车辆、存储材料。当在高流量、高度拥挤的路段上作业时，可以另行设置事故管理车辆存放点，以便紧急车辆（如拖车）可以快速响应。应注意，紧急车辆存放区域不应延伸到缓冲空间的任何部分。

（4）终止区。终止区标志着事故区域的终点，即车辆能够恢复正常车道行驶和正常行驶速度的位置。

图2中，交通事件管理区从第一个警告标志开始。在放置第一个警告标志时，必须考虑公路上的车辆运行速度，相同距离内行驶速度越快，驾驶人做出决定的时间就越少，因此需要设置更长的预警区域。对于锥型渐变过渡区也是如此，而且当需要关闭2条12ft（约合3.6m）宽的车道时，其长度应该是关闭1条车道时的2倍。

预警标志要放置在锥型渐变过渡区开始点的上游适当地点，并且要设置在道路路肩之外。道路限制速度越高，预警标志放置距离就越远。在车速较慢的道路或城市道路上,预警标志放置距离(单位:ft)为道路限制速度(单位:mi/h)的4~8倍;在城区外公路上,第一个预警标志放置距离为道路限制速度(单位:mi/h)的8~12倍。

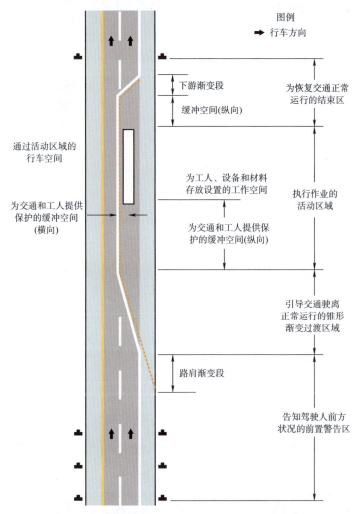

图2 建立符合《统一交通控制设施手册》要求的交通事件管理区

在事件现场使用响应车辆或箭头板等设备时,应放置在路肩和锥型渐变过渡区的开始处。还需特别提示的一点是,锥型渐变过渡区的起点是从路肩开始,而不是在行驶车道上。

3.车辆防护停放有讲究,需"安全定位"

要想更好地保障交通事件响应者和道路使用者安全,做好车辆防护停放也是非常必要的。安全定位是交通事件中车辆防护停放的重要概念,图3显示了安全定位的关键要素:

建立缓冲区时,将车辆与道路成30°角停放,称为抵挡位置。如果该车辆被撞击,与缓冲区的角度可以帮助车辆偏转,否则车辆可能会进入事故现场。这一停车角度符合美国国家消防协会(National Fire Protection Association of the United States,NFPA)的《消防和紧急服务车辆运营培训计划标准》（NFPA1451）关于保护紧急救援人员的指导原则，并能更好地展示车辆的反射光条纹和应急灯。这样放置车辆还有助于提高迎面而来的驾驶人对于紧急车辆的识别能力。

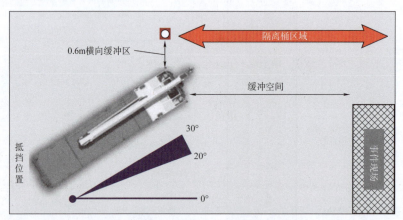

图3　安全定位的关键要素

在建立缓冲区时，消防车的前保险杠应放置在离纵向路面标线至少2ft（约合0.6m）处（图3）。该区域称为横向缓冲区，旨在减少其他车辆侵入划定的行车道。隔离锥桶应放置在设备旁边的纵向路面标线上。

图4显示了符合《统一交通控制设施手册》标准的交通事件管理区，其中包含安全定位停放。图中较大的消防车以30°角停放，前车轮向左转，为事件工作区创建适当的缓冲空间；车辆的左前端距离锥体大约2ft（约合0.6m），形成了侧向挡开区域，并放置锥桶标明事件区。在缓冲区和事故车辆之间放置执法车辆，用来协助交通控制。紧急医疗服务车辆停放中间位置，并向左倾斜以保护患者装载区域。

图4　符合《统一交通控制设施手册》标准的交通事件管理区

4.红色并非应急警示灯的最优选择

《统一交通控制设施手册》第6（Ⅰ）05章说明了应急警示灯（图5）的使用问题，具体如下:"应急警示灯的使用至关重要,特别是在交通事故的初始阶段。但是,它只提供警告,不是有效的交通管制。应急警示灯通常会让驾驶人感到困惑,尤其是在夜间。在有分隔带的道路上,从相反方向接近事件区的驾驶人可能被应急车辆分散注意力,导致反应减缓,这可能给同方向其他行驶车辆带来危险(它还经常导致未受交通事故影响的对向车道交通堵塞,以及增加二次碰撞的可能性)。"

图5 各种应急警示灯

美国对应急车辆警示照明进行了广泛研究,以评估其对响应者的影响。研究发现,白天和夜间使用应急警示灯会影响驾驶人,并令其迷失方向。

美国消防局2008年的报告《交通事件管理系统》提供了有关警示灯影响的进一步研究,其中涉及两个关键问题:

(1)所用灯光的颜色。研究表明,由于人眼在适应黑暗时不能识别光谱的所有颜色。在夜间人眼无法看到光谱中的第一种颜色——红色,而这是大多数应急灯的颜色。为此,许多应急响应机构改用琥珀色的灯(amber-colored lights),因为琥珀色的灯不会像红灯一样融入夜间环境,在夜间更容易被看到。

(2)视力对眩光恢复的影响。美国消防局指出,人眼从暗到亮的视力恢复需要3s,从亮到暗需要至少6s。以50mi/h(约合80km/h)速度行驶的车辆,在驾驶人完全恢复夜视之前的6s内车辆运行大约450ft(约合135m),这一点对夜间作业非常重要。紧急车辆行驶在道路上,尤其是在双车道道路上时,前车灯直接照射到迎面而来的车辆,可能导致驾驶人"盲目"地通过事故现场,不能识别放置的设备。

美国消防局进一步指出,"盲目"驾驶人可能看不到站在道路上穿着防护服和符合美国国家标准协会(American National Standards Institute,ANSI)标准交通背心的人员。研究表明,驾驶人被对面车头灯照射导致炫目后,大约在运行两个半车辆长度的时间内完全失明。光线组合,例如浅色光、不同程度的反射光和闪光等的混合刺激会造成驾驶人一段时间的中央凝视,即人在黑暗中看到较强的光时,眼睛会凝视光,驾驶人倾向于朝着凝视的方向转向,这被称为飞蛾效应。美国消防局和国际安全设备协会(International Safety Equipment Association,ISEA)目前还在进行关于应急车辆的光亮、可视性和明显性,以及这些对响应者安全影响的研究。

扫一扫查看原文

案例剖析：交警在事故现场如何避免因防护措施不足导致伤亡

高龙伟　广西交警总队高速公路管理支队警务技术一级主管
张　伟　公安部道路交通安全研究中心交警系统法制人才库专家
　　　　内蒙古自治区公安厅交警总队警务技术一级主管

交警在事故现场处置过程的伤亡事件一直困扰着各级公安交管部门，近年来，尽管通过大量开展送教活动和警务实战训练，广大民警的安全防护意识和技能都有不同程度的提高，但仍无法应对繁杂多变的执法环境需求。放眼域外，这类事件也并不少见，据国外殉职警官纪念网（ODMP）持续多年的数据统计显示，美国每年涉车伤亡的警员数量位列所有伤亡类型排序的第2位，仅次于被枪击伤亡的警员人数，其中警员在事故现场处置过程的伤亡事件占比不低。

美国国家职业安全健康研究所（National Institute for Occupational Safety and Health, NIOSH），是由美国卫生、教育和福利部根据美职业安全法于1971年组建的，其中一项重要职责是负责研究并提出预防工作中的伤害和疾病建议。根据跨部门协定，美国国家司法机构通过资助NOISH，发起了一项旨在调查执法人员在处置路面应急事件或拦停、查处车辆等执法过程中，遇交通事故或被车辆撞击而死亡的原因的行动。调查结果旨在预防职业风险，不用于诉讼、裁定和判决等目的和用途。

尽管中美两国在法律体系、执法理念和警务装备保障方面不尽相同，但双方在大量的事故现场处置过程伤亡事件中仍有许多相似性。鉴于美国警员及警车均配备有完善的执法录音录像设备（body camera and dash camera），对伤亡事件发生经过记录较为完整，本文以美国警察涉车执法的伤亡案例作为研究对象进行剖析。

一、案情简介：警员布朗处置交通事故过程被失控车辆撞击致死

2013年12月5日上午，新墨西哥州47岁的警员布朗接到指令，处置25号州际公路254.5mi（约合409.6km）处发生的多起轻微道路交通事故，当时气象条件较为恶劣，正下着暴风雪，无法移动的事故车辆分别停在双向路肩以及中央隔离带处（图1）。布朗在处置事故过程中被一辆失控车辆撞击，最终抢救无效牺牲。事件发生后，根据相关协定，在多部门的配合下，美国国家职业安全健康研究所于2014年3月成立调查组对该事件进行深入调查。调查内容包括该牺牲警员的个人信息及培训档案、派警记录、工作日志、事件现场照片及警车车载记录仪视频、州警察部门的调查报告、事故重建报告、证人证言、标准操作程序规范等，受访对象涉及案发前后参与现场处置的执法部门、消防部门、医疗急救部门人员。此外，调查组还咨询了培训机构的教员，并赴事发地点进行复勘和拍照。

图1 布朗被撞击前数分钟，现场无法移动的事故车辆和警车停放位置（车载执法记录仪画面）

事件具体时间轴如下：

8：51，警员布朗接到指令，驾驶205号巡逻车赶赴25号州际公路254.5mi（约合409.6km）处。

9：03，郡（县）执法机构的人员驾驶227号巡逻车支援该事发地点。

10：00，布朗到达事故现场，第一时间将205号巡逻车停放在向南的右侧车道内。

10：05，MTD执法人员到达现场，与警员布朗进行短暂交流，随后两人将车辆移至向北的路肩上，其中MTD车辆停在205号巡逻车前方约100码（约合90m）位置。

10：08，州警员驾车到达现场，将巡逻车停放于向南的中央隔离带处，开启应急灯，该车内执法记录仪拍摄到车外警员布朗和肇事车辆10：08—10：40之间现场位置情况。

10：22，一辆由南向北行驶的汽车突然失控，从车道内冲向路肩（图2），旋转180°后车辆左前保险杠撞上由北向南沿路肩走向警车的警员布朗，布朗被甩出几英尺后抛在路肩上，随即被送入新墨西哥大学医院，12月6日因救治无效牺牲。牺牲前，布朗已在执法部门服役了25年。

图2 布朗被撞击前瞬间，失控车辆接近现场过程（警方车载执法记录仪画面）

二、案件解析：事故现场执法人员采取的防护措施存在不足之处

针对该起事故，笔者结合案件相关资料进行剖析与思考，认为存在以下几点问题，增大了发生事故的风险。

（1）执法机构未指派专人作为现场临时指挥官，持续监测并动态评估交通突发事件。此次警员布朗被车辆碰撞事件中，数名警员接受派遣赶赴同一现场处置涉及多个单辆机动车的交通事故，这些事故均未造成严重的人身伤害，仅一起造成了部分交通堵塞，如图3所示左上方无法移动的事故车辆，骑跨于右侧行车道与路肩上。从车载执法记录仪和证人证言等音频资料中可以看出，警员们陆续到达现场后相互间以个人身份交流意见，参与了单独的战术任务，在后期处置该地点双向5起道路交通事故时，他们各行其是，没有形成合力，没有人充当指挥员类重要角色。若现场有一名指挥官在战术层面统筹调度、持续监测、评估现场以及必要时采取额外的管控措施，能将车辆通行现场带来的风险降至最低。

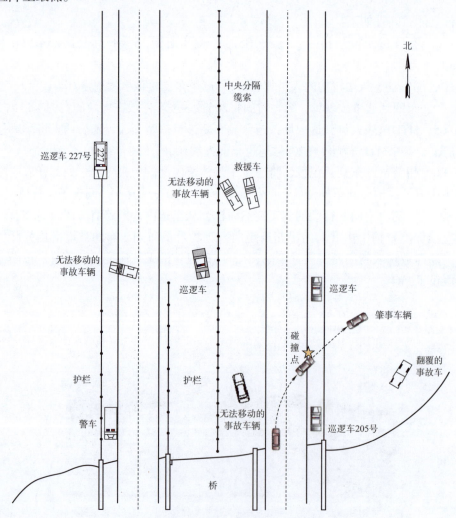

图3 事故现场分析图（美国国家职业安全与健康研究所提供）

（2）警车的停放让当事人难以做出瞬时判断。州警察的事故重建报告显示，肇事驾驶人称其观察到警车停在由南往北的路肩时，尝试向左车道变更结果车辆失控撞到布朗，相关的车载执法记录仪也证实了这一点。这起事件中，现场对向车道、中央隔离带和右侧路肩均停放有应急车辆和无法移动的事故车辆，警员对交通流未采取有效的管控措施，驾驶人可能无法识别并预先判断哪条车道预留给现场处置人员，直至临近中心区域时才采取减速变更的措施，再加上路面雨雪湿滑，造成车辆失控。若现场来车方向提前放置一些简易、便携、可以快速设置和回收的主动发光装备，如事故现场警示标志（图4）、警示灯或沿右侧路肩放置反光的锥体，或者车载可变显示屏的滚动信息和箭头指向，都可能促使驾驶人提前减速并向左移动，让他们在更谨慎的状态下驾车通过这段结冰区域。

图4　简易便携的事故现场警示标志

（3）执法人员作业时未穿着高能见度反光背心。该起事件中，多名执法人员着深色制服参与了现场处置，警员布朗如果穿着高能见度的反光背心，也会使肇事驾驶人更早看到他，从而有更多的时间做出减速和避让措施。值得注意的是，接受访问的多名警员告诉NIOSH调查人员：配发的反光背心设计不合理，效果不好，不方便快速穿上及脱掉；到达现场后他们通常会评估环境，如果处置过程需要花费很长时间，他们会穿反光衣，反之，则不穿。该事件长达30多分钟的车载执法视频中，应急人员、警员和施救人员均穿着深蓝或黑色的衣服在道路上来回穿梭、作业。按照相关的规定，应急人员在道路上作业应穿着至少满足ANSI/ISEA 107—2010要求或ANSI/ISEA 207—2006标准的反光衣（图5），背景材料使用反光或荧光材质，可以是黄绿色、橙红色或者红色。

（4）途经现场的车辆未遵守减速避让法规。美国"Move Over and Slow Down"法规，即"途经开启警示灯的警车、救护车、消防车、施救车等应急车辆所在区域时，应变更车道或减速行驶"（图6），最早由美国南卡罗来纳州制定。截至目前，美国所有50个州均已制定了与此相关的法律法规。虽然在处罚类型、罚款额度等具体细节方面稍有不同，但无一例外地均对"Move Over or Slow Down"进行了详细的划分和明晰的解释，多数州还配备了通俗易懂的图例,部分州配有教学视频,少数州甚至发布了多个语种的版本。如佛罗里达州规定:驾驶人在天气、道路和交通条件允许的情况下,遇有应急车辆时需将车速减至安全速度,比如在限速25mi/h(约合40km/h)以上的高速公路上,驾驶人必须将车速至少减到20mi/h(约合32km/h),如果车速限制为20mi/h(约合32km/h)或更小,驾驶人必须减速至5mi/h(约合8km/h),否则会被罚款、记分。得克萨斯州则针对机动车驾驶人不遵守该项法律所造成的不同后果,制定了不同的处罚细则,如驾驶人不遵守该法律可能会被处以200美元的罚款,造成财产损失的罚款增加至500美元,造成人身伤害的则将驾驶人的违法行为上升至B级轻罪、罚款2000美元,并可能会被指控、入狱。

稍短反光衣便于使用腰间装备

图5　ANSI 107/ANSI 207反光衣

现场警方车载执法记录仪显示,在事件发生前的11min内,共有77辆车通过事故现场,包含9辆半挂牵引车,其中22辆行驶在左侧车道,剩下55辆行驶在右侧车道,这些车辆没有明显减速。如果该名肇事车辆驾驶人通过205号警车时再提前一点时间向左变更车道或减速,悲剧可能不会发生。此外,接受NIOSH询问的警员指出,该法律的实施确有困难,比如当只有一名警员执行车辆检查任务时,无法同时发现并查处途经现场未采取避让措施的违法车辆,同样的情形也出现在事故现场中,所有的人员精力主要放在了事故处置、伤员救治和现场清理上。

图6　变更车道最理想,选择减速可接受(加利福尼亚州4h培训教程)

扫一扫查看原文

案例剖析：如何提高处置涉及危险化学品车辆事故现场安全防护能力

高龙伟　广西交警总队高速公路管理支队警务技术一级主管
张　伟　公安部道路交通安全研究中心交警系统法制人才库专家
　　　　内蒙古自治区公安厅交警总队警务技术一级主管

一、事故情况：警员处置油罐车翻车事故被途经车辆碰撞

2015年1月31日晚，美国40号州际公路195mi（约合313.8km）处，一辆油罐车向左侧翻后堵塞向西左侧行车道，车辆前部骑、轧车行道分界线。警员接警后赶赴现场进行处置，当两名警员站在上游区背对来车方向评估事故现场时，一辆途经的蓝色轿车冲进工作区域，与该两名警员和之前侧翻的油罐车底部发生碰撞（图1），造成警员迪斯牺牲，警员伯奇严重受伤。牺牲前，迪斯仅为俄克拉荷马州巡警工作了18个月。

调查组的时间表记录了从目击者报警油罐车失控翻车时开始，直到救护车从事故现场转运受伤人员时结束的所有事件，包括出警派遣日志、电话记录、证人证言等（部分省略）。具体事件时间轴如下（其中警员A为伯奇，警员B为迪斯）：

图1　蓝色轿车撞击侧翻油罐车底部局部照（俄克拉荷马州巡警提供）

21:57，目击者拨打911称一辆油罐车翻车；油罐车驾驶人告知911无人受伤，911派出俄克拉荷马州公路巡逻警员A。

22:00，911派员协助进行交通管制。

22:10，警员A、B抵达现场，警员A将警车停放于侧翻油罐车东侧左边行车道，开启车载执法记录仪，打开应急灯提醒车辆向右行驶；警员B驾车绕过侧翻油罐车后，将警车停放于侧翻油罐车西侧并开启警示灯；警员A向肇事油罐车驾驶人以及目击者询问事故情况。

22:13，警员A联系施救车辆的同时，警员B联系救护车；警员A要求停在现场提供帮助的一辆半挂牵引车重新调整停放位置，以便更好地保护事故现场。他自己也调整警车A的位置，此刻警车停放在左侧车道，骑、扎车行道分界线，距离侧翻油罐车3~5个警车车身的距离。

22:14，另外两名警员到达现场支援，他们将车停在向东行驶的对向车道，穿过中央

隔离栏。

22：15，警员A走出警车向站在左前方的警员B走去，警员B正俯身检查油罐车泄漏的柴油。

22：16，肇事的蓝色轿车车辆驾驶人收到一条短信；支援警员看到该车从左侧车道快速驶来，忙喊话提醒警员A、B并向路外躲避；肇事车辆先撞击到警员A将其扔出约55ft（约合16.8m）处中线位置，接着撞击到警员B将其甩出约49ft（约合14.9m）处的侧翻油罐车底盘位置（图2），最后又撞到侧翻油罐车并将其推动了4.5ft（约合1.4m）。

22：17，听到事故撞击声，支援警员忙从油罐车西侧走到东侧，发现警员A倒在车行道中线处。

22：20，警员D尝试和警员A、B沟通，没有反应；15名警员、7个消防队员和7个医护人员到达现场，警员B被确认死亡。

22：30，肇事驾驶人被带去医院抽血检测。

图2　牺牲警员迪斯被碰撞前的站位（警车车载执法记录仪拍摄）

22：50，救护车接送受伤警员A离开事故现场。

肇事驾驶人在接受问询时说，当看到闪烁的警灯时，离现场不超过1mi（约合1.6km），以为是日常的例行检查然后向左车道变更，更接近现场时看到有人拿着手电筒，有人在奔跑。其当时可能正在编写发送短信，他记得最后一件事是将获取的联系人地址嵌入地图App程序中。当问到事发前是否还使用其他App时，他回答可能是脸谱网（Facebook）。该名驾驶人同时拥有两部手机，俄克拉荷马州高速公路巡逻警员获得授权并在州调查局（SBI, State Bureau of Investigations）的协助下对手机上的数据进行分析，结果显示从19：56驾驶人开始驾车直到事故发生，手机共进行了144次"事务处理"。而在车祸发生前的16min内，驾驶人共发送和收到了19条短信，平均每分钟超过一条，最后一条短信时间为22：16。

事故现场为沥青路面，东西走向，双向车道以草地进行中间隔离。接近事发地点的道路为下坡，坡度小于1%。事发时天正下小雨，温度大约45°F（约合7℃），全天间歇性的小雨导致了道路湿滑，风速约7mi/h（约合11.3km/h）。调查小组的事故重建包括了对道路摩擦系数和能见度测试，结果显示肇事车辆与警员和侧翻的油罐车先后发生碰撞时的车速为56~61mi/h（约合89.6~97.6km/h）和51~52mi/h（约合81.6~83.2km/h），这与驾驶人陈述的巡航控制设置62mi/h（约合99.2km/h）基本一致。能见度测试显示，后方来车在4371ft（约合1.3km）处可以看到警灯，而在865ft（约合0.3km）处可以清楚地看到警车停放在行车道内。

二、案例分析：规范操作可提高现场应急人员安全系数

执法人员在处置危险化学品车辆事故时，应更加谨慎，充分做好事故现场安全防

护,才能有效保障现场人员安全。透过这起事故,笔者认为有以下几点值得反思。

(1)警员应充分利用警车或者其他应急车辆作为掩体,构建临时管控区域(图3)。先期抵达现场的人员必须评估现场,选择合适的地点和距离停放,初步构建起一个相对安全的临时工作区域,该区域的覆盖范围等后续支援装备到达后再根据现场实际情况适当扩大和延长。

图3　构建临时管护区域(来自respondersafety网站)

原则上应将体积大、质量重、反光标识齐全、发光效果明显的应急车辆用作最远端的掩体车辆,对现场工作区域进行防护,车里不应坐人。车辆保持警灯开启,必要时开启警笛。掩体车辆多采用斜向停放方式,以便提供更大的防护区域,倾斜角度以20°~30°为宜(图4)。

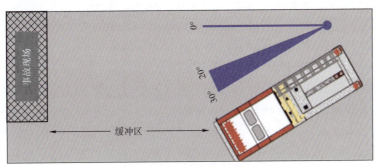

图4　掩体车辆停放角度示例图

该起案例中,对于警员B而言,最佳的车辆停放位置应该是警车A左侧。可惜的是,当警员B驾车到达现场时,一辆提供救援的牵引车停在了该位置,警员B只好将车停放在事故现场的下游区,警员A告知牵引车驾驶人移动车辆以便后方来车能看到他的警灯。警员A和B已协商一旦牵引车移开,警员B会将警车重新停放于此以提供更多的保护。在要求牵引车驾驶人挪车后不到3min,警员B就被碰撞。图5为警员被碰撞时,现场车辆停放位置及人员站位分析图。

(2)规范操作流程。标准规范的操作流程无疑会大幅提高现场应急人员的安全系数，发布《统一交通控制设施手册》（MUTCD）和《交通事件管理》（TIM）意义正在于此。前者是由美国运输部下辖的公路管理局发布的用以统一规范包括道路标记、公路标志和交通信号在内所有关于交通控制设施的国家标准，该标准对不同类别道路交通控制设施的定义、作用、形式和要求都提供了详细的文字与图解诠释。

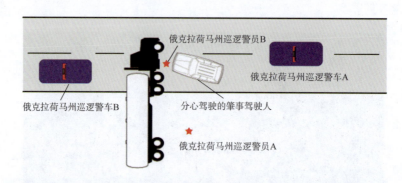

图5　警员被碰撞时，现场车辆停放位置及人员站位分析图

其中，MUTCD第6（I）章"道路交通事故现场区域的交通控制"中，按照现场处置耗时将交通事故划分为重大、中等和轻微（Major、Intermediate、Minor）3个层级：重大一般是危险化学品泄漏、多车碰撞或者伤亡类事故，通常情况下会导致道路全部或部分封闭2h以上；中等一般指对交通的影响时间在30min~2h之间的事故；轻微一般是指车辆无法移动的轻微刮碰，对交通秩序的影响小于30min。重大、中等两种事故情形现场处置耗时较多，安全防护通常需要专门设置绕行改道牌、道路封闭指示牌、警告提示牌等交通标志设施，提醒道路参与者提前采取措施。轻微事故通常不需要设置专门的交通标志和设施，对现场的交通管控一般由培训合格的人员直接实施。这种分级方式贯彻的理念是"现场处置耗时是决定临时交通控制设备数量和类型的一个最重要因素"，优点在于应急人员事前对不同类型的事故管控要求有较为明确的认识，到达现场进行形势评估后，针对不同的事故类型选择对应的管控方案和装备即可。

该起案例中，被派往现场的警员没有提前获取事件的详细信息，如肇事车辆类型为油罐车、油罐车装载有货物（泄漏）、左侧路肩和左行车道完全堵塞、车辆驾驶室部分占用右行车道、未涉及其他车辆等。若预知上述完备信息，即可初步判定该事件为重大事故，根据TIM流程，支援力量应包括大型消防车辆，若其与警员第一时间一起被派往现场进行处置，便能提供更好的掩体防护和灯光照明，现场人员就会更加安全。

（3）警员应接受危险化学品处置培训（图6）。汽油柴油和其他车用液体被认为是有害物质，但是如果泄漏量低于一定数值，已接受过相关培训且配有相应装备的应急人员完全可以清理现场而不需要其他支援力量。根据联邦公路局主页危险化学品处置流程，当汽油或柴油泄漏超过法定规定的数量，通常为25加仑（约合94.6L）时，应启动相应的应急预案，派遣专业机构到达现场进行处置。对于更大的泄漏或涉及危险品事件，明晰的规定和切实的做法将为现场安全、及时的清理提供便利。

图6　危险化学品处置培训教程示例

（4）应急人员穿戴反光背心。上一篇新墨西哥州警员布朗伤亡案例中，我们已对反光背心的相关要求做过介绍，此处不再赘述。但稍微不同的是，俄克拉荷马州允许固定、评估现场后再穿上反光背心（图7）。该起事件中，警察对现场进行了评估，并返回车辆，但没有穿上反光背心。毫无疑问，穿着反光背心可能会增加应急处置人员的可见度，从而使驾驶人有更多的时间做出反应。肇事驾驶人也陈述，当他看到现场警员时，为时已晚。

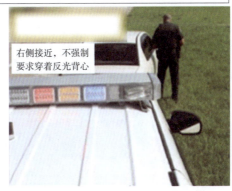

图7　左为必须穿戴反光衣，右为可不穿戴的变通情形

扫一扫查看原文

第四篇

执法管理

警务技术研究思路——基于全国交警系统实战大练兵的思考

张 伟 公安部道路交通安全研究中心交警系统法制人才库专家
　　　　内蒙古自治区公安厅交警总队警务技术一级主管

公安部交通管理局于2020年11月9日—14日在河南郑州举办了全国交警系统实战大练兵比武竞赛。本次比武竞赛围绕重点车辆查缉查验、常见交通违法现场查处和阻抗法应对处置、交通事故现场勘查、摩托车警务驾驶技能四个科目进行角逐。笔者参与了竞赛中"交通违法现场查处和阻碍执行职务应对处置"科目的赛前研讨、推演、文件撰写以及对全国32支参赛队的执裁工作，见证了全国交警系统警务实战现状。基于此，笔者对警务实战与法制之间的关系、警务技术研究思路以及教官应具备的能力等方面进行了思考，现分享给大家，供学习交流。

一、参与本次执裁工作的感悟

1.此次大比武是全国交警系统三年"大练兵"的阶段性总结

大练兵是为了提高交警队伍的正规化、职业化、专业化水平，提升实战能力，即"正规化+职业化+专业化=解决实际问题的能力=实战化"。简言之，就是要通过大练兵比武这种形式，以考促学。此次活动形为比武，实为全国性取样调查，客观地反映出了全国各地执法水平及训练现状。例如，32支参赛队在执法流程、安全防护技能、执法语言使用等方面展现基本一致，这体现出从部一级到省市一级的思想、行动一致。同时在比武过程中发现了一些人才，例如，有的参赛队的大队领导综合素质全面、指挥能力突出，这是大练兵活动"练兵先练长"的具体体现；有的参赛队队员临场反应敏捷、控制动作娴熟（图1），配合默契、行云流水，给人以赏心悦目之感，这是大练兵活动"加强应急处突能力的"的具体体现。

图1　参赛队员人身检查及控制动作娴熟

2. "交通违法现场查处和阻碍执行职务应对处置"科目具有鲜明的实战特点

本次比武最大的特点是从过去以强调如何有效开展现场控制,向如何合法启动并有效开展控制转变,这是依法治国在警务实战中的具体体现,是推进治理体系和治理能力现代化要求在交管工作的具体落实。所以,这次公安部交管局明确要求科目设计既要考核执法行为的合法性(实体合法和程序合法),还要考核执法结果的合理性(符合立法宗旨、体现执法效率和效果)。这就要求科目的考点要包含业务细节的同时,还要符合当前具体执法环境,能与执法实践相结合。经过前期讨论,裁判组最终选取了当前执法中常见的两类交通违法行为(酒驾+使用假牌证),结合常见的阻碍执法的违法行为(语言阻碍、肢体阻碍、暴力阻碍)设计了四类警情。这些警情涵盖了路面执法常用技战术、法律程序适用等要素和主要环节,还加入了面对围观、摄像、起哄等干扰因素的处置、武力使用评估及合理使用、治安刑事案件先期处置等现实问题(图2),尽可能地贴近了实战,各参赛队也普遍反映该科目接地气、有共鸣、知差距、促提高。

图2 情显人员扮演的围观、起哄、拍照人员

3.在执裁过程中发现的一些问题

在执裁过程中发现,个别参赛队对违法行为及行为人认定错误、执法程序错误、法律条文引用、表述错误、法律文书选用错误等执法老问题仍然存在,还有些参赛队在处突时应对能力差、应对失误、站位失误等,给"违法行为人"提供了攻击或逃逸的机会。除了因参加全国性比赛高度紧张的因素外,日常训练的针对性不足也是重要原因。同时,还有几个亟待解决的共性问题:

(1)基本功不扎实。警务技术训练尤其是基础科目训练、普及还有欠缺,技术研发也没有跟上社会的变化,与基层需求脱节。牌证真伪识别水平下降,多支参赛队在处置涉牌涉证警情时错判、漏判,造成严重失分。执勤卡点的区域设置水平不一,对预警区、警戒区的定义模糊,例如,预警区、警戒区重叠设置,无预警效果,或过度设置,占用道路空间过大,易造成拥堵及事故,还存在安全员频繁失位、功能性不明显等问题,多支参赛队因上述几个原因失分。基础防卫控制技术应用能力不强,控制技术使用过于"教科书"造成控制效果不佳,甚至发生因控制技术使用失误造成情显人员受

伤的情形。安全检查程序性操作不规范,人身检查项目中多支队伍未查出违法行为人袜子里携带的"道具毒品",车辆检查项目中多支队伍未找到车内坐垫下面的"道具身份证"。这些现象值得我们反思与警惕(图3)。

图3　执勤卡点设置及警组分工不合理、安全员背对来车方向

(2)指挥员功能展现不清晰。为了应对多变的警情,"警组战术"是国际通用的现场控制警务技术之一,其中警组指挥员不仅要具备熟练的警务技能,积极参与现场处置,还要有大局观,能及时洞察现场变化并下达针对性指令。多支参赛队伍的主盘手承担了现场指挥职责,大队领导指挥效应不强,甚至有的大队领导去扮演了专职安全员的角色。本科目在设计时各个环节都将指挥、分工作为重要考核点,本次竞赛中,凡是成绩突出的参赛队在这一环节都表现得很优秀。

(3)警务技术与法制有一定程度的脱节。本科目主要是为了检验各地的依法履职能力,即法治思维的具体表现,但多支参赛队伍在保障违法嫌疑人权利义务、听取当事人陈述申辩权利、告知法律救济途径、传唤流程等方面流于形式,简单随意,观感不佳。深层次也反映出警务技术训练与法制的结合度不足。警队的法治意识等同于企业的产品质量意识,我们在把控"质量"的这条路上,尤其在追求"高品控"这一点上还未达成普遍共识。

(4)其他问题。传统的伸缩破胎器由空管状尖钉组成,具有一定程度的危险性,应研发替代产品。主要原因有两点:一是破胎器并不能完全消耗冲卡车辆的动能,最多只是一个阻吓作用;二是当破胎器伸展出来时,对执勤的警察、围观群众等有明显的潜在危险。在比武过程中,裁判组全程高度警惕,有专人负责看管破胎器,防止参赛队员或违法行为人的扮演者在剧情冲突中误踏在钉子上(图4)。

当然,暴露出了短板也是比武的重要收获,短板为优化管理、提升技术、改善训练提供了有效数据、样本,发现问题比成绩更重要,因为解决问题才是我们的最终目的。

二、关于警务实战与法制之间关系的思考

本次执裁工作,促使我重新思考了警务实战与法制的关系。如果我国社会的公共安全管理需求是一个不断扩张的圆形,那么,相关法律就是圆形内不断扩张(更新)的方形,

但方形扩张（更新）的速度永远小于圆形；其中公共安全的主要管理机构公安部门的重要任务就是通过执法来尽可能地维护公共安全，而警务实战技术是公安工作执法方法的体现，相当于方形内链接相关法律而形成的一条条交叉的线段，线段间必然存在大量的空间，这些空间一部分可以通过继续完善链接产生新的线段来弥补，但仍有大量的空间受限于法律无对应内容或内容规定不清晰或研究没有跟上，处于无法填补的状态，形成漏洞。这些漏洞对执法实践产生了一定的不利影响。

图4　破胎器在比赛中的应用

下面列举两个在比赛科目中比较典型的执法场景，均因相关技术研发路线等原因，民警在执法中存在一定的问题。

（1）执法场景一：参赛选手面对驾驶人锁闭车门拒不下车，需采取破窗的强制措施，破哪扇车窗玻璃为最优选择呢？

因为错误理解了比例原则，一些参赛选手选择破无乘坐人一侧的窗户，但破窗是为了控制驾驶人，如果破驾驶人以外的其他位置的车窗玻璃，一是背离了执法初衷，不能有效控制违法行为人；二是从其他车窗进入车内后，往往与驾驶人在小空间内还存在座椅阻隔、距离，增加了危险性和执法难度；三是如果车内满员怎么办。因此，只能破驾驶人位置的车窗玻璃。使用传统工具破坏（甩棍击打）车窗玻璃有可能造成玻璃碎屑飞溅伤人，或破窗的工具侵入车内对驾驶人造成伤害。那么，我们需要考虑的是如何用最小冲击力来破窗，把损害的可能性降到最低，其实解决方案很多，例如，使用小压力大压强的工具，甩棍尾盖加装破窗锥或配备钨钢头的战术笔等，完全可以实现破窗高效化、安全化。

赛后，与一些参赛选手交流发现，民警在日常执法中担心使用强制措施造成违法行为人受伤或其财物受损会面临赔偿，所以不敢依法使用强制措施。其实法律有明确规定，《中华人民共和国国家赔偿法》第5条规定：属于下列情形之一的，国家不承担赔偿责任：因公民、法人和其他组织自己的行为致使损害发生的。

（2）执法场景二：违法行为人不服从警察指令，弃车逃跑（驾车冲卡）参赛选手能否追缉？怎么追缉？

驾车或弃车逃避检查属于阻碍人民警察执行职务的违法行为，如果驾车冲卡危害公共安全或者民警生命、健康安全，则涉嫌以危险方法危害公共安全罪、故意杀人罪或者故意伤害罪。因此，民警可以根据违法属性及危害程度采取较高的强制措施，采取追缉措施有法可依。同时《交通警察和警务辅助人员安全防护规定》第18条规定：遇有驾驶人拒绝停车或者强行驶离，应当立即报告、由指挥中心……组织拦截。除机动车驾驶人驾车逃跑后可能对公共安全和他人生命安全有严重威胁以外，不得驾车追缉。对涉嫌酒驾、毒驾、醉驾以及其他严重违法犯罪嫌疑车辆，具备警力、装备优势时，可以驾车尾随，同时报告指挥中心，及时调派警力、装备实施拦截。规范性文件不建议追缉，具体原因在最高法驳回申诉通知书〔2017〕最高法刑申60号解释得很明确：不建议追缉的规定是为了提醒交警注意安全，不足以影响交警履行职责制止犯罪行为的合法性。因此，根据现行法律，冲卡可以追缉，但我们首先应考虑的是如何完善卡点设置的合理性及警组战术，研发高阻效、低破坏性的拦截系统，尽可能地降低驾车或弃车逃逸的事件发生概率。

在本次比赛中，个别参赛队在比赛中遇到"违法行为人"不按套路出牌、现场逃逸时显得手足无措而失了分。现实执法中，警察在具备警力优势且环境许可的情况下应立即展开追缉，环境不具备时应使用尾随或视频追踪等技术手段确定违法嫌疑人的落脚处、所驾驶车辆停放处，守株待兔或上门抓捕。

法制对警务实战具有指导性作用，提升警务实战水平，研究警务技术，应坚持法制先行原则，或者说，应坚持以法制引领实战的原则去设定技术研究路线。32支参赛队伍执法流程在警情处置过程中表现各异、地域性特点鲜明，与警务技术研究路线不统一有关。

三、对警务技术研究路线的思考

为提升执法的规范性，在警务技术研究路线上应提倡专业性、规范性、标准化，避免"闭门造车"或单一性，应向国际看齐、向企业学习，树立"产品思维"，把警务技术看作警队的必需品，即产品。

1. 要明确研究警务技术的目的是针对实战难题提供解决方案

开展警务技术研究要围绕警队（用户）的需求和特征设计解决方案，方案的合理性是重中之重，需具备以下要素：

（1）科学性：要有法律逻辑，可验证、可量化，实现标准化。

（2）符合用户要求：能提高效率，具备先进性，能帮助用户"更好地完成任务"。

2. 警务技术应具备产品特征

产品，是用户难题的解决方案，而好产品，就是对用户难题解决方案的优化和升级。那么如何才能研发出好产品，更好地解决用户的难题？需要从以下几个方面进行思考：

一要找准刚需。常见的一般有两类：一类是警队当前首要的、突发的重点任务；另一类是长期困扰的问题，如类似"打不过、说不过、跑不过"的问题。

二要找到制高点。一是要在法制框架内从最高效力的法律一直捋到效力最低的规范性文件、标准等，形成完整的法律链条再做研发；二是制约研发的最大桎梏是什么，能否打破，打不破是否需要启动替代方案。

三要超出用户的预期。解决眼前痛点的技术，即应急之法是常见的一类产品。过往的案例告诉我们，应急式的执法技术在解决一个问题的时候，很可能会引发警队执法的另一个问题，甚至具有执法漏洞或风险，因此在设计解决方案时要考虑得更深远一些，找准病因。

四要保持密切互动。一是因为产品，"产"由供方决定，"品"由用方定义。产方，有设计，有成本，有推广需求，品方有使用感觉，有权重考虑，因此，产品是双方的互动。二是警察执法的边界会因法律、政策、突发应急事件等因素而变动，因此，要保持与用户的紧密互动，保证信息沟通的及时性。

"产品"的定义明确了，那么，在当前能够实现"产品"生产的主力军，非教官莫属。

四、对教官能力要求的思考

目前基层警务技术研究人员主要是各级警队中的教官，但由于教官这一岗位非编制岗位，所以各地在教官的培养、使用方面政策扶持力度不同。但此次比武活动的集训、参赛、评判等各项工作中都可以看到教官的身影。这说明教官除了承担了培训任务外，在面对突发任务时往往还是重任的承担者、"产品"的主要的研究者。因此，具备"产品思维"的教官应相当于警队的"产品经理"这一岗位。对应的教官的主要工作就是持续建立、完善法律法规间的链接，减少警务技术的空白；反之，也要注意不得在无法律支撑的情况下去擅自演绎（建立）不合理、不科学的线段。具体来说，教官应具有以下能力：

1.调研规划工作能力

能够发现警队的需求、执法相对人的需求、社会的需求，能够通过对用户调研，对干扰因素、其他类似解决方案进行分析，得出需求规划。

2.设计与打磨能力

能够形成清晰的概念，定位明确的用途及研发路线，对技术的功能有多套具备可行性的解决方案。

3.生产能力

能够制定技术研发方案，确定研发团队组合及进行合理分工，制定研发周期及研发进度。能够及时对研发过程中的需求调度资源，沟通协调关系，直至完成开发、在警队试运行。

4.设计与打磨能力

根据试运行结果，能够持续推进功能的优化、迭代。同时保持对新技术、新科技的敏感性，使产品与时代同频。

现在回想起8月曾发过一条朋友圈"Training officer（注：教官）要

扫一扫查看原文

有编、导、演三种能力,即编剧(知识萃取)+导演(课程设计)+演员(课程呈现)三种能力融合一身,如果只有两种能力,可以做instructor(注:教练)"。这样看来,教官具备了"编、导、演"能力,也相当于具备了产品研发能力。

"情指行一体化"在交通突发事件应急处置中的应用

张　伟　公安部道路交通安全研究中心交警系统法制人才库专家
　　　　内蒙古自治区公安厅交警总队警务技术一级主管

一、通过实例看建立"情指行一体化"警务模式的重要性

(一)案例:隧道内两车相撞起火威胁驾乘人员安全

(1)事件基本情况:某日下午,某地高速公路交警支队指挥中心民警接警:辖区隧道内一辆小轿车碰撞大客车后,瞬间起火冒出浓烟(图1)。隧道全长超过3km,隧道里聚集的浓烟对驾乘人员生命有极大威胁。

图1　事发现场情况

指挥中心随即下令启动隧道突发事件应急处置预案,要求辖区交警立即打开隧道应急门,将受困群众转移到对向隧道,实施撤离。附近民警接到指令后仅用3min就到达现场,经多次有效疏散,隧道内400多名群众及200多辆车没有任何人员伤亡和财产损失。当天20时3分许,事故现场恢复正常通行。

(2)交通突发事件特点:交通突发事件,特别是重特大交通事故或涉及危险化学品、火灾等事故的应急处置往往呈现几个突出特点:事件危害升级较快,往往伴随次生事故,处置全程伴随安全风险,会在短期内形成大量信息需研判、决策。事件影响范围较大,往往会对周边交通造成较严重破坏,影响救援与处置。事件处置往往涉及多个部门,对不同部门、人员的协调、分工、通信、指挥、资源调配难度较大。

（二）应急处置中指挥中心第一时间采取有效措施很重要

应急处置中第一响应具有重要意义，上述交通突发事件的应急处置很有代表性，其中最突出的一点就是第一处置措施有效，即首先控制了事态的发展。大量事实证明，灾害发生后首先出现的是秩序混乱，大多数二次损害不是灾害造成的，而是无序状的逃生、自发的救援造成的。该案例中，指挥中心第一时间发出行动指令"派警打开隧道内应急门转移受困群众"是整个应急救援中最有效的措施。这也体现了"情指行一体化"思维在应急处置初期，即第一响应的基本原则：第一响应没有最优方案时选择预案中可以立即实施的措施；第一响应实施缺少外援的情况下选择由己方先处置、选择当前可用的资源；第一响应实施时不能完全解决危险源或危险源判别不明时，尽可能先挽救生命或解决当前可以解决的问题。

（三）应急处置的效果还受救援力量协同配合及资源管理分配影响

上述事件应急处置的优点突出，但同时也存在几个方面的明显不足，主要是协同配合及资源的管理分配不够有效，下面具体分析。

报道称"隧道内烟熏火燎，看不清楚具体情况，但据说还有很多人滞留在里面看热闹，某民警情急之下3次逆行进入有毒烟雾弥漫的隧道中（图2），尽管喉咙因呼喊和浓烟刺激变得刺痛、沙哑。"上述内容可以看出，逆行民警虽勇气可嘉，但也充分反映出现场处置警力不够、救援人员未佩戴防护设备、救援搜寻不够专业、信息不准确等问题，同时也反映出民警对于危险源的判断与处置缺乏专业性及足够的应对方法。

图2　民警和获救群众面部有大量烟尘

民警3次逆行后"后续救援警力、施救、消防陆续到达事故现场"，显示了增援速度滞后，指挥中心对跨部门的调度能力不够，或在事件发生初期没有启动（或建立）跨部门统一应急响应指挥系统。事件发生后的3h20min，现场才恢复正常通行。

从事件处置中资源调度、情报、舆情引导等的情况分析来看，指挥中心欠缺合成作战的能力，没有起到指挥和枢纽的作用。这也是大多数地方指挥中心的现状，交警指挥中心与属地公安局指挥中心、属地公安局与政府的应急管理部门没有形成体系化作战、指挥网络，造成多头管理、信息传输及决策效率低，应急管理预案比较笼统，指挥中心缺乏技术人才，综合造成突发事件的处置能力不足。

现场只有民警通过多次逆行来进行搜救，完成了400多名群众的安全转移、疏散工作。这些被救援人员大多是成年人，但没有看到相关报道提到在这起事件中有群众或志愿者挺身而出，协助警察从事一些力所能及的救援活动。国外类似这样的事件中常常活跃着被警察带领的临时志愿者的身影（图3）。这说明我国应急处置宣传和志愿者文化做得不到位，大多数宣传都是在强调救援人员的英勇，没有强调公民的社会责任和安全义务。

图3　国外应急救援志愿者（义工）宣传活动及徽章

二、如何更好地运用"情指行一体化"警务模式提升应急管理的能力

我国在较长一段时间内社会分工不够清晰，社会应急管理措施不够科学，政府分工将大量非警务的突发情况交由公安机关受理，群众形成了惯性思维，遇有突发灾害时第一时间会拨打110报警。因此，在各类突发事件中第一响应人员往往是警察，但出警的民警非专业救援人员，造成第一响应过程中民警发生伤亡或因处置不合理形成无效处置。

"情指行一体化"在处置突发事件方面具有几个特点：可以保证处置流程脉络清晰，第一响应、处置、恢复流程化、标准化；保证应急指挥、响应的高效与安全性，决策的科学性和严谨性；在实施的过程中由于以情报分析为中心、全程实现目标导向，这种警务模式具有一定的灵活性。通过推行"情指行一体"的现代化警务工作模式、做强"大脑"提升科学处置能力，是应对当前社会需求的可行之策，下面来看看如何更好地运用"情指行一体"警务模式提升应急管理的能力。

1.加强情报的采集与研判

"情指行一体化"，情报最重要。情报的采集与研判应以预防与应急并重、常态与非常态结合，通过大数据分析实现风险识别、评估，最大限度地控制突发事件风险和消除隐患、消除危险源。

因此，接警信息的完整性对于第一响应的重要性不言而喻，常见的接警信息采集模板可以包括：事发时间、地点类型及状况、交通受阻情况、现场伤亡人数和必要救援的数字、有无发生或可能发生火灾或存在危险（可疑）物质、气象、是否涉及犯罪或恐怖活动等。

当然，情报不仅体现在接警，完整的情报应该包括从社会异常数据反映出的预警信息、接警时的信息、出警过程中的动态监控信息、处警全程的动态信息、舆情信息等，还包括战备力量分布、物联网监测、危险源分析、救援场所分布、应急物资储备情况、出警人员的装备、情绪、伤亡，以及其他应急响应人员情况等综合性情报。这需要情报研判人员有大局观，有大数据思维，可以敏锐地发现任何有可能干扰到处置进程的有效信息。

2.建立扁平化以决策为中心的"公安大脑"

突发事件一旦升级为重大事故，通常由当地政府及国家应急机构组成联合指挥机构，这种联合应急指挥机构可以简单分为两类：政府主导型和部门联合指挥型。传统的指挥决策带有一定的"部门倾向性"，而通过大数据思维强化情报信息的搜集与研判，可以提升预警能力与精度，避免决策的倾向性，因此通过打造"指挥＋作战＋参谋"的综合型合成作战平台，可以实现：事前监测预警、挖掘风险、预案准备，事中战时指挥调度、平时关联协同、资源保障，事后总体评估、指导培训演练，为警务/应急响应活动提供全面护航服务。

通过"情指行一体"的思路，可以在工作范围方面实现公安、交通、卫生、应急、环保等相关职能部门跨部门、跨地区的"统一接警，统一指挥，协同作战"（图4）。这样做的目的就是为了在应对各类警情、突发事件时，指挥中心下达的命令是高效、专业、科学、可行的，对突发事件的不同阶段能下达既具有关联性、又具有相对独立性的命令。

图4 国外成熟的多部门合作情指行体系——ICS

3.形成有序、高效的快速反应式行动机制

"行"，特指行动机制，通过建立分级响应制度，实现有序、高效的快速反应式行动机制。结合地域特性、行政区划等要素建立对应层级的应急响应处置圈，实现应急响应力量的常态化运作。同时将社会力量包括根据不同突发事件建立的社会化专业救援队伍、应急专家队伍、志愿者队伍，纳入应急响应体系，通过合成作战平台的统一指令调动应急响应行动各成员单位统一行动，实现精细化分工、就近、就便快速反应，在不断的配合过程中，摸索形成多警种、多部门、多行业的合成处置模式，有效的技战法和实战行动模型。

4.进行长期、有针对性的演练

"情指行一体化"日常管理方面需秉持以"实战化、一体化"为指导方针，通过公安与应急救援、医疗等指挥机构间、队伍和专业人员间应定期开展针对性的演练实现。演练可采取无脚本的单盲或双盲式演练（图5），也可以模拟真实案例进行红蓝对抗。演练进度及行动步骤由统一的情指中心导调，情指中心要及时发现并解决处置措施、程序、资源、能力、协同配合等方面存在的不足。并设立评估团队，在全程对演练过程的行动步骤进行记录和评价，演练结束后进行有效性评估。只有通过长期的、有针对性的演练才能提高地区整体的应急处置能力。

扫一扫查看原文

 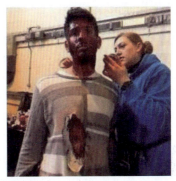

图5　国外进行的无脚本演练及伤员化妆

综上所述，我们研究情指行一体化，就是为了尽可能地通过设定规则来规范无规律突发事件，并在积极应对突发事件的过程中建立一套科学应对模型。

临时执法卡点的设置原理与选址分析

张　伟　公安部道路交通安全研究中心交警系统法制人才库专家
　　　　内蒙古自治区公安厅交警总队警务技术一级主管

一、临时执法卡点设置应考虑的因素

机动车在道路上根据交通控制科学原理设定的规则行驶，从而实现驾驶人用路行为的安全、有序。但人的生理特征决定了其感知能力是有限的，也就是说，驾驶人易丢失信息、判断失误。因此，要最大限度降低发生事故的可能，就需要通过合理的交通控制措施来降低驾驶任务难度，并设置有效的参照物积极引导驾驶人对道路环境形成正确判断，做出合理驾驶行为。

但是，在道路上设置临时执法卡点会对原有交通秩序造成干扰，如果在设置临时执法卡点时不考虑人的生理局限和用路行为习惯，或未在新路况下对用路行为进行正确约束和引导，就可能导致驾驶人在行车中频繁地减速、变更车道，从而引发交通拥堵和交通事故，甚至可能与执法卡点发生冲突，造成人员伤亡和财产损失。多起交通警察、辅警在临时执法卡点执法时的伤亡，都与交通工程控制措施使用不当有一定关系。简言之，在设置临时执法卡点时,需要考虑如何将交通流量干扰、拥堵概率、危险概率降到最低。

交通工程控制措施使用的关键是掌控驾驶人的注意力,强化信息传递效率,即引导信息要简明易懂且满足视距要求,提前给驾驶人传递速度和路径选择的提示信息,使其提前主动采取变更车道、减速、排队、停车等驾驶行为,避免不必要的驾驶行为,实现行车安全有序。这也是相关规定中要求不得在视线不良、道路线形复杂的情况下及雨、雪、雾、霾等低能见度或恶劣天气时设置临时执法卡点的原因。

建议通过诱导、警告、管制措施重新定义临时执法卡点所在路段用路规则。这些措施构成了相关规定或教材中提出的要在来车方向设置预警区(提示、告知、警告区域)、过渡区(合流区),并通过防护措施保障执法警察安全及社会公共安全。

二、如何为临时执法卡点选址

1.临时执法卡点选址需考虑的因素

为临时执法卡点选址时,建议综合考虑下面几个因素:

(1)数据。一般来说,临时执法卡点的选址要依据该区域的违法或交通事故异常数据,比如是否发生过多起涉及酒精、药物、毒品的违法或交通事故,是否发生过异常的单车事故及其次数等,都建议纳入考虑范围。

(2)空间。出于执法安全及畅通的考虑,临时执法卡点选择的位置要有足够的空间用来设置预警、警戒等执法区域。同时,临时执法卡点以有足够的毗邻空间为最佳,可作为警察的避险空间,也可用于将嫌疑车辆引导出道路至该区域进行处置,提高安全性与效率。

(3)能见度。选址应保证在各个来车方向都能获得最大的能见度且没有遮挡物,并具备能覆盖整个临时执法卡点的照明能力。如果没有公共照明装置,则需携带便携式照明装置(图1)。

图1 美国路段设置临时执法卡点使用的便携式照明装置

(4)社会。选址尽可能远离居民生活区,以避免不可预料因素的干扰。

(5)其他。选址还应考虑速度限制、交通流量、执法效果、执法成本等因素。车速、流量等因素会影响驾驶人的行为和期望,同时还与临时执法卡点的设置息息相关,因为设置执法区域的长度与道路限速、流量成正比。

2.常见临时执法卡点选址安全性分析

常见临时执法卡点的选址有三处:收费站或服务区、信号灯控制路口、路段。

(1)收费站、服务区设置临时执法卡点安全性高、执法成本低。收费站往往有收费船岛、减速带、标志标线等设施,车辆途经该处一般都会主动降速,这样预警区设置距离可以适当缩短,且大多数收费站的广场较大,利于设置警戒区、拦截区,还可增设调查取证区等区域。服务区类似收费站,车辆会主动减速进入服务区并停车。图2与图3就是在收费站的入口与出口设置临时执法卡点,在该类地点设置临时执法卡点的安全性较高,不易造成道路拥堵,执法效率高、效果好、执法成本低。

图2 内蒙古高速公路交警在收费站入口设置临时执法卡点

图3 黑龙江厅直属公安局高速公路分局在收费站出口设置临时执法卡点

(2)信号灯控制路口设置临时执法卡点应注意压缩车道宽度。车辆途经有完善交通信号控制的路段时,会根据信号指示主动降速、停车,这样预警区设置距离可以适当缩短。同时,信号灯可以作为执法的重要装备之一。通过灯控方法,警察可以采取黄灯亮做准备、红灯亮进入车道快筛违法行为、绿灯亮撤出并在旁等候的循环进入式执法,发现违法嫌疑则延长红灯时间,集中警力控制处于车流中的违法嫌疑人,其他车辆相当于路障,这种执法方式的安全性和执法效率都比较高、效果好且成本低。如果是多车道路口,可以采取占用一条中间直行车道作为警戒区、执法过程中警察常驻在该区域内快筛违法行为的执法方式。需要明确的是,在路口设置临时执法卡点,无论是否占用车道设置警戒区,都应对所有车道的宽度进行压缩,这样既能强化交通控制,还可以作为进出车辆的通道(图4、图5)。

图4 某地交警在灯控路口设置临时执法卡点

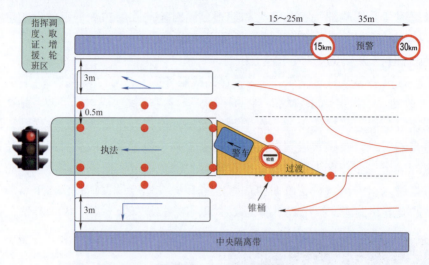

图5 灯控路口临时执法卡点设置示意图

（3）路段设置的临时执法卡点安全性低、执法成本高。在路段设置临时执法卡点需在上游设置远距离预警区，然后逐一设置其他区域，通过交通控制工程措施，如阶段性设置逐级降速的禁令标志、警告标志、告知标志等，达到逐级降速的目的。由于在路段设置临时卡点对交通流干扰较大，占用道路路面空间较大，易造成道路拥堵，不建议在高峰时段设置。在路段设置临时执法卡点，因需要增加临时交通控制措施，建议投入足够警力（≥5人）及交通标志、安全防护设施、警车、便携式光源等装备。安全性方面，在城市道路或等级公路（除高速公路外）的路段设置临时执法卡点，有中央隔离设施的安全性优于无中央隔离设施的；在有中央隔离设施的路段中，绿化隔离安全性优于护栏隔离。相对而言，该类临时执法卡点的执法成本高、安全性较低，在公路或城市干道等具备长距离直行条件的道路上执法效果好。需明确的是，非紧急情况，不建议在高速公路及快速路路段设置临时执法卡点。如果在快速路出入口和匝道导流区内设置临时执法卡点，应参考在路段设置临时执法卡点的原理，逐级降速、分区设置。

扫一扫查看原文

临时执法卡点的区域设置与战术分析

张　伟　公安部道路交通安全研究中心交警系统法制人才库专家
　　　　　内蒙古自治区公安厅交警总队警务技术一级主管

一、临时执法卡点各区域设置与防护要点

临时执法卡点一般分为四个区域，分别是预警区、过渡区、警戒区和拦截区。在临时执法卡点各区域采取防护措施的主要目的是保证途经车辆、人员和执法警察的安全，

预防和制止违法车辆对社会公共安全的危害。防护措施主要包括：在警戒区上游来车方向设置斜向停放的掩体车辆（尽可能使用质量较大的车辆）以减少纵向冲击；在掩体车辆遮蔽区用反光锥桶等警示设施进行完全标记形成执法工作区，即警戒区；还要考虑到应对分心、酒后驾驶人或冲卡等特殊情况，设置路障等设施建立拦截区。下面笔者就临时执法卡点各区域具体应如何设置、应采取什么防护措施展开分析。

1.预警区距离应大于停车视距

预警区，就是在驾驶人发现异常路况前完全停车所需要的最短距离，应从掩体车辆来车方向的最小安全距离处开始，逐一设置向左或向右变更车道的指示标志、降低道路最高限速值的禁令标志、车道变窄警告标志等交通标志进行提前预警。

预警区的长度应大于停车视距。停车视距参考数值如下：限速60km/h道路上的停车视距应≥70m，限速80km/h道路上的停车视距应≥110m，限速100km/h道路上的停车视距应≥160m，限速120km/h道路上的停车视距应≥210m。

此外，还有其他计算预警距离的方法。根据美国《统一交通设施控制手册》(MUTCD)的规定，道路临时执法卡点预警区距离最小值应按照城市道路和公路分别计算，公式如下：城市道路的临时执法卡点预警区距离（ft）=最高限速值（mi/h）×4（~8），公路的临时执法卡点预警区距离（ft）=最高限速值（mi/h）×8（~12）。城市道路的临时执法卡点预警区最小距离计算公式中，如果把英里和英尺换算成千米和米，系数取8，计算出中间系数约为1.7，公式可变为距离（m）=最高限速值（km/h）×1.7。

2.过渡区长度与道路限速呈正比，角度≤30°

根据美国《统一交通设施控制手册》(MUTCD)的推荐计算公式，过渡区长度与道路限速成正比，车速越快，斜线越长、锥度越小，方便驾驶人提前发现斜向指引，来车也有最大空间用于变更车道。为了便于操作，建议过渡区角度≤30°。

过渡区属于警戒区的组成部分，包括上游及下游过渡区，表现为由警示设施构成的斜线。相对来说，上游过渡区的设置较为重要，即通过连续摆放反光锥桶等警示设施，呈一条标记已封闭车道的斜线，保证上游来车平稳地从封闭车道横向过渡到非封闭车道（待检通道）路段。上游过渡区应有专人作为引导指挥人员兼安全员，指挥车辆对准车道、进入待检通道（图1）。下游过渡区用于向驾驶人提供视觉提示，表明可以返回原车道或路径，设置方式可参考上游过渡区设置方式，并根据现场情况适当调整。

3.警戒区面积应根据警力和设备面积设置

过渡区结束后应在纵向预留5~10m的缓冲空间，然后放置掩体车辆，连续摆放与道路走向平行的反光锥桶等设施与过渡区连接，这个将掩体车辆及其下游遮蔽车道完全封闭、形似梯形的区域称为警戒区（图2），其长度应根据警力、设备等情况延伸设置，每名警察占用路面工作区域应为9~16m^2（3m×3m~4m×4m），警用车辆占用路面应斜向≤30°停在警戒区内，其他设备占用空间根据实际体积确定。

4.拦截区需根据执法卡点位置确定设置方式

如果在收费站口或服务区设置临时执法卡点，应设置护栏、水马、锥形桶等防护设施提前渠化车流，在下游车流必经路线上结合路障、拒马、警车设置拦截区。如果在信号灯控制路口设置临时执法卡点，应通过控制信号灯来控制嫌疑车的前车，在导流区或停止线前结合路障、拒马、警车设置拦截区。如果在路段设置临时执法卡点，应按照1辆警车占用路面面积、1或2名警察的工作区域、路障或拒马的体积在相邻车道下游设置警戒区，形成S或Y形通行路线；如果在盘查过程中车流量变大，可加大拦截区长度并将拦截区移至道路中间，拦截区功能变为检查和拦截，引导车流从拦截区两侧通过，拦截区域内两侧设警员分别检查，形成Y或X形通行路线。

图1 上游过渡区与安全员

图2 掩体车辆与警戒区

设置上述各区域时，要结合途经车辆的宽度、转弯半径等数据，灵活压缩待检车道宽度，使驾驶人主动降速通过。例如，某城市道路的车道宽为3.5m，考虑到待检通道可能有公交车通过，公交车宽2.48m，那么待检通道宽度可以压缩至3m。

二、在临时执法卡点执法应采取的战术

战术是以优化资源配置的技术手段完成既定战略的技术方法，包括基本原则和行动方法两部分。具体到警察执法战术，就是在保证安全的原则下，通过协同指挥、运用控制手段，优化资源配置，以最小执法成本完成执法任务的方法。笔者从执法原则、方法、组织管理三个方面对临时执法卡点的战术及应用展开分析。

1. 应将安全原则贯彻始终

临时执法卡点的执法原则在国内很多教材、文章中都有详细论述，这里引用美国巡警教材中的内容作为补充：

拦截车辆时，不要低估机动车的运动能力及驾驶人发生错误操作的概率，以平稳有序地使其停车（STOP）为首要原则；安全性（SAFE）要贯穿始终；注意停放位置（stop location）：停放警车或指挥途经车辆停放要选择合理、安全的位置，然后进行检查；警惕交通流、关注交通流（awareness of traffic），它的危险性高于枪；预设逃生路线（find an escape route）；检查过程中进入交通流时要观察，确认安全后再进入（enter traffic safety）。

2. 建议采取协同作战方法

由于临时执法卡点在客观上属于定点执法，灵活性不足且易暴露，违法嫌疑人很可能提前选择未设置临时执法卡点的路段进行避让，因此建议采取协同作战方法，优化资源配置，使用巡逻与定点相结合的打击方式，动静结合堵塞管理漏洞，还可围三阙一，

针对绕行、逃逸车辆以逸待劳。

3.执法前应明确执法任务，合理分工

设置临时执法卡点进行执法是一项包含警组战术应用、交通控制技术、警务指挥多个技术类别的综合性执法任务，因此，要高效、安全地完成该任务，应确保执行任务的警组中至少有一人接受过"如何规范设置道路临时执法卡点"类的培训，并取得合格证。如果警组中只有一人取得合格证，则他应担任此次任务的指挥员。

除了执行任务的警组设置以外，还应明确：执法行动的打击目标是什么，是针对某一类违法行为、某一车型，还是综合性执法？临时执法卡点面临车流堵与疏的界限标准是什么？明确这些问题的目的是减少自由裁量权，保证公开透明，同时减少拥堵及发生交通事故的概率。例如，在路口设置临时执法卡点查处酒驾行为，执法警组应根据导向车道线长度（30~70m）、车流量等因素设定排队待检车队长度及红灯时长，得出每辆车筛查的最长时间，超出预定长度应及时撤出并变换信号灯放行车辆，监测排队车辆长度这一工作应明确专人负责。密切关注科学技术的发展，紧密结合科技手段，如使用图像识别技术及设备、智能雷达等闯入预警设备，使人车匹配度、合法性的检查效率和执法安全性大大提高。

扫一扫查看原文

综上所述，在道路上执法，必须按照交通控制及交通运行规律，结合科学技术手段将安全理念贯穿始终，才能让执法更好地服务社会、维护公共安全。

关于交警执法冲突事件解决方法的思考

张　伟　公安部道路交通安全研究中心交警系统法制人才库专家
　　　　　内蒙古自治区公安厅交警总队警务技术一级主管

最高人民法院、最高人民检察院和公安部于2019年1月10日联合印发了《关于依法惩治袭警违法犯罪行为的指导意见》，明确要求人民警察"要规范现场执法，以法为据、以理服人，妥善化解矛盾"，即强调执法的合理性与柔性，这就需要避免因执法不规范激化矛盾。具体到交警这个岗位，应如何做才能避免片面理解指导意见、以刚克刚，实现以柔克刚？

为了研究上述问题，笔者对近年来发生在全国各地的近百起交警在执法中遭遇交通违法行为人使用言语或暴力阻碍执法的案例视频进行了梳理、研究与分析，现将所得结论分享给广大交警同仁，供大家参考。

一、发生执法冲突事件的原因

1.交通违法者法律意识淡薄

收集的视频案例中的交通违法者都未认识到违反交通安全法律的严重性，有的甚至不认为自己做出了违法行为，往往试图通过软硬兼施的策略干扰交警执法，以逃避处罚。大部分违法者在未达成逃避处罚目的后会选择接受处罚。但也有少部分违法者发现无法逃避处罚时被叠加的不良情绪引导，如对个人生活、工作处境的不满，或者把社会综合矛盾如交通拥堵、车位少等问题归咎于交警，进而向其进行暴力宣泄，做出更严重的违法犯罪行为。

2.部分交警执法方式欠妥

个别视频案例中的交警执法方式方法有待商榷，大多表现为随意中断与违法者的沟通，以及执法时违反职业安全防护规定（如无戒备意识、无防护技能、无防护装备等）。例如，有两起案例中，面对违法者质疑执法依据时，当事交警以较高语调打断违法者的提问，并反复强调让其自行搜索相关法律。

从交警的角度来看，可能在日常执法中已频繁回答过类似问题，因此表现出了不耐烦，但从交通违法者的角度来看，这也许是其今天、这个月甚至本年度收到的第一张罚单，因此试图了解更多信息。而当事交警关闭了沟通渠道，不仅事后需要进行更多的解释以弥补失误，还很可能引发违法者的猜忌与质疑，导致矛盾升级，甚至场面失控。

二、执法冲突事件的突出问题与发生征兆

1.执法冲突事件的突出问题

如图1所示，从对峙到发生冲突的全过程中，交警与违法者之间属于近距离状态，未保持安全距离，双方面部间距小于或等于1m。

图1　交警与违法者之间距离小于或等于1m

一些案例显示，交警往往是在无戒备意识或无防备状态下遭遇袭击。其中，违法者作为发起主动攻击的一方，主要击打对方脸部、胸口，个别违法者同时袭击对方脸部和腿部。被袭击的交警通常未随身携带防护装备（图2）。冲突发生前，双方曾有过一段时间的交流沟通。违法者发起攻击前，其情绪、声调、言行有明显的升级迹象，无征兆攻击比较少见。

2.执法冲突事件的发生征兆

研究交警执法冲突事件的发生征兆，是为了减少被动反应，赢得主动权，减少执法风险。此外，从立法目的及执法成本的角度考虑，交警若能及时识别这些前兆并提升戒备，采取合适策略，就可以避免冲突升级。需要澄清的是，识别危险信号不等于提倡微表情研究，因为让交警在喧闹的道路上去捕捉稍纵即逝的微表情是不切实际的，同时国际上对于微表情研究是否科学尚存争议，事实上，广大交警在实际工作中只要注意到下面提及的较为明显的前兆即可。

违法者使用不文明用语或虽无不文明用语但语带讽刺，以及使用不当比喻及重复使用质疑类反问句是一种较为常见的征兆。该征兆相对来说易于识别，然而，大多数视频

案例中的交警却未引起重视,个别甚至反唇相讥,导致对抗升级(图3)。

图2　左为交警头部遭袭,右为交警未随身携带防护装备

图3　事件中交警注意力不在激动的违法者身上

违法者身体机能发生变化,如呼吸频率加快、深度加强,脖子等处肌肉紧绷,个别人脸色变白或变红,有些人会在出现上述变化的同时伴有松开领带,解衬衣领口、袖口纽扣,挽起衣袖等动作;此外,违法者的瞳孔或视线也会发生变化,尤其在愤怒情况下瞳孔会变大、眼部肌肉会绷紧(图4、图5)。

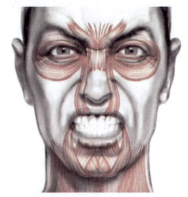

图4　人在情绪激动时的脖颈及面部肌肉群表现

图5　情绪激动时脖颈及面部肌肉群、视线的变化

违法者企图逃跑或犹豫是否采取攻击时，往往会评估逃跑路线或察看交警体型、装备、周边有无其他交警等信息，这时候其视线飘忽不定。违法者有握拳、身体前倾或膝盖微曲等动作，以及频繁使用夸张的肢体语言"指手画脚"等也是将要发动攻击的前兆（图6）。

图6　夸张的肢体语言与动物守护领地的行为类似

一些反常言行也是违法者将要发动攻击的前兆，意图在于转移交警注意力。例如，有的违法者突然缓和语气，使用"您"或一些恭维措辞表示合作意向，同时移动身体以拉近距离或远离，还有违法者会把手伸向一些不明空间（如口袋、车内储物箱等）或者抓握工具、车辆操纵杆等。一起视频案例中的违法者在表示合作的同时，把自己手机交给同伴（意在保护自身财产，类似的行为还有摘下手表、眼镜，转移钱包等），然后突然实施攻击。总之，违法者说什么不重要，身体表现才"最为诚实"。

三、避免或化解冲突的措施

1.提高戒备意识

无防护则无安全，无装备则无保障。从搜集到的案例来看，很多交警几乎不存在戒备意识，未随身携带防护装备，更没有采取保持距离、格挡控制等手段。在个别案例中甚至出现了毫无戒备的交警在背身时遭到违法者连击，或在低头开处罚决定书时被身后违法者攻击的情况。

2.保持安全距离，观察周围环境

应及时与违法者拉开距离，并观察环境。距离要根据自身移动能力来计算，并确保在违法者发起攻击时，有最优的反制空间或躲避路线及空间（掩护物）。交警的日常工作之一就是在道路上对各类交通违法者进行教育、处罚，因执法空间所限、路面噪声干扰、交通流及交通设施阻碍等，双方之间的距离往往是按照交流沟通的舒适度去调整，因此，完全按照某些教材中所述与违法者保持1.5~2m的距离是不切合实际的，只能保持动态距离，以实现执法安全与执法工作实际需求的平衡。动态距离可以交警是否能看到违法者的双手为基准，若能看到且违法者手边无可利用工具，则至少应与违法者保持大于一臂的距离，以便遇突发情况时能做出相应反应动作；若不能看到或其手边有可利用的工具，建议与违法者保持大于"一步加一臂"的距离（图7）。

图7　距离是保证安全的重要措施

3.及时对双方实力做出评估

冲突发生前，应快速完成并准确判断双方实力对比及局势发展方向，例如，交警在评估装备情况时需要考虑双方随身装备和身边可用工具的对比。

4.利用手势震慑对方

冲突发生时，可以借助一些手势来实施阻碍、保持距离并暗示违法者停止攻击行为。例如，可以使用手心向前的停止手势、提手戒备、手心向上成掌指向对方等。

5.使用缓和策略

之所以建议在冲突发生时使用缓和策略，一是避免暴力冲突实际上是符合双方利益的，因此具备采取缓和策略的基础，二是可以有更多时间、选项和资源来解决冲突事件。具体而言，缓和策略包括以下几点：

（1）要明白自身在社会分工中所扮演的角色，及时摆脱个人情绪的影响。建议采取心理暗示的方法，反复自我强调"我是警察，我要做出理性而专业的反应"，从公立的角度去处置事件；同时有意识地采取固定节奏、长短结合的呼吸频率，尽快恢复正常心率并使大脑平静地进行评估，以做出合理选择。

（2）需要与违法者保持交流。如果因自身不当言语造成误解，应主动道歉。如果因违法者与交警的法律理解不同或对交警执法存在误解而发生冲突，可以主动释法、阐明工作属性及违法行为的危害性，同时明确阻碍执行职务与妨害公务违法行为的法律责任，用建议方式表达警告，让违法者在权衡利弊间做出选择。需要注意的是，要使用陈述性语句，不要使用命令的语气，下列语句是比较适宜的："您现在面对的是一起简单的交通违法行为处罚，我们可以互相配合，让我完成我的工作，这样您很快就可以离开，去忙自己的事情，如果您拒绝或阻止我完成工作，就会让事情变得复杂，您将失去一段时间的自由，而我也将写很多法律文书，这对我们俩都不是一个好的选择，您觉得呢？"

（3）做一个好的"听众"。这需要具备"同理心"。面对激动的违法者，可以站在违法者处境问几个为什么，例如，他/她为什么激动？这样做是为什么？他/她需要什么？我是否有责任？接下来怎么办？违法，往往伴随着欲望或失望，是人性的现实表现，理解人性才能使其直面后果，从而避免违法者因非理性行为给社会带来危害。要认真聆听违法者的需求，也许对方只是想口头抱怨几句。同时，需要明确违法者具体的关注点是什么，为接下来的沟通做准备。保持倾听时要释放善意的眼神，适时点头或表示理解。

（4）要适当利用"镜头"，让"镜头"成为"降温剂"。可以告知违法者处于执法记录仪及周边围观人群的拍摄中，双方没有必要成为负面事件的"主角"，更不应成为法庭、媒体等第三方评价的对象，并建议违法者冷静下来"好好谈一谈"（图8）。除镜头外，齐全的警械、规范的戒备动作等可以带来较强的威慑力，也可成为"降温剂"。

图8　镜头下的执法

6.因地制宜，巧妙周旋

若缓和策略失效或来不及使用缓和策略，应因地制宜，与发动攻击的违法者展开周旋，不要逞个人英雄主义。有固定物的，利用固定物周旋，择机撤退或等待增援到达后用优势警力对违法者进行控制；无避让条件的，则使用近身控制防卫技术对违法者进行控制。切记，要排除违法者因疾病、精神障碍、发育障碍、语言障碍、药物作用等因素导致的缓和策略失效。

扫一扫查看原文

透过"路内违停归谁管"看"严管停车策略"

刘金广　公安部道路交通安全研究中心政策规划室副主任、研究员

一、城管部门参与违停执法管理的现状

城管部门参与城市道路违法停车治理，要从2015年底，中共中央、国务院出台《关于深入推进城市执法体制改革改进城市管理工作的指导意见》（以下简称《意见》）说起，《意见》中第7条提出"推进综合执法，交通管理方面侵占城市道路、违法停放车辆

等行政处罚权,及有关行政强制措施,可以由城管部门实施",这为城管部门参与违停治理提供了政策遵循。

1.城管部门参与违停治理的两种模式

据了解,当前部分城市城管部门参与违停治理的情况主要有以下两种:

(1)违停执法权被移交至城管部门,但面临强制力偏弱等问题。部分城市采取"城管部门全面开展违停执法活动"的模式,从路面执法取证、粘贴告知单、违法行为审核到收缴违停罚款等均由城管部门独自处理。但从违法治理效果来看,并没起到预期效果,据某地城管部门反映,自违停执法权移交至城管部门后,违停缴纳罚款率持续偏低,不足三成,主要原因是该模式下的处罚强制性偏弱。违停者虽然收到城管部门粘贴的违停告知单,但是从公安交管部门的交通违法数据库系统中却查询不到相关违停记录,故没有引起公众足够重视。

(2)交管部门负责审核处罚,城管部门仅参与违停取证过程。部分城市采取"城管部门只参与违停取证过程"的模式,由城管部门执法人员依据交通违法图像取证技术标准,对道路违停行为进行取证,将取证信息传输至公安交管部门,由后者对违停行为进行审核处罚,并将审核通过的违停信息纳入交通违法信息系统。该模式的特点为,部门间联合联动治理违停,有效提升了执法效能,且处罚强制性较强,能够对交通违法行为产生有力震慑。

2.社会上对城管部门参与违停治理的质疑

当前社会上针对城管部门治理违停尚存在一些质疑的声音,主要集中在两方面:

(1)关于"违停由谁来管",即违停执法权归属问题,质疑城管部门是否有权限全面依法开展违停执法活动,如何强化违停处罚的强制性。

(2)关于"乱贴条",即认为违停执法处罚只是为了追缴罚款。为回应这些质疑声音,应系统性梳理我国现行相关法律法规、结合城市停车发展实际,研究制定科学客观的执法管理策略。

二、城管部门参与违停执法管理的法律依据

我国与"违停执法管理"相关的现行法规政策主要有《中华人民共和国道路交通安全法》(以下简称《道路交通安全法》)、《中华人民共和国行政处罚法》(以下简称《行政处罚法》)。

1.《道路交通安全法》的相关规定

《道路交通安全法》明确公安机关交通管理部门对违法停车行为处20元以上200元以下罚款,并可以将该机动车拖移至不妨碍交通的地点或者公安机关交通管理部门指定的地点停放。此外,各地公安机关交通管理部门还探索运用非现场交通技术监控进行执法。

2.《行政处罚法》的相关规定

《行政处罚法》第16条规定,国务院或者经国务院授权的省、自治区、直辖市人民政府可以决定一个行政机关行使有关行政机关的行政处罚权,但限制人身自由的行政处罚权只能由公安机关行使。

授权主体：国务院或者经国务院授权的省、自治区、直辖市人民政府可以决定一个行政机关行使有关行政机关的行政处罚权。

被授权的条件：被授权的组织应当是行政机关，但限制人身自由的行政处罚权只能由公安机关行使。

综合来看，上述城管部门参与违停执法管理的两种情况，应当说都在我国现行法规许可范围内。在第一种情况中，城管部门全面依法开展的违停执法活动应受公安交管部门的行政处罚权委托，并且公安交管部门应负有监督职责，对相关后果承担法律责任；在第二种情况中，城管部门参与违停执法取证工作并不意味着违停行政处罚权已委托转移，因此，城管部门不具备违停执法权，仅限于为交管部门提供取证信息，经交管部门审核后，方可进行处罚。

三、境外城市违停执法管理对我国的借鉴意义

纵观境外国际城市，对于城市道路违法停车执法管理，虽然大部分城市由警察机构主要负责执法处罚，但也有部分城市通过立法的方式，委托其他社会机构进行执法管理，总体执法管理效果良好。究其原因，与其"执法管理社会化模式"，以及"健全严密的法律法规体系"等具有直接关系，值得我国城市思考借鉴。

积极采用社会化共治模式，聘用社会企业力量参与违法停车治理，有效提升执法管理效能。如日本东京采用警察巡逻和聘用"驻车监视员"队伍拍照取证的方式，对违停行为进行执法管理，"驻车监视员"发现道路违法停车，立即拍照取证，并传输至警察局，经审核后进行处罚。美国纽约的违停执法管理由纽约市警察局负责，该局聘用了约3300名交通执法人员参与执法管理，对影响道路通行的违停车辆，及时进行拖移处置，形成极大震慑力。

健全严密的法律法规体系，为厘清停车执法管理体制、加强违停执法处罚强制性等，夯实了坚实的基础。如英国伦敦通过地方政府立法的形式，聘用社会私营企业参与违停执法管理。针对违停处置，管理员将罚单贴在违停车辆的前玻璃上，详细列明处罚原因以及罚款金额，违法车主必须在28日内缴纳罚款，如果在28日内既不缴纳罚款又不提出复议，将会收到第二份罚款通知书，罚款额度上调50%，车主必须在14日内缴纳罚款，否则该罚款将转为地方法院登记的债务，并加上司法费用，由法院向违法车主下达偿债通知书，如果在21日内仍未缴纳，则由法院强制执行。

四、如何制定科学的停车执法管理策略

"城市停车泊位供需严重失衡、道路违法停车行为高发态势、违停执法管理人力资源匮乏紧张、交通参与者文明守法意识相对淡薄"等，是我国城市普遍面临的停车管理问题。在此背景下，厘清停车执法管理体制、科学制定停车执法策略，既是有效推动缓解城市停车难题的根本要求，也是回应社会新期望新诉求的必然选择。

1.合理选择违停执法管理体制模式

围绕城管部门积极参与违停执法管理，结合国际城市发展经验，综合考虑执法管理

人员、执法处罚强制力、城市停车供需状况等情况，关于采取何种违停执法管理模式的思考、建议如下：

优先推荐采用"城管部门协助违停取证，公安交管部门负责审核处罚"的模式。两部门间协同合作，共同完成违停执法管理活动，既能够克服执法管理人力资源不足问题，又可有效提升违停执法管理效能，对违停行为形成强大震慑力。

宜采用"委托城管部门实施违停执法行政处罚权，公安交管部门负责监管"的模式。建议在实施前期，公安交管部门参与配合违停执法管理，从取证标准、执法流程、执法规范性等方面给予技术指导。另外，从近期来看，建议城管部门将查处的违停处罚信息，单向传输至公安交管部门，经其审核纳入公安交通违法平台，此举既可加强公安交管部门的监督职能，又可提升违停处罚的强制性。长远来看，建议推动健全完善相关法律法规，进一步强化法律处罚的强制性。

2.科学制定城市停车严管策略

违法停车执法处罚的目的，不只是纠正交通违法，更重要的在于，通过严格执法管理加快城市停车泊位的科学规划建设，合理增加泊位供给，动态优化交通出行结构，推动调和停车供需矛盾。因此，宜采取如下措施：

（1）研究设定严管路段及区域，不可对全路网进行"一刀切式"严管处罚，应采取教育与处罚并举的管理策略。考虑城市区位功能、道路设施条件、道路交通流量、交通需求特征、停车供需关系、交通运行状况等条件因素，研究确定违停严管路及区域，在这些路段及区域内，实施严格违停执法处罚，营造规范文明停车氛围；在严管路及区域外，以教育为主，研究施划限时段停车泊位，适当满足基本停车需求，尽量约束出行停车需求。

（2）加强社会宣传引导，鼓励社会公众文明规范停车。及时向社会公布停车严管路及区域，告知违法停车严管策略及方案，让公众切实了解违停执法管理的初衷，绝不是"以罚代管"，而是"由罚促管"，倡导公众自觉遵守交通法规，倡议全社会共同治理停车难题，营造安全、有序、文明、规范的城市停车环境。

论行政当事人放弃行政处罚程序中听证权的法律效力

姜　葳　北京市公安局公安交通管理局西城交通支队办公室主任、副研究员
王　莹　北京市公安局公安交通管理局西城交通支队办公室民警

《中华人民共和国行政处罚法》（以下简称《行政处罚法》）首次将听证制度正式引入行政领域。随着我国法治化进程的日趋完善，听证制度也逐渐扩展到立法听证、行政许可听证、价格听证等领域，成为现代行政管理的重要组成部分。

行政处罚中的听证是狭义概念上的听证程序，具体含义是指行政机关为了查明案件事实、公正合理地实施行政处罚，在做出行政处罚决定的过程中，通过公开举行由有关各方利害关系人参加的听证会广泛听取意见的方式、方法和制度，即行政处罚过程中当事人充分地行使陈述权和申辩权的法定方式。

一、听证权现行法律规定及适用情形

1.《行政处罚法》如何规定听证权

《行政处罚法》第42条第一款第一项规定，"行政机关作出责令停产停业、吊销许可证或者执照、较大数额罚款等行政处罚决定之前，应当告知当事人有要求举行听证的权利；当事人要求听证的，行政机关应当组织听证……当事人要求听证的，应当在行政机关告知后3日内提出。"

2.《公安机关办理行政案件程序规定》如何规定听证权

《公安机关办理行政案件程序规定》第133条规定，"违法嫌疑人要求听证的，应当在公安机关告知后三日内提出申请。"第134条规定，"违法嫌疑人放弃听证或者撤回听证要求后，处罚决定作出前，又提出听证要求的，只要在听证申请有效期限内，应当允许。"

从上述规定可以看出：被处罚人享有听证权，其申请听证的时间是自行政机关告知日起3日内。被处罚人有权处分听证权，即有权放弃或者撤回听证要求。在听证时限内，当事人放弃或者撤回听证要求，可以在原听证时限内重新申请听证。重新申请听证的时间为处罚决定作出前。

结合上述规定，笔者认为：被处罚人申请听证的时间是自公安机关告知权利之日起的3日内，在有效期内，被处罚人有权选择行使或放弃听证权，在放弃听证权后，公安机关尚未作出处罚且被处罚人又提出听证要求的，应当允许，但公安机关已经做出行政处罚的，即不再符合法定申请条件，不再享有法定申请权利。

进一步讲，上述规定赋予被处罚人听证权，并允许其在申请期限内放弃，也允许在作出处罚前再次提出听证申请。即听证申请权放弃后处于失效状态，而权利消灭后法律法规创制性地给予违法行为人一项新权利，即被处罚人在行政处罚出前重新申请听证的权利。反之，公安机关已经做出行政处罚的，则不符合再次启动听证权的条件。面对一个确定的行政处罚结果，陈述和申辩已经失去实际意义，而应该通过行政复议、诉讼途径对作出处罚的事实及依据进行审核。

《行政处罚法》规定了听证权及听证权行使的时限，但对于听证权在申请时间内放弃后的法律后果，未做明确规定，存在法律空白。幸而《公安机关办理行政案件程序规定》中关于听证的条款既明确了公安机关办理行政案件过程中被处罚人对听证申请的处置权，同时也蕴含了其放弃听证权时，公安机关可即时作出处罚的程序规则，为公安机关提供了执法依据。

3.交通管理法规如何规定听证权

《中华人民共和国道路交通安全法》（以下简称《道路交通安全法》）及其实施条

例没有对听证程序作出具体规定。《道路交通安全违法行为处理程序规定》第51条规定"处以吊销机动车驾驶证的，应当自违法行为人接受处理或者听证程序结束之日起7日内作出处罚决定"。该条款规定遵守"7日"处罚时限的情况分为两类：

（1）违法行为人接受处理。违法行为人主动、接受处理，即违法行为人对调查结果认可，放弃听证或未提出听证，自愿、主动接受处罚，处罚机关即应当在违法行为人接受处理之日起算7日内作出处罚，而不必在被处罚人未提出听证申请的情况下，将处罚时间延长至被处罚人接受处理之日起3日后。

（2）听证程序结束。从该条款看，本情形应适用于"违法行为人接受处理"以外的其他情形，包括违法行为人到处罚机关，但不接受处理，提出异议或听证，或虽未明示听证、陈述辩解，但不接受处罚；以及违法行为人未前来处罚机关接受处理，或处罚机关无法对违法行为人当面处理。上述情况的听证程序包括两种情况：一种是违法行为人在听证期限内提出听证，公安机关依法履行听证程序，听证程序结束后起算处罚期限；另一种是当事人不接受处罚，但未明确放弃听证，或未见到当事人需要通过公告方式送达相关文书，听证程序结束以3日申请有效期限届满为止。

笔者认为，上述条款为提高交管部门行政效率、降低执法成本、减轻群众时间负担提供了支撑，也进一步明确了违法行为人接受处理和听证程序结束的法律界限，进一步填补了上位法空白，为公安交管部门作出吊销驾驶证处罚的起始时间提供了依据。

4.其他部门法如何规定听证权

违法行为人拥有放弃听证的主动型处置权利，而非只有逾期不申请视为放弃听证的被动型处置权利已经在各部门、各地方的行政处罚领域成为主流观点。

以"放弃听证权利"的文字表述确定当事人拥有听证主动型处置权的现行有效法律法规共有75部，其中部门规章20部，地方性法规55部（数据来源：科威先行法律信息库）。部门规章中，《市场监督管理行政处罚听证暂行办法》第15条第3款规定"委托代理人代为撤回听证申请或者明确放弃听证权利的，必须有委托人的明确授权"；《海洋听证办法》第41条规定"放弃听证或者被视为放弃听证的，不得就同一事项再次申请听证"；《中华人民共和国海关行政处罚听证办法》第10条第2项规定"当事人享有下列权利：（二）申请或放弃听证"等。地方性法规中，湖南省《行政处罚自由裁量权基准制度》第16条第3项规定"当事人放弃听证权利的，应由法制机构初步审查并提出案件处理的书面意见"；《辽宁省地方税务局税务行政处罚裁量权实施办法（试行）》第20条规定"对应当进行听证的案件，地税机关不组织听证，行政处罚决定不能成立；当事人放弃听证权利的除外"等。

主动放弃听证权带来的法律后果即听证权的消灭。权利消灭后，对应的义务主体（行政机关）是否从听证程序中完全解放出来，实务界有两类不同的答案：

一类认为"听证权彻底消灭，不得再次提出听证申请"。违法行为人放弃听证权利后，如果该行政处罚的听证程序已经启动，则终止举行听证；如果尚未启动听证程序，则不得就同一事项再次提出听证申请。例如，《中国人民银行行政许可实施办法》《中国证券监督管理委员会行政处罚听证规则》《中华人民共和国海关行政处罚听证办法》

等部门规章都规定当事人撤回听证申请后需承担终止举行听证的法律后果；《海洋听证办法》《水行政许可听证规定》《江苏省水利厅行政许可听证程序规定》都以"放弃听证或者被视为放弃听证的，不得就同一事项再次要求听证"的表述闭环了听证权的再次启动。

另一类认为"当事人的听证权消灭后，法律法规给予了当事人附带限制条件的新权利"。对这类规定已在上文（《公安机关办理行政案件程序规定》具体条款的分析）详细、具体分析，在此不再赘述。除《公安机关办理行政案件程序规定》外，还有《公安机关执法细则》（第三版）、《广东省食品药品监督管理局关于食品药品行政处罚的程序细则》《深圳市市场和质量监督管理委员会执法案件办理程序若干规定》等部门规章和地方性法规都采取了设置新的听证权利启动条件的方式，扩大对当事人的权利保障。

纵观行政法领域中对听证权放弃的相关规定可以发现：无论听证权利是否可以重新启动，两种处理方式都认可同一个程序规则——当事人主动放弃听证，行政机关可即时作出处罚。国务院相关部门及地方的政策、法规及规范性文件也对听证权的放弃及法律后果持肯定态度。且未发现"当事人放弃听证权利后，行政机关必须等待听证申请有效期限届满才能做出行政处罚"的相关规定。

二、交管执法中符合听证条件的违法行为及执法现状

（一）交管执法领域涉及听证的行政处罚

虽然《道路交通安全法》及其实施条例没有对公安交通管理范畴内符合听证条件的行政处罚作出具体规定，但按照《行政处罚法》的一般规定，以及《公安机关办理行政案件程序规定》的相关规定，可以发现，道路交通管理中的行政处罚涉及听证程序的行政处罚有两类：一是吊销许可证（驾驶证）；二是对个人处以2000元以上罚款的……对法人或其他组织处以10000元以上罚款的。

（二）交管执法领域涉及听证的行政处罚特点

1.总占比较低

经梳理，吊销或可以吊销驾驶证的违法行为一共有6类（常见违法涉及严重超速、严重酒后、重大交通事故、驾驶拼装报废机动车等），此外，涉及违反《道路交通安全法》被处以2000元以上（含2000元）罚款的违法行为共有4类（常见违法涉及伪造变造使用他人牌证、违反规定载客载货等）。

上述交通管理违法行为较为严重，但在实际执法中发生的频率较低，其执法量占总体执法量比例也较低。以2019年北京市西城区行政处罚数据为例，涉及听证范围的行政处罚仅约占执法总量的0.05%。

2.行为人普遍主动放弃听证权

执法实践中涉及听证的交通违法行为主要为严重涉酒、严重涉牌、严重超速、重大

交通事故、驾驶拼装报废机动车等。

针对上述行为的执法具有以下特点：涉及主体为驾驶人和处罚机关，参与人简单；因现代执法工作配备了执法记录仪、交通技术监控设备、酒精检测等高科技执法手段，在证据的采集上更加充分、固定证据更加便捷；自《道路交通安全法》及相关法规规章实施以来，相关违法情形较为稳定，证据标准清晰、争议空间较小，执法者、违法者对案件事实认定更加全面清楚。

因此，在这种情形下，处罚机关告知违法行为人拟作出的处罚决定前，调查结果显示的事实认定界限清楚、证据标准客观、案情简单明确，行为人因无听证的必要而主动放弃听证权的情形非常普遍。

三、若遇放弃听证，行政机关是否需待三日期满方能处罚

笔者认为，当事人放弃听证权仍需等待听证申请有效期限期满再进行处罚，不符合交管类执法工作的特点及实践需要，原因如下：

（一）执法成本较高

从近年的执法实践来看，如果在办理二次酒后驾车、醉酒驾车、伪造变造以及使用伪造变造机动车牌证等符合听证条件的案件时，对放弃听证权的违法行为人等待三日再作出处罚，易导致执法成本增加等问题。

具体而言，对于涉及并处行政、刑事拘留的，需要多次往返查获现场、办案单位、拘留所，大大增加了办案单位的工作成本，增加人力负担，降低办案效率；对于不涉及并处行政、刑事拘留的，也需要3日后再次通知违法行为人、再次启动执法程序，或启动违法行为人不接受处理的事后处置程序，同样增加了执法成本，并面临违法行为人一旦离开执法单位，便不再来接受处理的风险及相关疑难问题。

（二）不符合相对人、行政机关及社会三方利益

（1）对相对人来说：放弃听证权仍需要等待"3日"，增加了违法行为人的程序义务和时间成本，在依法接受处罚外增加了额外负担。严重交通类违法行为在作出处罚决定前通常采取扣留机动车或驾驶证的强制措施。违法行为人认可调查结果及拟作出的处罚时，存在解除强制措施和减少时间、交通成本的需求。因此，高效完成行政处罚为相对人事后权利（重新取得驾驶证考试资格等）的实现和后续工作生活提供了便利。

（2）对行政机关来说：随着汽车保有量的增加以及机动车、非机动车种类的增加，交管工作日趋复杂繁重。与此同时，现代行政管理理念要求公安交管工作以巩固交通安全平稳形势为基点，以提升交通现代治理能力为目标，不断提高交通执法工作精细化、科学化水平。上述目标的实现需要我们继续保持对酒驾醉驾、假牌假证等严重违法犯罪行为的查处力度和继续落实即查即办工作要求。面对区级执法单位年均数10万笔的繁重交通管理工作压力及执法规范化建设的需求，确保行政高效显得尤为重要。

（3）对社会来说：放弃听证权仍需等待原听证期限届满才能作出处罚决定，形成了

违法行为人逃避处罚的漏洞，造成了案件积压。执法中发现，部分违法行为人驾驶他人车辆或租用车辆，使用他人驾驶证或经伪造变造的驾驶证，被民警查获并采取扣留机动车、驾驶证强制措施后，经办案部门多次催促仍不接受处理。此类案件如不即查即办，极易造成案件积压、悬而未决的问题。逃避行政处罚不利于社会矛盾的及时化解，不能及时实现教育处罚和纠正的行政管理功能，也直接影响了公安机关的权威性和公信力，给社会带来了负面反馈。

扫一扫查看原文

四、部分司法判例支持"不必等待原听证期限届满即可处罚"的观点

通过查阅司法判例，笔者发现部分省市的司法机关都未对当事人明确表示放弃听证权→行政机关负有的等待听证义务消灭→可即时做出行政处罚这一观点作出否定性司法评价。

案例一：广州市交警支队某大队对秦某实施饮酒后驾驶机动车的违法行为作出罚款、暂扣机动车驾驶证并记12分的行政处罚。秦某当场表示放弃听证，接受处罚后又以该行政处罚证据不足、违反听证法定程序为由向法院提起诉讼。法院认为：被告依法已告知原告有提出听证的权利，原告已表示不要求听证，被告作出处罚并未影响原告申请听证的权利。

案例二：天津市河东支队某大队对单某涉嫌醉酒驾驶机动车的违法行为作出吊销机动车驾驶证，五年内不得重新取得机动车驾驶证的行政处罚。办案单位对其拟作出的处罚进行告知时，单某明确表示放弃听证权，接受处罚后又以行政机关剥夺其听证权利为由向法院提起诉讼。一审法院认为：在原告明确放弃听证及陈述、申辩权利，直至被告作出吊销机动车驾驶证的行政处罚前亦未提出听证以及陈述、申辩的情况下，被告在法定期限内做出行政处罚书面决定并向原告送达，其行政程序符合法律规定。二审法院也支持了一审判决，驳回了"上诉人放弃听证权，但期限内反悔还是允许的，被上诉人剥夺了上诉人的听证期限"这一主张。

上述案例中涉及的司法部门通过对案件事实的审查及法律法规的分析解释认为，交通管理行政处罚领域内，违法行为人放弃听证权后，行政主体对其做出行政处罚的时间即使在原听证申请有效期限内，行政机关的处罚程序依然合法。

五、"不必等待原听证期限届满即可处罚"符合行政法理论内涵

相对人明确表示放弃听证权后，行政机关是否需要等待原听证申请有效期限届满才能作出处罚决定？

目前存在两种观点：

（1）行政主体都应在期满后作出处罚决定；在期满前作出的，应予撤销。

（2）放弃听证权不需等待原听证期限届满即可作出处罚决定。

为更深入分析两种观点的思路及合理性，可将上述观点拆解为两个层面分别讨论：

（1）听证程序中的"有效申请期限"是对行政机关原调查结果及作出处罚决定的一

个生效时间限制（即附条件生效），还是对当事人听证权利的行使作出的时间约束？

（2）违法行为人对听证权是否拥有处置权？假设有，如何有效行使处置权？

（一）听证申请有效期限是对当事人行使权力做出的时间限制

1. 听证程序中听证期限的功能

那么听证申请有效期限的性质是什么呢？听证过程实质上是一个听取当事人陈述申辩的调查过程，它的执行使得违法行为人、行政主体对案件事实认定更加全面清楚。违法行为人认为其对社会法益的侵害和行政机关对行为人作出的处罚间存在不对等关系时，在效率和公正之间寻求救济的最佳途径，是一种对抗国家公权力的防御请求权，即听证权是法律赋予违法行为人对抗行政主体作出的行政行为先定力的一项权利。听证申请是听证程序的启动按钮，意味着向行政主体表达对拟作出处罚的异议。为了防止当事人躺在权利上睡觉的现象，对这项权利的行使确定了严格的期限——设置了明确的听证申请有效期限，兼顾公平和效率。

2. 从行政法基本原则角度分析听证期限的设置含义

听证程序扎根于行政法的土壤中，听证程序适用的范围、程序、期限也无一不体现合法行政、合理行政、程序正当、高效便民、诚实信用及权责统一原则。与其他部门法相比，行政法的合理行政、高效便民、诚实信用等特色原则更是在听证程序中体现得淋漓尽致。程序的运行中付出成本的不仅是行政机关，作为程序的参与者，在行使权力时也要投入相应成本。因此，将听证权这把钥匙交予当事人之手，由其开启听证之门，是一项权利而非义务。将听证申请有效期限理解为对权利行使的时效限制符合比例原则，也是对高效便民原则的正向反馈。反之，如果将该期限届满解释为可做出行政处罚的时间，则增加了行政活动中违法行为人的程序负担，造成了另一种意义上的行政侵权行为，也造成了行政成本的浪费，明显不符合行政法高效便民原则。

3. 听证程序不具司法属性，听证申请有效期限与法院判决上诉期限不同

有学者及司法人员认为：听证期限类似于法院判决的上诉期限，即使上诉人宣告放弃上诉权，也可在上诉期内改变主意。这种观点将听证程序的"司法性"等同于具有司法属性。因听证制度来源于庭审程序，脱胎于司法原则，所以在运行的过程中不可避免地带有"司法性"的特征，但需要指出的是，这一程序本身并不必然带有司法属性。尤其是在行政管理及执法工作的适用中，必须看到行政权的主动性与司法权的被动性之间的差异、行政管理及处罚价值取向与司法独立所保护法益之间的差异。如果对这些差异视而不见，在行政领域生搬硬套司法特征，就会造成违背行政法基本原则的现象。

二者区别如下：

（1）两种程序所涉及的主体不同。司法程序中存在3个法律主体，即原、被告及司法机关。而听证程序中虽有主持人、调查人员和当事人，但实际上只有违法行为人与行政机关两个法律主体。

（2）两种程序中法律主体所扮演的角色不同，主体之间的关系也不一致。司法程序中并不是所有的参与主体都是权利义务关系人。即使法院以裁判的角色参与到该权利义务的三角关系中，也非权利义务的当事人。反观行政处罚中，行政机关代表社会利益成为权利义务关系的一方当事人，与违法行为人的利益存在此消彼长的关系。

（3）上诉期限和听证申请期限届满所形成的法律后果不同。上诉期限届满行为人未提出上诉，则该判决自动生效，即产生一个确定的权利义务配置关系。从另一个层面上看，司法判决是一个附条件生效的法律文书，生效条件则是上诉期届满当事人未上诉。而在行政处罚中，听证本身并不会产生一个实体权利义务配置关系。只有随后作出的处罚决定才对行为人的利益产生影响。因此，听证程序并不等同于司法审判，听证申请有效期限也不能类比于上诉期限，听证申请有效期限届满并不等价于一个权利义务配置关系的合法化、确定化。因此，不能将听证期限的性质类比于上诉期，该期限结束并不是附条件生效的权利义务关系中的生效条件。

因此，听证申请有效期限是对违法行为人行使权力做出的时间上的限制，而不是一个附条件生效法律关系（行政处罚）中的生效条件。该解释符合听证程序的价值内涵，是行政法基本原则在听证程序中的具体体现。

（二）行为人主动放弃听证权，则行政机关等待申请听证义务随之消失

1.听证权的性质

听证权是公法权利在行政法上的具体体现之一。公法权利即公民面对行政机关时享有作为或不作为的自由，或者对行政机关拥有相应的请求权。此时听证程序中所产生的权利并不指向一个受到侵害的原权，因此听证请求权并非狭义概念上的救济权，而是原权在面对行政机关可能造成侵害的危险时派生出的一种程序性权利，是一种带有救济色彩的原权抵御请求权。

2.是否行使听证权是违法行为人的权利而非义务

从权利义务关系配置来看，程序义务是施加于行政机关的，并不是施加于违法行为人的。听证权是违法行为人公法权利在行政程序中的具体化。听证是违法行为人的一项权利，但不是义务。其有要求听证的机会和可能性，但没有必须实施这种权利或等待权利时间届满的义务。

3.听证权应是违法行为人可以处分且放弃有效的一种权利类型

按照部分学者的意见，听证权是违法行为不可处分或者放弃无效的一种权利类型。即违法行为人对该权利的放弃不能导致行政机关在听证申请有效期限内不能处罚的义务消失。

假如上述说法成立，那么按照霍菲尔德权利-义务关系模型❶，不可放弃的权利意味着当事人同时拥有主张权（意向性行动或意志行动）和"无能力"（权利人放弃权利并不导致该权利派生之义务消灭）。此处，主张权的具体内容即要求行政机关举行听证，"无能力"即行为人放弃权利并不导致行政机关举行听证的义务消灭。效果在于使得行为人单方意志改变无效，从而使行政机关始终受到听证权的拘束和限制。

---

❶ 该模型从八个基本法律概念入手，构建了权利和义务之间的"相反关系"及"相关关系"。根据其理论，可放弃的权利组成要素为主张与权力，不可放弃的权利组成要素为主张与无能力。

这种无能力的限制通常用于无行为能力主体，目的是使得不具备行为能力的主体没有办法做出自我损害的举动。在行政法律关系中，除部分受益性当事人外，其他行政当事人，尤其是受限性行政当事人，必须具备完全的民事行为能力。家长主义式的保护理由在行政法律关系中没有存在的意义。所以违法行为人对该权利"无能力"的观点不成立，听证权是可以放弃的一项权利。权利人放弃权利导致该权利派生之义务消灭。

4.违法行为人明确表示放弃听证申请权带来的法律后果

听证权是违法行为人原权在面临行政处罚时的一项映射权利，所以该映射权利的诞生、处分以及消灭都与原权如影随形。听证权作为违法行为人拥有的一项程序性权利，与行政机关应当依申请举行听证程序的义务相对应。在违法行为人对行政机关认定的违法事实无异议的情况下，无论是出于认罪认罚的意向，还是出于降低时间成本的考虑，一个具有完全行为能力的行为人都有在有效申请期限内放弃以听证形式对案件事实做进一步调查的权利。行为人放弃该权利后，使得与之对应的行政机关所背负的义务消失——即违法行为人在听证申请有效期限内放弃听证权后，行政机关不需等待听证申请有效期限届满后再作出处罚决定。行政机关在听证权利消灭时作出的处罚，符合行政处罚法的程序规范。违法行为人在听证申请有效期限内放弃听证权，公安机关已经做出行政处罚决定后，如果被处罚人对处罚结果有异议，仍可通过行政复议、行政诉讼途径得到救济。

综上所述，听证权作为原权抵御请求权，是违法行为人可以放弃的一项权利。听证权的放弃将导致行政机关举行听证程序的义务消灭。3日期限是给违法行为人的考虑时限：告知程序后违法行为人未表态放弃听证或提出需考虑的，公安机关等待期限为3日（而不能无限期地等待）。而违法行为人明确放弃听证权的，3日期限不属于行政机关需遵守的时限义务。

六、交管部门在执法时应注意的问题

1.形式规范，内容明确

听证是行政程序法的重要内容，其权利的放弃应当以规范形式进行。行为人在表示放弃听证权利时，行政机关应当要求其以书面形式，注明放弃的权利内容及时间。如果确有书写困难，有条件的执法单位可以采取录音录像、笔录等形式对当事人放弃听证权做好证据的固定工作。此外，该权利的放弃不仅要求形式规范，在内容上也需对其"听证"权利的处分清晰明确，对放弃听证权事项作出明确表达，不能以其他表述推断或替代。

2.行政程序证明材料应及时归类，随卷存档

违法行为人明确表示放弃听证权利的，行政机关应当将表明行为人或者委托人代为明确放弃听证权利的证明材料归入有关档案，并按照案卷的存档要求一并保存以备查询。

扫一扫查看原文

第五篇 >>>
智能交通管理

智能交通管控不能一味崇拜高新技术而忽视传统交通工程措施

王长君 公安部道路交通安全研究中心主任、研究员
李瑞敏 清华大学交通工程与地球空间信息研究所所长、副教授

我国城市交通智能管控在过去20年取得了很大进步和成效，但面对形势依然严峻的城市交通状况，暴露出诸多不足和问题。本文总结了当前主要问题、发展思路，并提出发展建议。

（1）城市交通智能管控是智能交通管理系统（ITMS）的核心，也是过去20年来中国智能交通系统（ITS）的发展重点。但必须认识到，现阶段城市交通系统运行状况仍不容乐观，在畅通、安全、效率等方面仍面临严峻的问题和挑战。

（2）城市交通发展中暴露出来的一些基础性问题与交通智能管控中大量使用的高新技术之间存在较大反差，亟须在技术发展思路、理念、科学性方面进行反思、调整和完善。

（3）高新技术应用所驱动的城市交通智能管控，也明显暴露出对技术应用所依赖的基础、条件等重视不够，对基本交通规律掌握和分析的深度不够等问题。

（4）高新技术在交通智能管控领域的有效应用，首先需要对交通问题本身有深刻的理解并准确掌握交通运行的基本规律。痴迷高新技术而忽视传统交通工程技术、过于强调机器的"人工智能"而忽略专业人士的"人类智能"，将影响建设投资效益的发挥。

（5）人工智能实现的基础是对客观规律的精准和深度把握。但由于对交通流规律分析、合理的交通控制策略及精准模型支持的缺乏，大量软硬件投入并未使交通信号控制的实质水平有效提高。

（6）无论是传统的交通工程技术，还是交通智能管控技术甚至城市交通大脑，都取决于对实时交通流信息精准且全面的采集、对实时交通状况的准确了解和掌握。但现阶段中国城市道路在交叉路口实时流量采集仍不到位、在精细化交通智能管控方面支撑仍然不足。

（7）城市交通智能管控的目标是人，而不是车、路和设施！正是人的交通行为的不确定性导致了交通的不完全可控性，而交通智能管控的本质基础正是要解析各类交通流的基本规律和人所导致的交通的不可控性。

（8）交通智能管控需要一个基于严格的交通规则意识的交通出行环境。智能管控能够充分发挥作用的必要条件之一就是交通运行要规则有序。近20年，我国城市交通出行从以自行车为主转变为以机动化为主，但是众多驾驶人的出行意识还处于非机动化出行时代，而任何没有严格遵守交通规则的不当驾驶行为，都会增加交通的不可控性，影响、干扰或削减交通智能管控的应有效果。

（9）现阶段中国在培育规则意识方面的具体举措，不管是驾驶培训、考试，还是交通宣传、教育，都还未能很好地把严格按基本交通法规出行作为刚性要求。

（10）虽然交通智能管控的发展需要强有力的高新技术支撑，但当交通智能管控的主要兴趣点和目标过于集中在新技术的应用，或是一味地追求高新技术时，解决问题的过程本身就成了问题。

（11）交通智能管控需要从服务机动车出行转向服务人的出行。数十年的发展历史证明，"以车为本"的城市交通发展和管理理念永远无法满足机动化的需求，而以此为指导理念的城市交通智能管控也难以充分发挥作用。

（12）交通智能管控需要充分重视各类可持续交通方式的需求，在实际工作中恰当地运用各类交通管理设施等，体现公共交通优先、以人为本的可持续发展理念。

（13）中国正逐渐起步的预约出行和不断完善拓展的共享交通，与近年在全球交通界渐成共识的"出行即服务"（MaaS）交通发展模式，在5G、车联网、自动驾驶等技术的驱动和支撑下，将会日渐成熟并推动交通智能管控更快发展。

（14）未来的交通智能管控应充分整合交通管理部门内部秩序、科技、事故、宣传、勤务等各机构需求，在打牢交通工程技术应用、交通信息全面精准采集、交通行为规则有序等重要基础的前提下，以业务需求为驱动，推动高新技术的实战应用。

（15）一方面要继续挖掘现有各类交通检测信息的充分应用，另一方面，必须重新重视和研发应用可靠、有效、高性价比的交叉路口交通信息采集技术。不应一味崇拜技术先进而不计经济成本和社会效益，落得华而不实的结局。

（16）宏观层面，通过系统性的交通组织优化，以"完整街道""道路瘦身"等理念为指导，增加公共汽车、非机动车、步行等绿色交通方式的出行空间，引导城市交通结构转变。微观层面，应从空间维度充分优化道路交通基础设施的资源分配，充分发挥其基本通行能力，再融合动态交通信号控制等智能管控手段，实现时空资源的整合优化与管控水平的提升。

（17）以规则意识为核心的交通文明需相应地加强和提升。未来应通过多种途径、多种方式的终身交通文明教育等方式，不断提升出行者的规则秩序意识、守法意识。

（18）城市交通智能管控需逐步调整关注重心，从支撑执法管控为主向支撑管控与服务并重转变。

（19）应由真正的交通工程专业团队（而不宜是只擅长系统集成或所谓的大数据应用等的团队）做好所有道路交叉路口的交通渠化、配时和相位设计及协调策略设计等基础工作。

（20）城市交通大脑是我国科研学术机构和科学家对全球城市交通科技发展的一个贡献。虽然目前仍处在对业务应用的初级理解、侧重各类服务器购置的物理"大脑"建设阶段，但不应仅用于解决交通信号优化、缓解交通拥堵问题，而是要不断加强问题发现、方案优化、辅助决策等方面的功能，并注重管理者、运行者、出行者协同一体的交通智能管控。

（21）城市交通智能管控系统是一个复杂的社会信息物理系统，过多寄希望于高新技术的应用带来革命性的成果是不现实的！未来的城市交通智能管控需继续在夯实基础、系统优化、规则出行、融合发展等方面下功夫，既要重视自身科技水平的提升，也要注意外部环境的优化及基础运行环境的优化。

注：本文整理改编自发表于《城市交通》杂志2020年第5期的《城市交通智能管控20年发展反思》一文。

扫一扫查看原文

智能交通在中国的发展与创新

关积珍　中国智能交通协会副理事长

一、我国智能交通的发展历程

1.发展阶段及其特征

我国智能交通起源于20世纪90年代，可划分为5个阶段：培育阶段（1996—2000年）、起步阶段（2001—2005年）、基础阶段（2006—2010年）、创新阶段（2011—2015年）和转型阶段（2016—2020年）。

培育阶段：主要是建立理念认识和基本框架，其主要特征为：一方面，国家组织专家学者和相关人士参加世界智能交通大会；另一方面，科技部于20世纪90年代末立项支持中国智能交通技术体系框架研究、中国智能交通体系标准框架体系研究等软课题，奠定了我国智能交通发展的重要基础。

起步阶段（"十五"期间）：国家科技攻关计划设立了12个科技项目专门支持智能交通关键技术研究；选择了北京、天津、上海、广州、深圳等12个城市进行智能交通示范应用建设；在智能化交通管理、公用信息平台、智能化公交等方面进行了一系列建设项目。

基础阶段（"十一五"期间）：以北京奥运会、上海世博会、广州亚运会等一系列重大国际活动的接连举办为契机，为加强配套的交通建设和保障，国家层面的智能交通集成应用与示范得到推动，同时，科技部、公安部、交通运输部等多部门联合启动了国家道路交通安全科技行动计划（218项目）。

创新阶段（"十二五"期间）：在这一阶段，我国智能交通进入了全面推进和提升时期，在各个应用领域（公、铁、水、民、城市交通等）都开发了很多代表性工程。

创新阶段（"十三五"期间）：随着国家科技体制的逐步改革和新一代信息技术的发展，智能交通也进入了多行业协同、以新技术来推动升级发展的阶段。

概括地说，在从2000年到2020年的20年间，我国智能交通发展迅速、国际合作交流广泛深入。

2.三大重点项目

纵观我国智能交通发展历程，以下3个项目较为典型、意义重大：

国家智能交通综合技术集成应用示范项目：包括国家高速公路联网不停车收费和服务系统、北京奥运智能交通集成系统、上海世博会智能交通技术综合集成系统、广州亚运会智能交通综合信息平台系统、远洋船舶及战略物资运输在线监控系统。

国家道路交通安全科技行动计划：由科技部、公安部、交通运输部联合主导，2008年启动第1期科技支撑项目，主要有信息共享平台、山区公路安全保障、高速公路安全控制、营运车辆运行安全、全民交通行为安全提升、路网安全态势监测、交通安全执法7个示范工程；第2期主要针对高速公路的行车安全和低等级公路行车安全，有高速公路行车条件提升、高速公路安全联网联控、低等级公路安全防控、高速公路网运行状态智能监测与安全服务保障、高速公路空地一体化交通行为监测与信息化执法、高速公路重大突发事件处置与应急救援6个示范工程。上述示范工程对我国智能交通发展起了很重要的推动作用。

综合运输与智能交通重点专项：主要围绕交通系统智能化和运输服务综合化展开研究，以此实现对智能交通及交通发展的推动。

3.发展特点

根据对我国智能交通发展历程的回顾，可总结其发展特点如下：科技引领、推动；公路、铁路、民航、水运、城市交通等多行业齐头并进、协同发展；中央和地方均十分重视；基础设施建设、行业信息化推进与城市建设紧密结合；结合我国实际，面向应用需求，推动实现创新发展。

总而言之，经过二十多年的发展，我国智能交通已形成了自己的技术体系，建立了自己的标准，建成了一系列具有影响力的工程项目。科技创新推动其整体水平居于世界同列水平，特别在高速公路联网不停车收费、智能化交通管理方面的部分技术达到了世界前沿水平。此外，相关产业也初具规模，并基本形成以研究规划与设计咨询、系统集成与服务、专业产品与系统提供、增值运营服务四位一体的智能交通产业生态体系。图1为智能交通典型应用系统。

图1　智能交通典型应用系统一瞥

二、我国智能交通取得的成就

从应用服务方向的角度来看，主要是朝着智能化交通管理、智能化交通服务和智能化决策支持3个方向发展。

从行业发展进程的角度来看，智能交通相关技术已在城市交通智能化管理与服务、公众出行智能化服务、公路智能化等多个行业或领域得到了广泛建设与应用，发展前景十分广阔，具体成就如下。

（1）城市交通智能化管理与服务：我国400多个城市都建成了集接处警、信息采集、交通控制等功能于一体的智能化交通指挥控制中心，交通信号控制系统，交通诱导系统，交通监控系统，电子警察系统等；在北京、上海、深圳、广州等大城市建立了综合交通协调指挥中心（TOCC），实现了城市道路交通、轨道、民航以及城市停车、公交等的综合协调；智能化快速公交系统、地铁运营管理智能化和安全保障在各大城市得到普遍推广和应用，智能化停车系统正在建设推进当中。

（2）公众出行智能化服务：全国汽车保有量超过2亿辆，机动化出行比例大幅上升；公交卡用户近5亿人，公交一卡通实现多个城市的跨区域使用；手机导航、车辆导航得到普及应用，用户总数在7亿人以上；各类交通信息、票务服务App得到大范围应用；共享单车和共享新能源汽车数量全球领先。

（3）公路智能化：高速公路收费、通信、监控系统全覆盖；ETC用户数量超2亿人；"两客一危"重点运营车辆智能化监测平台已在全国完全建立；建成了全国"两客一危"重点运营车辆智能化监测平台；全国公路主要节点、重点路段均安装了交通监控设备和系统，实现对主要道路运行状态的智能化监测、预警和应急处置。

（4）公路运营管理与服务智能化：以智能、快速、绿色、安全为特征的智慧公路正在建设当中。

（5）铁路智能化运营管理与服务：建成了全国铁路运营管理智能调度系统和铁路联网售票系统；以智能动车组、智能设施、全线数字化管理为主要特征的智能高速铁路正在建设之中。

（6）民航智能化：目前实现了空管、机场、旅客服务等领域的智能化与国产化，机场协同决策（A-CDM）也已覆盖了全国100多个机场。

（7）水运智能化：主要围绕智能航运、智慧港口、船岸协同、黄金水道等方面进行智能化建设。

（8）自动驾驶和智能车路协同：我国较早地进行了无人驾驶汽车的实际道路运行测试；出台了多部智能公路相关的标准和规范，建成了多个智能网联汽车专业测试基地。

（9）交通安全保障、执法和监管智能化：建立了覆盖全国的公路安全评价体系、一体化应急交通管理系统、交通事故现场快速处置系统、事故处理与分析系统等智能系统。

三、我国智能交通未来发展趋势

当前，技术变革正在推动整个交通运输系统的转型和变革，新的技术带来的不光是技术，还有很多新的理念、新的服务模式、新的概念，因此，智能交通正处于新业态、新模式转化过程中，相关产业也处于不断提升的时期。

如果对我国智能交通发展历程及未来趋向做一个断代划分的话，那么可分为智能交通1.0时代、智能交通2.0时代和智能交通3.0时代。智能交通1.0时代的标志年份是2005年，智能交通2.0时代的标志年份是2015年。在从2015年到2020年乃至2030年的这段时间内，可能会孕育出智能交通3.0时代的一些特征。

智能交通1.0时代的典型特点是面向业务，以信息化为特征，主要推动城市智能化交通管理系统、车载导航系统、联网不停车收费系统等的建设；智能交通2.0时代的主要特征是数据驱动和网联化，主要推动大数据集成分析、移动互联服务和智能网联汽车等的发展；智能交通3.0时代预计将主要面向服务、实现需求响应，以共享化和协同化为特征，AI技术、智慧城市、交通大脑、智慧公路、智能铁路等将得到大力发展。智能交通3.0时代已初现端倪，且未来可期。

当然，我国智能交通目前仍处于2.0时代，数据驱动式应用提升、移动互联网运营服务和跨界融合的产业转型是其主要特点。

基于以上分析，可以说，未来智能交通的总体发展方向为网联化、协同化、智慧化；对我国而言，应主要发展智能出行服务，高效运营和智能化管控，车联网、智能车路协同和自动驾驶，基础设施智能化4个方面。

需注意，面对流行的互联网、智能交通+、智能大数据等热点，我们应理性看待其发展，因为它们更多面向的是未来的智能交通3.0时代。例如，不能把智能交通等同于"互联网+交通"；很多大数据应用仍停留在可视化层面，缺乏对交通专业应用需求的深度解析；交通基础仿真系统还不完善，尚未完成从交通超级仿真到基站交通的转变过程，因此，智能交通仍然处在仿真阶段，未到达计算阶段；从半自动驾驶到全自动驾驶的发展道路仍任重道远；人工智能、智能驾驶等领域都远未成熟。

扫一扫查看原文

"未来交通"技术的发展历程

郭　敏　公安部道路交通安全研究中心特约专家
　　　　交通工程师

笔者在几年前看到"未来交通"这个名词时，就在思索它究竟是什么的问题。未来交通是一个引人瞩目的名词，很多相关介绍往往会围绕技术或通信方面展开，但是有这样一句话——"现在就是过去的未来"，就是说，现在的技术实际上都源于过去，那么，未来交通会怎么样，一定也是基于现在的情况。虽然技术一直在进步，但其服务目标却一直都没变，比如安全、效率、公平和舒适，至少在可以想见的将来不会改变。因此，笔者在思考未来交通时，一直在思考什么会变，什么不会变。

一、早期交通技术发展状况

讨论未来交通时，还是要先了解目前各种交通技术的发展历史。

1.20世纪30年代关于未来交通的设想

图1是1939年美国通用汽车公司一则涉及无人驾驶的广告，图中4个人在行驶的汽车里打牌，却没有人驾驶车辆，这就是当时设想的一种未来交通模式。图1的道路上有一排

引导车辆行驶的"黑点",20世纪70、80年代发明的地磁和一些嵌入路面的设备,正是源于这一思路。在20世纪90年代刚刚兴起的车路协同系统(IVHS)中也可以看到这些概念。也就是说,20世纪30年代就已出现了很多现在正在应用的交通技术思路,过去和未来一直是有承继关系的。

2. 20世纪70年代:最早的导航系统与交通管理中心

20世纪70年代,出现了图2中的驾驶人与辅助信息导航系统,同样是由美国通用汽车

图1　1939年美国通用汽车公司的一幅广告

公司研发。我们所熟悉的GPS是20世纪60年代美国军方研发的全球卫星定位系统,一直到20世纪80年代末才在全球部署完成,也就是说,在20世纪70年代这一系统尚未普及。那时驾驶人的困扰是找不到路,为解决该困扰,美国通用汽车公司在道路上放置了很多地磁,通过电报编码跟车辆进行简单通信,驾驶人通过地磁位置和简单电报通信编码就能够知道车辆位置。除此以外,驾驶人还可以知道车辆在该位置的车速是多少。这个驾驶人信息与辅助导航系统就解决了我们现在所说的旅行者信息问题。该系统得到了美国国防部研究计划局(DARPA)的关注,因为美国国防部研究计划局(DARPA)一直想做一些与自动驾驶有关的事情,后来也确实推动了自动驾驶的发展。

图2　美国通用汽车公司研发的驾驶人辅助信息与导航系统

注:图中主要信息大意为:美国通用汽车公司于1966年提出了驾驶辅助信息导航系统(DAIR 系统),希望这个系统可以通过无线通信向驾驶人提供道路标志信息预告、前方道路状况以及导航信息,从而帮助驾驶人实现安全愉快的驾驶体验。

如图3所示，20世纪70年代还出现了第一批交通管理中心（TMC）。虽然在现在看来这是很常见、自然而然的，但在当时，管理和控制是分散的，还没有像"建立交通管理中心"这样有一套完整构架的做法。随着工业技术，尤其是微电子技术和检测技术的发展，对交通现场流量、密度、速度等数据的获取与分析，加上交通工程技术，如通行能力手册、交通流技术等发展，使得建立交通管理中心（TMC）具备了一定基础。交通管理中心要到20世纪90年代才在美国大面积推广。

图3　第一批交通安全控制中心

图4是最早的民用GPS，单价3000美元，非常昂贵，图5是最早的民用导航，出现于1998年，地图非常简陋，价格却十分昂贵，单价400美元，而现在手机导航App都是免费的。

图4　最早的民用GPS（1989年）　　　　图5　最早的民用导航（1998年）

3. 20世纪80年代："普罗米修斯计划"、电子车牌与无人驾驶车辆

20世纪80年代，一些交通技术得到了很大发展，其中不得不提到欧洲的"普罗米修斯计划"。"普罗米修斯计划"所做的主要可以概括为图6中的10项工作。具体来说，这一计划首先是针对车辆的，未来交通跟车辆密切相关，陆地交通的发展离不开车辆技术

发展，所以计划的前四点（CED 1~CED 4）都是车辆方面的工作；其次还着眼于对人的救援；最后是商用车的管理，这实际上涉及经济效率的问题。"普罗米修斯计划"取得了一些成绩，尤其在无人驾驶方面成就突出。

CED 1：视觉增强
CED 2-1：摩擦监测和车辆动力学
CED 2-2：车道保持支持
CED 2-3：可见范围监测
CED 2-4：驾驶人状态监控
CED 3：避免碰撞
CED 4：合作驾驶
CED 5：自主智能巡航控制
CED 6：自动紧急呼叫
CED 7：车队管理
CED 9：多义路线引导
CED 10：旅行和交通信息系统

图6 欧洲"普罗米修斯计划"

电子车牌（ENP）和现在流行的ETC也在这一时期启用，其中ETC最早是在香港启用。香港的做法是在地面埋设地磁，车辆上安装电子车牌作为通信设备，二者能够进行通信，实现通信后就可以同步实现扣费或者进行交易等功能。其实，该技术在20世纪70年代就已初步成熟，20世纪80年代已开始商用。需要注意的是，该技术与新加坡在1998年大力推广的电子道路收费（ERP）是一脉相承的。

这一时期，美国国防部研究计划局（DARPA）研发出了一种无人驾驶车辆。这一研发主要出于军事运输目的，想要使无人驾驶车辆承担在战场上运输伤员或物资的作用（图7）。这可以说是无人驾驶车辆的先驱，其中很多设计思路沿用至今。

除了研发无人驾驶车辆，美国还做了很多针对未来交通的研究，也提出了一些较为重要的设想和观点，例如高级交通管理系统（ATMS）、高级旅行者信息系统（ATIS）、商用车运营（CVO）、先进的车辆控制系统（AVCS）、先进的公共交通系统（APTS）和先进的农村运输系统（ARTS）。这些系统在后来的智能交通系统（ITS）体系框架里都可以看到。

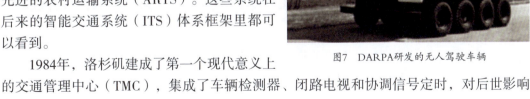

图7 DARPA研发的无人驾驶车辆

1984年，洛杉矶建成了第一个现代意义上的交通管理中心（TMC），集成了车辆检测器、闭路电视和协调信号定时，对后世影响很大。

二、20世纪90年代交通技术发展状况

1.两个重要法案

20世纪90年代出现了两个重要法案：《多模式地面运输效率法案》（Inter-modal

Surface Transportation Efficiency Act，ISTEA）和《21世纪运输平等法案》（Transportation Equity Act for the 21st Century，TEA-21）。之所以强调这两个法案的重要性，是因为未来交通的发展状况实际上与现行政策密切相关，政策在其中起到的是引领作用，一旦政策出了问题，后续很多环节，如投资、技术等，都会出问题。

1991年，美国总统老布什签署《多模式地面运输效率法案》（ISTEA），提出建立车路协同系统（IVHS）的计划，投资总额为6.6亿美元，计划时间为6年。1998年的《21世纪运输平等法案》（TEA-21）则进一步追加了投资。

在《多模式地面运输效率法案》（ISTEA）制订之时，美国学术界、工程界不少人士认为，要让车辆和道路形成关联、互相通信，这样可以把未来交通做得更好。而后又发现，地面交通不仅是车辆和道路的关系，还涉及行人和其他运输方式，如公交车、商用车等，其涵盖范围远比车路关系更丰富。当然，高速铁路、飞机之类不在地面交通之列。因此，车路协同系统（IVHS）后来被更名为ITS，ITS是车路协同系统（IVHS）思想的进一步发展，我国引进相关技术基本上也是从ITS开始，但对其前身车路协同系统（IVHS）接触不多。我国最近几年，"车路协同"这个名词被大家当作新概念重新提起，实际上它早就存在。

那么，ITS指的究竟是什么？ITS官网给出了较为清晰的定义：ITS是通过将先进的通信技术集成到交通基础设施和车辆中来提高运输安全性、移动性，并提高生产力。简单地说，ITS就是减少事故和时间浪费，从而带来效益。其中涉及很多方面，如数据如何准确及时交换，如何让政府、政策、资金、流程得到有效实施，以及如何形成良好的公私合作。良好的公私合作是其中很重要的一个方面。未来交通一定要基于公私合作。公共部门所做的事情非常有限，但是作用很大，因为其负责的都是基础性工作。真正的ITS一定是在私营组织或者民营企业，例如车商就是ITS的重要基础之一，如果车商技术水平不高，很难做好ITS。ITS还要求实现公共机构和私营组织之间的数据共享，例如，从2014年开始逐渐火热的MaaS（出行即服务）就是以数据共享为基础的。

表1是对《多模式地面运输效率法案》（ISTEA）6.6亿美元投资的效益评估（2009），据其显示，大部分收益来自旅行者信息系统，每年约可带来5.43亿美元的收入。

《多模式地面运输效率法案》的效益评估 表1

项　目	服　　务	收益（亿美元/年）
旅行信息	行前信息，途中的驾驶人信息，途中的公共交通信息，个人信息服务以及路线指导和导航	5.431
交通管理	交通规划支持，交通控制，事故管理，需求管理，交通法规，基础设施维护管理	20+
车辆系统	视觉增强，自动车辆操作，纵向碰撞避免，横向碰撞避免，安全准备，预碰撞约束部署	
商务车辆	商用车辆预先清理，车辆管理流程，自动化道路侧安全检查，商用车辆车载安全监控，商用车辆车队管理	
公共交通	公共交通管理，需求响应运输管理，共享运输管理	1.499
应急管理	紧急通知和人身安全，紧急车辆管理，危险材料和事故通知	
电子支付（EP）安全	电子金融交易，公共旅行安全，弱势道路使用者的安全改善，智能联结	10+

《多模式地面运输效率法案》(ISTEA)还专门提到了自动公路系统(AHS),这个自动公路系统(AHS)实际上已经在连续流的公路上实现了无人驾驶,相当于现行无人驾驶等级标准的level-2级别,当时大概有12个车商和部分高校参与了这个项目。现在一些技术,如导航等,都与自动公路系统(AHS)的很多技术有一定关联性。

2.TravTek项目和DSRC技术

20世纪90年代还出现了一些对现在有影响的技术或项目。首先是TravTek项目(1992),由AAA基金会和佛罗里达州交通部合作完成,图8是其设计的导航系统界面,现在看来非常简陋。

图8　TravTek项目的导航界面

其次是申请为专用短程通信技术(DSRC)分配频段。专用短程通信技术(DSRC)是日后的车联网、联网车辆和C-ITS里非常重要的一项技术,意图解决车路通信问题。专用短程通信技术(DSRC)源于无线通信技术(Wi-Fi),其优势在于时延短、抗自然灾害能力强、稳定性良好,缺点是相比Wi-Fi而言,传输效率不高。

值得一提的是,在类似专用短程通信技术(DSRC)这样的技术出现之前,车路通信问题一直是业界的困扰。前面讲到的地磁、电报编码通信,都不能形成良好的应用效果,因此,如何实现车路协同曾是一个很热门的话题。不过,在专用短程通信技术(DSRC)等出现之后,车路协同得以实现,因此,国际上的主流研究已不再关注车路协同,而转向人因理论、车辆作为终端的商业价值、共享和高效低成本运输等议题。如今,实现车路协同的许多技术已颇为成熟,在我国再次提起车路协同,重点应是补足这块拼图的产业发展。

三、21世纪初交通技术发展状况

1.社会发展带动交通技术发展

2000年出现了大面积持有移动手机的社会现象,Wi-Fi也开始随之大面积推广,同时,社交网络出现、以iPhone为代表的智能手机兴起、地图商用化,这些均代表着整个社会的发展,也奠定了20世纪前十年交通技术快速发展的基础。

2.新的规定与法案的出台

这一时期,美国高速公路管理局(NHTSA)对专用短程通信技术(DSRC)中一些应用了V2V和V2I安全通信系统的技术做了规定,包括对分配到的频带资源里各个信道使用提出建议,制定传输和接受信息的标准化规定等。为什么是美国高速公路管理局(NHTSA)去做规定?因为根据美国法律的规定,美国高速公路管理局(NHTSA)主管与车辆安全相关的所有设备和元器件。

2005年还有一个延续《21世纪运输平等法案》（TEA-21）的法案，即《安全、负责、灵活、高效运输公平法》（Safe, Accountable, Flexible, Efficient Transportation Equity Act: A Legacy for Users, SAFETEA–LU），总投资5000多亿美元，用于更新全美的旧桥梁和旧道路。

3.DARPA大奖赛的连续举办

DARPA大奖赛也是这一时期的重要事件。美国国防部研究计划局（DARPA）在2004年举办了第一届DARPA大奖赛，向全美征集无人驾驶车辆，要求无人驾驶车辆在崎岖沙漠地区的一条全程142mi（约合228km）的道路上独立行驶。为什么选择沙漠地区？因为这样能够排除行人、自行车等人为因素的干扰。第一届比赛没有一辆车跑完全程，最好成绩是135mi（约合219km）；2005年举办了第二届，添加了排位赛，排位赛要求车辆通过设有不同类型障碍物的一段道路，最后完成142mi（约合228km）全程的只有七辆，冠军是斯坦福大学，亚军是卡内基梅隆大学；2007年举办了第三届，卡内基梅隆大学夺冠。这三届大奖赛实际上奠定了现在无人驾驶的很多技术，比如红外扫描技术，在那时就已应用于一些参赛车辆。此外，参赛车辆上均应用了自动驾驶地图。

4.新一代911系统

美国的新一代911系统（Next-Generation 911）也出现于2000年。这个系统很重要，因为涉及公共服务，这正是我国目前急需要做的一件事情。新一代911系统能够很快定位报警者位置，了解伤情并派出相应援助。2005年，美国高速公路管理局（NHTSA）和美国国家电信与信息管理局成立了国家911计划办公室，利用新一代911系统接入各种联网设备的911呼叫，以更快速度向接入人和公众提供更准确的信息，能够接入文本、图像、视频和数据并有强大的共享数据和资源能力，形成更有效的应急响应和指挥（图9、图10）。

扫一扫查看原文

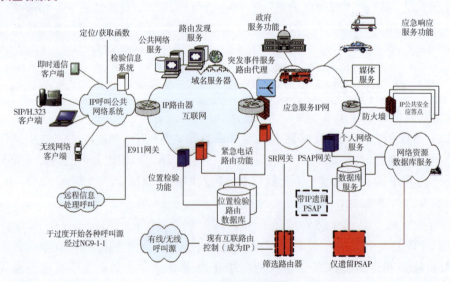

图9　新一代911系统图解

第五篇 / 智能交通管理

图10 新一代911系统工作实景

"未来交通"技术发展现状和我国面临的挑战

郭 敏 公安部道路交通安全研究中心特约专家
交通工程师

一、当前的未来交通技术发展概况

总体而言，最近十年间的未来交通技术呈现出发展迅速、应用广泛的趋势，这里先简单列举几个例子予以说明：协同式智能交通系统（C-ITS）技术迅猛发展，尤其在欧洲，近两年达成一系列协议以推动C-ITS发展，如欧盟易行战略（2018）和欧盟清洁、网联和自动车辆安全规则（2019）等；DSRC及其他无线通信技术，如V2V、V2I、V2X等，共同推动了联网车辆的日渐成熟；美国高速公路管理局（NHTSA）制定了无人驾驶车辆的5个级别，国际汽车工程师联合会（SAE）在此基础上发布了更为细化的版本；地图软件Waze以众筹形式提供的定制和实时地图使地图可用性大大提高，并降低了地图制作门槛；打车软件uber传达的共享理念，可能使运输行业的闲置资源得到有效利用；交通管理中心（TMC）、应急平台（新一代911系统）成为公共服务的支撑。自20世纪90年代至今，全美共建成93个交通管理中心（TMC），并与新一代911系统共同支撑了未来交通技术的发展。

具体说来，无人驾驶技术、C-ITS与联网车辆、易行打包技术（MaaS）技术、自动驾驶地图是目前颇具发展前景、较有代表性的几项未来交通技术。下面分别叙述这几项交通技术的发展情况。

1.无人驾驶技术

2014年1月，Induct Technology公司推出了世界上第一款智能、全电动无人驾驶汽车

279

Navia（图1），适用于步行街、工厂园区、机场、主题公园、商业综合体、大学等场合。Navia行驶速度为12.5mi/h（约合20.1km/h），最多可搭载8名乘客，已基本达到美国高速公路管理局（NHTSA）无人驾驶车辆级别表的L4级别。

图1　世界上第一款智能、全电动无人驾驶汽车Navia

图2展示了操控无人驾驶车辆的计算机的发展历程。在20世纪80年代时，其体积相当于一辆面包车车厢，非常庞大，经过数十年发展，体积已变得很小。

图2　操控无人驾驶车辆的计算机的发展历程

图3是别克研制的无人驾驶车辆工程图，车内装有很多与地磁通讯和计算机相关的设备，还处于测试阶段，无法工业化生产。而图4是美国谷歌公司研制的无人驾驶车辆工程图，车内与计算机相关的设备已成为一个个单独系列，已能够工业化生产。该设备单价75000美元，价格昂贵。

图3　别克的无人驾驶车辆

1-磁强计；2-计算机控制制动；3-雷达；4-计算机控制油门；5-计算机控制转轴；6-抬头显示；7-加速/偏航和俯仰速率传感器；8-车对车数据传输；9-人机交互电脑；10-横向电脑；11-纵向电脑；12-传感器/驱动件；未展示：车对车和车路通信

那么，无人驾驶车辆为什么需要安装这么多设备呢？因为在行驶时车辆需要通过雷达、摄像头、计算机和传感器等形成一个彩色的动态三维图，进而识别道路及道路上的车辆、行人、物体等。可以说，无人驾驶车辆上的每一种设备都有其目的所在，设备安装越多，车辆安全性越高。然而，这些设备的价格都很昂贵，在某种程度上可以说，无人驾驶车辆研发水平及能否广泛进入实际应用也受制于科研资金投入及其成本。

除了资金问题以外，无人驾驶车辆的发展还面临着如下难题。

（1）"场景难题"。人们在任何一个时段都可能乘车出行，而即便是同一路段，

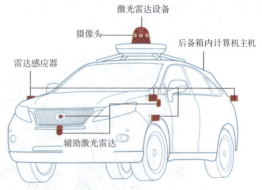

图4 美国谷歌公司的无人驾驶车辆

在不同时段的场景也不相同，因此，无人驾驶车辆需要应对各种各样的不同场景。目前这一难题尚未得到完全解决，例如美国谷歌公司研发的Waymo虽然已行驶1000万mi（约合1609万km），但也只能应付部分场景（图5）。

图5 同一路段在不同时段的场景不同

（2）"误读难题"。例如，国外曾有这样一个实验：人们在停止标志上贴了一些其他图案，无人驾驶车辆的传感器在识别这块标志时将其误认为限速标志（图6）。换句话说，只要简单地把一些图案贴在路面标志上，就可形成对无人驾驶车辆的"攻击"，使其误读。此外，无人驾驶车辆连接网络后很可能遭到恶意攻击。

（3）"选择难题"（Ethical dilemma）。例如，当货物从货车上掉下来后，后方来不及采取制动的驾驶人需要作出选择：是直接撞向货物，还是撞向左右两侧的车辆？每种选择都会产生相应的后果。对人类而言，可以每种选择的后果并基于此作出选择，且

要为之负责。然而，对于无人驾驶车辆而言，只有开发人员事先设定好此类情况下的选择程序时才能作出选择。那么，谁又有权力为无人驾驶车辆预先决定该如何选择呢？没有人。因为这一选择直接关系到驾驶人及他人的生死存亡。截至目前，这个"选择难题"尚未得到解决。

图6　国外某次实验

注：图中"STOP"意为"停"。

尽管面临着这么多难题，还是有很多涉足无人驾驶车辆的汽车厂商宣布将在2020年或2021年制造出"真正"的无人驾驶车辆（图7）。值得注意的是，其中还没有我国汽车厂商的官宣。个人认为，汽车厂商是推动未来交通发展的重要力量，因此，我国若想在未来交通领域有所作为，一定要让大量汽车厂商参与进来，做必要的技术支撑。

福特：到2021年真正的自动驾驶汽车
本田：到2020年在高速公路上自驾车
丰田：到2020年在高速公路上自驾车
雷诺·日产：2020年用于城市自动驾驶汽车，2025年用于真正无人驾驶汽车
沃尔沃：到2021年在高速公路上自驾车
现代：到2020年高速公路，2030年开往城市
戴姆勒：到20世纪20年代初几乎完全自主
菲亚特·克莱斯勒：首席执行官预计到2021年将有一些自动驾驶汽车上路
宝马：到2021年可以完全自动驾驶汽车

图7　一些汽车厂商的官宣

纵观从20世纪60年代至今的无人驾驶技术发展历程，可能已完成了90%的工作，预计再过一二十年，就能完成99%、甚至99.9999%的工作。然而，剩下的0.0001%的工作什么时候能够完成？很难预测。

2. C-ITS技术与联网车辆

从图8中可以看到，C-ITS技术里应用的DSRC技术的优势在于时延比较短，只有0.0002s，比5G的数据传输速度还快，5G的速度指标是在0.001s以内即可。

为什么大家都很注重时延问题呢？从图8右侧的表格可以看到，能够预先作出防止碰撞反应的时间是0.02s，因为在高速公路上以正常速度行驶的车辆在0.02s大概只能行驶不

到1m的距离，如此设置可以给到提前反应的时间。应用到C-ITS里的所有通信方式都必须满足时延0.02s的要求。实际上这个延迟要求还会提高，目前一般认为要低于0.01s。

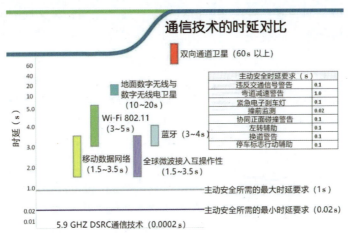

图8 美国交通部制作的联网车辆分级图

目前，C-ITS技术在世界上发展到了什么程度呢？

2013年6月，荷兰、德国与奥地利政府签署协议，正式启动C-ITS Corridor建设计划，为鹿特丹—法兰克福—维也纳道路提供两项服务，即道路障碍警示（Roadworks Warning，RWW）与侦测车辆数据收集（Probe Vehicle Data，PVD）。

2022年，欧盟将开始在一些发达地区的道路上设置作业区，用以告知联网车辆限速情况等信息，车辆根据这些信息进行相应操作。例如，当一辆车途经一条限速为130km/h的道路时，其最高速度只能达到限速值且无法继续加速。

2014年11月，欧盟协同智能运输系统部署平台(The Platform for the Deployment of Cooperative Intelligent Transport Systems)成立，分10个工作小组探讨了技术议题，依据社会效益、技术成熟程度，界定了Day1服务(短期)可发展项目和Day1.5服务可发展项目（图9）。

Day1 服务	Day1.5 服务
• 紧急电子刹车灯	• 路外停车讯息
• 应急车辆接近	• 路边停车管理及讯息提供
• 缓慢或静止的车辆	• 停车换乘讯息
• 交通拥堵提前警示	• 加油和充电站讯息
• 危险位置通知	• 交通信息及智能路径规划
• 道路施工警告	• 城市地区的区域进入控制
• 天气状况	• 装卸区管理
• 车内标志	• 弱势用路人保护
• 车内速限显示	• 碰撞风险的协调警告
• 探针车辆数据	• 摩托车接近显示
• 冲击危险警示	• 逆向警示
• 绿灯最佳速度建议(GLOSA)/绿灯时间(TTG)	
• 信号灯违反显示/十字路口安全	
• 特定车辆的优先信号灯	

图9 Day1和Day1.5服务项目

美国组织了"2045年交通挑战赛"（Beyond Traffic 2045-Smart City Challenge），希望将自动化、开放数据、物联网、机器学习、联网车辆、需求反应式机动能力等不同技术都汇流于智能城市，彻底改变城市交通运输状况，显著提高各种交通方式的安全性和机动性，同时降低运输成本和对环境的不良影响，其实质就是通过对城市交通运输方式的改良让城市变得更美好。

我们的邻国日本也在这方面做了不少工作，例如，它在道路上设置了1600个ITS点。日本在2000年时就到达较高的技术水平，其研发的MIX导航系统能够精确定位每一辆车并进行实时指挥，但其问题在于很多系统的技术标准仅适用于日本国内，无法与国际接轨。

3.MaaS技术

MaaS技术，即"易行打包技术"，也是当下比较热门的一项交通技术。现在经常会将其翻译成"出行即服务"，但笔者认为这一翻译搅浑了这项技术的含义，是错误的。出行什么不是服务呢，从古人坐马车开始就一直是服务。MaaS技术的含义并非在于客户的出行需求，而是在于出行过程的便捷，在于一键搞定途中所有换乘和支付。

为什么要称之为"打包"呢？其实MaaS技术要做的就是把各个公司提供的各种数据、服务以及客户的种种需求都打包在一起。比如，某人每个工作日的活动安排如下：早上送孩子上学，然后去上班，下班后从父母家接孩子回家。那他在工作日的出行就会产生相应的需求或问题：如果开车出行，到了学校在哪停车，到了单位在哪停车，到了父母家又在哪停车；如果不是驾车出行，则需要乘坐通往目的地的公共交通工具，而易行打包技术的目的就是为此提供共享车辆、定制公交等服务，以满足人们的这些需求。目前，该项技术已在英国的West Midlands和芬兰的赫尔辛基得到逐步应用。

如图10所示，易行打包技术源于欧洲，最初于1996年提出，2014年成为了一项专门技术并开始付诸实践。

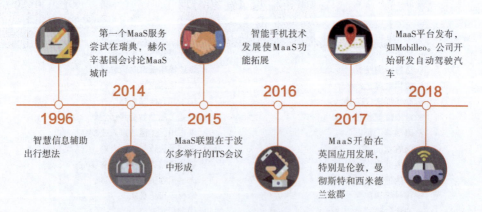

图10　易行打包技术发展历程

英国根据面向的不同人群，以及面向不同公共政策等维度，整理了易行打包技术能够做的事情，具体可分为MaaS提供商、数据提供商和运输服务提供商等多个层面，把这些零散数据和服务整合起来，从而为目标客户提供定制服务（图11）。易行打包技术的定制服务较为灵活,可以根据客户每日不同需求进行调整。目前,我国一些公司实际上已具备提供易行打包技术的相应服务的能力。

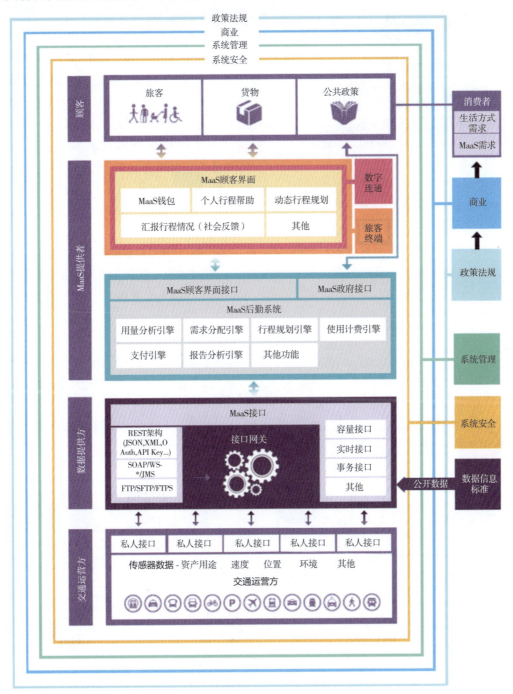

图11　易行打包技术能做的事情

4.自动驾驶地图

自动驾驶地图,也有人称之为高清地图,有些人仅把自动驾驶地图理解为高清地

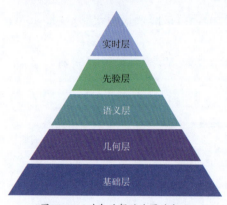

图，即精度达到厘米级别的地图，但实际上，自动驾驶地图虽与高清地图有相同之处，但还是有一些特殊的需求。

图12是Lyft对自动驾驶地图的定义，将其分为基础层、几何层、语义层、先验层和实时层五层。其中，几何层是通过雷达扫描道路情况，构建三维图；语义层用以传达诸如路面标线宽度等具体信息；先验层提供信号灯周期、停车位情况等信息；实时层负责处理数据的实时传输交互。

图12　Lyft对自动驾驶地图的定义

二、我国未来的交通发展面临的挑战

1.未来的交通发展面临的挑战

图13是联合国对我国城市人口增长的预测。据预测，2050年我国城市人口将达到近10亿人。城市人口的大量增长可以提高社会效率，但同时也会带来如拥堵、安全等交通问题。未来，我们面临的问题就是如何才能让市民们生活得更加舒适。

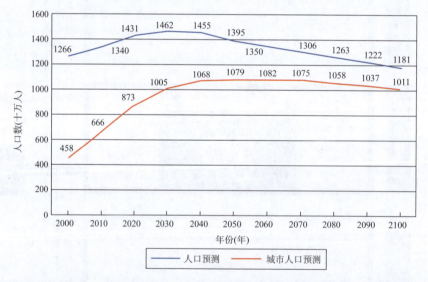

图13　联合国对我国城市人口增长的预测（来源：联合国《世界人口展望2008》和《世界城市展望2011》）

据预测，到2025年，我国铁路网规模将达到17.5万km左右，其中高速铁路3.8万km左右；至2020年，我国城市轨道交通规划总里程将超过8500km（不含有轨电车和市域轨道）；我国未来的道路总里程将会超过600万km。这些资产或者设施不仅面临着能否盈利的问题，还会面临能否持续运营的问题，因为其在未来一定需要进行必要的维修，这会耗费大量资金。美国在这方面考虑的较为周到，在一些法案中着重探讨了如何分配资金使老旧设施能够持续运营。

此外，未来还会面临如何消除拥堵、怎样降低交通事故死亡率等问题。

2.如何应对挑战

在平台方面，应逐步形成类似于美国新一代911系统这样的平台，并使其切实发挥作用，这是一项公共服务的基础工作。

在无人驾驶技术方面，要让无人驾驶车辆行驶到足够的里程数，没有足够的实测，无人驾驶车辆的研究是没法起步的，因为对无人驾驶车辆的研究需要足够的里程数和在足够场景下的测试作为基础。

在地图应用方面，我国的地图应用程序已达到了一定水平，在使用体验上比谷歌地图还要好，下一步需要研究如何保护海量用户数据隐私的问题。

在C-ITS方面，前景并不算悲观，因为我国一些企业已在C-V2X和5G领域进行了布局。

在MaaS技术方面，很多流行的手机App提供商已掌握了众多用户信息，也拥有足够的资金，都具备了发展该技术的条件。

关于未来交通技术的发展方向，在笔者看来，未来交通技术就是发展满足人的基本需求的可持续交通，建立安全、清洁和能负担得起（例如，运营公共交通服务的公司能否负担得起公共交通的成本）的交通运输。

扫一扫查看原文

共生道路：为自动驾驶技术服务的基础道路设施

官　阳　公安部道路交通安全研究中心特约专家
　　　　3M交通安全系统部首席交通安全教育与政策联络官

其实自动驾驶技术从出现至今已有近百年了，1925年就有人利用无线电技术，遥控车辆行驶；1961美国科学杂志认为下一代人就可以憧憬在开车的时候看报纸。而现实中，1939年美国通用汽车公司在世界博览会上展示了无人驾驶汽车技术模型；20世纪90年代，有些公司厂区已经在使用无人驾驶的区间班车接送工人；1998年一些知名汽车企业已经开始提供自动巡航系统，这些其实都是自动驾驶领域的尝试。既然自动驾驶技术已经发展这么久了，为何到今天还没有被广泛应用呢？这其实是一个更值得思考的问题。

一、驾驶能力低于驾驶任务需求时易引发交通事故

作为交通安全从业者，在面对自动驾驶这个话题时，首先要考虑在自动驾驶条件下，如何预防交通事故，保障交通安全。事故预防首先要研究车辆为什么会失控发生碰撞。

"任务需求与能力接口"（Driving Task Demand & Capability Interface）理论认为车辆

从可控制到失去控制再到碰撞要经历一个过程。如图1所示，在车辆可控制和失去控制之间，一方面是驾驶任务需求（D），一方面是驾驶人能力（C），如果驾驶人能力优于驾驶任务需求，即C大于D，车辆就是可控的；反之，D大于C，车辆就会失控，失控后就可能发生碰撞。因此，发展人工智能的目的就是想用机器弥补人的能力的不足，甚至是替代人去做一些无法完成的任务，自动驾驶也由此应运而生。

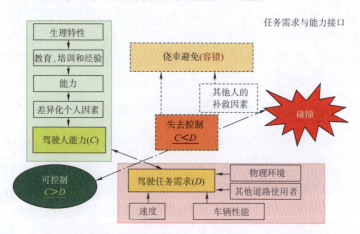

图1　任务需求与能力接口（Driving Task Demand & Capability Interface）理论

驾驶任务主要由控制、指示和导航构成。为了完成这些任务，驾驶人必须关注以下信息：随道路情况变化的路面信息，如交通标志标线；强制停车、禁止转弯等占主导地位的交通规则；其他道路使用者的行为变化，如另一方的减速、并线、超车等；自己驾驶的车辆和他人车辆的特点，如车辆尺寸。另外，驾驶人的注意力还可能会被其他与驾驶任务无关的刺激信息所分散，比如吸引人眼球的风景、路边广告、路边活动等。

自动驾驶车辆的研发也是围绕完成驾驶任务展开的，要保证车辆完成任务和不发生碰撞，保证对车辆的控制能力高于驾驶任务的需求。自动驾驶技术就是在驾驶过程中，以人工智能技术模仿人进行智能化的判断和操作，用更高的质量和效率完成人需要完成以及甚至是完成不了的任务。

二、有效可靠的信息沟通系统有助于减少交通事故

同样，从工程角度看，在自动驾驶条件下减少交通事故的基本途径与人的驾驶控制过程也没有发生变化，那就是需要一个有效和可靠的信息沟通系统，为道路系统内的"所有用路者"的安全移动提供引导信息。

道路信息处理系统由道路使用者和路况一同构成。20世纪70年代初，美国联邦公路管理局局长提出："如果我们不能始终为机动车驾驶人提供物质保护使之远离危险，我们就必须向其提供足够信息，令其能自己保护自己"。直到今天，自动驾驶技术也是努力向机器提供足够信息，让它自己能"保护"自己，以帮助人们驾驶。那么，无论是驾驶人还是自动驾驶车辆，需要哪些信息呢？一直以来，参照物和路况信息都是完成驾驶任务最基础的要素，也是人们驾驶的基本依据。交通标志标线是道路使用者和道路系统

之间实现沟通的最主要途径。如何帮助人们开好车呢？需要提供更好的信息，持续优化信息质量，保证其视认性，给予恰当的数量和准确的时间点，并提高驾驶人或机器处理道路信息的能力。

三、共生道路的发展助推自动驾驶技术提升

事实上，不论是现在还是未来，道路基础设施都在自动驾驶技术提升领域起到关键作用。首先，要知道自动驾驶的发展是一个循序渐进的过程，图2中纵轴代表了自动驾驶技术发展过程中车辆控制权的三个阶段——从人力驾驶到辅助驾驶再到真正的自动驾驶，横轴表示车辆所有权的变化。不论哪个阶段，都可以看到需要道路基础设施发挥作用。

图2　未来自动驾驶技术发展阶段

虽然从人力驾驶到自动驾驶还有很长的路要走，现在有一些有限改变已经在发生，比如以车道偏离警示系统为代表的辅助驾驶系统。据相关统计报告显示，到2023年，欧、美、日地区将有71%的新车增加车道偏离警示系统（图3）。车道偏离警示系统是通过车辆释放出来的识别信号读取标线来发挥作用的。这种识别是种非接触性识别，依靠机器视觉来实现。

就我们目前面临的现实任务来说，从帮助人到帮助人和车，支撑未来移动的基础设施需要做的一项最基础工作，就是提高信息的感知能力，形成可以依赖的决策，从而有更安全的驾驶行为。为达成这一目标，还有很多方面需要努力。努力的方向是什么呢？是一种路和车的共生系统（a symbiotic system），即共生道路，它可以服务于各种车辆，而不只是为机器打造。从现在的判断来看，人类驾驶者和智能网联车将在路上共存很多年，因此，为各种"车"提供服务才是关键。比如说，为简化驾驶决策过程而努力的工程环境，如使用新技术提高标线在雨天中的可见度。当共生系统

图3　辅助驾驶系统的渗透率预测

优化好后,驾驶能力得到提升,可以大量地减少交通事故、减少延误,提高效率,并可节省更多的开支。而共生系统的优化主要依托道路基础设施的建设与发展,因此,道路基础设施将在自动驾驶技术提升领域起到关键作用。

四、共生道路如何提高人和机器的路况信息认知能力

相对于自动驾驶,共生道路是一个较新的概念,它是辅助驾驶及为自动驾驶服务的一种基础设施。共生道路(connected roads)即互联的道路或机器可以读懂的道路,也可以将其理解为使用各种技术,以供各种技术形态的道路使用者共同使用的一种道路。共生道路可以通过优化车道标线帮助人和机器认知路况信息,通过优化交通标志帮助人和机器读取路况信息等方式为人类服务。

1.优化车道标线

车道标线可以拯救生命。据世界卫生组织统计,虽然大部分交通行为发生在白天,但是49%的死亡事故发生在夜间,其中一个主要原因就是夜间可视性较差,车辆难以保持在车道内行驶,冲出车道或跨出车道发生剐蹭,造成事故。此外,还有73%的碰撞事故与气候不良有关(图4)。而据预测,一个能充分发挥作用的车道偏离警示系统每年可以减少7500起死亡事故。因为它可以读取路面标线,一旦车辆发生横向偏移就会警示驾驶人。

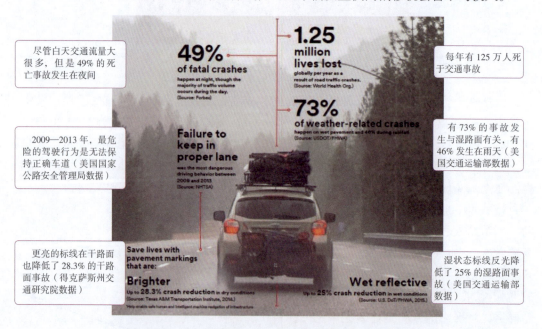

图4 气候不良与夜间可视性差是导致车辆碰撞事故的重要原因

那么,共生道路需要的标线是什么样的呢?是机器跟人都能识读,且在各种气候条件下都可以读到的标线。因此,未来路面标线的关键特征就是提高人和机器视觉的探知能力。具体表现为:

(1)高亮度:即在各种光条件下增加每个像素可以使用到的反射光。浅色路面上的标线,起到建立交通规则,帮助车辆保持行驶在车道,影响驾驶速度等作用。为了便于机器能

更清晰地读取这种标线,可以在其两侧增加黑边(图5)。

(2)高对比度:即增加在各种光照条件下的标线和路面衬底的对比度。其实就是在各种光照条件下增加每个像素可以使用到的反射光,好让车载照相机和人眼都可以看到的光学效果。提升视觉质量,特别是在夜间,尤其重要。那如何提升呢?就是提高对比度,其实我们夜间拿灯去照东西就是在解决对比度的问题。

(3)湿状态反光光学特性:即增加在夜间和湿状态低光环境里车灯反射光的数量。

平常我们看标线,大多刚涂上去时很亮,但是时间一长就不亮了,主要是因为标线材料中的玻璃珠被压碎后,反光效果变弱。而未来标线的发展趋势是拥有高亮度、高对比度以及湿状态反

图5 在标线两侧增加黑边以便于机器读取

光光学特性。因此,新技术正尝试在道路标线液体材料中引入一种新型的全天候标线反光元素,它更耐久、耐脏、具有高白度和高反光性,使液态标线也可以提高性能,满足人眼和辅助驾驶系统在各种状态下的识别。

2. 优化交通标志

共生道路需要的标志同样也是机器跟人都能读取的标志。我们肉眼能看到标志是靠反光,而照相机成像有两种感光方式,一种是感可见光,另一种是感不可见光,即依靠红外光读取信息。红外光的最大优势是不太受气候条件干扰,这就是为什么世界上大部分国家读取车牌和用作安全监控的摄像头都是不可见光摄像头。

智慧码,就是确保对路况信息探知和分辨更准确的一种正在探索的解决方案。智慧码的优势可以使人眼和机器的视觉感知能力得以优化。如图6所示,同一块表示前方道路施工的标志牌,图a)为肉眼靠反光看到的效果,图b)为机器近红外视觉的识别效果。此外,每块标志都有独立身份,其代表的信息可以准确被识别并传递。在能见度不佳,我们肉眼看不清甚至看不到标志牌时,依靠机器识别智慧码便可以准确掌握相关信息。

a) 肉眼效果

b) 近红外机器视觉效果

图6 智慧码标志牌肉眼与机器识别效果对比

在可预见的未来，自动驾驶会越来越近，我们需要的是可以同时服务人和机器的道路，也就是共生道路。了解了自动驾驶和基础设施在未来的发展，便可以做好更多的准备，迎接新技术的到来。

扫一扫查看原文

智能交通管理系统的发展及趋势

李瑞敏　清华大学交通工程与地球空间信息研究所所长、副教授

一、智能交通管理系统发展的4个阶段

截至目前，欧、美、亚太地区的智能交通管理系统发展已经历了半个多世纪，主要可归纳为交通系统管理、主动交通管理、交通需求管理、交互式交通管理4个阶段。

1.交通系统管理阶段

具有代表性的事件是：20世纪60年代计算机开始引入交通管理领域；1963年，多伦多建成第一个中心式交通信号控制系统；20世纪60年代之后的几十年，主要利用交通控制方法及通信技术对城市交通流进行适应性控制与管理。

2.主动交通管理阶段

20世纪80年代出现主动交通管理，并随着技术的发展，2000年开始在欧洲、美国兴起，基于可实现的短时预测对道路交通流进行主动性管理，又划分成主动需求管理、主动交通管理、主动停车管理等，体现了主动性的预知，应对未来可能出现的情况。

3.交通需求管理阶段

20世纪80年代，明确提出了交通需求管理的概念，并采取改进道路交通服务系统(合乘等)、鼓励和限制措施(限购、限行等)、实行弹性工作制等手段来调整出行需求。

4.交互式交通管理阶段

随着技术的进步和理念的变化，近年来出现了交互式管理，交通管理不再仅是传统的交通管理部门由上而下单向管理工作，逐步转变为道路出行者、交通管理者、信息服务商、出行服务供应商等之间的交互式管理。

二、智能交通管理系统未来发展趋势特点

（一）未来可能会对智能交通管理带来影响的因素

未来可能会对智能交通管理带来影响的主要因素有4个。

（1）数据：数据采集逐步从基于路基的数据转化为路基、车基及基于出行者的数据采集。

（2）技术：信息通信技术（5G、物联网等），车路协同技术和自动驾驶技术，以及

AI和云计算技术等的出现及应用。

（3）伙伴：在国内，10年以前智能交通管理系统主要是一批行业集成商在做，但近5年来各种领域巨头进入这个行业，无论从技术还是从各自优势来讲，都带来了相应的变化。

（4）服务：目前主要的出行方式为公交、自驾车、自行车等，随着出行即服务概念的提出，未来自有车辆可能会转变成为共享车辆的模式，交通组织、交通运输服务模式也会发生变化。

（二）未来智能交通管理系统总体发展趋势

未来智能交通管理系统的发展趋势主要可总结为3个词：闭环、交互、智能。

1.第一个发展趋势"闭环"

这个趋势主要体现在数据支撑下从问题发现到优化到评估形成闭环反馈迭代。问题的发现和识别，早期一般由人工、专家型管理者完成，未来将转变成数据驱动型。深度分析方面，未来可能在保证专家思维型的致因分析和溯源下，全部交给数据驱动的计算机完成，我们需要做的更多是建立相应知识库、模型来提升计算机的水平。发现问题后要进行优化，包括微观方面的信号配时、车道渠化，宏观方面的区域性交通组织等，这些都不是一次性工作，是不断优化的过程，未来将形成闭环反馈型迭代的优化和改善，这个工作全靠人工不太现实，应该是人机整合下的系统控制与调度。优化过后的评估也非常重要，未来将是数据支撑下的在线实时计算，多维度视角的宏观微观评估。数据的深入应用，可以帮助了解、绘制现实交通状况，掌握基本出行规律，了解老百姓对于各种交通管理措施的实际反应，明确特定交通需求。

2.第二个发展趋势"交互"

这个趋势主要体现在数据、措施和专业等方面的交互。数据的交互是指交通管理部门、信息服务部门、出行者、交通服务部门等实现实质性的数据共享。例如，在分析城市交通问题时，整合多源数据，包括指挥中心的视频数据、地图信息数据等，有助于找到更合理有效的优化方案。交通管理措施应结合交通系统管理与交通需求管理措施，除了区域交通组织、应急管理、信号调优等措施以外，也要考虑利用经济手段、管制手段来应对整个城市的交通发展。目前智能交通系统或者智能交通管理系统参与的专业越来越多，且很多信息技术、计算机技术越来越发挥更为关键的作用，但需要注意交通工程等专业也不能够忽略，专业与技术要实现充分的整合。

3.第三个发展趋势"智能"

"智能"并非一个新词，但在智能化程度方面还有进一步提高的余地，主要体现在以下3个方面：分析，多源海量数据需要更智能的分析手段和技术；预测，未来要交互式主动交通管理，借助大数据和智能技术等实现对短时交通变化做出精准预测；管控，智能化应用多种手段，目前各地已在做各种无论是否具备普适性手段的探索。

对于智能交通预测，笔者认为未来应加强这4个方面：①常态预测；②恶劣天气下的交通预测，例如雨、雪天气时，可能比日常拥堵，根据天气预报降雨、降雪量，预测0.5h

甚至更长时间后的情况，有助于交通管理部门提前采取应对措施；③事故影响预测，整合多源数据，包括基于接处警粗略记录数据、互联网路况数据、检测机数据等，预测事故持续时间和事故影响范围；④宏观预测。

过去10年，移动互联网的发展使得大数据技术迅速发展，目前矛盾从如何获取数据变成如何高效利用数据，传统的统计分析模型已经无法满足大数据时代的计算需求，引入人工智能技术是未来的必然方向。

总的来说，闭环反馈是未来智能交通管理系统的根本，要从工作流程上做好，自动实现发现问题、优化、评估、再发现问题、再优化和评估的过程；交互协同是实现智能交通管理系统发展的关键，需全方位多角度应对所有的问题；智能计算是核心，提升交通管理水平的支撑，目前很多工作仅靠传统技术手段可能找不到答案或解决途径，要拥抱这些最新发展的技术，来解决技术难题。

扫一扫查看原文

英国智慧高速公路建设发展的经验与启示

王少飞　招商局重庆交通科研设计院有限公司
　　　　智慧城市与数字交通工程院副院长、正高级工程师

一、英国智慧高速公路的类型

智慧高速公路（Smart Motorway，SM）是指采用交通管理方法提升道路通行能力，减少交通拥堵特别是交通繁忙地区的交通拥堵。这些交通管理方法包括将硬路肩作为车道，使用可变限速技术控制交通流等。建设智慧高速公路旨在提升道路通行能力、减少交通拥堵和交通干扰，同时最大限度降低环境对高速公路运行的影响。

英国是世界上较早开始建设智慧高速公路的国家，智慧高速公路分为3种类型。

（1）受控型高速公路（Controlled Motorway，CM）：特点是具有3条以上车道、硬路肩和可变限速设施（图1）。

图1　受控型高速公路

（2）硬路肩动态管控型高速公路（Dynamic Hard Shoulder Running，DHS）：特点是具有可变限速设施，在低速行驶限制的情况下有选择性地开放硬路肩作为行车道，并且每隔一定间距设置紧急停车区（图2）。

（3）全车道行驶型高速公路（All Lane Running，ALR）：特点是具有可变限速设施，硬路肩转为永久性行车道使用（即All

Lane），并且每隔一定间距设置紧急停车区（图3）。

注：图2中硬路肩车道边缘线为实线，图3中则为虚线，因为硬路肩转为永久性行车道使用。

图2　硬路肩动态管控型高速公路

图3　全车道行驶型高速公路

英国智慧高速公路通过下列技术的支撑提升了基础设施性能，包括：可变限速标志和车道指示器、交通流量感知及交通信号自动控制设施、视频监视设施、交通执法摄像机、配置路侧紧急电话的紧急停车区。

这些增强型技术使得英国高速公路管理部门能够监测交通流，调整限制速度以平滑交通流，并提醒驾驶人注意危险、拥堵以及车道关闭。在新增信息设施的支撑下，使得交通流在受控的环境下运行更加顺畅。

二、英国智慧高速公路的发展历程

自20世纪60年代以来，英国战略路网（Strategic Road Network，SRN）一直在扩张和发展，2018年总里程达到4513mi（约合7263km）。在过去的25年中，高速公路网的一部分已经升级为智慧高速公路：

（1）受控型高速公路：1995年M25 J10~J158高速公路在英国高速公路中第一次引入法定的可变限速技术。截至2018年，英国受控型高速公路达到137mi（约合220km，约占SRN里程的3%），承担70亿车·mi的交通量（约占SRN交通量的8%）。

（2）硬路肩动态管控型高速公路：2006年M42 J3a-7高速公路首次开放硬路肩使用。截至2018年，硬路肩动态管控型高速公路达到66mi（约合106km，约占SRN里程的1%），承担30亿车·mi的交通量（约占SRN交通量的3%）。

（3）全车道行驶型高速公路：2014年M25 J5-7和J23-27高速公路率先应用全车道行驶方案。截至2018年，全车道行驶型高速公路达到123mi（约合198km，约占SRN里程的3%），承担50亿车·mi的交通量（约占SRN交通量的5%）。

三、英国智慧高速公路提供的服务

1.快速提示

设置在高速公路路侧的提示设施提示信息主要包括：切勿在封闭的车道上行驶（红色"×"，以下简称红"×"）；遵守限速要求；如果硬路肩未显示限制速度信息，非紧急情况请勿使用硬路肩；如果将硬路肩作为行车道，则在紧急情况下使用指定的紧急停车区；如果车辆出现问题，请尽可能驶出高速公路；如果车辆发生故障，请打开危险指示灯。

2.确保故障车辆安全

如图4所示，车辆出现故障时，可采取以下措施：驶入左侧车道，打开危险指示灯；在下一处匝道驶出或进入服务区；按照橙色"SOS"标志达到紧急停车区，并可免费使用路侧紧急电话求助；高速公路区域控制中心一旦掌握情况，将调整车道指示器，关闭车道，以确保故障车辆的安全。

3.利用红"×"标识保障安全

红"×"标识表示车道关闭、禁止使用。通过红"×"标识可以帮助事故处置或道路施工，为道路使用者和道路施工者提供更加安全的环境：

在标识红"×"的车道上行驶，对前方道路施工者或停止的车辆都是危险的。

高速公路发生事故时，需要在上游道路设置红"×"标识，以便为救援车辆提供通道。

通过交通违法监测摄像机强制执行红"×"标识的使用。

图4　紧急停车区

4.提示硬路肩是否可用

如图5所示，当且仅当高速公路上的硬路肩明确标识为开放使用时，驾驶人才能将硬路肩作为可使用的行车道。

图5　硬路肩使用要求提示

5.实行可变限速

高速公路管理部门通过调整某些路段的限制速度以平滑交通流,减少交通拥堵造成的停车。在交通繁忙的时段起用可变限速设施,其与红"×"标识配合使用,用于交通事故或交通事件管理。可变限速设施也可由交通流监测传感器自动触发启用(图6)。

图6 可变限速标志

四、英国智慧高速公路建设成效

英国智慧高速公路建设成效显著,有效应对了自2000年以来23%的增长交通量,最繁忙的高速公路通行能力提高了1/3,高速公路运行可靠性明显提高。公众比较关注ALR和DHS上的死亡事故,统计数据表明,与整个高速公路网相比,DHS和ALR高速公路上的死亡人数比例较低。

五、英国智慧高速公路改进措施

然而,智慧高速公路在英国国内还存在一定的争议。在英国皇家汽车俱乐部发布的《2019年汽车行业报告》中,68%的受访者认为取消硬路肩会危及交通安全。针对上述争议,英国交通运输部于2020年3月12日发布Smart Motorway Safety Evidence Stocktake and Action Plan,提出改进智慧高速公路的18项措施:

(1)废除硬路肩动态管控型高速公路。

(2)加快"停止车辆检测"技术在智慧高速公路网中ALR上的部署速度,以快速检测停止车辆并关闭车道。未来36个月内完成。

(3)对现有紧急停车区间距超过1mi(约合1.6km)的智慧高速公路,加快巡逻出警速度,目的是将出警时间从目前的17min缩短至10min。

(4)在可行的情况下,将紧急停车区间距缩短至0.75mi(约合1.2km)。因此,在未来的计划中,驾驶人以60mi/h(约合96km/h)的速度行驶时,两处紧急停车区之间的行驶时间一般仅需要45s。紧急停车区最大间距为1mi(约合1.6km)。

(5)对M25高速公路上停车率高、紧急停车区间距远的路段增设10处紧急停车区。

（6）考虑形成一项国家计划，即在紧急停车区间距超过1mi（约合1.6km）的高速公路上设置更多的紧急停车区。

（7）调查M6高速公路和M1高速公路上的多起交通事故，若相关干预措施对交通事故产生影响，将进行调整。

（8）使紧急停车区更加显眼，计划在2020年春季完成。

（9）在路段设置更多的提示下一处紧急停车区间距的交通标志。

（10）加大与驾驶人的沟通力度。在全国性的宣传活动中再投入500万英镑，进一步提升公众对智慧高速公路的认知程度，了解其工作原理以及如何自信地使用智慧高速公路。

（11）在可变信息板上自动显示"障碍报告"信息，由停止车辆检测系统触发，以警告驾驶人前方有车辆停止，目前正在M25高速公路上进行试验，后续还将在M3高速公路进一步开展试验。

（12）与卫星导航提供商展开展合作，在需要时可以在导航终端屏幕上显示可以紧急停车的地点。

（13）通过与汽车制造商合作，提升新车配置的紧急呼叫"SOS"按钮，从而在车辆出现故障时更容易求助。

（14）修改法律，允许摄像机自动检测违反红"×"禁令的驾驶行为，并扩大对智慧高速公路摄像机的升级。

（15）更新公路法规，以提供更多的指导。

（16）在培训和程序方面，与复苏行业开展更加紧密的合作。

（17）审查当前所有宽度小于15ft（约合4.6m）的紧急停车区，如果可行，将进一步增大该技术参数。

（18）听取要求救援车辆使用红色闪光灯的呼吁，立即对红色闪光灯的使用进行检查。

六、中英智慧高速公路对比分析

表1是中英两国智慧高速公路建设的对比分析。总体而言，中英两国各有特色，我国在交通工程技术应用的具体上，精细化程度还远远不够。

中英智慧高速公路建设对比分析一览　　　　表1

对比项	英国	中国	备注
启动时间	1995年（首条CM）	2018年（九省市开展新一代国家交通控制网和智慧公路试点）	晚十余年
实施机构	交通运输部主导	交通运输部负责行业指导工作，具体由省级行业管理部门组织实施	
法律法规	有较为完善的法律法规支持	关于硬路肩，《公路工程技术标准》（JTG B01—2014）和《中华人民共和国道路交通安全法》存在矛盾，实施硬路肩动态管控应用缺乏相关法律法规支持	

续上表

对比项	英国	中国	备注
建设目标	提升道路通行能力，减少交通拥堵和交通干扰，同时最大限度地降低环境对高速公路运行的影响	安全、便捷、高效、绿色、经济	
建设理念	高度重视用户需求，强化与驾驶人的沟通	仍然是站在管理者的角度建设智慧高速公路，缺乏对用户需求的深入调查，高速公路出行体验亟待提升	
智慧高速公路网	初步构建形成	尚无交通运输行业层面规划，浙江、河北已明确提出建设省级智慧高速公路网	
道路基础设施	以单向三车道及以上高速公路为主；高速公路设有硬路肩和紧急停车区	单向三车道及以上高速公路占比总体较低；高速公路一般未设置紧急停车区（仅隧道内考虑设置）	
信息化基础设施	可变限速标志和车道指示器；交通流量感知及交通信号自动控制设施；视频监视设施；交通执法摄像机；路侧紧急电话	除常规信息化基础设施外，大量应用物联网、云计算、大数据、人工智能、区块链、C-V2X设备等	我国存在堆砌新设备、新技术的倾向
交通管控策略	大量应用包括可变限速、硬路肩动态管控和车道控制在内的主动交通管理（ATM）策略以及交通事故管理技术等	缺乏管控"交通流"的意识，交通工程技术的应用极为薄弱，更多的是强调对机电设备的管控	我国对交通工程理论和技术掌握总体不够深入
交通事故数据	向社会公布高速公路交通事故数据，非常透明	数据不透明，交通管理部门公布的交通事故死亡数据与医疗卫生机构公布的交通事故死亡数据偏差严重	
后评估	重视后评估工作，定期将智慧高速公路运行评估结果向社会公布，并根据评估结论持续改进	后评估工作尚未得到足够重视	
产业化	交通运输部强化与卫星导航提供商、汽车制造商的实质性合作	交通、通信、汽车三大产业跨界融合持续推进，但成效不够显著	

七、英国智慧高速公路建设对我国的启示

智慧高速公路建设绝非新一代信息技术和设备的简单堆砌，交通工程技术才是真正的关键基石，要深刻理解交通管控不只是对机电设备的管控而是要实现对交通流的管控，使得高速公路交通流顺畅稳定，这就要用好包括可变限速控制、车道管理、匝道控制等一系列策略在内的主动交通管理（ATM）技术，而这正是目前国内几乎所有高速公路的最薄弱之处。

对于当前存在的高速公路"应急车道"争议，《中华人民共和国道路交通安全法》应尽快进行修改和完善，为中国的硬路肩动态管控操作在法律法规层面奠定可行性。

在《交通强国纲要》《交通运输部关于推动交通运输领域新型基础设施建设的指导意见》的指引下，规划我国未来15年的智慧高速公路网；对已经建成的高速公路，优先对交通量大、交通事故率高的高速公路实施数字化提质升级工程。

高度重视标志标线以及护栏等设施的品质提升，补齐当前高速公路交通安全设施的"短板"。

改变传统的设计理念,以"用户思维"来构建智慧高速公路,充分考虑驾乘人员的出行需求,以真正提升公众出行体验。

要高度重视后评估工作,从交通安全、效率提升、公众反馈、收费效益等不同维度全面评价智慧高速公路实施之后的效果,为持续改进再提升提供依据。

参考文献:

[1] Department for Transport. Smart Motorway Safety Evidence Stocktake and Action Plan［M］.London:Department for Transport,2020.

[2] Highway England.Managed Motorways—Dynamic Hard Shoulder (MM-DHS) Concept of Operations［M］.London:Highway England,2012.

扫一扫查看原文

第六篇

交通参与者安全管理

如何在交通出行中做到知危险、会避险

郭　敏　公安部道路交通安全研究中心特约专家
　　　　交通工程师

寻找，是人的天性，人们习惯寻找并只关注特定的物体。在复杂的环境中，人们通常会首先注意到大型物体，并专注在这些物体上，而忽视其他更小的物体。自然演化形成的天性让我们能够躲避大型猛兽的威胁，但在路上，这样的天性对他人来说并不安全，这也是摩托车、电动自行车在路上更危险的原因。与货车相比，摩托车、电动自行车的体积实在是太小了，它们被忽视只是因为人的天性而已。

然而，社会毕竟不是丛林，任何用路人都应该学会与他人共用道路。不仅用路人需要学会，工程师、管理者也需要。道路上的措施，要为社会共用道路提供良好的保障。譬如，在人行横道线位置，应设置清晰简洁的标志标线、信号灯，明确告知驾驶人人行横道线上的路权规则。运输系统的危险，不能只靠人的天性预防，唯有所有人都理解、遵守、践行规则，才会让我们做到"知危险，会避险"。

下面从驾驶人和行人两个角度和大家谈谈如何在交通出行中识别危险、规避风险。

一、作为驾驶人如何识别危险、规避风险

（一）采取防御性驾驶措施，主动避免危险发生

道路上的危险，并不一定只是通过寻找来发现，通过多种防御性驾驶措施的培训，依旧可以避免大部分明显的或者潜在的危险。譬如，下雨天跟车行驶的时候，多留点制动距离，以应付前车突然骤停；在情绪激动、生气时不开车，就会避免在开车时分心或路怒。这些简单的道理或者预测危险的方法，对驾驶人而言，叫防御性驾驶。防御性驾驶的原则很简单，只有3条：①控制好车辆和速度；②眼观六路，且假设会发生意外；③不被其他事情分心。

这3条原则，可以依据人因分析和具体行为，演化为实际开车时的很多具体规则。因经验差异，不同的人对防御性驾驶规则的理解有所不同，有的甚至会出现错误的理解，如：始终强调开车要慢，认为慢就是安全，然而，防御性驾驶上述三条原则的核心并非慢，而是控制得当。下面，详细地给大家讲讲防御性驾驶三条原则：

1.原则一：控制好车辆和速度

这条原则要求驾驶人有较好的车感，要熟悉车辆的各项性能。对不熟悉的车，驾驶人需要花时间熟悉车辆的控制方式，了解雨刮器、各类灯、按钮的位置和使用方式；更为重要的是，要让脚熟悉制动踏板和加速踏板的使用，让手熟悉转向盘的使用。而对常开的车辆，则要确认自己的坐姿是否舒适，后视镜是否能看清楚等。

在行驶过程中，车速控制、换道的控制很重要。有些观点认为，在车流中，换道的控制是交通中的"社交"行为，符合"社交"的特征，用转向灯"打招呼"、调整姿态和"步伐"、动作，然后形成新秩序的过程。不过，与人群社交行为相比，换道是驾驶行为中风险最高的行为之一，一旦换道不当就会发生事故。因此，在道路的规划和设计中应该减少驾驶人被迫换道的次数，或者在换道需求较大的路段，提供清晰的路权和时间，引导换道的"社交"。

2. 原则二：眼观六路，且假设会产生意外

我们用三句话来解释这条原则：第一是扫描周边环境，结合经验，对其他驾驶人和行人的行为意图作判断，譬如对路边等候的行人要作出是不是打算过马路的判断。第二在经验基础上，假设离你最近的驾驶人或行人可能会作出让你紧张的行为，譬如等候的行人会一路小跑过马路，或者前方的车辆可能会紧急制动，对这两点的处理需要有效观察。第三是注意并理解这些驾驶人和行人的行为，车辆没熄火前不要与任何驾驶人或行人发生冲突。

这条原则对驾驶人提出了较高的要求，需要注意力集中，经验丰富。对许多非职业驾驶人来讲，这些要求可简化，如果你既不能判断驾驶人或行人的意图，也假定不出各种可能性，那么就遵守三个有数字的规则：第一是与前车保持3~4s的距离，雨天延长至5~6s距离；第二是保持眼睛转动，20~30s扫描一圈周边的环境。第三是如果在高速公路、快速路上行驶，速度较快时，不要让自己长时间处在前后左右4个位置都有车辆的情况，这种情况意味着你在面临意外时并没有回旋余地（图1）。原则二的实质内容是开车时的空间管理，加上原则一提到的方法，可以形成自身的安全空间。

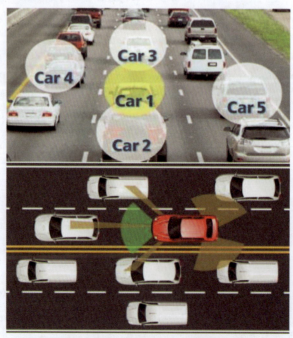

图1　如果长时间处在前后左右4个位置都有车辆的情况
意味着驾驶人在面临意外时并没有回旋余地

3.原则三：不被其他事情分心

在驾驶中，除了法律禁止的手接电话、发短信外，还有许多容易分心的事情，譬如：开车前知道中大奖的消息或者和别人吵了一架等。虽然分心的事情有很多，但请注意，没有比自己生命更重要的事情值得分心。

防御性驾驶的原则，可以用到许多具体的行为中，譬如进出隧道、进出互通匝道等，每一种路况都可以形成许多细节的处理。驾驶人的防御性驾驶，一些是针对已知风险，一些是针对不确定甚至未知风险，无论是哪种风险，防御性驾驶的原则仍然不变，即：有效观察、沟通"社交"、速度控制和周边的空间管理。

（二）主动识别道路上已存在的风险，积极采取应对措施

即便道路设计符合规范，也会因长期使用而带来种种风险。有些道路虽符合规范，但仍有种种不合理，以致道路一开通就存在较高的风险。譬如一些东西向路线在早晨和黄昏有阳光直射；在夜间，纵坡坡底对向车辆的眩光，这些都会对行车安全带来风险。

驾车出行可能会经常遇到以下六类道路缺陷，这些缺陷和事故密切相关，用路人途经时需小心应对：

1.路面坑洞

路面坑洞是路面表面的结构性破坏。当有车辆经过道路时，路面下面的基层会移动，而随着使用年份增加，路面就会开裂、松散（图2）。尤其在经常有大型、重型车辆（例如，拖挂车，工程车辆，大型钻机和公共汽车）行驶的道路上，路面更容易出现坑洞。坑洞和路面的垃圾、积水一样，都会导致驾驶人突然绕行或紧急制动，引起追尾或剐蹭等事故。

2.交通标志缺失或过多、频繁创新标志、标线和信号灯

当驾驶人不熟悉道路和交通运行方式时，容易发生事故。道路标志应该为驾驶人提供作出安全和明确的驾驶决策所需的信息。因此，如果交通标志缺失或过多，或者随意创新标志、创新一些不熟悉的交通管理规则等，这些情况都会增加驾驶人的思考时间，有时会猜测标志含义甚至会误判，从而带来风险。

近年来，很多地方频繁创新标志、标线、信号灯，不仅让从业人员看不懂，也让驾驶人尤其初到当地的驾驶人看不懂，驾驶人看不懂标志的表现是犹豫、迟滞或停顿，风险很大，容易发生事故。因此，各地各种交通控制方式的独特创新，因为缺乏专业性，也缺乏评判验证的方法，一些已经逐步转化为安全隐患。尤其是一些机电类的创新，努力抓取驾驶人的注意力，但实际上是造成驾驶人分心，种种吸眼球的创新举措，正走在变成安全隐患的路上。

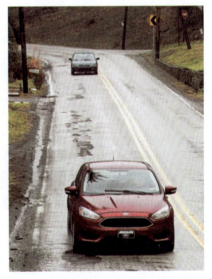

图2 随着使用年份增加，路面会出现开裂、松散等问题

3. 标线模糊、脱落等

道路长期运营会使各种设施老化退化，尤其是标线。标线不仅可以引导交通方式，还可以告知驾驶人必须如何驾驶。清晰可见是标线起作用的前提，标线褪色、斑驳会使不同驾驶人形成不同的理解，从而导致混乱，也会导致事故。

4. 路面铺装材料的"意外过渡"

高速公路、立交桥、隧道和桥梁有时会使用不同的材料来铺设。如果不妥善提醒驾驶人有关路面变化的信息，也有可能导致事故。

不同的路面材料，因天气和水的影响会形成不同使用性能，譬如抗滑系数不同、冬季的结冰点温度不同。如果路面铺设的材料性能改变明显，不提醒驾驶人了解这些区别，他们可能不会改变驾驶方式，譬如不会减速，在进入新的路面路段出现漂移、侧滑，从而带来风险。

5. 车辙

重型车辆会严重损坏路面，随着时间的流逝，路面就会形成凹槽，出现坑洼、不平坦的问题（图3）。车辙对交通安全有两个较大影响：第一，改变了车辙路段的排水，车辙位置会积水或挡水，湿滑状况可能与周边不一致，易引起漂移，漂移对公路上的所有人都是危险的。第二，即便没有水的问题，车辙也会导致车辆在行驶中振动或车轮驶向低洼位置，如果驾驶人不用力控制，会形成预想不到的偏移、转向，使车辆失控，带来风险。

路面上的凹槽

路面出现坑洼不平的问题

图3　路面严重损坏

6. 不安全的作业区

道路需要定期维护，很多时候，施工和维护会干扰正常的交通流量。因此，作业区域必须对所有驾驶人可见，在设计时要符合驾驶人行驶预期和习惯，并提供必要的容错空间。如果缺乏足够的信息传递和容错空间，无论是驾驶人还是作业区内的施工人员，都会有很大风险。

国内这几年发布了一些作业区的规定，但在实践中，流程和设置方法经常流于经验，甚至会僵化的理解一些作业区规定，形成不安全和啼笑皆非的作业区。作业区的风险,是当前较为明显的一类风险。

即使遵守防御性驾驶原则的驾驶人,在面对上述这些不安全的道路条件时也有可能发生事故。普通驾驶人对开车环境的经验判断,还不会包含预判路面性能变化、交通管理规则烦琐这些内容,突然遭遇这些状况,会因思考、迟滞、犹豫、冲动的原因导致驾驶人失去对车辆的控制,带来风险。

(三)知晓不同天气条件下的危险,采取安全驾驶行为

不良天气条件会影响驾驶的安全,主要是影响驾驶人的视力和车辆的操控性能。在大部分天气条件下,如雨、雾、冰、雪和霾,能见度都会降低;此外,车窗玻璃不干净也会导致能见度降低。因此,保持车窗玻璃干净,应该是安全的基本要求。

1.雾天能见度低,控速和开灯是第一要务

在所有不良天气情况中,对驾驶而言,雾可能是最危险的天气条件,因此,如果在雾天驾驶,需要降低速度并打开近光灯。如果雾变得很大,则只能靠边停车。

在低能见度天气条件下,最有效的防御性驾驶技术是减速到合适的速度驾驶,或者避开能见度低的时间段。车窗不干净或者车窗上结露也会导致能见度降低,此外,阳光在这些车窗上的折射反射,会使驾驶人误判。开车前,要清除所有窗户上的冰、霜或露水。低能见度下,驾驶人要确保自己能被其他驾驶人看见,看见与被看见的原则,在不良天气条件下是至关重要的。开灯、开灯、开灯,无论白天晚上,都要开灯。

目前机电工程上出现许多针对雾的措施,虽然投资巨大,但收效甚微,是否值得去做这样的投资?雾天的安全驾驶,应该投资到教育培训宣传上呢,还是投资在机电设施、智能交通上呢?应该好好思考。

2.雨天容易导致轮胎滑水,不要紧急制动

下雨,特别是毛毛雨或初下雪时,是许多路面最湿滑的时候。因为这个阶段是水分与尚未被冲走的路面表面汽车油渍、灰尘混合在一起的时候,因此,一下雨就要控制好车辆,避免打滑。潮湿而非湿透的路面还会导致轮胎滑水,汽车在潮湿表面的薄水层上飘过,这可能会导致驾驶人失去对车辆的操控能力。此外,道路上的积水、汽车行驶速度过快或轮胎问题也会导致滑水现象产生。如果感觉轮胎在路面上失去动力或感觉车辆正在滑水,则不能加速,让车辆自然减速,控制好转向盘,也不要踩制动踏板。

其他不良的天气条件还有冰雪、大风、热天,这些不良天气的影响,在许多资料和教材上已有描述,可以参考。我们需谨记,没有一种天气条件是有利于开车的,即便风和日丽,也会给驾驶人造成"春风得意马蹄轻"的感觉,从而导致超速,带来风险。

二、行人出行中,如何识别危险、避免危险

行人的安全,经常要依赖于道路提供的条件。不过,遵守一些原则,能帮助行人在危险的道路上避险。

1.行人在路上,避免让自己过多地暴露在危险环境下

具体而言,尽量让自己减少在无信号交叉路口或路段的横穿,或者走入机动车道。

当然，这样避免暴露在危险空间的原则，在我国许多地区并非容易做到，尤其在农村地区的学校，经常会出现学生在没有硬路肩的公路上行走，这种学生暴露在危险空间的现象，实在让人担心（图4）。

图4　儿童的天性是难以长时间局促在路侧狭窄的1m之内的，农村的上学路径，应结合规划改善

如果不得不走在有机动车通行的道路，要面向来车，也就是靠左侧路边走，不能让危险在你背后，而要直面危险。这个原则，国内的一些交通安全教材，此内容一直是错的。行人应走人行道，无所谓左右侧，而没有人行道的道路，要走在道路的左侧（图5）。

图5　没有人行道的道路，要走在道路的左侧；图中孩子的朝向方向是正确的，不能背对着行走

2.遵守"看见与被看见原则"

正如上文讲到的驾驶人要遵守"看见与被看见原则"，行人也要遵守，要确保看见来往的车辆，也要被车内驾驶人看见，并在可能的情况下与驾驶人进行目光接触。

"看见与被看见原则"在夜间、黄昏或黎明等弱光条件下或恶劣天气下尤其重要。一些统计证明，有32%的行人致死交通事故发生在20：00—23：59之间。因此，晚上最好穿浅色或反光的衣服出行，白天穿浅色的衣服时，尽量走在光线充足的地方，尤其是过马路时。如有可能，请与停着的车辆中的驾驶人进行目光交流，以确保他们在你横穿道路之前看到你。

当然，行人要和驾驶人一样避免分心。路上的冲突和干扰无处不在，越来越难以避免，眼睛和耳朵都是确保安全的工具。手机会让你对其他事物视而不见，分散了你的注意力，因此请放下手机；走路时尽量不要戴耳机或者戴耳机时降低音量，这样可以听到路过的汽车、自行车的提醒声。

运输系统的进化速度，远远超过人类社会的进化速度，我们人类不可能通过自身生理上进化来适应我们自己创造的运输系统，唯有制定合理的社会规则和形成适应当代运输系统的社会文化来适应。这样的转化，需要时间和知识的积累及传播。希望以"知危险，会避险"的口号，能引导这些知识的积累和规则的改善，从而演化成深入人心的安全文化。

扫一扫查看原文

基于事故数据的驾驶人行为深度分析与改善对策

刘晓晨、王秋鸿　公安部道路交通安全研究中心助理研究员

2018年道路交通事故成因中84.84%是由机动车违法导致，驾驶人依然是重要因素。本文针对事故发生后的伤亡情况，提出致死率、致伤率、综合伤亡率三项指标，分别表示平均每起事故的死亡人数、受伤人数和伤亡人数，以衡量不同事故情景下的严重性程度，从而进行具体分析。

一、事故致因中的驾驶人行为特征

以2018年道路交通事故相关数据为参考，结合上述三项指标，分析发现事故致因中驾驶人行为具有以下特征。

1.典型违法类驾驶行为致因的事故伤亡突出

从事故伤亡人数来看，未按规定让行、无证驾驶、酒后驾驶等违法类驾驶行为是事故致死致伤的重要原因，分别占事故伤亡人数的14.03%、7.95%、5.98%。从事故成因致死致伤的严重性程度来看，客运车辆超员后果最为严重，综合伤亡率达到8.13（即每起超员事故中有8人死伤，以下同），其次是疲劳驾驶、逆向行驶、货车超载、违法牵引、超速行驶五类行为，综合伤亡率分别为1.81、1.66、1.57、1.53、1.52。从致死率来看，除客车超员外，最严重的是货车超载、超速行驶、违法牵引，分别是0.66、0.59、0.57。此外，超速导致的事故致伤率低，但致死率很高。

2.违反道路通行规则类驾驶行为致因的事故占比较高

在机动车违法导致事故致因中，违法超车、违法会车、违法变更车道等违反道路通行规则的驾驶行为导致事故占比43.13%，远高于酒驾、疲劳驾驶等违法类致因事故22.1%的占比。分析发现，违反规则类行为致因事故中，未按规定让行、未与前车保持安全距离、违反交通信号、超速行驶、逆向行驶五类行为导致事故伤亡情况最重，分别占比

14.02%、4.68%、4.22%、3.43%、3.22%。

3.车辆间事故致死致伤程度普遍严重

在道路交通事故形态中,车辆间事故伤亡人数最多,死亡人数占比60%,受伤人数占比75.84%。但从伤亡严重程度看,致死率最高的是单车事故,致伤率最高的是车辆间事故。致死率最高的事故形态是单车坠车、单车滚翻和碰撞后碾压行人,分别为0.86、0.77、0.71。致伤率最高的事故形态是车辆正面碰撞、单车滚翻、对向剐蹭、侧碰和单车侧翻、单车坠车,分别为1.34、1.32、1.25、1.14、1.14、1.11。综合伤亡率最高的事故形态是单车滚翻、单车坠车、单车侧翻和正面碰撞,分别为2.09、1.97、1.66、1.63。

4.险要路侧、隧道及匝道口是事故高危路段

通过对不同路段分析发现,在致死率方面,路侧险要路段、高架路段、匝道口、隧道发生的事故致死程度最高,分别为0.47、0.43、0.39、0.36。在致伤率方面,路侧险要路段、隧道、匝道口、桥梁和变窄路段发生的事故致伤程度最高,分别为1.28、1.21、1.16、1.13和1.13。在综合伤亡率方面,路侧险要路段、隧道、变窄路段、匝道口、桥梁的伤亡情况最高,分别为1.75、1.57、1.55、1.50、1.47。其中路侧险要路段、隧道及匝道口发生事故的3项指标都较高,属于事故高危路段。

5."老司机"是事故预防的重点群体

本研究采用特定驾龄段肇事起数、死亡人数、受伤人数与该驾龄段驾驶人数量进行比较,分析各驾龄段肇事导致伤亡程度。各驾龄段的肇事及严重程度呈现随驾龄上升肇事率及事故伤亡率上升的显著特点,驾龄16~20年的驾驶人群体肇事频率及导致伤亡程度更为突出,万人肇事率、致死率、致伤率、综合伤亡率分别为6.12、1.96、6.10、24.60,显著高于其他驾龄段;其次是超过20年驾龄和11~15年驾龄段的驾驶人;1~3年的新驾驶人肇事率及导致伤亡程度最轻。

6.雾雪环境下事故伤亡更为严重

不同路面条件会影响事故伤亡情况(图1)。从致死率来看,漫水、冰雪、泥泞道路发生交通事故死亡率更高。从致伤率来看,油污、冰雪、潮湿路面发生交通事故受伤率更高。从综合伤亡率来看,油污、冰雪、潮湿路面发生交通事故伤亡程度严重。可见冰雪路面对事故伤亡程度的影响最为显著。

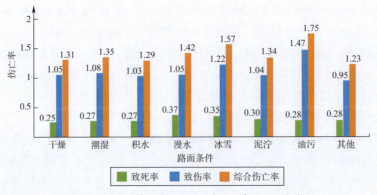

图1 道路交通事故中不同路面条件下事故伤亡率情况

天气条件也是影响事故伤亡情况的重要因素（图2）。从事故伤亡程度来看，雾天、雪天、大风天气发生事故导致的伤亡更高。

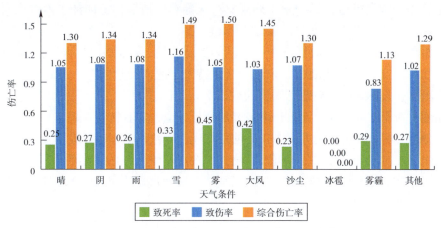

图2　道路交通事故中不同天气条件下事故伤亡率情况

7. 不当避险和变更方向动作加重事故后果

驾驶操作直接影响事故的发生和伤亡程度（图3）。从致死率来看，直行、超车、右转弯、躲避障碍四类行驶状态导致的死亡程度更高。从致伤率来看，躲避障碍、超车、变更车道、掉头四类行驶状态导致的受伤程度更高。从综合伤亡率来看，躲避障碍、超车、变更车道、左转弯四类行驶状态导致的伤亡程度最为严重。

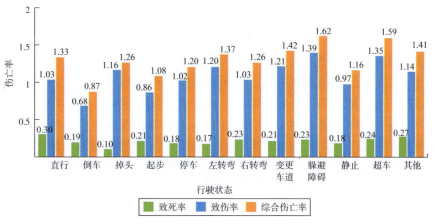

图3　道路交通事故中肇事车辆不同行驶状态下事故伤亡率情况

二、事故暴露的驾驶人问题

从上述分析的事故致因中驾驶人行为特征可以看出主要存在驾驶人对安全驾驶知识缺乏、交通规则意识不强及应急处置能力不高等问题。

1. 安全驾驶知识缺乏

行车盲区知识缺乏。从肇事车辆行驶状态来看，致死致伤率最高的主要有变更车道、左右转弯、超车、掉头等情形，此类情况普遍是由驾驶人未及时或正确观察盲区内交通情况导致。驾校调查显示，驾驶培训过程中极少讲授盲区相关知识，对行车观察要求更多体现在"对点"上。从事故形态来看，车辆剐蹭行人、侧碰等事故数量及致死致伤程度是最为严重的类型，属于未正确观察盲区导致的情形，也印证了驾驶人对盲区知识的匮乏。

安全距离知识缺乏。事故形态中，车辆间追尾碰撞、对向剐蹭、车辆剐撞行人等事故致死致伤率较高；事故致因中，未与前车保持安全距离在违规类事故致因中居于第二位，反映出驾驶人对纵向安全距离知识的缺乏。

灯光使用知识缺乏。在致死致伤率最高的变更车道、左右转弯、超车、掉头等事故情形中，部分事故属于变更行驶方向未正确使用灯光，导致其他车辆反应不及，发生车辆间侧碰、剐撞。从违规类事故成因也可以看出，未按规定使用灯光是重要的事故成因之一，而此部分肇事驾驶人集中在驾龄1~3年的新驾驶人，其对灯光使用的不熟悉程度更为突出。

2.交通规则意识不强

无序驾驶是我国道路交通事故、交通拥堵发生的重要根源。当前，我国驾驶人规则意识普遍较为薄弱，道路上随意变道、争道抢行现象随处可见。从交通事故致因来看，违反规则类的驾驶操作行为导致事故伤亡占比高达43.13%，未按规定让行、违反交通信号、违法抢行、逆向行驶等问题尤为突出。在道路交通违法查处中，违反标志标线、违反信号灯通行、不按规定导向车道行驶等违法行为查处量位居前十，也深刻反映出驾驶人路权概念的缺失、驾驶行为的任性。此外，从针对11年以上驾龄的"老司机"肇事情况分析看，违反交通信号通行的行为十分普遍，凸显了"老司机"群体对规则意识的淡漠。

3.应急处置能力不高

前述事故数据分析也显示出，驾驶人面对特殊路况、环境时应急操作能力普遍不足。从事故发生的天气、路面条件看，雾天、雪天、漫水路面、油污路面、冰雪路面等路况条件下发生的事故伤亡程度最高，致死率分别达到0.45、0.33、0.37、0.30。从肇事车辆行驶状态、事故形态来看，躲避障碍、与对向车辆剐蹭导致事故的伤亡率较高，综合伤亡率分别达到1.62、1.43。总体来看，驾驶人在特殊路况环境下驾驶，对车辆操控把握以及发生剐蹭等事故后应急操作不当，也是导致事故伤亡率明显偏高的重要原因。

三、推进驾驶人能力提升对策建议

围绕交通事故"减量控大"中心工作，以减少事故伤亡程度为出发点，针对当前交通事故暴露出的驾驶人知识缺乏、意识不强、能力不足的问题，建议开展"安全知识扫盲""规则意识强化""应急能力提升"三大行动。

1.开展安全知识扫盲行动

针对交通事故发生暴露的驾驶人对行车盲区知识、安全距离知识及灯光使用（车辆语言使用）知识的缺乏，推进交通安全知识扫盲行动，形成全民交通安全知识大普及的态势。

推进安全驾驶知识在培训环节落地。会同相关部门加强驾培机构监管，督促驾培机构严格落实培训学时和内容，制作使用规范化教学课程，强化行车盲区、安全距离及灯光使用等知识讲解、方法教授和模拟体验，将安全驾驶知识贯穿培训全过程，提高驾驶人对驾驶风险的主动识别与预防能力。

推进安全驾驶知识进学校社区家庭。针对行车盲区中行人和非机动车群体伤亡较大的情况，指导各地公安交管部门会同教育部门、学校开展相关宣传教育，向学生教师群体讲授内轮差等盲区风险，避免学生步行或骑行进入车辆盲区，避免出现"鬼探头""开门杀"等情形。要联合社区开展交通安全宣传教育，制作盲区风险、安全距离保持、交通语言使用等相关知识的宣传作品，提高居民安全防护意识和能力。

推进安全驾驶知识在考试教育中深化。完善机动车驾驶人考试、两个教育内容和试题，丰富安全驾驶盲区、安全距离及灯光使用方面知识、考题，开发多样化学习考试内容，增强考生体验感。强化安全驾驶知识网络教育，制作涉及盲区风险、距离管理等方面的新媒体内容，结合部局"两微一抖"、交通言究社以及"学习强国"App等平台，开展全民交通安全知识大学习，提升全民出行安全防护能力。

2. 开展规则意识强化行动

针对驾驶人交通规则意识不强的短板，从培训、考试、教育、执法等多方面着手，明确规则、明晰路权，提升驾驶人遵法守规能力水平。

强化规则知识培训考试。督促驾驶培训机构加强驾驶培训理论知识讲授，强化驾驶人路权概念与意识。完善驾驶人考试理论题库，应用文字、图片、视频等方式，采用事故冲突判断、选择等题型，考核驾驶人对路权规则的理解与运用能力，切实保障考试质量。

强化驾驶人路权违法处罚。推进驾驶人行为诚信体系建设，推动将违反交通信号等严重侵犯路权的交通违法行为纳入个人征信，推动银保监部门适度提高此类违法行为主体保险费率，提高违法行为的社会成本。

强化对驾驶人规则意识的宣传教育。联合文化文明宣传部门，借助各级各类媒体宣传矩阵，开展交通规则知识竞赛、宣传教育等多种活动，运用交通事故、典型交通冲突等案例解析通行知识、路权规则，让交通规则入脑入心入行。联合保险公司、4S店等相关单位，建立驾驶人安全教育平台阵地，在车辆、保险销售环节开展规则知识教育、意识培育，提高车主、驾驶人交通规则知识认知和运用能力。

3. 开展应急能力提升行动

针对特殊路段、特殊天气、特定事件下驾驶人应急处置能力不足导致事故伤亡严重的情况，强化驾驶人应急驾驶技能学习，着力减少伤亡事故发生。

加强应急处置知识普及。完善驾驶应急处置知识体系设计，加强培训考试环节内容展现，制作针对性的培训教育课件，推进紧急避险车道、事故救援等知识传递，强化驾驶人认知。

加强应急处置能力模拟培训。充分运用AR、VR等新技术手段，开发驾车出行紧急事件场景，在驾驶培训、两个教育等环节，推进模拟场景的应急处置训练，强化驾驶人对应急处置技能学习、体验。

加强应急处置能力实训。鼓励驾培机构、道路运输企业等相关实体

扫一扫查看原文

建设驾驶应急处置实训基地,搭建雾雪天气、湿滑路面、匝道隧道、躲避障碍等高危实景环境,加强驾驶人特别是大中型客货车驾驶人应急处置技能实训,切实提升驾驶人应急处置能力。

我国驾驶人身体条件管理现状分析及对策建议

刘晓晨　公安部道路交通安全研究中心助理研究员

据统计,近几年来仅媒体报道的驾驶人行车中突发疾病案例就多达上百起,暴露了我国在驾驶人身体条件管理方面还有不足之处。那么,究竟存在哪些方面的问题?笔者以2019年"7·17"常州驾驶人突发癫痫引发多人伤亡事故为例进行分析。

一、事故回顾:癫痫突发致车辆失控

2019年7月17日上午,江苏常州一名小型载客汽车驾驶人徐某春突发癫痫,车辆失控冲入非机动车道,造成3人死亡、10人受伤的较大交通事故(图1)。公安机关调取徐某春医疗诊断资料,发现其患有器质性心脏病、尿毒症和慢性肾衰竭,其所患疾病正是癫痫发作的诱因。大多数人癫痫病发作时意识丧失,四肢及躯干出现伸性强直或角弓反张,呼吸暂停,持续约10~20s后转成痉挛。此次事故中,徐某春发病时身体绷直、踩住加速踏板无法松开,失去对车辆的控制,是造成事故的直接原因。

图1　常州驾驶人突发癫痫引发多人伤亡事故现场

二、我国驾驶人身体条件管理的不足

《中华人民共和国道路交通安全法》第22条明确规定,驾驶人患有妨碍安全驾驶机动车的疾病不得驾驶机动车。本次事故反映了现实中驾驶人抱有侥幸心理"带病"上路的情形时有发生，也暴露出我国在驾驶人身体条件管理的基础理论研究、政策制度保障和日常监管方面仍有待完善。

1. 驾驶人违法瞒报情况普遍

《机动车驾驶证申领和使用规定》（公安部139号令）第77条规定，机动车驾驶人身体条件不适合驾驶机动车的，车辆管理所应当注销其机动车驾驶证。第95条规定，机动车驾驶人身体条件发生变化不适合驾驶机动车，仍驾驶机动车的，由公安机关交通管理部门处200元以上500元以下罚款。对于驾驶人瞒报身体条件的处罚较轻，对驾驶人约束力不足。而驾驶人主动申报疾病又将丧失驾驶资格，因此，驾驶人患病后通常隐瞒不报。此外，驾驶人只有在申领和更新驾驶证时会接受身体条件变化申报提示，获取驾驶证后驾驶人往往会忽视身体条件发生变化是否可以驾驶的规定，同时对妨碍安全驾驶的疾病种类不掌握、不了解，也是"带病"驾驶的因素之一。

2. 疾病申报范畴不明确

由于我国对于妨碍安全驾驶的疾病基础理论研究不足，现行法律规定对影响安全驾驶的疾病不够明确。《机动车驾驶证申领和使用规定》（公安部139号令）第13条规定，有器质性心脏病、癫痫病、美尼尔氏症、眩晕症、癔症、帕金森病、精神病、痴呆以及影响肢体活动的神经系统疾病等妨碍安全驾驶疾病的，不得申请机动车驾驶证。以神经系统疾病为例，"影响肢体活动"的限定条件过于模糊，除法律明确指出的癫痫和痴呆外，神经系统疾病还包括脑梗、眩晕和重症肌无力等多达几百种，对人体的影响有眩晕、抽搐、惊厥、呼吸障碍甚至脑死亡等，都会妨碍安全驾驶。而现实中，一般驾驶人只对法律规定具体列明的8种疾病进行申报，对其他影响安全驾驶的疾病不了解，也未进行申报。同时，医生在开展驾驶人体检工作时也只描述病情或写出病名，不作出是否适宜驾驶的判断，民警看不懂专业术语，审核体检证明时难以作出是否允许驾驶的判断。

3. 缺乏有效手段掌握驾驶人身体条件变化

当前，公安交管部门只在驾驶人申领和更新驾驶证环节要求驾驶人申报疾病，如果驾驶人在驾驶证有效期内身体条件发生变化，由于与医疗部门缺乏信息共享机制，公安交管部门无法掌握驾驶人就医信息。近年来，浙江、福建、南京等地频现因突发疾病挽救全车乘客生命被评为"最美公交司机"的案例，也侧面反映出当前我国相关管理部门对驾驶人身体条件变化不能及时掌握，对于"带病"驾驶的情形无法及时查纠的现实。

三、境外驾驶人身体条件管理经验

与我国内地类似，境外普遍限制患有癫痫等神经系统疾病及其他影响驾驶疾病的人驾驶机动车。但境外在疾病申报、协同监管、法律约束等方面的相关举措，能够较好确保驾驶人履行申报义务。

1. 疾病申报目录较为全面

较之我国，部分国家驾驶申报疾病种类更加全面、病名更加明确，如英国驾驶人身体条件申报范围包括164项疾病，其中有53种属于神经系统疾病。同时，美国、英国、澳大利亚将驾驶人过往病史和用药史也纳入疾病申报范围，其中澳大利亚、英国必须由执业医生填写，要求更为严格。此外，美国、新加坡等国家设有专业研究机构开展疾病对于安全驾驶的影响研究，用于制定相关体检标准，例如美国联邦汽车运输安全管理局下设驾驶人医学检查医生认证中心，新加坡医疗协会下设驾驶适宜性医学指导委员会。

2.申报后给予明确驾驶意见

驾驶人申报疾病后，国外通常会对驾驶人给出两种驾驶意见。一是许多亚洲国家和地区对于严重影响安全驾驶的疾病一票否决，如韩国、新加坡及我国香港、澳门、台湾地区规定，患有法律明确影响安全驾驶疾病的，不得申领驾驶证。二是欧美国家通常由专业机构针对发病时间、病情严重程度和准驾车型综合判定。如英国车辆和驾驶人执照局驾驶人医学小组会根据驾驶人申报情况咨询体检医生，安排进一步检查或进行针对性考试，判定能否驾驶，提出缩短体检周期、车辆改装等相关要求。加拿大魁北克省规定，癫痫病患者6个月内没有发作可以驾驶小型汽车，如果癫痫病5年内没有发作才可以驾驶大型客货车，否则，不得驾驶。

3.部分国家和地区实行重点驾驶群体医生负责制

部分国家和地区特别重视高龄驾驶人、大中型客货车驾驶人等重点群体的身体疾病检查，要求其体检证明中疾病申报内容必须由医生填写，并明确医疗部门监管驾驶人身体条件的义务。如澳大利亚首都特区50岁以上、新加坡65岁以上、我国香港70岁以上、新西兰75岁以上的驾驶人以及英国、南非、德国、韩国的大中型客货车驾驶人的体检报告要求必须由注册执业医生填写，医生对填写内容的真实性负责。美国加利福尼亚州规定，当驾驶人被诊断为患有严重影响驾驶的神经系统疾病时，医生需要立即以书面形式向当地健康管理部门报告，健康管理部门以书面形式通知机动车辆管理部门。

4.严格对瞒报疾病、违法驾驶的责任追究

大部分国家对于驾驶人瞒报病情、违法驾驶情形制定了严格的追责制度。如美国加利福尼亚州对于收到因患病不允许驾驶通知后继续驾驶的，第一次处以5天以上6个月以下监禁，300~1000美元罚款；五年内再犯处以10天以上1年以下监禁，500~1000美元罚款。英国规定，驾驶人患病未及时申报并继续驾驶属于刑事犯罪，将处以1000英镑罚款，如果发生交通事故将追究刑事责任。韩国规定，驾驶人申报虚假信息，将被处以1年以下的有期徒刑或300万韩元以下的罚款且吊销驾驶证。

四、我国应从哪些方面入手改善

针对我国实际情况，借鉴国外管理经验，建议从细化申报疾病种类、信息共享和法律约束等方面加强驾驶人身体条件管理。

1.联合开展影响驾驶疾病研究 细化申报疾病种类

建议联合国家卫健委、交通运输部等相关部门开展影响驾驶相关疾病的研究，丰富细化申报疾病种类，增加过往病史、过往用药史的申报要求，特别针对大中型客货车驾驶人，增加对于原发性癫痫、阿尔茨海默病（老年痴呆）和精神病等家族遗传病史的申报。

2.利用大数据构建公安交管与医疗部门信息共享机制

与卫健部门积极推进警医合作，打破信息壁垒，共享驾驶人基础信息和电子病历，

设定特定疾病预警及信息推送功能,加强对驾驶人身体条件的日常动态监管。同时,要求客货运企业建立驾驶人身体条件监管机制,及时掌握企业内部驾驶人身体状况,明确停岗、调岗制度,杜绝"带病"驾驶情形。

3.加强对瞒报疾病驾驶人的处罚力度

建议修改相关法律条款,对于驾驶人瞒报疾病情况的,除罚款、注销驾驶资格外,还进一步规定一定周期内不得重新申领驾驶证。同时,建议有关部门将驾驶人瞒报疾病作为失信行为,纳入社会信用体系管理。

4.增强机动车驾驶人再教育的针对性

建议充分利用违法记满分教育、审验教育和交通违法减免记分教育等多种途径,对驾驶人加强关于身体条件申报要求、申报方式等相关法律法规教育,丰富教学课件,提高教育针对性,提高驾驶人主动申报疾病的安全意识。

扫一扫查看原文

路怒致因的追逐竞驶行为综合治理对策建议

索子剑　公安部道路交通安全研究中心助理研究员
韩　雪　公安部道路交通安全研究中心副研究员
赵司聪　公安部道路交通安全研究中心助理研究员

一、路怒驾驶导致的交通事故时有发生

在路怒情绪下,驾驶人不顾他人感受,以超车、飙车、别车等异常驾驶行为表达愤怒情绪,故意伤害他人身体、心理和情感,极大程度增加了交通事故的发生概率。2020年3月20日17时许,北京五环路上发生一起某轿车车主因路怒驾驶引发的追尾事故,其视频在网上流传。视频中陈某驾驶的轿车准备向右侧车道并线时,因不满正常行驶的另一白色轿车在该车道内未予避让,遂驾车对白色轿车进行追逐,期间频繁超速、别车,最终发生追尾他车的交通事故。经鉴定,陈某在追赶过程中车辆行驶速度为140~142.2km/h(超过最高限速50%)。2020年4月23日,北京市石景山区人民法院经审理后认为:陈某违反道路交通安全法律法规,在道路上驾驶机动车超速追逐竞驶,且造成交通事故并负事故全部责任,属情节恶劣。其行为构成危险驾驶罪,依法应予惩处。鉴于陈某认罪认罚,法院依法判处陈某拘役3个月,并处罚金人民币3000元。

类似事件并非个案,近年来,路怒引发的交通事故和恶性事件屡屡发生,严重危害了社会公共安全。2015年的"5·3成都女驾驶人被打案"、2016年的"4·29天津公交车互撞事故"、2017年的"12·31北京林业大学学生车祸事故"〔图1a〕、2019年的"北京公交车与宝马车斗气别车案"等事件〔图1b〕均是社会影响恶劣、危害甚大

的典型路怒事件。在世界范围内,路怒导致的危害性后果也十分严重。据统计,2013—2017年之间,全球56%的交通死亡事故因异常驾驶行为导致。美国公路交通管理局和汽车协会调查显示,自1990年以来,美国至少年均1500人因路怒事故导致受伤或死亡,且以年均7%的速度增加。从路怒行为来看,其具有典型的主观故意和随机侵犯的特点,侵犯客体不是少数对象,而是直指人民群众利益和社会公共安全。

a) 2017年"12·31北京林业大学学生车祸事故"　　b) 2019年的"北京公交车与宝马车斗气别车案"

图1　典型路怒事件

二、路怒事件反映出的问题

目前,路怒驾驶已成为人民群众最深恶痛绝、反应最强烈的公共安全问题之一。群众普遍呼吁建立完善相关法律法规制度,加强对此类行为的管控、教育,提高驾驶人安全文明素养,提升道路交通安全水平。但从此类事件的预防和治理上来看,仍然存在举证难、处罚难、防控难、教育难等问题,也折射出驾驶人培训考试、执法处理、安全教育等环节的欠缺和不足。

(一)准入培训考试环节

重技能、轻规则。驾培机构培训侧重操作技能练习,培训考试重点强调安全驾驶技能,理论培训落实不到位,法律法规知识讲授少,安全文明意识培养缺,以规则为核心的驾培风尚未建立。

重生理、轻心理。在驾驶证准入制度上,对驾驶人生理条件把控严格,针对驾驶人心理调节、情绪控制、应激反应和判断操作的内容仍有待深入研究,驾驶人情绪管理的考核内容和方式亟须改进。

(二)执法、司法裁量环节

1.违法行为认定和查处难

法律规范对追逐竞驶的认定不明确。《刑法修正案(八)》将"在道路上驾驶机动车追逐竞驶,情节恶劣的"行为入刑后,除最高人民法院发布一例指导案例(2014年第32号)外,立法和司法解释均未对"追逐竞驶"的概念和认定标准进行明确。对"追逐竞驶"的概念和犯罪构成认定不清晰,如犯罪主体上,"追逐"是否包含单人驾驶;主观方面,如何区分"追逐竞驶"与普通超速行为;客观方面,"竞驶"是否包含"竞时""竞速""竞技"特征等,问题尚未明确;对"情节恶劣"构成犯罪的认定标准不明确,部分法院分别将多人聚众、多次违法、伴随有严重交通违法行为等严重情节以及导致交通事故等严重后果作为入罪标准,但并未在法律适用中得以固化,导致追逐竞驶行为在执法和司法认定中存在一定模糊性。

执法上调查取证困难。实践中,追逐竞驶行为大多具有临时性、随机性、瞬时性等特点,对公安机关及时提取、有效固定证据提出了较高要求。

司法机关对同类行为的认定存在认知差异。以陈某一案中行为人实施的追赶行驶行为为例,实践中,因为表现形式不同、判断认知差异,司法实践中出现认定为危险驾驶罪、以危险方法危害公共安全罪、寻衅滋事罪或行政违法等不同认定结果,造成产生法律适用不统一、不公平的问题。

2.违法成本低

处罚存在衔接不畅问题。根据《中华人民共和国刑法》第133条之一第一款第(一)项规定,情节恶劣的追逐竞驶构成危险驾驶罪,对于不属于情节恶劣的追逐竞驶行为,《中华人民共和国道路交通安全法》(以下简称《道路交通安全法》)却并未规定专门的罚则,导致两法存在处罚脱节的问题。

处罚未涉及驾驶证的资格罚。追逐竞驶属于严重危害公共安全的行为,但对此类行为公安交管部门只能依据《道路交通安全法》第90条的规定,处警告或者20元以上200元以下罚款,或依据第99条中关于超速行驶的规定,对行驶超过规定时速50%的处吊销驾驶证,其他追逐竞驶行为不涉及驾驶资格处罚,行为人仍可持有原驾驶证驾驶,对公共安全隐患依然较大,处罚不相当,难以有效遏制这类违法行为的发生。

(三)宣传教育环节

以"两个教育"为载体的驾驶人教育受众群体有限。目前驾驶人再教育课程仅针对参加满分和审验教育培训考试的驾驶人,对更为广泛的交通参与者未形成常态化、针对性培训。

规则意识的宣传教育仍有欠缺。从路怒致因追逐竞驶事件的"先行行为"来看,驾驶人随意变道、超车、别车是主要诱因,暴露出驾驶人文明礼让和规则意识欠缺的问题。

驾驶人对违法行为的危害性认识不足。在追逐竞驶行为处理上,情节轻微的只能处以警告或者罚款。由于违法成本低,驾驶人不认为追逐竞驶行为是严重的违法犯罪行为。

三、部分国家和我国港澳台地区对于路怒驾驶预防的经验

在路怒致因的追逐竞驶行为的防治上,部分国家和我国港澳台地区主要通过严控驾驶人准入条件、明确行为认定原则和提高违法成本等3个方面进行管控。

1.驾驶人准入强化适宜性测评

考前的心理检测。澳大利亚新南威尔士州要求驾驶人在升级P2驾驶证前通过险情意

识测试（HPT），该测试通过15项实景模拟互动答题（图2），检测驾驶人心理素质和应激反应能力。

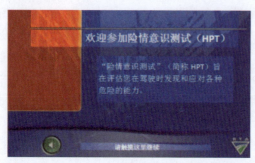 

图2 澳大利亚新南威尔士州的险情意识测试（HPT）（根据原版翻译）

进行驾驶能力评估。美国加利福尼亚州的驾驶能力评估（SDPE）考试，通过模拟鸣笛催促等情景向驾驶人施加压力，检测其心理素质和情绪控制能力。

2.明确违法行为认定

部分国家和我国港澳台地区对路怒及其致因的追逐竞驶行为主要有两类认定。

"追逐竞驶"类的行为认定。美国佛罗里达州明确，单人实施追逐竞驶即可构成犯罪。日本、中国香港特别行政区和中国台湾地区等明确两辆或两辆以上机动车共同实施才构成犯罪。英国、中国澳门特别行政区等明确同罚"追逐竞驶"行为共犯，将组织者、教唆者、胁迫者和提供犯罪工具或便利者纳入处罚。日本、巴西及中国香港和澳门特别行政区等明确"追逐竞驶"行为即便未造成危害后果也能构成犯罪。表1为部分境外国家地区关于"追逐竞驶"行为认定的相关内容。

部分国家和我国港澳台地区关于"追逐竞驶"行为认定相关内容　　表1

部分国家和我国港澳台地区	关于"追逐竞驶"行为认定的相关内容
美国佛罗里达州	①明确驾驶机动车在道路上追逐竞驶属于犯罪。 ②对追逐竞驶组织者和驾驶人进行同罚。 ③明确一辆机动车也能构成追逐竞驶，表现形态为计时竞速
英国	对追逐竞驶组织者和驾驶人进行同罚
日本	①明确追逐竞驶在性质上属于犯罪。 ②明确该罪属于"危险犯"，不需要构成危害后果即能构成犯罪。 ③明确该罪属于共同犯罪，需2人以上才能构成犯罪
巴西	①将此类行为规定为犯罪。 ②明确该类犯罪属于"危险犯"，不需要造成危害后果即构成犯罪
中国香港	①明确此类行为属于犯罪。 ②明确该罪属于行为犯，不需要发生危害后果或造成现实危险，一旦有此类行为，即构成犯罪。 ③对追逐竞驶组织者和驾驶人同罚。 ④明确此类犯罪属于共同犯罪，需要2人以上才能构成犯罪
中国澳门	①明确此类行为属于犯罪。 ②对于追逐竞驶组织者和驾驶人进行同罚。 ③明确该类犯罪属于危险犯，不需要造成危害后果即能构成犯罪
中国台湾	明确只有2人以上共同行为才能构成追逐竞驶违法犯罪

"攻击性驾驶"类的行为认定。美国佐治亚州、弗吉尼亚州等规定驾驶人具有惹

恼、骚扰、恐吓等攻击性意图的交通行为作为"攻击性驾驶"认定标准。加利福尼亚州、犹他州等将驾驶行为危害结果作为认定标准，未限定具体交通违法类型。特拉华州、亚利桑那州、佛罗里达州等将驾驶过程中有超速行驶、随意变道、未保持安全车距、违反交通信号和标志标线等两至三个交通违法作为"攻击性驾驶"认定的基本判断。表2为美国部分州关于"攻击性驾驶"认定的相关内容。

美国部分州关于"攻击性驾驶"认定的相关内容 表2

美国部分州	关于"攻击性驾驶"认定的相关内容
特拉华州	驾驶人有至少以下三种行为：超速驾驶、违反交通信号、右侧超车、路外驾驶、未保持安全车距、不按规则变道、不按规定让行、不遵守信号灯、不按规定停车
亚利桑那州	驾驶人超速驾驶，并有至少以下两种行为：违反交通信号灯、右侧超车、不按规则变道、未保持安全车距、在无通行权道路驾驶
佛罗里达州	驾驶人有至少以下两种行为：超速驾驶、未按规则变道、未保持安全车距、违反交通信号和标志标线
内华达州	驾驶人在1min内超速驾驶，并有至少以下两种行为：违反交通信号和标志标线、右侧超车、未保持安全车距、无法让路、对其他车辆或人员造成直接危害
北卡罗来纳州	驾驶人超速驾驶，并有至少以下两种行为：违反交通信号或标志标线、不服从警察管理、未保持安全车距
佐治亚州	驾驶人意图执行以下一项或多项行动：惹恼、骚扰、恐吓、伤害或妨碍他人，或有以下行为：强行超车、违反交通信号或标志标线、尾随他车、随意变道、违反减速或停车标志、阻碍交通
弗吉尼亚州	驾驶人意图骚扰、恐吓、伤害或妨碍他人而对他人造成危险，同时有以下至少一种行为：未按高速公路通行规则行驶、在有标志的车道外行驶、未保持安全车距、违反交通信号或标志标线、强行超车、超速行驶、违反停车规则
加利福尼亚州	驾驶人造成他人身体伤害，特别是在追逐他车时
犹他州	驾驶人存在无视他人人身或财产安全行为

3.违法行为处罚较为严厉

综合适用人身罚、财产罚和资格罚。境外对追逐竞驶行为根据危害程度，分级设定罚金、监禁处罚。其中，美国加利福尼亚州、佛罗里达州、澳大利亚昆士兰州、巴西等还将追逐驾驶行为与驾驶资格挂钩，严重可吊销驾驶证。

重罚累犯。美国佛罗里达州、特拉华州、亚利桑那州等采用阶梯式处罚，对累犯驾驶人上调惩罚幅度。表3为部分境外国家地区对追逐竞驶行为的处罚。

部分国家和我国港澳台地区对追逐竞驶行为的处罚 表3

部分国家和我国港澳台地区	对追逐竞驶行为的处罚
美国加利福尼亚州	最高1000美元的罚款；最高90天的监禁。汽车保险费率上调，严重可吊销驾驶证
美国特拉华州	初犯：100～200美元罚款，或10～30日监禁，或并罚。 再犯：300～1000美元罚款，或30～60日监禁，或并罚；同时并处暂扣驾驶证30日的行政处罚
美国亚利桑那州	初犯：暂定驾驶执照30天。 再犯（24个月内）：暂停驾驶执照一年
美国佛罗里达州	初犯：对于构成犯罪的，财产罚、资格罚和人身罚同时适用。其中财产罚幅度为500至1000美元；资格罚最高为吊销驾驶证1年；人身罚最高为1年监禁。 再犯：对于5年内第2次驾驶机动车在道路上追逐竞驶的，财产罚幅度上升为1000至3000美元，资格罚为吊销驾驶证2年；对于5年内3次以上驾驶机动车在道路上追逐竞驶的，财产罚幅度上升为2000至5000美元，资格罚为吊销驾驶证4年

续上表

部分国家和我国港澳台地区	对追逐竞驶行为的处罚
英国	处资格罚和财产罚,其中资格罚为吊销驾驶证;财产罚为处以4级刑事罚金(最高为5级),最高可达2500英镑
澳大利亚昆士兰州	处资格罚,并处财产罚或者人身罚。其中资格罚为吊销驾驶证6个月以上;财产罚最高可处400个单位的罚款,共计45540美元;人身罚最高可达5年监禁
日本	处2年以下有期徒刑,或处50万日元以下罚款
巴西	人身罚、资格罚、财产罚同时适用。其中人身罚为6个月至2年监禁;资格罚为吊销或禁止其获得机动车驾驶证;财产罚最高可达600雷亚尔(巴西货币单位)
中国香港	对于构成犯罪的,人身罚为监禁12个月;资格罚为取消驾驶资格12个月;财产罚为10000港币罚款。此外,法官还可以命令当事人自费参加驾驶改进课程,在完成前不能重新获得驾驶资格
中国澳门	对于构成此类犯罪的,最高可处3年有期徒刑

四、对于路怒驾驶预防的对策建议

1.加强驾驶人规则意识培养

强化规则意识的基础养成。完善驾驶人培训考试制度设计,将驾驶人心理管理贯穿培训考试全过程。培训前,开展驾驶人心理测试,分析驾驶人基本心理特征;培训中,以心理测试评估结果为依据,开展针对性培训教育,强化驾驶人心理状态调节训练;考试中,强化追逐竞驶行为预防、影响危害、违法后果等知识的考核,强化驾驶生理技能和心理管控的引导,切实提高驾驶人安全文明意识和能力。

强化规则意识的持续培养。紧密结合122"全国交通安全日"等重要宣传节点,紧紧依托全国交通安全宣传教育"七进"活动等专项工作,创新运用自媒体、新媒体等渠道,创作专题宣传内容,强化路怒致因的追逐竞驶行为的双向宣传,正向突出预防调节,反向突出违法和事故后果,剖析典型违法案例,营造抵制追逐竞驶行为的社会舆论氛围。

2.推动完善追逐竞驶行为惩治相关法律规定

明确认定标准。研究论证追逐竞驶认定标准,推动相关部门尽快制定《中华人民共和国刑法》第133条之——关于危险驾驶罪法律适用的司法解释,明晰追逐竞驶的概念、认定标准和入罪标准,推动统一司法裁量标准。

严密法律法规衔接。推动立法机关修订《道路交通安全法》,对追逐竞驶设定专门罚则,强化刑事处罚与行政处罚的衔接,并提高对追逐竞驶的罚款额度,增加吊销机动车驾驶证和拘留处罚,弥合法律间隙,增强违法行为震慑、规制作用。

研究制定执法标准。明确取证规范,统一证据规格,并通过适时下发指导手册、指导性案例等形式,规范同类案件的查处和办理程序,做到同案同处、同案同罚。

3.强化多元主体协同共治

强化企业自律。加强运输行业管理,形成行业示范风尚,督促运输企业强化对追逐竞驶等违法行为的约束力度,宣传其恶劣社会影响和严重违法后果,规范员工行为,树立红线意识。

强化公众参与。充分调动、鼓励和引导群众参与交通违法举报、线

扫一扫查看原文

索提供、协助调查的积极性，建立举报平台、完善举报规则、拓展举报渠道，提升群众监督的有效性和影响力。

强化社会协同。联合相关部门，将追逐竞驶行为与机动车商业保险费率浮动挂钩，纳入诚信平台及其他社会评价体系，提高追逐竞驶行为经济成本。形成"共治违法、共享文明"的良好氛围。

事故现场驾驶人救人行为决策推演分析及改善建议

于鹏程　公安部道路交通安全研究中心副研究员

一、出现驾驶人"拒救"行为的原因

道路交通事故发生后"先救人，先报警？""谁挪车，谁全责"等一直都是民众热议的话题，为什么会出现这些争议，存在哪些方面的问题呢？我们就结合2019年发生的一起备受大众关注的"北京南四环追尾事故拒救致死"事故案例进行分析。

1.事故回顾：北京南四环追尾事故拒救致死

2019年7月16日凌晨3时许，北京市朝阳区南四环外环主路十八里店南桥西侧，一辆小型普通客车追尾碰撞一辆轮式自行机械车。事故发生后轮式自行机械车驾驶人在追尾车辆发动机舱出现冒烟、过往路人发出挪车救人请求的情况下，仅进行电话报警在旁等待。不久后，小客车发动机舱起火并迅速蔓延全车，导致车内两人死亡。涉案驾驶人因涉嫌过失致人死亡罪被公安机关依法刑事拘留，由此引发"先救人，先报警？""谁挪车，谁全责"等话题在网络上持续发酵。

2.驾驶人救人行为决策推演分析

针对事故中轮式自行机械车驾驶人未采取挪车救人措施的情况，可从驾驶人心理决策角度出发，深入分析影响驾驶人救人行为决策的因素。驾驶人作出救人或者不救人的行为决策，受主观意愿、法律制度、急救能力三方面的影响（图1）。当驾驶人主观上有救人意愿时，如果法律及相关规定对救人行为的配套保障不足或者驾驶人本身不具备急救技能，都会导致驾驶人做出放弃救人的决定；而当驾驶人主观并不愿意救人时，如果法律及相关规定对不履行救人义务有很强的约束力，驾驶人也可能不得不采取救人措施。

3.驾驶人不履行救人义务的客观问题

驾驶人救人行为决策受法律约束、配套保障、急救能力等方面影响，那我国目前在这些方面存在哪些问题呢？

对事故当事人不履行救人义务的法律约束力不足。《中华人民共和国道路交通安全法》（以下简称《道路交通安全法》）规定在道路上发生造成人身伤亡的交通事故，车辆驾驶人应当立即抢救受伤人员。法律虽然明确了驾驶人交通事故中的救人义务，但是对于驾驶人不履行救助义务的情形,既未将其列为交通违法行为或事故责任认定要件,也没有明确处罚规定。当驾驶人主观没有存在救人意愿时,难以对其产生足够的威慑力和约束力。

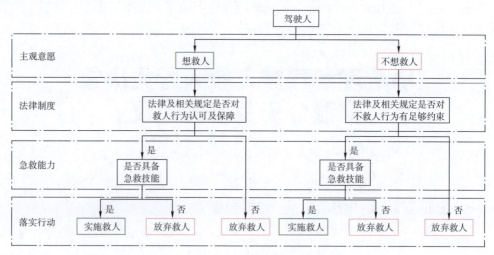

图1 驾驶人救人行为决策过程推演分析

配套规定未能消除"救人"与"保护现场"间的取舍冲突。《道路交通安全法》要求因抢救受伤人员变动现场的,应当标明位置。但我国法律及相关配套规定未明确提出因抢救伤员变动现场时标明位置、固定证据的方法,加之互联网上充斥着驾驶人因移车救人,导致现场位置不明而被判全责等案例的新闻报道,大部分驾驶人对"保护现场"的理解局限于保持现场不动,以免影响事故定责。此外,事故当事人如果因救助不当产生二次伤害,甚至致人死亡的,法律规定也未明确是否应当承担相应的法律责任,以及承担何种法律责任。

交通事故处置及急救培训流于形式,缺乏实战训练。虽然机动车驾驶培训大纲中对事故处置和急救做出了理论培训要求,但也局限于处置流程和急救注意事项等原则性内容,且从落实情况看,由于驾校缺少急救培训专业人员,相关培训基本流于形式。此外,事故处置和伤员急救属于实际操作范畴,实操训练是应用技能形成必不可少的环节,如果仅开展理论培训,会导致驾驶人只能纸上谈兵,真正身处事故现场便会惊慌失措、难以施为。

4.事故涉及的其他问题

驾驶人是否应履行救人义务是本事故探讨最多的问题,除此之外还有哪些问题值得深思呢?

轮式自行机械车道路通行规定各地不一。本次事故中轮式自行机械车违反北京市道路通行相关规定上路行驶,也是导致事故发生的主要原因之一。虽然《道路交通安全法》及其实施条例未对轮式自行机械车上道路通行作出特殊要求,但目前已有17个省区市制定的道路交通安全法实施办法或者道路交通安全条例对轮式自行机械车通行规定做出细化要求,其中甘肃、广西等对通行车道作出限定,要求轮式自行机械车只能在慢速车道行驶；北京、山东等额外增加了主路禁行规定，明确在设有主路、辅路的道路上，轮式自行机械车只准在辅路行驶；江西、浙江等还对其通行速度进行了特殊限定；重庆要求其上路需按照公安指定路线行驶。可见，全国各地对轮式自行机械车的通行规定存在较大差异，这会给驾驶人上路行驶带来一定困扰。

地方性法规的培训和考试未得到有效落实。《机动车驾驶培训教学与考试大纲》虽然对地方性法规的培训和考试做出了要求，但是具体的培训和考试内容，均由各省根据需要和地方特点自行制定。不过从落实情况看，由于各地缺少专业人才，地方性法规的培训要求和考试内容都没有得到有效落实。

因此，全国性法规和地方性法规如何有效衔接、统一贯彻，也是需要进一步解决的问题。

二、国外值得借鉴的规定

关于驾驶人在交通事故中是否应进行伤员急救，国外是否有明确要求，急救培训方式、法律约束等方面又有哪些规定呢？

1.驾驶人不履行事故救人义务的法律处罚

部分国家法律明确对驾驶人在道路交通事故中不履行救人义务的，纳入刑罚范围。如日本规定对不履行救人义务的驾驶人，处以5年以下徒刑或者处50万日元（约3.2万人民币）以下罚款；韩国规定对不履行救人义务的驾驶人，处以5年以下徒刑或者处300万韩元（约1.8万人民币）以下罚款。

2.交通事故中驾驶人现场急救程序

部分国家为使驾驶人更好地履行事故救人义务，在官方驾驶手册中明确规定了道路交通事故中伤员的急救程序。如美国华盛顿州、特拉华州事故急救程序明确了移动伤者情形、伤员救治顺序、伤情检查顺序、出血处理等基本处置内容。加拿大事故急救程序明确了事故车辆处置、减轻伤员挤压、伤员处置等内容。

3.驾驶人急救操作能力的培训

国外非常重视对驾驶人的急救培训，部分国家甚至将急救课程独立培训，如德国在理论考试之前，必须通过8h的事故急救课程；瑞士在实际道路训练前，必须通过10h的事故急救课程，并获得红十字会颁发的结课证书。急救课程除了讲授急救理论知识外，还会进行大量的实操训练，包括如何保护现场、如何与伤员沟通、如何实施急救等方面的内容。

三、改善建议

为更好促使驾驶人履行事故救人义务，建议在制度层面研究加强法律约束、完善配套规定，在培训环节提升急救培训的专业化水平，加强技能化训练，提高实战应用能力。

1.法律制度层面

研究加强对驾驶人事故救人义务的法律约束。建议将驾驶人不履行事故救人义务纳入道路交通违法行为；在事故责任认定上，建议将不履行事故救人义务导致当事人伤情加重且造成不可逆创伤情形，作为事故定责加重条款；同时，建议将不履行事故救人义务导致人员伤亡的情形纳入刑事打击范围。

研究细化交通事故当事人固定证据方法。建议研究细化驾驶人在不同道路交通事故现场固定证据方法，特别是针对抢救受伤人员变动事故现场时，事故当事人标明现场位置的方法和操作要点，并适时向社会发布。丰富细化机动车驾驶人培训考试大纲、驾驶人安全教育等行业标准中事故处置、伤员急救等方面的内容要求，进一步提升新驾驶人及持证驾驶人的安全文明驾驶水平。

2.培训考试层面

加强地方性法规培训、考试和宣传。建议在道路通行规定、特殊车辆管理等方面有特殊规定的，应进一步细化培训考试内容；有道路通行特殊规定的，应在省际和市际道路接驳点，加大宣传力度，保证驾驶人了解相关知识，避免由于信息不对等导致的交通违法。

加强驾驶人事故救护实操技能培训。建议将交通事故急救纳入驾驶技能培训，加强对驾驶人事故救护过程中实际操作能力的训练，同时研究增加事故救护考试项目；编制事故现场急救手册等资料，并面向全社会开展宣传培训活动。

规范驾培机构交通事故救护培训。建议驾培主管部门明确驾培机构交通事故急救课程必须由具备紧急救助员资质（国家职业资格四级）的专业人员进行授课，并将此纳入《机动车驾驶员培训机构资格条件》（GB/T 30340），作为驾培机构市场准入的必备师资要求。

3.宣传引导层面

加强舆论引导，纠正社会公众错误观念。针对由事故引发出来的"挪车全责"等错误观点，及时向社会发声，纠正错误理解，传递正确观念；借助交通安全社会热点，普法宣传道路交通安全，全面提升驾驶人的守法意识。

扫一扫查看原文

从"争先恐后"的驾驶恶习思考教育的疏漏

官　阳　公安部道路交通安全研究中心特约专家
　　　　3M交通安全系统部首席交通安全教育与政策联络官

在我国道路上，有一个很典型的难题就是抢行插队和突然变道超车的现象很普遍，这种危险驾驶方式不仅导致了很多事故，也增加了交通拥堵的频率和程度。但很多人对这种用别人的"慢"来换自己的"快"的现象毫无心理压力，颇习以为常。这种现象的存在，一方面和交通控制设施的设置水平、交通法规的要求与执行质量有关，另一方面也和驾驶人训练水平、国人的规则意识有关，如果进一步追究其中人性方面的根源，就要挖掘在国民基本教育领域的那些疏漏了。

与一位美国同事聊到中美的文化差异时颇受启发。我提起因为从小的教育差异，美国人其实很难理解中国，他深以为然，说他自己很能理解这种无法沟通的差异，因为他觉得他的祖国土耳其，有些地方和中国很像。他告诉我，他在中学以前一直在土耳其长大，上大学才到了美国，现在已经在美国20多年了，他观察自己的孩子在美国受教育，最大的感触就是美国的小朋友很容易和周围的同学交朋友，但回想自己在土耳其上中学时，虽然住集体宿舍，同学接触很多，但是大家都是竞争关系，互相比拼，心里面总想着自己怎么能战胜同学，所以现在回想起来，居然没有一个朋友，言语之间甚是伤感。那段对话一直萦绕在我心头，直到今天，依然如鲠在喉，觉得不吐不快，于是结合驾驶行为优化的引子，说说被我们的教育方式疏忽了的一个问题。

　　中国鼓励学习的故事很多，名言很多，其中一句就是"学而优则仕"，这句话换个说法，就是你要当"人上人"，要努力学习并在考试中胜出。于是千百年来，中国的亿万学子都特别能考试，为了能鼓励学子们上进，学校就搞了各种大排名，公开每个人的学习成绩，还在家长会上报排名，在告示栏里张贴，很多家长也顺理成章地接受着这种熏陶。但这种大排名忽视了对正在塑造人格的青少年的负面心理暗示：你要成功，要优越，就是把别人抛在身后，而且被你抛在身后的，就是你的同学、邻里和朋友们！

　　于是，我们在飞机上，可以看到飞机还没停稳就争先恐后要拿行李抢在别人前面下飞机的大批国人；在火车站，可以看到蜂拥着挤向检票口想先跑向站台的人群；在马路上，看到各种随意变道、抢行插队的危险驾驶行为；在各种公共资源面前，看到各种自私的侵占；在同学聚会上，在村子里、邻里间，看到了各种各样的溶于血液里的攀比习惯……这些现象都指向同一种心理状态：只要我好，哪管他处洪水滔天……

　　很多人说，高考制度是普通人翻身的唯一希望，离了高考平民子弟更没希望了。其实这是社会评价机制设计水平的话题，一个好的机制，完全可以用更科学的方式去调动和选拔人才，同时又注意控制那些负面的影响。

　　就学习成绩和考试排名、高考等问题，美国就有一套很好的处理方法值得借鉴。美国学生的考试成绩是个人隐私，从没有学校会给学生们排名次。要考试并申请大学时，美国学生大都是自己去研究如何考试，如何选大学和专业。而考试也是由专业机构负责，每年在全国各地都有很多次排期，学生们有的上高一后就开始去申请参加考试，考试题分基础级和高一级的带有分科性质的考题，学生根据自己的条件和要申请的目标学校的要求去选择考什么，一次考不好，还可以再考，次数不限制，考试机构只向大学提供学生考得最好的成绩。申请大学也是，学生可以根据自己的条件和大学的各项要求，给大学发申请，提供自己的各种申请资料和考试信息，并通知考试服务机构有哪个学校会来调取考试成绩。考试机构和各个大学之间有沟通机制，考试报告会直接投递给大学，不经过申请人的手。这种选拔人才的机制，从根本上解决了"一考定终身"的忧虑，也从很大程度上避免了直接在同一个屋檐下就鼓励未谙世事的少年们相互踩踏、在人性尚未成熟时期就直面命运角逐的残酷压力……可以说，除了"教"，这种方式在"育"上，下了更多的功夫，可谓用心良苦。

　　一个健康和可持续发展的社会，需要建立更加科学的评价机制，要让人们意识到社会是个共同体，自己的好来源于别人的牺牲；更需要健康和正确的教育导向，才能培养出素养更高的民众。在思想未成熟时就灌输强烈的"争先恐后"意识，是形成国人在公共资源面前习惯去"抢"、习惯在道路上忽视规则、先走为快的一个重要诱因。这种争先恐后的心理暗示，在某种意义上是有负面影响的，会鼓励攀比之风和对他人的权益肆无忌惮的侵犯习惯，应该谨慎对待。

扫一扫查看原文

境外关于机动车驾乘人员使用安全带的相关规定

黄　婷、贾进雷　公安部道路交通安全研究中心助理研究员

一、境外关于使用安全带的相关规定

目前已有100多个国家和地区通过立法对机动车驾乘人员使用安全带进行了规范，下面是较典型的10个国家以及我国台湾地区和澳门特别行政区的相关规定。

1.美国

纽约州《车辆与交通法》规定：只有驾驶人和乘客都使用符合标准的安全带时才允许机动车上道路行驶。对于有医生诊断证明存在生理残疾或疾病，无法使用安全带的，可以不适用该规定。

加州《驾驶人手册》规定：驾驶人和车上年满8周岁及以上、身高4ft9in（1.45m）及以上的乘客均需要按规定使用安全带；未满8周岁或身高不足4ft9in（1.45m）的乘客均需使用经联邦认可的儿童约束系统，否则，驾驶人不得上道路行驶。乘客中有未系安全带的，驾驶人及该名乘客都可能被传讯；未系安全带的乘客不满16周岁的，驾驶人将被传讯。

2.英国

英国《道路交通法》规定：国务大臣可制定条例，要求在道路上驾驶或骑乘机动车的人员，佩戴规定类别的安全带。例外情况：机动车在规定的行驶距离内交付或收取货物的；驾驶人在倒车的；持有医生签字的有效证明不宜佩戴的。大客车运营商应在乘客上车和上车后的合理时间内通过以下方式，一次或多次告知乘客按规定佩戴安全带：通过正式公告或视频资料方式告知；在配备安全带的乘客座椅处采用专用标志告知。罚款采用"分别计算、设定上限"的方式确定，对驾乘人员不按规定使用安全带的，对驾驶人或运营商处100英镑罚款，一次处罚上限为5张罚单，即500英镑。

3.德国

德国《道路交通法》规定：12周岁以上的乘客未按规定使用安全带的，对乘客本人

处30欧元罚款。对12周岁以下的未成年人使用情况，驾驶人应当进行监督；如果该未成年人没有使用安全带的，对驾驶人处60欧元罚款、并记1分；如果该未成年人虽然使用了安全带，但使用方法不规范的，对驾驶人处30欧元罚款；如果同车未按规定使用安全带的未成年人超过2人的，对驾驶人处70欧元罚款、并记1分；如果该未成年人在车辆行驶途中自行解开安全带的，仍然对驾驶人处相应罚款。

4.法国

法国《交通法》规定：驾驶人不按规定使用安全带的，对驾驶人处135欧元罚款、并记3分。未满18周岁的未成年人不按规定使用安全带的，对驾驶人处135欧元罚款。成年乘客不按规定使用安全带的，对乘客本人处135欧元罚款。

5.比利时

比利时《道路交通法》规定：小客车和客货两用车驾驶人和位于侧边座位上的乘客应按规定使用安全带。有下列情形之一的，可以不使用安全带：驾驶人在倒车的；短距离连续装卸货物的；驾驶人和乘客身高不足1.5m的；有医疗证明怀孕的；由于身体疾病而获得交通部部长或其代表颁发例外证明的，或者定居在国外由该国有关机构颁发例外证明的。

6.澳大利亚

澳大利亚《道路交通法》规定：驾驶人有义务确保乘客按规定使用安全带。对于乘客未按规定使用安全带的，对驾驶人进行处罚，有多名乘客未按规定使用安全带的，对驾驶人按人数累计处罚，在公共假日未按规定使用安全带的，加倍处罚；在新南威尔士州，被查处未按规定使用安全带的，对驾驶人处311澳元及以上罚款、并记3分。

7.日本

日本《道路交通法》规定：凡在公共道路上行驶的车辆，驾驶人和乘客都必须使用安全带，驾驶人不得在未使用安全带的情况下驾驶汽车，违者对驾驶人罚款和记分。对于因疾病原因使用安全带不利于驾驶的、驾驶急救车的或者有其他规定可以不必使用安全带的，不受该限制。

8.韩国

韩国《交通运输法》规定：驾驶人和前排乘客应当使用安全带，前排乘客未按规定使用安全带的，驾驶人应当提醒乘客使用。在高速公路或汽车专用道路上行驶的车辆，所有乘客都应当使用安全带。因疾病无法使用安全带或有特别规定可以不必使用安全带的情况除外。

《旅客汽车运输事业法》规定：出租车、城市快速公交车、城际长途客车、旅游大客车以及特殊客运车辆的乘客均有义务按规定使用安全带，如果违反规定，对运输企业、驾驶人分别处50万韩元和10万韩元罚款。

9.新加坡

新加坡《道路交通规则》规定：机动车上道路行驶的，驾驶人和乘客都必须使用安全带。安全带必须以当交通事故发生时，能固定住身体上、下部的方式佩戴。例外情形：身高不足1.5m的；经医疗委员会决定不需要佩戴安全带的。

10.巴西

巴西《交通法典》规定：在本国境内所有道路上，除国家交通委员会规定的特殊情况外，驾驶人和乘客必须使用安全带。驾驶人或者乘客没有系安全带的，处罚款，并采取扣押车辆的强制措施，直到违规者按规定系上安全带为止。

11.我国台湾地区

我国台湾当局所谓"道路交通安全规则"规定：各类新车前排及新小客车全部座位应装置安全带。

我国台湾当局所谓"道路交通管理处罚条例"规定：汽车行驶于道路上，驾驶人、前排或小型车后排乘客未按规定使用安全带的，对驾驶人处1500元新台币罚款。汽车行驶于高速公路或快速路违反上述规定的，对驾驶人处3000元以上6000元以下新台币罚款。但营业大客车或计程车驾驶人已尽告知义务，乘客仍未使用安全带的，处罚该乘客。

12.我国澳门特别行政区

根据我国澳门特别行政区道路交通有关规定：轻型汽车的驾驶人及前排乘客必须使用安全带。强制使用安全带的规定可由补充法规延伸适用于后排乘客或其他类别汽车。不使用或不按规定使用安全带的，可处300元澳门币罚款。

二、境外相关规定的特点

对上述境外国家和地区安全带的使用规定进行系统梳理，归纳起来主要有以下5个方面的特点。

明确安全带的使用主体。美国纽约州、英国、新加坡、日本等国家要求所有驾驶人和乘客都必须使用安全带；比利时要求小客车和客货两用车驾驶人和位于侧边座位上的乘客必须使用安全带；韩国要求驾驶人和前排乘客必须使用安全带，同时强调车辆在高速公路或汽车专用道路上行驶时，所有乘客都要使用安全带。此外，美国、英国、日本、韩国、新加坡、我国台湾地区等都未对强制使用安全带作车型区分。

明确驾驶人对乘客使用安全带的告知督促义务。美国加州规定当乘客未使用安全带时，驾驶人要连带承担不利的法律后果，以促进驾驶人履行通知督促义务；英国的规定要求大客车驾驶人通过正式告知、视频资料方式告知、特殊标志突出显示等方式一次或者多次告知乘客使用安全带；韩国的规定要求驾驶人应当提醒前排乘客按规定使用安全带。

明确未使用安全带的处罚对象。明确了未成年人未按规定使用安全带的，对驾驶人进行处罚；成年乘客未按规定使用安全带的，对乘客本人进行处罚。美国加州明确对16周岁以下未成年人没有使用安全带的，对驾驶人处罚款；对16周岁以上未按规定使用的，对乘客本人处罚款。德国明确对12周岁以下未按规定使用的，对驾驶人处罚款、记分；12周岁以上未按规定使用的，对乘客本人处罚款。法国明确对18周岁以下未按规定使用的，对驾驶人处罚款；对18周岁以上未按规定使用的，对乘客本人处罚款。明确处罚驾驶人。澳大利亚明确对于乘客未按规定使用安全带的，对驾驶人处罚款。日本明确驾驶人不得在未使用安全带的情况下驾驶汽车，违者对驾驶人罚款和记分。明确处罚运输企业和驾驶人。英国明确对乘客不按规定使用安全带的，对驾驶人或运营商处罚款。韩国明确出租车、公交车、客车乘客有义务按规定使用安全带，如果违反规定，对运输企业、驾驶人分别处罚款。明确处罚违法行为人。我国台湾地区明确营运客车驾驶人已尽告知义务，乘客仍不按规定使用安全带的，对该乘客处罚款。

明确违法处罚幅度。英国明确驾乘人员不按规定使用安全带的，对驾驶人或运营商处100英镑罚款，处罚上限为5张罚单、500英镑。德国明确对未按规定使用安全带的未成年乘客超过2人的，对驾驶人处70欧元罚款、并记1分。澳大利亚明确未使用安全带的乘客人数为多人的，给予驾驶人累计处罚。

合理设定了强制使用安全带的例外情形。美国纽约州、英国、比利时、日本、韩国、新加坡等均对强制使用安全带例外情况作出了列举规定，但依据国情的不同有所差异，总体上包括：有证据证明怀孕或不适于约束的疾病、身高不足、倒车、执行急救车紧急任务、短距离货物装卸和授权条例明确规定排除使用的。

三、境外相关规定对我国的借鉴启示

基于境外国家和地区对于安全带规范使用的经验做法，结合我国当前关于安全带的立法和执法现状，建议从以下3个方面进行规范和完善。

明确"按规定使用安全带"的具体情形，统一处罚对象，明确处罚种类和幅度。

明确可以不使用安全带的例外情形。明确有怀孕的、不宜使用安全带的疾病等情形，可以不使用安全带。

持续加强规范执法和宣传引导。及时收集经典案例，总结推广一批"教科书式"执法案例，引导执法主体加强取证意识、规范取证行为、提高取证能力。同时，深入开展宣传引导，促使广大道路交通安全参与者在驾乘车辆时养成自觉使用安全带的习惯，提升公民守法意识和安全意识。

行人安全过马路，正确跨过这道"槛儿"很关键

官　阳　公安部道路交通安全研究中心特约专家
　　　　　3M交通安全系统部首席交通安全教育与政策联络官

对每一个人来说，人生的"第一道槛儿"是路缘，俗称"马路牙子"！跨过这道槛儿，任何人都有可能面临生死考验……

2019年10月24日，上海古北路发生一起恶性交通事故，一辆失控的小汽车疾速冲过人行横道，冲过路口，连续撞击毫无防范意识的行人、骑车人，造成5人当场死亡、9人受伤的惨剧。事故现场有一个细节值得我们每一个人关注：在喧嚣的路面上，很多人自

顾自地穿越道路而不观察路况，还有人边走路边看手机，只有一位小伙子保持了高度的警惕性，在穿越人行横道时向来车方向张望，及时发现了向自己冲过来的汽车，成功躲过一劫。

日本小朋友标准的过道路方式如图1所示：图1中的小朋友把路缘当作一道槛，跨越之前先右顾左盼，这个停顿的动作可以让过往驾驶人更及时看到她，她也可以看到是不是有危险；在跨过路缘时，她高举一只手，尽可能让人们发现她在过道路。从专业的安全教育角度讲，这是一种互动意识，是从小就开始培养的一种社会行为意识，在西方被称为社会契约意识，也就是让每一个人从小就知道自己的行为不是独立的，需要和他人互动，会影响到他人，他人的回应也会影响到自己。

图1　日本小朋友标准的过道路方式

无独有偶，英国的道路交通安全教育和相关法规中也有同样的要求，就是不要轻易跨越路缘，要把路缘当作一道槛，跨越路缘进入机动车道之前，右顾左盼和聆听道路上的声音，判断是否安全。图2是英国道路交通安全法规中跨越路缘的示意图。

图2　英国政府道路交通安全法规中跨越路缘示意图

英国交通法规对穿越道路的具体要求如下。

首先找一个安全的地点穿越道路。最先寻找是否有可以到达对面的人行横道和去往人行横道的步行道。若没有人行横道和步行道，则尽量靠近路缘走路，但仍然要确定能看见往来的车辆。在没有步行道的地方,要走到逆行一侧的路缘旁,迎着来车方向行走。

穿越道路时,使用地下通道、天桥、安全岛、人行横道、自控人行横道,或者有警员或学童过路执勤员控制的过路点。如果没有上述条件,选择一个可以看清四周、驾驶人和骑车者也能够看清你的地点,尽量避免从两辆停放的汽车之间以及视野不宽阔的拐弯点或坡顶穿越道路。

穿越道路前,先在路缘前停下来,不要太靠近往来的车辆,观察四周有没有来车,听驶近车辆的声音。车辆可能从不同方向驶来,有时候在看到车辆之前就可以听到它们的声音,所以,听,非常重要。如果有车辆驶来,让来车先通过,然后再观察四周和听驶近车辆的声音,等待安全的间隔,确定有足够的时间时才穿越道路。记住,即使与来车的距离还很远,如果车速快,也会快速驶近。

确认安全后直接穿越道路,但不要跑,不要斜穿道路。穿越道路时,仍然要随时观察周围路况和听来车的声音,以免有没留意到的车辆突然出现,还要小心避让自行车和摩托车骑行者。

在交叉路口穿越道路时要警惕驶来的车辆,特别是从背后驶来的车辆。如果你开始穿越道路后有车辆驶入交叉路口,则你有优先通行权,后驶入的车辆应当让行,但你也要注意观察对方的操作。

路侧有行人安全栏杆时,仅在提供给行人的间隔处穿越道路,不要跨越栏杆或在车道与栏杆之间行走。

无论2019年10月24日上海惨祸的起因是什么,如果大家能学会用日本和英国要求的方法过道路,在跨越路缘前能谨慎观察、保持聆听,在步道上行走也关注他人的行为,很多人应该是有机会躲过这一劫的……

扫一扫查看原文

暑期少年儿童交通出行风险分析及宣传教育对策建议

马金路、李 君、赵洹琪 公安部道路交通安全研究中心助理研究员
朱弘昊 公安部道路交通安全研究中心研究实习员

暑假期间,少年儿童走亲访友、外出游玩、农村"留守儿童"到城市探望父母等出行需求增加,出行方式及特点较日常将出现明显变化。特别是受新冠肺炎疫情影响,2020年暑期少年儿童的出行方式呈现出一些新情况、新变化。暑期少年儿童的出行机会增加,在途时间长,所面临的交通出行风险也将上升。

为加强暑期少年儿童交通安全宣传教育内容针对性,本文以公安部道路交通安全研究中心抽取的506例18周岁以下少年儿童交通事故案例素材为主要样本量,辅以道路交通事故系统数据并引入部分权威机构数据信息,对暑期少年儿童交通行为风险点及交通事故案例反映出的主要问题等进行了针对性研究。

一、暑期少年儿童交通行为风险点分析

1.暑期短途自驾出游需求增加,少年儿童乘坐私家车出行风险上升

我国有0~14周岁儿童同时有私家车的家庭约占城市家庭总数的50%以上,这些家庭的孩子每月乘坐私家车的时间在20h左右。近年来暑期家长带孩子短途自驾游热度持续走高,2020年受新冠肺炎疫情影响,相比公共交通出行,选择自驾私家车出行方式的比例将进一步增加。

根据事故案例数据分析,如图1所示,暑期儿童乘车事故伤亡人数出现明显峰值。7月暑期开始后呈现明显高峰趋势,9月开学后出现回落,7、8、9月份伤亡人数分别为1417人、1317人和975人。

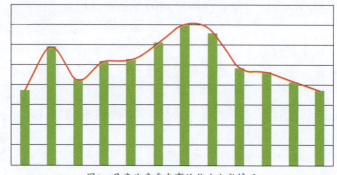

图1　月度儿童乘车事故伤亡人数情况

如图2所示,儿童单独留在车内、未使用儿童安全座椅等原因造成的儿童伤害问题突出。乘车事故伤害原因当中,儿童被单独留在车内、未使用儿童安全座椅、头手伸出车窗外、在高速公路上随意停车、突然开车门上下车等行为占比突出,分别为31.15%、22.95%、13.93%、8.20%和7.38%。

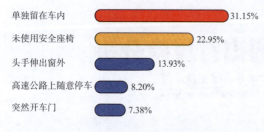

图2　儿童乘车事故伤害主要原因占比

2.暑期少年儿童单独或结伴出行情况增加,骑自行车出行风险上升

暑期单独出行的少年儿童中以12周岁以上少年儿童居多。12周岁以上少年儿童独立意识进一步增强,暑期交通行为的自主性和频繁性持续加强,特别是骑自行车出行情况较普遍。城市里假期结伴去公园、体育场等场所及农村结伴去集市或县城出游机会增加,都促使少年儿童骑自行车交通风险上升。

根据事故案例数据分析,不满12周岁骑自行车(包括共享单车)的现象也非常普遍,与"脱把"骑车的行为分别占骑行事故的20%和25.7%(图3)。

3.暑期少年儿童空闲时间增加,非交通行为类事故发生风险上升

暑期低年龄段儿童交通风险突出表现在,由于空闲时间增加,在小区、公园附近独

立行走和活动的时间增多,特别是在小区出入口、停车场、路侧停车区等区域玩耍的风险隐患加剧,有超过30%的儿童有在小区道路、停车场、路侧停车区域玩耍逗留行为,而农村少年儿童假期则是在村边、国省公路附近玩耍打闹的现象较为普遍。

根据事故案例数据分析,从事故发生区域来看,小区出入口、停车场、路侧停车区等区域发生事故占17.1%,暑期少年儿童在此类场所活动时间增加,发生交通事故的隐患较大(图4)。

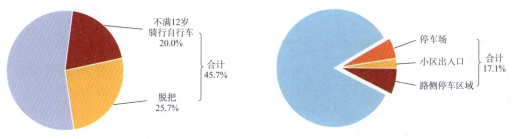

图3 骑自行车危险行为占比情况　　　　　图4 事故发生区域占比情况

4.暑期无监护人看管或监护不力的情况增加,农村少年儿童特别是"留守儿童"出行风险上升

暑期家长大多上班忙于工作,没有时间陪伴孩子,且目前"一家两娃"现象越来越多,客观上造成暑期一个看护人带两个儿童出行情况普遍,看护人往往会"顾此失彼",监护不力造成儿童道路交通伤害。超过20%的儿童存在过道路时突然横穿猛跑、忽然加速或中途折返以及从路侧停放车辆后方横穿道路等行为。

而农村"留守儿童"问题更为突出,截至2018年8月底,全国共有农村留守儿童697万人,96%由祖父母或外祖父母照顾,暑期无监护人看护情况普遍,且农村地区道路条件相对较差,无人行横道线及交通信号灯控制的道路较多,客观上增加了少年儿童交通出行风险。

根据事故案例数据分析,过道路时横冲直撞、忽然加速猛跑、中途折返类事故最为突出,占步行事故总数的50.4%。

二、少年儿童交通事故案例反映的主要问题

通过进行暑期少年儿童交通行为风险及事故案例的分析发现,在监护人因素、少年儿童心理因素、社会因素等方面还存在以下需要关注的问题:

1.监护人监管不力导致少年儿童交通事故伤害

在儿童交通事故案例中由于"监护人监管不力"导致的事故起数占总数的68.9%。其中监护人横穿道路、逆行、闯红灯等"带头违法"现象占4.6%,将儿童独自留在车内、放任儿童玩滑板车或玩具车、放任儿童独自在车辆周围玩耍等"失职"原因导致的事故起数占64.3%。

监护人监管不力导致少年儿童交通事故伤害的原因主要为两个方面:

儿童通过模仿成年人的行为来探索世界。在少年儿童认识世界的过程中,心理学的

"替代性学习"（Vicarious Learning）贯穿始终，即体现为儿童对成年人的模仿学习。监护人"带头违法"对少年儿童传递了消极的信息，而出于对监护人的模仿，儿童也会传递出与示范行为同样信息，因此，成年人正确的交通行为对于儿童交通文明意识的培养至关重要。

监护人的监护水平直接影响儿童的交通安全。监护人有义务对未成年人的思想、行为进行正确的教育、引导和管理，预防和制止未成年人的不良行为。在事故案例中将儿童独自留在车内（图5）、放任儿童在车辆周围玩耍、允许儿童在道路上骑平衡车或玩具车、教儿童驾驶机动车等行为非常常见。虽然大部分监护人没有伤害孩子的主观故意，但儿童还是因为监护人的失职行为发生危险甚至死亡，监护人监管不力、严重失职是导致此类事故发生的根本原因。

图5　成年人将儿童单独留在车内

2.少年儿童竞技等心理因素导致危险防范意识缺失

少年儿童心理发展特点直接影响其交通行为，从根本上了解少年儿童的心理行为特点是增强交通安全教育针对性的关键所在。

造成少年儿童危险防范意识缺失的心理行为因素主要有：

少年儿童普遍存在实践与认知的脱节。在很多情况下少年儿童的心理认知层面正确，但在实践中却出现偏颇，虽然了解交通规则但无法做到完全遵守，其原因在于少年儿童在行为养成中缺乏实践和体验，认知仅停留于思想层面和理论层面，缺乏实践的指导和监督。

少年儿童在行为状态上存在随机性和爆发性。少年儿童处于身心变化的重要时期，受到生理变化和心理变化的影响，经常无法控制自己的情绪，往往表现出行为方式上的随机性和爆发性，骑行时"脱把"（图6）、"脚刹"、逆行、追逐竞速、互相攀扶、追逐车辆等都是少年儿童常见的危险行为，与其行为和心理的发展阶段息息相关。

图6　儿童"脱把"骑车

少年儿童极易在行为上表现出过度自信。随着年龄的增长，少年儿童的体力逐步提升，预测和规避道路交通风险的能力也有所增强，甚至会认为自己的能力接近于成年人，出现过度自信的现象。在少年儿童交通事故案例中未满12周岁骑自行车，骑非机动车搭载多人，甚至驾驶父母的机动车等行为都体现了这类心理行为特点。

3. 农村少年儿童特别是"留守儿童"交通安全意识及知识薄弱

我国农村"留守儿童"主要集中在四川、安徽、湖南、河南、江西、湖北、贵州等地，6到13周岁的比例最高，占总数的69.7%。

造成农村少年儿童特别是"留守儿童"交通安全意识及知识薄弱问题的原因主要有：

交通安全需求和实际教育水平不平衡、不匹配。从教育水平来看，农村家庭重养轻教，学校教育整体水平不高，导致农村"留守儿童"在除文化课教育外的安全教育方面存在知识不足、信息不足以及德育不足，教学理念较陈旧的情况。特别是还有相当数量的农村"留守儿童"中途辍学，脱离学校教育，那么针对交通安全方面的教育更加匮乏，这就造成了交通安全需求和实际教育水平之间的不平衡。

隔代看护，甚至是亲朋看护的监管教育力度不足。农村96%的"留守儿童"由祖父母或外祖父母看护，4%由其他亲戚或朋友看护。从农村涉及少年儿童事故案例来看，存在监护人监护不力因素的达到100%。一方面农村的老年人自身文化水平相对较低，安全意识较差，对于交通伤害的认识不深刻。往往认为车会让人，放任儿童在道路上玩耍、奔跑、放任未满12周岁的儿童骑自行车上路，超过50%的未满12周岁骑自行车上路案例发生在农村地区。另一方面由于长期和看护人缺乏交流，课余活动较少，农村"留守儿童"在暑期易结伴出行玩耍，而看护人也往往认为和同辈一起有伴，忽视安全问题。从案例来看，结伴穿行高速公路、未满16周岁骑非机动车并非法载人、道路上嬉戏打闹等问题均较突出。

三、暑期少年儿童交通安全宣传教育对策建议

不断提升少年儿童自我保护意识，逐步提高少年儿童察觉危险、辨别风险的能力，教会孩子规避危险的方法，针对低龄儿童加强监护人的交通安全宣传教育是减少少年儿童道路交通事故伤害的有效途径，对暑期少年儿童交通安全宣传教育工作具有重要意义。针对当前暑期少年儿童交通出行风险点及事故案例暴露出的主要问题，建议从宣传教育的方法及内容上对城市少年儿童、农村少年儿童（包括"留守儿童"）、少年儿童的监护人以及驾驶人群体进行区分，提升宣传教育的针对性和有效性。

1. 利用互联网教育，重点关注乘坐私家车及骑自行车

针对城市少年儿童充分发挥互联网教育模式下学生课堂教育的"主战场"作用，突出乘坐私家车及骑自行车的重点内容。

宣传教育方法上，要针对当前各地疫情常态化防控的形势趋势，充分利用互联网教育模式下学生放假前最后一堂安全教育课，加强与学校的沟通协作，输送具有针对性和实用性的交通安全教育内容，在有限的课时里增加知识的密度，注重规则意识的培养。

宣传教育重点内容为：

乘坐私家车出行：不要单独留在车内；乘车时头手等部位不要伸出车窗外；下车前要充分观察车辆后方情况，利用"荷式开门法"和"两段式开门法"打开车门进行观察后下车。

骑自行车出行：不满12周岁不要在道路上骑自行车；不要有"脱把""脚刹"、逆行、追逐竞速、互相攀扶等危险行为；不要进入汽车转弯时的内轮差区域；要正确佩戴安全头盔。

此外，不要在小区出入口、停车场、路侧停车区域玩耍；不要在道路上使用平衡车、滑板车、玩具车、轮滑鞋。

2. 做好针对性提示警示，重点关注独自出行及结伴出行

针对农村少年儿童特别是"留守儿童"重点做好针对性提示警示，突出独自出行及结伴出行的重点内容。

宣传教育方法上，要注重提示警示，各地公安交管部门要选择身边的、针对性的案例进行分析，让学校能够拿之即用，开展提示警示，充分调动学校、社区力量，利用大喇叭、微信群等渠道加强宣传教育。

宣传教育重点内容为：

步行过道路：不要横冲直撞、忽然加速猛跑或中途折返，特别是在没有人行横道线的国省道沿线和村镇道路，要做到"一停二看三通过"且通过时要举手示意。

结伴出行：不要在道路上嬉戏打闹、互相追逐、不要结伴穿行高速公路。

骑行出行：未满12周岁不要骑自行车上路、未满16周岁不要骑非机动车并非法载人。

3. 利用家长微信群、家长委员会等渠道，重点关注家长交通行为的规范及儿童交通行为的干预

针对少年儿童监护人积极利用家长微信群、家长委员会等渠道，突出规范自身交通行为及时干预少年儿童错误出行行为的重点内容。

宣传教育方法上，要积极协调学校，利用家长微信群和家长委员会等渠道，通过"给家长的一封信"或"暑期交通安全承诺书"等形式，推送针对少年儿童监护人的宣传教育内容，让监护人在交通行为方面起到示范引领作用并加强监护人的监护水平。

宣传教育重点内容为：

带孩子出行时不要"带头违法"，不要有闯红灯、翻越护栏、酒驾、分心驾驶等违法行为；不要让未成年人驾驶机动车、不要让不满16周岁的少年儿童驾驶电动车、不要给不满12周岁的少年儿童开启共享单车。

步行出行：不要放任儿童在道路上使用平衡车、滑板车、玩具车、轮滑鞋等；不要让儿童走在道路外侧，不要放任儿童跑动，必要时要握住孩子的手腕。

驾车出行：不要单独把儿童留在车内；不要怀抱儿童或让儿童坐在副驾驶位置，要给儿童使用安全座椅，当少年儿童身高体重达到成年人标准时要佩戴安全带。

骑车出行：不要让儿童坐在车筐、倒坐或站立在座椅上；不要离大货车过近，要知道大型车辆转弯时存在的内轮差、盲区，注意避让。

4.加强媒体宣传，重点关注车辆盲区及内轮差

针对机动车驾驶人充分发挥大众媒体的社会化宣传作用，突出车辆盲区及内轮差的重点内容。

宣传教育方法上，要加强社会面宣传，结合电视、电台、广播、微博、微信等传统和新兴媒介各自的优势，强化宣传教育力度，动员社会力量共同关心暑期少年儿童交通安全问题，突出驾驶人群体在减少少年儿童交通事故伤害上的重要作用。

宣传教育重点内容为：

起动车辆前：要绕车辆一周仔细检查，确认车辆周围的盲区内没有孩子玩耍。

车辆转弯时：由于内轮差的存在，转弯时要留意内轮差范围内是否有行人或骑行人员（特别是身材较为矮小的少年儿童）通过，及时进行避让。

注：本文数据来源于中华人民共和国民政部、公安部道路交通安全研究中心抽样调查、中国关心下一代工作委员会公益文化中心《中国家庭汽车消费与儿童出行安全》等资料。

扫一扫查看原文

部分国家儿童交通安全分阶段教育体系及内容概况

赵洹琪　公安部道路交通安全研究中心助理研究员

建立健全儿童交通安全教育体系对提升儿童交通安全教育的科学性和针对性、保障教育内容的结构化和完整化具有重要意义。由于我国儿童交通安全教育体系的建立仍在探索阶段，了解其他国家在儿童交通安全教育方面的先进经验和成功做法，能有效促进我国儿童交通安全教育事业的发展进程。英国、澳大利亚和日本在儿童交通安全教育方面建立了完善的体系和长效的机制，制定了详细的内容和方法，覆盖儿童成年前的所有阶段，值得借鉴。

一、英国儿童交通安全分阶段教育概况

依据发展心理学理论，英国交通安全教育学者认为：对学龄前儿童的交通安全教育会使其受益终身，对儿童交通行为的积极干预要从学龄前阶段开始。因此，英国的儿童交通安全教育体系较为完善，涵盖儿童在成年前的所有阶段，分为：早期教育（学龄前至小学1年级），第一阶段（小学2至4年级），第二阶段（小学5至7年级），第三、四阶段（中学1至3年级），以及高中阶段（中学4至6年级），各教育阶段都对应不同的教育内容及形式。

1.以"家庭为中心"的学龄前儿童交通安全教育模式

英国苏格兰交通安全管理局在针对儿童早期教育（学龄前至小学1年级）的交通安

教育方法中强调家庭成员参与的重要性。英国"儿童交通俱乐部"（The Children Traffic Club）作为服务于学龄前儿童的交通安全公益机构，也同样倡导"以家庭为中心"的教育模式，通过充分调研学龄前儿童的心理行为特点，为学龄前儿童的家庭成员提供丰富的教育资源，主要包括：

一是鼓励监护人带领儿童开展骑行、骑滑板车等有益于身体健康的出行方式，减少肥胖发生的概率。为学龄前儿童家庭提供正确选择和使用自行车和滑板车的内容，佩戴安全头盔和防护用具的内容，引导学龄前儿童家庭了解出行方式与环保的关系。

二是重点指导监护人通过简单的指令帮助学龄前儿童学习如何正确过道路。在监护人发出"停止"的指令时，儿童应该在人行道的路缘石或边缘停下；监护人在发出"看"的指令时，儿童应该知道看信号灯、车辆，寻找可能出现的危险；"聆听"的指令是为了调动儿童的听觉，寻找机动车的声音；"思考"的指令要求儿童时刻观察并分析自身所处的位置是否安全，从而逐步改善儿童在步行时对于道路空间和距离的判断。

三是提供符合学龄前儿童认知特点的教品教具。教品教具主要包括："Let's Go Pack"系列产品，涵盖绘本、海报、贴纸、增强现实（AR）产品（图1、图2），该产品以"一名喜欢汽车的男孩丹尼尔"的视角展开，帮助学龄前儿童认识车辆类型，识别不同车辆发出的声音以及声音的远近，了解车辆周围的危险区域等。此外，针对单一的知识点，还开发了辅助监护人讲授知识点的辅助教具，例如"手提气球"教具可以让儿童了解过道路抓握监护人的手的重要性。

图1　英国儿童交通俱乐部Let's Go Pack系列产品

2.小学低年级阶段重点学习"步行"的安全知识

英国小学阶段的交通安全教育分为两个阶段，分别对应："小学2~4年级"和"小学5~7年级"，在教育内容和教育形式上有明显的区分。

针对小学低年级的学生，主要通过动画片、连线游戏、卡牌游戏、识图游戏等形式讲解如何正确过道路、道路上的安全隐患等。《绿十字法规》（The Green Cross Code）是英国苏格兰、诺丁汉等地区用于给儿童讲授"如何正确过道路"的文本，在小学低年级开始引入并作为重点内容。该内容强调横过道路的危险性，将过道路的步骤细分为以下六个方面：一是"找到一个安全的地方"，二是"停下来"，三是"观察和听"，四是

"思考和判断车辆的远近",五是"确认安全后通过",六是"全程不要分心"。针对小学低年级阶段的问答题、动画、卡牌游戏等教学产品主要也围绕《绿十字法规》的内容展开。

图2　英国儿童交通俱乐部出版的增强现实(AR)游戏故事书

3.小学高年级阶段的教育旨在提高儿童处理复杂交通安全问题的能力

小学高年级儿童的体力和思维迅速成长,从事交通行为的能力也逐步增强,因此,更应培养儿童处理复杂交通问题的能力。这一阶段的教育内容主要包括:

一是通过展示复杂的交通场景引导儿童判断对错,从"人物行为""该行为是否安全""为什么不安全"三个方面展开分析(图3)。

图3　分析"为什么站在人行道边缘听音乐是不安全的"

二是根据"朋辈压力"的心理学问题设计教育资源,例如提出"同伴不遵守交通规则,我应该怎么办""同伴想追赶公交车,我该怎么办"等,对解决方法都有具体的描述,引导儿童克服"朋辈压力",促成正向的改变。

三是引导儿童通过数学、物理等跨学科知识解决交通安全问题。例如通过游戏(图4),帮助儿童理解速度、摩擦力和制动距离的关系,最大限度地利用教学资源,拓展儿童的思维,启发儿童对于交通安全问题的深层次思考。

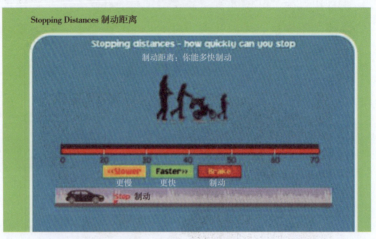

图4　模拟驾驶和制动游戏

4.中学阶段以"成为合格的驾驶人"教育资源为主

英国中学阶段的交通安全教育分为两个阶段,分别对应:"中学1~3年级"和"中学4~6年级"。针对"中学1至3年级"阶段的教育,初步提出了驾驶人应该承担的责任和义务、酒驾与毒驾、分心驾驶的危害等内容。而"中学4~6年级"的青少年在思维和体力上接近于成年人,在教育上侧重于驾驶技巧、驾驶方法、急救知识等内容,通过驾驶模拟游戏,让高年级学生在城市道路、乡村道路、恶劣天气等不同环境下体验驾驶(图5)。

图5　在城市、乡村、恶劣天气等不同环境下的驾驶模拟游戏

二、澳大利亚儿童交通安全分阶段教育概况

2002年开始,澳大利亚通过颁布《国家质量框架》(National Quality Framework)、《幼儿道路交通安全教育国家实践》(National Practices For Early Childhood Road Safety Education,图6)、《学龄前道路交通安全教育和安全运输政策》(Road Safety Education and Safe Transport policy)等一系列政策文件,明确了将道路交通安全教育融入学校课程,对各州政府、幼儿日托机构等开展儿童交通安全教育的教学计划、教育方针、指导方法等做出了统筹协调和具体指导,最大程度的满足儿童对于道路交通安全知识的需求。澳大利亚的儿童交通安全教育体系按照文化程度来划分,包含学龄前、小学教育、中学和高等教育四个阶段,符合儿童在不同成长阶段接收信息的能力。

图6 澳大利亚《幼儿道路交通安全教育国家实践》封面

1.为学龄前儿童教育机构和家庭提供计划到实施和评估的全套交通安全教育方法

澳大利亚的儿童交通安全教育者强调学龄前阶段是培养交通安全素养的关键时刻。《幼儿道路交通安全教育国家实践》中对学龄前儿童的交通安全教育方式方法做了统一的要求和规定。包括:"如何制定儿童交通安全教育计划""如何回应儿童提出的道路交通问题""如何逐步延伸和扩展儿童交通安全教育内容""如何评估儿童和家庭成员的交通安全教育效果""如何引导儿童在玩耍中学习交通安全知识"等,有利于实现学

龄前儿童在家庭和社区的背景下学习交通安全知识的效果最大化。

2.小学阶段的教育鼓励通过"课堂讨论—实地考察—课堂再次讨论"的方式开展

澳大利亚的交通安全教育学者强调在小学阶段开始培养儿童的独立性，逐步掌握独自出行的技能。在教育形式上，为教师提供"课堂讨论—实地考察—课堂再次讨论"的实践模式和资源。针对步行的内容，鼓励儿童在教师的带领下探索校园周边的区域，在实践中，掌握"判断道路宽窄""计算通过不同宽度道路的通行时间""讨论穿越时间和道路宽度之间的关系""判断道路是否安全""道路上有什么遮挡物"等知识和方法。此外，该阶段还结合数学、物理等跨学科知识，提供"远处和近处的车辆、快和慢的车辆""安全头盔的作用原理""探讨公共交通的改进方案""讨论公共交通与可持续发展的关系"等内容。

3.中学阶段提供"驾驶机动车"的教育资源

随着中学生年龄的增长，澳大利亚的分阶段教育资源引入有关年轻驾驶人的驾驶安全问题。针对该部分内容提供真实事故案例、数据、纪录片、视频课程等，邀请警察参与课程指导和讲授。主要内容包括"超速的危害""酒精、毒品或药物对于驾驶的影响""疲劳驾驶的危害""分心驾驶的危害"等。针对12岁以上儿童提供的"照顾我们的同伴（Look After Our Mates）"教育资源，倡导大家要做负责任的驾驶人，提醒同伴酒驾或毒驾的危害。

澳大利亚的儿童交通安全教育者认为监护人会对儿童学习驾驶的过程产生极大影响，为此提供了一系列在线资源，帮助监护人主动做示范和监督孩子学习驾驶的整个过程。包括"鼓励年轻人学习驾驶""帮助新驾驶人获得道路交通安全驾驶的经验""如何取得驾照""如何购买合格的车辆""驾驶的注意事项"等内容。

三、日本儿童交通安全分阶段教育概况

根据日本文部省制定的儿童交通安全指导守则，日本儿童交通安全教育有两大明确目标：一是减少交通事故的伤亡率，二是培养未来遵守交通规则的社会人。1968年成立的"日本交通安全协会"是日本最大型的公益性机构，旨在传播和实施交通安全教育。该协会积极参与交通安全教育的研究工作（图7），主要内容包括：联合有学术背景的研究人员编纂交通安全教材和刊物，开展对婴幼儿监护人、教师的交通安全教育培训工作，组织进校园的交通安全教育体验活动等，希望通过有效的教育方法，提升儿童对于危险的认识，希望能够引导儿童在外出时养成思考和观察的好习惯，从根本上提升交通安全意识，实现一个"无事故"的日本社会。

1.为监护人及教师提供学龄前阶段教育资源

日本的交通安全教育学者极其重视运用绘画的方式展示交通安全的实操性内容，重视动漫人物的设定，配以故事性较强的情节，其开发的交通安全教育内容极具带入感。在针对学龄前儿童开发的交通安全教育产品中，画面和人物多运用夸张的表现手法，突出交通出行者的表情和肢体语言，帮助儿童尽快进入情境，符合该年龄段儿童的认知习惯（图8）。

图7　日本交通安全协会开展的部分儿童交通安全教育活动

图8　日本学龄前儿童"判断交通行为对错"的图画册

学龄前阶段的交通安全教育内容是为监护人及教师提供的，主要包括：教会儿童读懂信号灯；陪同儿童上学并讨论路上的注意事项；让儿童了解在恶劣天气情况下出行的注意事项，了解如何使用雨伞及雨具；教会儿童预测道路上的风险，养成不要突然"冲出来"的习惯；帮助儿童换位思考"盲区"的问题等。强调监护人与儿童的实践行为，鼓励家庭开展"与监护人一起走上学路"的活动，了解"斑马线""人行天桥""地下通道"的作用，强调培养儿童独立出行的能力。

2.以"步行"为主的小学阶段教育内容

"日本交通安全协会"根据认知水平将小学细分为3个阶段：小学1~2年级，小学

3~4年级和小学5~6年级。结合小学生的认知水平、出行特点及物理等跨学科知识，制定了小学阶段的教育内容，主要包括：明确上学路线，思考上下学时的交通安全隐患；驾驶人看到突然冲出的儿童会来不及制动；在哪些地方玩耍会有危险；骑行的安全知识；自行车的安全检查；骑行时的危险行为；制动距离的判断；反思自己在道路上的危险行为等。

小学低年级和高年级的教育资源在展现形式上有明显的区分，小学《低年级道路交通风险预测教材》主要通过浅显易懂的漫画来帮助该年龄段儿童理解步行时的风险点，画面突出交通出行者的表情和肢体语言；小学《高年级道路交通风险预测教材》以实拍的日本交通场景的照片为主，结合简捷的操作步骤，注重内容的实操性和真实性。

3.以"骑行"为主的初中阶段教育内容

针对初中生的交通安全教育内容以"骑行"为主，鼓励初中生通过分析真实的交通事故案例、事故原因，掌握规避危险的方法。同时也鼓励初中生在骑行时多进行"换位"思考，从而保护其他道路使用者的交通安全。提供的资源涉及初中生的心理行为研究、道路交通法律法规、机动车驾驶人的责任义务等方面，主要包括：分析自行车交通事故案例；在不同环境和天气状况下如何安全骑行；学习涉及骑自行车的法律法规；讨论可能给其他道路使用者带来危险的骑行行为和改善方法；在道路上骑行要特别留意婴幼儿和老年人。在教育形式上，采取定期组织进校园活动、交通安全课堂、发布知识手册等方式，如中学生《骑行安全问答手册》用漫画的形式具体描述骑行的正确做法及危险情况的应对方法。

4.以"驾驶机动车"为主的高中阶段教育内容

扫一扫查看原文

日本交通安全协会针对高中阶段的教育内容以安全骑行与驾驶摩托车为主，涵盖交通事故案例分析、驾驶人的责任与义务、交通事故责任与赔偿等。主要包括：收集危险驾驶的真实案例，总结改善行为的方法；预判道路上的风险点；了解获得摩托车驾驶证需要承担的义务和责任；制作交通安全宣传品，组织交通安全校园活动；分析摩托车交通事故的特征；交通事故的应急处置；讨论高中生的心理行为特点与驾驶之间的关系等。

四、部分国家儿童交通安全教育特点分析

1.在教育体系方面，建立了完整的、系统的儿童交通安全宣传教育体系

澳大利亚、英国和日本的交通安全教育体系均以不同等级的教育阶段来划分，通过分析各年龄段儿童的心理行为特点，制定详细的教育计划、教育方法和教育资源，充分满足各年龄段儿童的发展需求。在学龄前阶段为监护人及幼儿教师提供了丰富的教育资源、详细的教育指导手册、购买玩具、绘本、贴纸、识字卡等交通安全教品的渠道，强调监护人在学龄前阶段参与教育的重要作用和模范作用；进入小学阶段后主张培养儿童独立出行的能力，引入乘车及步行相关知识；初中阶段引入骑行的内容；高中阶段提供驾驶机动车的教育资源。

特别要提及的是日本交通安全学者根据初中生群体的心理行为特点进行详细的分析，提出该年龄段儿童的3个特点：一是体力和能力上更接近于成年人，预测和规避危险的能力有所增强；二是了解但是无法做到完全遵守规则；三是较难控制自己的情绪。因此，主张教育者要从"社会责任和义务"的层面来引导初中生建立交通安全意识。

2. 在教育方法方面，强调实践和演练在交通安全教育中的地位

世界经合组织认为道路安全教育方法应建立在教育实践的基础上，注重对儿童交通安全技能的训练。在澳大利亚、英国和日本的交通安全教育内容中多次提及将所学习的交通安全知识和实践相结合：日本提出监护人要带领儿童多次走"上学路"，监护人要与儿童讨论道路上可能出现的风险点，鼓励儿童找出道路上的危险并提出如何避免的方法；澳大利亚的"骑车去上学（Ride 2 School）计划"帮助儿童在上学路上了解骑行的交通安全知识。均着力于交通安全行为的演练与实践，在实践中强化儿童对于内容的记忆、肌肉的记忆。

3. 在教育形式方面，突出游戏在儿童交通安全教育的作用

澳大利亚、英国和日本强调通过游戏的方式观察并倾听儿童的真实想法，了解儿童作为道路使用者的一些问题，增进儿童对于知识点的理解，及时对儿童提出的交通安全问题进行反馈。例如澳大利亚幼儿园开展的"运输沙子游戏"，要求教师与儿童共同制定详细的运输计划，提醒过程中的交通安全隐患，引导儿童在游戏中提高交通安全意识和自我保护意识。

4. 在教育机制方面，实现全社会共同参与的交通安全教育

澳大利亚、英国和日本均通过全面、层次分明的顶层设计，规定了儿童交通安全教育的总体目标、实施计划和评估方法。同时，社会公益组织与家庭、社区、学校等积极配合，形成共同推动儿童交通安全教育发展的合力。例如日本文部省（教育部）制定的《儿童交通安全指导守则》明确了实现一个"无事故"的日本社会，"日本交通安全协会"作为日本最大的交通安全公益机构，组织有学术背景的研究人员编纂了交通安全教材和刊物，开展对婴幼儿监护人、教师的交通安全教育培训工作，组织进校园的交通安全教育体验活动。

5. 在教育理念方面，注重儿童的规则意识和法律意识培养

为了让儿童尽快树立规则意识和法律意识，澳大利亚、英国和日本均从学龄前儿童开始制定了详细、清晰的教育内容，到小学和初中阶段引入道路交通法律法规相关资源，引导儿童分析事故原因和事故责任划分。同时提供有较强操作性的交通安全教育方法，提倡交通安全教育的终身性，强调监护人遵守交通规则、树立榜样的重要性，不断评估交通安全教育内容的可持续性，激发儿童从他律转为自律。

6. 在教育导向方面，将教育内容与社会议题结合激发儿童的社会责任感

澳大利亚在"乘坐公交车"的教育资源中提出鼓励儿童探索环境污染的原因，分析电动汽车和公共汽车哪个更环保，帮助儿童理解乘坐不同交通工具对环境的影响。日本的学校在初中阶段开始定期引导学生登录相关交通事故数据网站，了解近期所在地区发生的交通事故并展开分析，探讨交通事故的发生背景、原因及责任认定等内容。这类交通安全教育方法不仅停留在基础教育内容上，还将社会议题、社会环境和交通安全紧密结合，强调儿童的社会属性，充分激发儿童的社会责任感和对公共责任的主动担当。

扫一扫查看原文

第七篇 >>>

经　　验

第1章 决策者谈

胡满松：推进道路交通现代治理"十个转变"，创造良好道路交通环境

胡满松　江西省公安厅党委委员、副厅长

2020年初，在防"疫"未解除的情况下，复工复产持续提速扩面，道路交通出行需求呈补偿性反弹增长；汽车社会发展势头强劲，且受疫情影响，个体化出行工具（私家车、电动车）仍将加速增多，保障道路安全、畅通，既有增速快、变量多等隐忧，更有除隐患、补短板等迫在眉睫的任务。深入贯彻党的十九届四中全会和中央政法工作会议、全国公安工作会议精神，围绕推进国家治理体系和治理能力现代化的总任务，作为公安交通管理部门，如何更有质效的守好主责主业、迎接风险挑战，不断提升道路交通现代治理能力水平，亟须从理念思路、方式方法、管理服务等多个维度，深思善变，才能御之有效。

一、从新形势新任务看转变治理理念是首要关切

抓好道路交通安全工作，最大限度地减少事故、保护生命，需要强化道路交通各要素、全链条的齐抓共管。但毋庸置疑地是，重基层、抓基础、强队伍仍是释放工作成效的关键，是稳住交通安全形势的重心所在。

1. 由补弱向做强转变

各级公安机关特别是交管部门领导干部要立足防风险、补弱项，逐步向接长项、强共治转变，充分发挥好国家治理体系和治理能力现代化的优势，推动全社会协同共治、多部门责任共担，进而实现安全共享。特别是要发挥省、市、县三级"道路交通安全专业委员会"的平台优势，借力发力，加强战略思考、系统谋划，始终坚持安全第一、生命至上，创新理念方法，扩大社会参与，推进系统治理、综合治理、依法治理、源头治理，打造交通安全参与（共享）的命运共同体，营造全社会重视关注交通安全的共识。

2. 由末端向源头转变

路面是公安交警的执法主阵地、主战场，却是交通安全管理的末端。要转变监管效能"事倍功半"的局面，就必须要追根溯源，盯紧人、车、路、企等肇事肇祸源头，提高风险治理的能力水平。如，针对公路安全源头，既要跟进事故多发路段的排查治

理,还要善于用好话语权,全程参与新建道路的规划、设计、验收,不断完善交通基础设施;车辆安全源头,不仅要路面查,还要提请党委、政府和相关部门从源头控制,严厉打击货车"大吨小标"、非法生产、改装、销售等违法违规行为,杜绝超标电动车、拼装组装汽车等流向路面,遏制隐患上路;企业安全源头,要督促主体责任落实,不让不合格的车出站、不让不合格的人开车。特别是交警自身,要坚决把好驾驶人考试这一"出口",坚决不让"马路杀手"持证上路,从源头入手,实现道路交通事故的可防可控,避免舍本逐末(图1)。

3.由单警向多警转变

图1 江西交警正在检查车辆

在交通安全执法监管方面,一直是交警部门单打独斗、单兵作战,尤其是广大农村地区面广、线长,交通状况复杂,警力更是捉襟见肘,难以覆盖到各村和全部道路。基于此,江西省公安厅党委在2019年度开展试点的经验基础上,提出了农村地区派出所和交警中队"交所融合"的工作理念,并纳入了年度重点工作任务予以考核推进。"交所融合""多警联勤"的警务模式,是实现无警力增长改善、提升核心战斗力和综合管理效能的重大举措。作为公安交警部门,要积极主动作为,争取党委、政府支持,全面实行体制机制创新,做好交所、交治的融合创新,就其中的组织架构、保障支撑、勤务调度、窗口整合等强化对接,力推其落地生根。同时,还可以借鉴如宜春袁州、九江柴桑、萍乡上栗以及吉安等地做法,推进农村地区"交所合一",即:一套班子、两块牌子、交叉任职的合署办公模式,做到管理统一、指挥调度统一、后勤保障统一、窗口服务统一等。

二、从新要求新期待看升级治理方式是长效之举

人民群众对道路交通的获得感、满意度,来自安全、有序、畅通的出行体验,来自交管改革提供快捷、全面、周到的服务举措。以人民为中心,就是必须与时俱进、统筹协调,努力创造与"人民对美好生活的向往"相适应的管理服务体系。

1.由粗放向精细转变

与全面建成小康社会相适应的现代交通治理体系,对交通管理服务提出了更为精细化的要求,这也同步彰显了交通治理能力水平的高低。从交通参与者需求看,道路交通出行,不但要行得通,还要行得更安全、更顺畅;办理交通管理业务,不但要能够就近办、现场办,还期待着能够网上掌上办、随时随地办。相对应地,就要求我们以需求"精细化"为导向,力推执法向机动化、精准化发展,交通组织向科学化、精细化迈进,实现管理与服务的精细化。比如,在治理上从细节抓起,突出抓"一带、一盔、一条"的使用,最大限度地减少事故伤害和后果;在交通组织上,改善慢行交通环境,加强行人、非机动车通行管理,持续固化"礼让斑马线"和城市路口"待行区"、行人二

次过街等秩序治理模式（图2）；在交管服务上，推进更多业务办理"应上尽上"网上掌上办、自主办，以及重点企业群体预约办、上门办，为公安交警赢取更多点赞。

图2　江西交警大力宣传"礼让斑马线"

2.由人工向智能转变

以"互联网+"、大数据、物联网、车联网为代表的新技术，改变着人们的交通行为和交通方式，催生着新的业态，也提供了更多解决安全畅通问题的方法和途径。应对变革，公安交警部门要充分发挥信息化勤务（警务）机制改革成果，主动做强城市智能交通、公路防控体系等大数据建设应用，提高防范和服务能力。同时，要注重更好发挥数据研判对交通管理的支撑作用，指导强化信息化勤务"核心岗位"研判分析、指挥调度、监督考核、出行服务等能力建设，通过大数据深度挖掘，将海量交通管理业务数据优势转化为决策优势、管理优势，推动交通安全工作从被动应对处置向主动预测预警预防转变，推动交通管理服务模式转型升级（图3）。

图3　江西交警大力应用科技

3.由无序向有序转变

交通是城市的血脉，事关群众每日生活。较之于"堵"，交通秩序"乱"更难让人容忍；较之于机动车，非机动车、行人违法更易引发交通矛盾；较之于主干公路，小街小巷的通行难、停车乱，更容易影响出行幸福指数。因此，公安交警部门要从自身出发，履行好自己的职责，担负起自己的责任，着眼于"边边角角"、把握住疏堵结合，加大现场执法力度，提高现场管事率，避免过度依赖非现场执法，把秩序管好，管出规矩。特别是农村地区，缺乏配套的管理制度、管理力量、管理设施，警力少、盲区多，交通违法概率增加，有可能从量变到质变，要通过发挥警保合作、"两站两员"作用开展劝导、制止，最大限度地消灭管理"真空"地带，铲除致祸根源（图4）。

4.由预演向实战转变

图4　江西交警严查醉驾

宜未雨绸缪，勿临渴掘井。凡事讲究预则立，就是要把预案作为前置要素。还要关注的是，预案绝不能够仅停留在纸上、停留在"有了"这个层面，而是要抓在手上、练在平时，让应急成为一种随时拉得出、管得住的本领。当前，疫情已经转入常态化防控阶段，不仅要求我们公安交警有前瞻、会研究，更需要我们时刻做好应急处突准备，快启动、速落地、善达成，让预案的"含金量"真正显现出来。同时，要坚持练为战，建立完善常态化、实战化练兵机制，开展公安交警实战大练兵，提高队伍应急处置能力、提升跨部门应急协作配合水平（图5）。

图5　江西交警正在进行实战练兵

三、从新起点新征程看明确治理目标是初心所在

牢牢把握党在新时代的建警治警方针，全面落实"四句话、十六字"总要求和"四个铁一般"标准，规范执法是底线要求。新时期，人民群众对公安交警执法有了更高要求，从追求合法权益到公平正义，再到更有尊严，这也同样是公安交警要以人民美好生活需要为导向，以实际行动践行人民公安为人民的初心和使命。

1.由管理向治理转变

随着广大交通参与者的交通安全意识的不断增强，作为交通出行的参与者和受益者，主动关注、自愿监督，并且自发维护交通秩序的积极性不断高涨。特别是随着"微博、微信"自媒体和"抖音"等短视频平台的广泛应用，很多交通参与者乐于参与到交通管理当中，发现了一些影响制约安全行车的因素，并通过随手拍、实时@交警部门举报等方式，参与社会监督、表达个人诉求。对此，公安交警部门要主动把握这一有利契机,学会从管理者向组织者转变,做好动员发动、互动鼓励和诉求反馈,学会有效做"群众生活的组织者",使交通参与者围绕在管理者周围,变成交通秩序的维护者、建议者、管理者和监督者。比如,通过积极鼓励市民拍摄交通违法行为、开通微信或电话举报,甚至专门建立举报奖励制度等,不仅可以震慑违法行为,更重要的是可以增强群众交通意识、调和警民关系。

2.由处罚向教育转变

面对新时期人民群众对现代文明社会、现代文明交通的向往与要求,尽快提高广大交通参与者的交通安全意识和交通法治意识,既是大势所趋,更是势在必行。在当前我国交通安全宣传教育体制没有得到根本改变的状况下,作为主力军的公安交警部门,必须对宣教工作的现状进行认真分析,在形式和内容上寻求新突破,进一步增强交通安全宣教工作的针对性、连续性和实效性。比如,在疫情管控的特殊时期,我们针对轻微道路交通违法行为坚持教育为主,警示提醒到位,不仅实现了管理的目的,还达到了社会效果与法律效果的统一,同时进一步增强了警察的公信度和亲和力(图6)。

图6 江西交警的交通安全宣传工作

3.由粗放向文明转变

严格规范公正文明的执法是公安交通管理工作的生命线,是时代的要求和群众的呼声。履行好法律赋予的神圣职责,必须要坚持运用法治思维和法治方式主导执法管理活动,强化证据意识、程序意识、权限意识,破除随意执法、权力滥用乃至执法权力寻租,主动运用科技信息化手段规范权力行使,真正把权力关进笼子、在阳光下运行。在改进执法方式上,进一步提升运用法治思维和法治手段解决问题的能力,严格贯彻执法适度原则,综合考虑执法整体效果;在提升执法技巧上,提升执法现场评估、应急决策和应对处置能力,强化自我保护和团队协作意识,确保执法管理整体合力;在规范执法主体上,从执勤检查点设置、执勤装备配备佩戴、民警执法行为等细节着手,做到执勤装备规范、执法用语文明、执法动作到位。

新时代新起点,公安交管工作既要推广已有成功经验做法,也要适应形势任务变化,把以人民为中心的发展思想贯彻落实到保安全、保畅通、防事故的各项工作当中,更加注重转变工作理念,不断满足人民群众对交通安全畅通的新要求,为全面建成小康社会创造良好道路交通环境。

田玉国：关于实现事故预防"减量控大"目标的思考

田玉国　山东省公安厅交通警察总队总队长

截至2020年3月底，山东省公路通车总里程达27万余km，机动车超过2800万辆，驾驶人超过3100万人，均居全国第二位，是名副其实的交通大省。全省道路交通安全形势总体平稳、稳中向好，但稳中有忧、偶有起伏，仍处于道路交通事故易发高发期，道路交通安全形势严峻性、复杂性基本态势和事故预防工作长期性、艰巨性基本局面没有改变。

山东省副省长、公安厅厅长范华平提出了树牢"靠前一步、主动作为"理念和坚持做强主责主业、促进长远发展"两条路径"，其中包含了很多在面对复杂形势和短板问题时，具有创新性、前瞻性、实践性的思路、制度、机制和方法，为加快新形势下山东省公安交通管理事业发展进步、推进道路交通治理能力现代化提供了基本遵循，特别是对于道路交通事故预防工作，指出了一条由被动到主动、由应对到驾驭、由量变到质变的发展之路，为我们全力实现公安部提出的"减量控大"事故预防目标，明确了方法路径。在此，笔者在这一理念指导下，结合工作实际，就如何做好道路交通事故预防工作，谈谈看法。

一、紧盯"减量控大"目标切实树牢"靠前一步、主动作为"理念

思想是行动的先导。预防道路交通事故、减少人员伤亡是一项非常艰巨的任务，事关人民群众生命财产安全，直接影响平安山东建设和小康社会的成色，也集中体现公安交警部门治理能力和战斗力，综合性强、复杂程度高、难度大。工作中，应当首先解决思想认识不到位的问题，着力转变消极思维，扭转当前工作中存在的事故预防"听天由命""凭靠运气""无力回天"等错误观念，切实树牢"靠前一步、主动作为"的理念，把减少事故、保护生命放在更加突出的位置，紧盯"减量控大"目标，全力化解事故风险，消除事故隐患，坚决维护好人民群众生命财产安全。

1.如何正确理解"靠前一步、主动作为"理念

首先，"靠前一步、主动作为"意味着必须全力以赴。客观上讲，由于事故意外的属性，预防工作可能无法百分之百杜绝事故，但通过我们百分之百的努力，可以最大程度地减少事故，尤其是防范责任事故发生。百分之百的努力，就要求我们在事故预防各个环节、各个方面，必须要靠前一步、主动作为，以"尽最大努力做减法"的决心、态度和措施，使事故起数和死亡人数有更大幅度下降，有效防控较大事故，坚决杜绝重大事故，最大程度减少出行群众伤亡和财产损失，这是公安交警部门应有的价值追求、目

标追求和责任担当。

其次，"靠前一步、主动作为"不是超越法定权限的"越俎代庖"。"靠前一步、主动作为"不是"大包大揽""包打天下"，而是立足法定职责，充分履行职责任务，主动担当、主动负责，凡是由公安交警兜底的也应当提前介入，通过共建共治、引领带动、协调推动，调动各方力量资源共同参与到道路交通安全治理中。这体现的是预防为主、防患于未然的思想，是标本兼治、常态长效的系统思维和大局意识、担当意识，是关口前移、抓早抓小抓苗头，严防小隐患引发大事故的工作要求。

2.如何有效贯彻"靠前一步、主动作为"理念

应当将"靠前一步、主动作为"理念贯穿和体现到事故预防各项工作、各个方面、各个环节中，着力推动道路交通安全治理从"交警主导"向"党政主导"转型，从"末端管理"向"源头治理"延伸，从"一元管理"向"多元治理"转变。在其中，应当重点在加强综合治理、清剿隐患源头、提升执法效能三个方面谋求突破，以点带面推动整体工作贯彻理念、提升层次。

应靠前一步加强综合治理：一是充分运用省市县三级道路交通安全综合治理委员会协调作用，切实发挥交警部门兼任同级交安委办公室的机制优势，持续深化全省道路交通"平安行·你我他"行动；二是推进《地方党政领导干部安全生产责任制规定》和《山东省实施道路交通安全责任制规定》有效落实，明确、压实各方责任，推动各级、各有关部门密切协作、齐抓共管；三是组织发动社会各方面参与，用好保险行业协会、保险公司力量，企业力量，农村基层组织和"两站两员"力量，以及志愿者、社会公众人物力量；四是推动巩固升级"党政领导、部门共管、社会协同、公众参与、法治保障、科技支撑"的道路交通安全综合治理格局，倡导人人有责、人人尽责、人人享有的道路交通安全治理共同体。

应靠前一步清剿源头隐患：一方面推动不增"新量"。对于"路"，靠前紧盯新建、改建、扩建道路，着力参与道路规划、设计、建设、验收等全过程，主动提出方案建议，尤其在建设和验收环节，严格落实"三同时"制度，不符合条件不予审批、不予开通。对于"车"，靠前参与生产、改装、销售等环节监管，与工业和信息化、质检、工商等部门建立车辆安全隐患通报、核查、整改协作机制，重点督促电动自行车、低速电动车等车辆生产企业落实安全责任，从源头上堵住"超标""违规"车辆。对于"人"，推动驾校强化驾驶人教育，特别是对重点驾驶人，着力推进职业化教育，并通过严把考试关，提升驾驶人群体文明交通素质。

另一方面动态清零"存量"。紧盯"两客一危一货"、校车、农村面包车等重点车辆检验、报废、违法及驾驶人审验、换证等源头隐患，牵头固化隐患滚动"清零"机制。推动完善道路隐患动态排查、挂牌督办整治、治理效果评估和隐患路段管控等工作机制，加大智能化投入，实现隐患排查治理信息化、制度化管理，推动实现隐患路段智能预测与排查。加强对事故多发路段、平交路口智能交通安全设施的建设，通过建设发挥交通事件检测、分级安全预警等科技装备和交通信号、减速带、智慧道钉、标志标线、警示灯等安全设施，实现对隐患路段安全的监测、预警和防控。主动开展重点运输企业走访检查，开展"万名交警进万家运输企业、走访十万名客货运输驾驶人"活动（图1）。

图1 开展重点运输企业走访检查、安装智能交通安全设施

应靠前一步提升执法效能：首先，要推动科学立法、完善标准。主动通过立法应对新生问题，提出规范"无人驾驶"等新业态、应对新情况的对策措施；主动参与安全设施标准的制定，用好科研院所的力量，用好专家力量，推动相关安全标准与道路交通事故预防同步；主动通过修法途径，对执法管理中反映突出的、迫切需要修改的法律规定，及时提出修改意见，推动法律法规修改，为执法管理提供支持。其次，要主动加强执法衔接。加强行政执法与刑事司法衔接，通过深化交通事故深度调查，把行政追究和刑事追究相结合，发生大事故后，不仅要追究驾驶人、车主、所属企业负责人的责任，还应从驾驶人培训考试、车辆生产和维修、道路建设养护、企业安全管理、行业监管等各个环节倒查责任，用好《中华人民共和国刑法》有关规定，严格追究相关企业、监管部门责任人员的刑事责任，通过责任倒逼推动深度治理。

二、紧盯"减量控大"目标切实紧抓做强主责主业这条路径

管控路面秩序、整治交通违法、加强宣传教育是公安交警的主责主业，也是我们防事故、保安全的拿手好戏，更是实现"减量控大"目标的有力措施。2017年，山东全省公安交通管理工作会议提出了"有效遏制道路交通事故多发势头、明显减少较大事故、坚决杜绝重大事故"的事故预防目标，确立了严执法、除隐患、强基础、广宣传、促共治五个突破口，经过三年紧抓不放、持续努力，全省道路交通安全形势取得可喜变化。2019年，全省发生一次死亡3人以上较大道路交通事故9起，连续两年保持个位数，起数排全国第24位；未发生一次死亡5人以上道路交通事故，21世纪的20年间首次实现全年无死亡5人以上事故。但必须清醒的是，全省道路交通事故起数和伤亡人数总量仍在高位，死伤数字较大，道路交通安全态势并没有发生根本变化，稍有放松，"好形势"可能就会反弹，甚至出现滑坡、逆转，形势依然严峻。实现公安部提出的"减量控大"事故预防目标，仍要加倍努力，须臾不可放松。下一步，应当切实将做大做强主责主业这条主线一以贯之，扎扎实实地把事故预防重点措施落到实处。

1. 做强路面秩序管控职能

当前路面秩序管控勤务中不同程度存在按部就班、管理粗放、联勤不畅、效能不高

等问题,导致工作繁忙而效果不佳,加剧了警力紧张的矛盾。我们应当在路面秩序管控中确立精准"查、管、控"的指导思想,毫不动摇把路面作为主战场,综合运用科技信息化手段,对辖区时段、路段、车辆、环境等信息进行精准分析研判,对重点违法、安全隐患精准预警,指导路面勤务管控工作精准、动态开展,并做好三个环节:

一是应当突出管控重点。着力加强对重点时段、重点路段、重点车辆的路面巡逻管控力度,突出夜间和休息日勤务部署,增加路面显性用警;将日常管控与专项整治相结合,坚持并深化周末夜查、"逢十""逢五"行动、酒驾常态化整治、"百吨王"超载货车治理等专项行动,因地、因时制宜开展执法整治。二是应当加强执法站查控勤务。综合运用稽查布控系统,科学区分、精准确定目标车辆,系统自动报警,引导警力进行拦截检查,让该查的车一个不漏,让其他车辆无感知通过,在精准查缉基础上,实现检查站车辆通行效率最大化。三是应当做好应急处置。加强道路交通事件采集与发布,靠前主动做好路面秩序应急处置,这方面在高速公路尤为重要。可以通过建设应用交通事件检测、可变限速、团雾多发路段预警等系统,快速检测识别违法、事故、天气、拥堵等突发事件,迅速开展应急处置,并通过路面、网络、媒体等信息发布平台及时预警提示。

2.提升违法乱象整治效果

法律的生命在于实施,交通管理尤其如此,必须坚持严格执法、依法治乱,减少交通违法,消除安全隐患。这里应把握好几个环节:

一是坚持执法从严。道路交通安全执法中失之于宽、失之于软的现象仍较突出,执法的权威来自对严重交通违法行为的全覆盖、"零容忍",要通过从严教育、管理、处罚,营造"不敢违、不能违、不想违"的社会氛围。应当严查严管严重超载、酒毒驾、违法载人、涉牌涉证等易肇事肇祸的严重交通违法,保持高压严管态势,深化常态化治理机制,全力压缩违法空间。二是提升整治效能。优化严重违法犯罪行为查处模式,改进违法查处方式,完善秩序考核机制,推广"酒驾违法查办分离、快侦快诉""牌证违法专班侦查、摧毁源头""超载违法异地用警、查抄溯源""非法'带路'情报主导、合成打击"等工作模式,提高办案效能。试点推广道路交通安全管理"路长制",健全警种联动、动态管控的路面交通管控模式,做到"一路一长、一警多能"。三是科学、合理运用非现场执法和现场查处两种手段。交警的战场在路面,交警要上路、要管事、要得法,过度依赖非现场执法会降低执法效果。应从执法数量、效果、态势三个维度引导更加突出现场执法。当然,也应根据违法特点和辖区实际,有区分、有侧重地利用好两个手段开展整治,用好电子眼的"火眼金睛",弥补警力不足问题。

3.做强安全宣传警示

加强宣传警示、不断提高广大市民群众的交通安全意识是预防事故、保障畅通的治本之策。在这方面,应当把我们"想讲的"和群众"想听的"最大程度地结合,如此才能喜闻乐见、爱听爱看,才会春风化雨、共治共享。可以制作贴合实际、贴近生活、易于传播的宣传资料,采取灵活多样的形式、群众乐于接受的形式,持续深化进企业、进学校、进社区、进农村、进家庭、进媒体、进网络"七进"活动,弘扬文明交通理念,培育交通规则意识，凝聚文明交通安全共识。通过召开新闻发布会、新闻通气会、发布新闻通稿等形式，每月曝光一次"突出违法车辆""典型事故案例"，每季度曝光一次"事故多发路段""高危风险运输企业"和"终身禁驾名单"，扩大警示效果，引导社会各界关注、重视道路交通安全。推广交通安全教育减免交通违法记分改革措施，广泛宣传、解读，切实发挥引导鼓励的正向激励作用，加强机动车驾驶人交通安全教育，提升机动车驾驶人安全意识。严格实施驾驶人记分满分教育和审验教育制度，推动借鉴奥地利等国家"新手"驾驶人"回炉培训"教育模式，研究制定加强机动车驾驶人再教育工作意见措施，完善培训机制，丰富教育内容，让再学习、再教育的重点驾驶人从思想上认真接受"生命的教育""责任的教育"，真正使其自警自律。注重农村交通安全宣传教育，通过"两站两员"想方设法壮大农村宣传力量，发挥村规民约作用，推动将交通安全文明守法要求写入其中，引导村民自治自律（图2）。

图2　山东交警正在进行交通安全宣传

三、紧盯"减量控大"目标切实紧抓促进长远发展这条路径

公安交通管理工作应当有韧劲，尤其是交通事故预防工作绝非一朝一夕之功，实现"减量控大"目标也不可能一蹴而就，应当避免"大呼隆""一阵风"和"紧一阵松一阵"，要有打持久战的长远准备。应加强长效机制建设，坚持向打牢基础要警力、向科技应用要警力、向提升素质要警力，对难题和顽疾，对确定的目标和任务，坚持不懈、久久为功，日日抓、年年管，不达目的不罢休，一茬接着一茬干，不断改进、完善，力争每年有改观、有进步。唯有坚持方得常态长效，才能防范问题反复反弹，真正推动道路交通安全治理能力提层次、上水平。

1. 向打牢基础要警力　夯实发展根基

打牢事故防范基础应当坚持"软件""硬件"两手抓，统筹业务、保障两方面，瞄准"短板""缺项"去攻坚。推动硬件设施由"有没有"到"好不好"转变、运转机制由"是否健全"到"是否高效"转变，切实提高对"人、车、路"管控能力，全面提升"管、防、控"一体化水平。因此，我们应紧盯两个重点：

做优做强中队这个实战"桥头堡"：通过精简机关、新警锻炼等多种形式充实中队警力，推动将辅警人数纳入交警执勤执法用车定编基数，及时更替老旧车辆，增加中队可用车数量。应当推动公路交通安全防控体系向农村延伸，深化公路巡逻民警数字化中队建设，着力构建以数字警务室为核心，涵盖"数据支撑、巡逻管控、源头管理、业务服务"四个阵地的"1+N"警务运行机制，做强中队路面管控职能。健全落实中队与乡村"两站两员"之间常态化工作运转机制，深入推进农村交通安全管理信息系统及手机App应用，试点推广"固定+移动""取证+入户"的"2+2"精准劝导管控模式。

打牢农村安全管理基础：预防事故特别是较大以上事故的重点和难点都在农村，防范工作最薄弱的地方也是农村。应充分发挥交安委平台作用，因地制宜、创新管理，夯实乡镇政府和村委会交通安全管理责任。加强警保合作共建乡村交通安全劝导服务站和"两站两员"，增强农村地区基础管理力量，解决"无人管""管不到"的问题。推动相关部门加大农村公路改造力度，重点治理临水临崖、连续下坡、急弯陡坡等事故易发点段，改善农村公路通行条件，解决农村公路"防护少""隐患多"的问题。

2.向科技应用要警力　注入发展动力

目前，在科技应用方面还存在着建设不够和不能用、不会用的问题。因此必须坚持科技强警，以建设应用立体化、信息化公路交通安全防控体系为载体，以警务运行机制改革为目标，不断提升工作科学化、智能化、精准化水平，提高道路交通安全治理现代化治理能力。

加强重点车辆动态管控：在源头，开展对"两客一危"车辆、农村面包车、渣土车等重点车辆源头信息化管理。开展重点车辆风险分类分级评估，生成严重交通违法突出、非法营运、逾期未年检、逾期未报废等高危车辆预警清单。在路面，加强动态监测，通过卡口过车信息与上述重点车辆的实时关联分析，强化研判预警，实现对重点车辆疲劳驾驶、假套牌、超速及无证驾驶等违法行为的有效管控。

深化大数据战略：深化数据资源汇集融合、分析挖掘和实战应用是强化交管大数据战略的关键。应依托省级公安大数据中心，加快建立省市两级公安交通管理大数据应用体系，挖掘、汇聚、融合公安交通管理及其他警种，交通运输、应急管理、气象等政府部门，保险、互联网等企业数据来构建省市两级公安交通管理大数据资源池，为事故预防决策和基层应用提供高效、精准的数据支持。

推进防控勤务机制改革：在城区，应当强化指挥中心研判分析、指挥调度、监督考核、出行服务等能力建设，健全"情、指、勤、督"勤务体系，加快摩托车骑警队建设；在公路，依托公路交通安全防控体系，推广"及时发现、高效指挥、精准处置、科学评估"的"四位一体"路面勤务机制，提高已注销报废仍在运行、逾期未报废、"两客一危"车辆逾期未检验、假牌套牌、超速5类严重交通违法的精准查处。

探索新技术实战应用：加强与互联网、通信等知名企业合作，推进车路协同、车辆分流、车距管控、重型货车动态管理等研究示范工作。积极探索人工智能、5G、区块链、物联网等新技术在公安交通管理领域的应用，推动管理由"智能"走向"智慧"。

3.向提升素质要警力　筑牢发展保障

队伍是做好工作的核心保障。面对事故预防任务，我们队伍中还存在整体素质能力与现代交通、现代科技和新业态发展不能完全适应等问题，制约了工作更好发展。交警队伍应当牢牢把握"对党忠诚、服务人民、执法公正、纪律严明"总要求，始终锚定锻造"四个铁一般"公安铁军和革命化、正规化、专业化、职业化标准,做担当交警、专业交警、有为交警,切实担负起维护道路安全畅通的职责任务。

做担当交警。只有奋发有为、敢于担责,才能担当重任、不负众望。公安交通管理工作秉承的信念是生命至上、执法为民,肩负的任务是减少伤亡、保障安全!应当通过靠前一步、主动作为,加深对事故"可防性""可控性"规律特点的认识和把握,自觉把工作置于党和政府工作大局中去谋划、部署、推进,"事故可防且大有作为",切实把主业做实、做强、做长远。

做专业交警。针对履职能力和业务素质方面存在的不足,用好集中培训、网校培训、送教上门、跟班学习四种培训形式,突出科技应用、隐患治理、精准管控、有效执法等实战急需,分层、分级、分类开展专项培训,着力提升职业素养和履职本领,努力成为懂交通、懂法治、懂科技、懂管理的专业交警。

做有为交警。"减量控大"的任务目标既定,思路也已清晰,就应当"说了算、定了干,再大困难也不变",就应当以钉钉子的精神狠抓推进,对着目标抓谋划,对着任务抓落实,对着难题抓攻坚,对着实效抓推动,对着长效抓深化,扎扎实实,雷厉风行,善作善成,坚决为全省经济社会发展和人民群众出行创造更加安全畅通、和谐有序的道路交通环境,以有为业绩不负党和人民的重托(图3)。

扫一扫查看原文

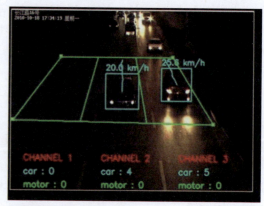

图3　山东交警数字化中队建设

田玉国:奥地利道路交通管理经验

田玉国　山东省公安厅交通警察总队总队长
孙　涛　山东省公安厅交通警察总队秩序管理支队支队长

一、奥地利道路交通现状

奥地利位于欧洲中部,被称为欧洲的心脏,下属9个联邦州,国土面积8万km^2(约为山东省的一半），人口886余万（不到山东省的十分之一）。首都维也纳以音乐之都闻名世界，是著名的旅游城市，下设23个区，面积400多km²，人口189万人。

1.道路交通发展

奥地利是欧洲大陆重要的交通枢纽，交通系统发展水平位居欧洲前列。截至2018年底，全国道路通车里程13.7万km，其中，高速公路1743km，快速路489km，乡村公路13.4万km；汽车保有量690万辆，其中，私家车498万辆，重型货车6.2万辆；驾驶人600万人。维也纳道路通车里程2837km，其中，高速公路51km，轨道交通450km，自行车道1100km，桥梁1712座；汽车保有量87万辆，其中私家车70万辆。

2.交通管理体制

奥地利政府内政部下设警察局，州政府下设警察署，各区政府下设警察分局，警察分局下设执勤执法部门和违法处理部门，执勤执法部门负责日常执法，违法处理部门负责违法证据审核和罚款管理。奥地利共有警察2.6万人，每万人配备警察数量29.3人（山东每万人配比是10人，交警每万人配比是1.8人）。维也纳市警察署下设分局14个，共有警察6000人。每名着装警察都要承担社会治安、交通管理、刑事侦查、外事管理以及大型活动安保等工作。其中，专职交通警察2200人，主要负责高速公路安全管理，重点对入境的货车进行称重检测、安全技术检验和查处超速、不购买通行票等违法。

3.交通事故预防和处理

据奥地利交通安全协会统计数据，2018年全国因交通事故造成409人死亡，同比减少了1.2%，其中高速公路交通事故造成33人死亡，同比减少了43.1%。2020年全国交通事故预防工作目标值下降至310人。另外，一般交通事故由肇事双方自行协商，由保险公司赔付处理。只有伤亡或者损失在5000欧元以上的交通事故，警察才启动处理程序，进行现场勘察后填写事故记录单移交当地法院处理，不对交通事故进行调解。

4.车辆和驾驶人管理

奥地利交通部门负责车辆号牌的发放管理。申领号牌非常方便，大多是由保险部门代办，而且一般车牌免费。自编车牌需要单独交纳费用，每个自编号牌250欧元，由各区政府交通安全基金会负责收费，并用于道路交通安全管理。驾驶证考试和发证是由政府牵头，各领域交通安全专家（包括警察代表）组成考试委员会组织实施，培训费为1800~2000欧元。

二、奥地利交通管理经验做法

奥地利历史悠久，经济发达，道路交通安全指数很高。首都维也纳人口稠密，汽车数量多、交通流量大，虽然街道窄，但是路网密，而且交通组织精细、基础设施完善、公共交通发达、停车管理有序、居民出行便捷。除部分路段在高峰期短暂拥堵以外，其余道路均畅通无阻。考察期间，未见到一起剐蹭交通事故和长时间、长距离拥堵现象，给大家留下了深刻印象。

1.事故预防成效显著，交通安全指数名列前茅

奥地利始终坚持"生命至上"的事故预防工作理念，建立了政府主导、部门联动、社会各界共同参与的交通安全管理模式。交通事故发生率和百万人均死亡数均低于欧盟平均水平，交通安全指数在欧盟国家中排名第二，属于道路交通最安全的国家之一，主要有四点原因。

政府高度重视。奥地利政府高度重视交通安全，定期修订完善交通安全发展规划，不断加强道路基础设施投资建设，开展针对性事故数据分析研判、隐患排查治理和交通安全宣传等事故预防措施。奥地利因道路交通事故造成的死亡人数逐年下降，由最高峰的2942人降至2018年的409人。

部门齐抓共管。政府各部门职责清晰，联动机制健全，交通综合治理成效显著。交通创新技术部负责制定交通发展和安全管理相关政策，做好交通数据统计分析、专业化安全评估、道路隐患治理、车辆监管审验以及施工现场交通管理等工作；内政部警察局负责查处酒驾、超速等严重交通违法，维护通行秩序。

社会广泛参与。奥地利交通安全监理协会、保险、汽车和摩托车俱乐部等多个社会组织主动开展道路交通事故数据统计分析、安全隐患排查、交通安全宣传，积极参与交通安全标准的制定完善等工作，进一步提升了道路交通安全水平和交通参与者安全意识。

救援体系完备。各级政府均建立了由市政管理局救援中心统一指挥调度，消防、卫生、红十字会、保险、救援等单位参与的交通应急救援体系，救援点位布设合理，救援力量反应迅速，现场救援科学高效，有效降低了交通事故致死率。

2.交通组织精益求精，城市道路交通畅通有序

奥地利在城市交通组织和设计方面处处体现"精耕细作、精细精致"的理念，做到了动态与静态交通资源配置和使用的最大化。

静态停车管理有序。维也纳主城区道路两侧均设有路内停车位，并设置醒目的停车交通标志标线，标明允许停车时间和收费标准等。配备专职停车管理员，负责对乱停乱放车辆抄牌处罚，引导居民有序停车。城市商业区和旅游区均设有公共停车位或停车场，在交通枢纽建设了郊区与市内公共交通线路相连接的专用停车场，便于旅游购物和日常出行的换乘。停车诱导系统布局合理，实行预约停车和限时分级停车收费措施，运用价格杠杆提高停车位周转率。

普遍采用单向循环措施。老城区道路大部分采用单向交通管理措施，并明确不同道路功能定位及交通流向，实行主城区道路"微循环"，减少交通冲突。同时，合理分配路权，精细划分车道，在很窄的道路实现了轨道交通、机动交通和慢行交通高效有机运行（图1、图2）。

交叉路口渠化科学合理。充分运用渠化岛、导流线等交通设施，对交叉路口进行渠化改造，缩小交叉路口面积，科学设置转弯车道、停车线位置、行人过街驻足区、斑马线，理顺交通流向，促使车辆各行其道，提高路口通行能力和效率。

道路施工现场交通组织科学。每个施工现场区均有详细的交通组织方案，且采用醒目、先进、安全的交通设施设备（图3），能够对施工作业人员起到很好的防护作用，也对过往车辆进行醒目的安全警示和路径诱导。

图1 有轨电车和社会车辆共用道路（社会车辆须让行有轨电车）

图2 合理设计自行车道

图3 施工现场的交通组织

学校区域交通组织精细。在学校、幼儿园等特殊区域，采用增设安全设施和限速管理等措施，保障学生出行安全。此外，还利用不同颜色的交通标线、完备的交通标志警示驾驶人注意过街行人。

3.交通发展以人为本，基础设施建设科学规范

维也纳政府在城市交通发展和基础设施建设方面始终践行"以人为本、高效出行"理念，围绕"公交优先、保障慢行、完善设施"的目标，大力推进公共交通和慢行交通系统发展，有效治理城市拥堵问题。《维也纳2025年城市交通发展规划》中提出：将私家车出行比例从27%降低至20%，使用公交、自行车等绿色环保交通出行比例上升到80%的工作目标。

公共交通发达，出行分担率高。维也纳公共交通网络覆盖率高，形成了以轨道交通为主骨架、电车与普通公共汽车、火车为补充的密集交通网络。据统计，2018年市区公共交通分担率达60%，郊区达40%。公交覆盖范围和时段广。电车、地铁、公交、火车、公共自行车无缝互通互联，换乘方便快捷，实现了市区200m范围内各类站点全覆盖。公共交通系统运营调度科学高效，每天凌晨4：20至次日凌晨0：35运行近20h，并根据客流变化，合理调整发车间隔。早晚高峰期，地铁发车间隔2min，电车发车间隔3min，公交车发车间隔5min；其他运营时段，发车间隔各增加3min。公交实行一票制。政府对公交补贴力度大，公交出行成本低，只要购买一张车票，就可在市内换乘各种交通工具，无须再购车票。公共交通票制多样，居民单次票价2.4欧元，日票7.6欧元，周票15.9欧元，月票50欧元，年票365欧元。购买公交年票，平均每天只需1欧元就可以不受限制地乘公共交通出行。据统计，维也纳共有64万人（约占人口数量的三分之一）持有公交年票。

设施设置科学，处处体现人性化。奥地利政府十分重视道路交通设施建设，交通标志标线设置和信号灯安装控制等由政府道路交通局负责，警方派相关专家参与调研和决策，所有建设经费由政府解决。考察期间，所有学员切身感受了奥地利交通标志、标线和信号灯的人性化和标准化。交通标线施划科学。标线与道路线形设计融为一体，标准统一、路权明晰、易于辨识，并使用不同色彩，提升驾驶人对标线的辨识度（图4）。交通标志设置醒目。充分利用不同颜色、形状、尺寸的地面交通标识以及交通标志，向驾驶人传达交通管理信息，增加可视性和提示性。在关键的道路节点均设置交通诱导标志，保障车流有序运行（图5）。信号灯安装合理。维也纳交通局信号灯管理专家技术委员会负责2000多处信号灯设置和配时。信号灯均成对安装（图6），而且布局合理，无遮挡，交通参与者能够非常清晰地观察和识别信号变化。交叉路口均设置慢行信号灯（图7），可以动态调整信号相位，保障慢行交通通行安全和效率。信号灯配时由统一的计算机系统管理，能够按照交通流特性，分时段采用不同控制方案，均实行绿波控制，通行效率大幅提升。

图4 交通标线

大力发展慢行交通，挤压汽车通行空间。维也纳政府不断加大慢行交通系统建设，重点保障行人和自行车通行。目前，公共交通、步行和自行车出行率达到72%，其中步行出行率达到26%。注重步行街和慢行道建设。维也纳自1974年修建第一条步行街以来，现在全市已经有27km步行街。同时，还加大步行道和自行车道设置，保障行人和自行车安全、便捷出行。部分路段采用限行和限速措施。有的居民区街道限制车辆过境通行，只供居民停车。有的城市次干路和支路限速30km/h（图8），部分大型广场周边街道车辆限速20km/h，有意限制汽车通行，保障行人和自行车安全通行。目前，维也纳限速30km/h的道路占比达32%。

图5　地面交通标志和诱导指示标志

图6　交通信号灯

 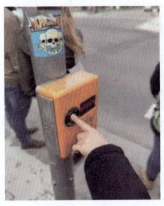 

图7　慢行交通过街信号控制系统

图8 街道低限速设计

4.智能系统实战高效,高速公路通行安全畅通

奥地利高速公路管理运营部门具有先进的智能交通控制中心(图9),使用前沿信息科技手段,对高速公路实行全程智能化、动态化管控。

图9 高速公路智能交通控制中心

普遍应用可变限速诱导提示系统。奥地利高速公路平均1km设置1处可变限速诱导提示屏(图10),智能交通控制中心根据道路交通流量、交通事故以及团雾、雨雪等恶劣天气情况,实时控制车辆通行时速,发布限行管制信息,有效降低事故发生概率。

图10 可变限速管理系统

隧道实行可变限速管理和信号灯控制。所有公路隧道都安装智能管控系统(图11),实时控制进入隧道的交通流量和车辆通行速度。同时,设置隧道内部人工照明设施和道路视线诱导标志,增加了隧道内部的可视性、诱导性,提高了驾驶人视觉上的舒适性。

高速公路实行不停车智能收费。除山区高速公路有6个收费站以外,大部分高速公路都不设收费站,实行不停车收费(图12),通行效率大幅提升。通行费按照车型实行两种收费方式：第一种是17座以上客车和大中型货车均安装了不停车扣费系统（相当于国内的ETC），每个高速公路出口前方都设置了自动扣费卡口（国内是安装在收费站收费通道，奥地利是设置在高速公路主线），车辆平均每行驶10km，卡口根据通行距离，实时自动扣费。第二种是17座以下客车、小型车辆实行购买周票、月票和年票的方式收费。高速公路卡口可以通过识别车牌和车辆右上角通行票的方式，判别出未购买通行票的车辆，通知执法人员对驾驶人进行处罚。据了解，高速公路通行年票为80欧元。

图11　隧道路段的可变限速管理

图12　高速公路不停车扣费卡口和自动扣费装置

5.交通执法严格到位，源头安全监管机制健全

奥地利始终对交通违法保持严管重罚措施，严重交通违法最高可以处以5000欧元，而且执法部门具有很高的执法权威，且有自由裁量权。一般情况驾驶人都会自觉遵守交通规则，不会主动违法。

路面执法力度大。警方定期组织集中整治行动，重点查处超速、酒驾、超载等影响安全驾驶的严重违法行为。查处超速方面，对高速公路超过限速130km/h、联邦公路超过限速100km/h等超速违法，采用固定和移动测速设备记录超速证据，证据传至警察局违法处理部门审核，对超过限速值3km/h以上的违法进行处罚。每年查处超速违法500万起。查处超载方面，在重点主干道路设有交通安全检查站，由警察局派出交通警察和交通局派出技术人员驻站工作，主要负责车辆安全技术检测和车辆装载情况检查。对于货车车辆安全技术检测不达标的，强制维修，并予以处罚。超载违法最高可以处罚210欧元。

驾驶人和车辆源头监管机制完善。奥地利交通部门对客车和货车有严格的动态监管和强制休息制度（图13），确保车辆安全运行。客车驾驶人驾驶2h，必须强制休息15min，再驾驶2h必须强制休息30min。如果连续驾驶4h必须强制休息45min，全天累计驾驶不能超过8h。车辆从起动起计算，必须在11h内熄火。如果驾驶人不遵守停驶规定，就会被处罚。货车在星期六15时至星期日24时禁止道路运输（可以通过火车进行整车联运），必须在休息区强制休息。

图13 客车驾驶人交替驾驶和货车驾驶人强制休息

6.教育培训机制健全，文明交通意识深植人心

奥地利高度重视交通参与者的安全培训和素质提升，针对实习期驾驶人、青少年、儿童等群体采取了一系列行之有效的培训和教育。

安全驾驶培训制度完善。奥地利法律规定驾驶人在取得驾驶证3个月到12个月以内，必须到汽车和摩托车协会等专业培训机构进行"回炉培训"，提高驾驶人在雨雪等恶劣天气的驾驶水平。同时，大力推广青少年试用期学习驾驶培训模式，即年满17岁的青少年可以在父母或亲属的陪同下学习驾驶1000km，之后再进行专业培训和考试。这样可以培养青少年良好的驾驶习惯，使青少年交通事故发生率减少了15%。

扫一扫查看原文

社会化宣传教育氛围浓厚。奥地利全社会非常重视学生交通安全教育，警察、交通等政府部门和学校、交通安全监理协会、保险等社会单位，定期开展学生现场亲身体验教育、警察进课堂等活动，提高学生交通安全意识。同时，加强对事故成因和违法过错分析，总结出了"被看见、就安全"的交通安全宣传理念。目前，为广大在校学生配发了反光背心和反光标志等，确保学生出行安全。

董建西：高路堤普通公路交通安全隐患分析及改善建议

董建西　新疆维吾尔自治区公安厅交警总队党委书记、政委

截至2019年底，全国公路通车总里程达到501.25万km，其中高速公路14.96万km、一级公路11.53万km，二级及以下的低等级公路（双向两车道或单车道公路）474.76万km，占公路总里程的94.7%，占比极高。

受工程造价、施工水平、设计理念及习惯、气候地质条件、动物迁徙、高地下水位等因素影响，部分地区低等级公路广泛采用高路堤设计（图1），高填方公路较为普遍，且在高等级、高标准的干线公路建设中，高路堤所占比例有所增加。

图1　部分地区的低等级公路采取了高路堤设计

一、高路堤公路安全隐患突出，可能加剧事故损害

1.高路堤公路的安全隐患较大

低路堤在国外发达国家已经普遍采用，在设计方面有减少土地占用率、节约土石方、降低工程规模、与周围景观相协调以及保障车辆安全水平较高等优点。如图2所示，与低路堤公路相比，高路堤公路具有一系列不可克服的缺陷和劣势，具体表现为：

高路堤公路自身存在边坡过陡、路侧落差大、防护不足、路肩缺失等问题。车辆一旦冲出路面，易导致翻坠、倾覆等交通事故的发生，从而加剧了事故的严重性和伤亡程度，因此存在一定的道路安全隐患。

高路堤公路自重较大、对路基和边坡产生压力大，易造成地基变形，并且后期养护加固工程量较大，容易出现道路塌陷、路基沉降、路面开裂等问题。

由于高路堤公路路面距地面较高，道路两侧还需设置较缓的边坡，则使得公路占地面积扩大、征地成本变高。

由于高路堤公路土方用量大、占地多，易造成水土流失、植被破坏、生态割裂等生态环境问题。

图2　公路路堤填筑施工示意图（网络图片）

2.高路堤公路可能加剧事故损害

通过对部分地区高路堤普通公路的实地调研发现，很多高路堤公路存在着路侧落差大、边坡过陡甚至无边坡处理（有些地方近乎与地面垂直）、无安全防护、无安全警示

提示等问题,很可能引发较为严重的交通事故。

据某省份地区交通事故统计,近三年路堤高度1m以上的高路堤路段发生单车失控后驶出路外致人员伤亡的道路交通事故211起,共造成180人死亡、266人受伤,伤亡率高、事故后果惨重。其中,高路堤设计、安全防护及宽容设计缺失等问题虽不是导致事故的主因,但直接加剧了事故的损害。

二、哪些措施有助于提升高路堤公路安全性

道路建设发展应牢固树立"安全第一,生命至上"的发展理念,不断提升道路安全水平,切实保障道路使用者的出行安全。也就是说,道路设计者、管理者在严格落实道路标准规范的同时,应以拯救生命或减轻受伤程度为目的,为驾驶人行车过错提供宽容的空间与措施,避免仅因为驾驶人的小错误就要付出生命的大代价,甚至带来群死群伤的惨重后果。基于上述理念,笔者就如何提升高路堤公路的安全性提出几点建议:

1.建造路面与地面齐平的道路

为减少高路堤公路对土地资源的占用,降低高路堤带来的各方面不利影响,低路堤设计理念已经得到了普遍认可。美国及部分欧洲国家建造的公路通常与地面齐平,路侧净区较宽且平缓,如图3所示。为了实现公路与自然环境和谐统一,在兼顾交通安全与生态文明、经济效益与社会效益的前提下,应对沙漠、戈壁、草场、农耕、微丘、山区等地域地理、交通及关键技术特征进行具体分析,重点克服路基承载力、地下(表)水位等因素影响,在经济条件和工程技术允许的条件下,大力倡导建造"填挖平衡、路面与地面相齐平"的理想道路,才能从根本上消除高路堤公路存在的严重交通安全隐患。

图3 美国公路的路面与地面几乎齐平,路侧较宽且平缓

2.深入排查路侧安全隐患

既有高路堤公路存在的最大安全隐患就是路侧安全问题。《公路路基设计规范》(JTG D30—2004)规定,路堤边坡坡度一般取值在1∶1.5左右,根据填料类别不同,坡度不宜陡于1∶1.3~1∶1.75;《公路路线设计规范》(JTG D20—2017)规定,设计速度80km/h的二级公路的右侧硬路肩宽度一般值1.5m、最小值0.75m,土路肩宽度一般值

0.75m、最小值0.5m；设计时速60km的二级公路的右侧硬路肩宽度一般值0.75m、最小值0.25m，土路肩宽度一般值0.75m、最小值0.5m；设计时速40km、30km、20km的三级公路和四级公路的土路肩宽度分别为0.75m、0.5m和0.25m（双车道）、0.5m（单车道）（图4）。《公路路线设计规范》（JTG D20—2017）也明确规定了公路建筑界限和公路用地范围，例如，公路建筑界限范围内不得有任何障碍物侵入。

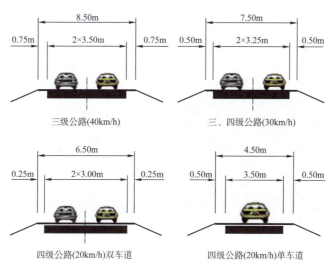

图4　三、四级公路的右侧土路肩宽度示意图

因此，笔者建议结合公安交管部门提供的高路堤公路交通事故多发点段和隐患路段信息，对照上述相关标准规范要求，深入排查治理高路堤公路边坡坡度过大、路肩宽度不足或缺失、路侧净区不足等隐患问题。对于不符合规范要求的高路堤公路，应采取放缓边坡、拓宽路肩、移除净区危险物等措施来提高路侧安全性。

3.加强重点路段路侧安全防护

如图5所示，由于路肩宽度不足、安全防护缺失、预警提示不到位，导致驾驶人在借道超车、躲避牲畜、紧急避让车辆等操作过程中，一旦偏离车道就面临冲出路外的致命危险。

图5　因车辆冲出路外翻车发生亡人事故

正因如此，笔者建议在高路堤公路路侧落差大、净空不足、临水临崖、急弯陡坡等重点路段，通过实施生命防护工程和加装防护栏、警示墩、隔离带、混凝土挡墙等安全

防护设施等措施,防止车辆冲出路外,发生碰撞树木等障碍物及车辆翻坠、倾覆等严重交通事故。

4.逐级强化路面安全警示提示

建议加强高路堤公路事故多发点段和隐患路段的安全警示提示,例如增设警示标志、减速设施、报警闪光灯、线形诱导标及轮廓标等设施,具体如下:

可以通过施划车道边缘线、反光震动标线、路肩震动带等措施(图6),对偏离车道、驶向路外的车辆进行逐级预警提示,提醒驾驶人莫要因疲劳驾驶或借道超车等行为致使车辆偏离车道。上述举措有助于防止车辆冲出路外发生事故。

图6 反光震动标线、路肩震动带

在牲畜穿越公路较多的路段增设反光或荧光警示标志,提醒驾驶人及时采取措施安全避让。

在急弯陡坡、临水临崖、视距不良等不具备超车条件的路段,可以通过施划黄实线,增设禁止超车标志、安全警示标志、柔性隔离设施等措施,防止车辆因违法超车引发交通事故。

5.做好公路管理养护工作

由于高路堤自重大、产生压力大且各类病害多,应做好高路堤公路养护和加固工程,及时消除高路堤公路病害,防止因路面塌陷、边坡滑塌、路堤浸水、冲刷坡脚等引发道路交通事故。

6.从严审批新建改建方案

《公路路线设计规范》(JTG D20—2017)第9.4.1款规定,公路横断面设计应最大程度地降低路堤高度,减少对沿线生态的影响,保护环境,使公路融入自然。对于新建或改扩建的公路,建议不再采用或最大程度地限制使用高路堤设计方案,从严审批高路堤公路设计建设,确保路基边坡不存在过高、过陡等问题,低填方路段应尽量将边坡放缓,最大程度地降低路堤高度。

7.树立宽容设计理念

"即使驾驶人出现失误或过错,也不能以牺牲生命为代价"是道路宽容性设计理念的核心。具体到路侧宽容性设计,就是为驶出车道的失控车辆提供减速、停车并驶回行车道的安全空间。

例如,如图7所示,当边坡坡度在1∶1.5左右时,车辆冲下去后容易翻车、倾覆,属于较危险的边坡;当坡度在1:3~1:4之间时,车辆冲下去后无法上来,需要外力把车辆拉出来,属于不可返回式边坡;当坡度在1:4或1:4之内时,车辆冲下去之后可以自行上来,没有安全顾虑,属于可返回式边坡。因此,建议在设计路段时可通过进一步放缓边坡达到可返回式边坡坡度,为保障车辆驶出路面也能安全驶回车道提供宽阔的路侧净空区。

扫一扫查看原文

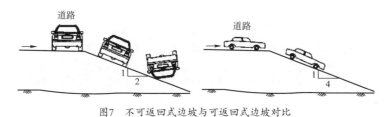

图7 不可返回式边坡与可返回式边坡对比

第2章 亮点经验

山西：创新思路，数据牵引，提升国省道交通安全治理能力

公安部道路交通安全研究中心交通言究社

国省道交通安全文明示范路创建活动开展以来，山西交警对照公安部交通管理局要求，总结评估近几年国省道治理经验，查漏补缺，取长补短，积极探索实践国省道交通安全管理措施，按照"11335"总体思路，大力推动国省道交通安全治理能力和治理体系现代化，取得了一定成效，实现了道路交通安全事故"减量控大"的总体目标。

"11335"总体思路（图1）：

"1"即一个牵引：以大数据为牵引；

"1"即一个原则：综合治理、因段施策、连点成线、以点带面的原则；

"3"即三个矛盾：国省道快速行驶的路面条件与复杂的混合交通环境、主干通行需求与众多平交路口、公路板块结构与城乡交通特点之间的矛盾；

"3"即三个坚持：坚持以"货车靠右行"为抓手，坚持传统手段与现代科技有机融合，坚持路内向路外延伸、路面向源头延伸、城市交通管理理念向公路延伸；

"5"即五个目标：安全隐患明显减少、通行秩序明显好转、管控效能明显提升、队伍建设明显规范、交通事故明显下降。

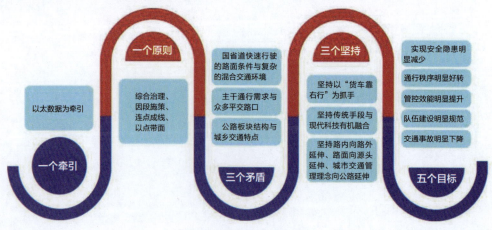

图1　山西交警总体工作思路

下面向大家介绍山西交警在"11335"总体思路指导下所做的具体工作：

一、树立"一个牵引"，推动现代治理体系构建

国省道交通环境日趋复杂，为进一步适应现代交通管理需要，山西交警按照"以大数据战略为牵引，推动山西公安工作全面换道超车"的要求，树立"两个转变"思路，即"治理决策从依赖经验向大数据支撑转变、治理措施从传统安全设施向科技装备升级转变"，努力构建基于大数据条件下的国省道交通现代治理体系（图2）。

图2 构建基于大数据的国省道交通现代治理体系

二、践行"一个原则"，建立综合、立体治理格局

今年以来，山西交警抢抓"交通强国"建设机遇，积极向山西省委、省政府及省公安厅党委专题汇报国省道示范路创建工作。山西省政府对示范路创建活动作出部署，要求每个市打造一条贯穿全境的国省道示范路，压实各级政府及相关部门责任。11个市及相关县（区）政府都将创建活动纳入重要议事日程，加强统筹调度、政策支持和资金保障。

公安部交通管理局《国省道交通安全文明示范路创建活动方案》下发后，山西交警坚持综合治理原则，联合省交通运输厅，迅速部署开展公路隐患排查整改工作，大力推动完善示范路基础设施，补齐国省道安全短板。同时，按照因段施策、连点成线、以点带面原则，针对货车通行秩序管理、穿村过镇平交路口风险隐患等具体工作，一点一策、精准治理，并通过结合定点卡口抓拍与沿线巡逻打击、道路沿线设置交通禁令组合标志等手段，将国省干线公路与重点区域衔接起来，形成"点线面"立体整治格局（图3）。

图3 多措并举，治理国省道

三、直面"三个矛盾"，解决治理重难点问题

分析解决国省道快速行驶的路面条件与复杂的混合交通环境之间的矛盾。依托山西省公安厅大数据平台，开发应用了"山西公安大数据智慧交管大脑"，对接共享相关部门数据，对国省道交通环境进行全路段、全方位、全要素分析研判，建立可视化数字模型，构建拥堵、隐患、事故等指标体系，为风险干预、隐患治理和交通组织优化提供综合性系统性决策依据，改变以往传统的"救火式"治理模式。

分析解决国省道主干通行需求与众多平交路口之间的矛盾。通过大数据对国省道穿村过镇平交路口风险隐患进行深度分析，针对不同路段、不同特点，实施"一点一策"精准治理，综合采取完善交通安全设施、渠化车道引导、增设警示设备等措施，最大限度保障平交路口交通安全，减少穿村过镇交通影响。

分析解决公路板块结构与城乡交通特点之间的矛盾。通过大数据建立的指标体系，对国省道局部特征进行系统分析，对部分路段呈现出的城市交通特征进行综合判断，将货车专用车道、公交车专用车道、信号灯智能配时、完善标志标线等城市精细化交通管理做法向公路延伸，有效兼容公路与城市交通特点，同时兼顾国省道与城乡交通需求（图4）。

图4 改造后的国省道沿线路段

四、聚焦"三个坚持"，推动国省道安全形势持续向好

1.坚持以"货车靠右行"为抓手，深化行车秩序管理

山西交警紧紧扭住货车这个"牛鼻子"，持续深化"货车靠右行"工作：

政府主导，部门联动。山西省政府专门发布通告，明确货车"靠右通行"（图5），近三年每年山西省政府1号文件对此作出再强调。建立了交通运输部门设置标志标线，公安交管部门整治货车违法占道行驶的路警联动机制，形成管控合力。全省197个超限站将缉查布控系统与治超不停车检测系统深度融合，实现了治超、治乱、治堵协同管控。

图5　山西省"货车靠右通行"专用道

点线结合，以线促面。点上"动静衔接"，充分发挥防控体系作用，将卡口抓拍与巡逻打击相结合。线上"靠右引导"，每5km设置"靠右行"交通禁令组合标志，引导货车自觉靠右通行，将国省干线公路与重点区域衔接起来，形成货车靠右"点线面"立体整治格局。

突出重点，创新战法。实施"A+X"治理模式（图6），"A"是易致堵、致祸、致乱的共性违法，"X"包括其他整治行动、有地域特点的严重违法，以及当地政府组织的相关整治工作，形成目标一致、上下联动的整治态势。经过三年多的持续整治，全省国省道交通安全形势持续向好，通行效率提高了70%，货运驾驶人在山西省靠右行车的驾驶习惯已基本养成。

2.坚持三个延伸　形成共建共治共享创建氛围

由路内向路外延伸。以示范路为中心，向沿线两侧各延伸1km，着力打造国省道交通安全文明示范带。组织警力深入沿线村庄、企业、学校开展创建活动宣传动员，发动1km示范带内的农村群众及组织，自觉参与到创建活动中来。

由路面向源头延伸。组织大中队深入示范路沿线厂矿企业，对存在严重交通安全隐患的运输企业，采取通报、约谈、签订责任书等方式，督促企业加强源头管理。结合治超工作，共享治超数据，配合治超办倒查超载源头企业责任。

图6　"A+X"治理模式

将城市交通管理理念向公路延伸。为有效解决公路板块结构与城乡交通特点之间的矛盾，山西交警将城市精细化交通管理做法向公路延伸，根据不同路段的不同特点，因段施策，提高治理针对性。例如，在108国道贾令路口借鉴城市交通理念，探索打造了5.9km的"货车专用道"，并通过设置借道行驶区，解决了货车和公交车在两个专用车道之间的变道冲突，改造后的路口既兼容了公路与城市交通特点，又兼顾了国省道与城乡交通需求。

扫一扫查看原文

山西交警上述思路和举措引领全省交管工作迈上了一个新的台阶。以108国道晋中段为例，2019年该路段交通事故数、死亡人数同比下降7.3%、20.3%；自示范路创建以来，2020年1~8月交通事故数、死亡人数降幅达26.47%、54.76%，实现了"安全隐患明显减少、通行秩序明显好转、管理效能明显提升、队伍建设明显规范、交通事故明显下降"的目标，初步形成了多维度合力共创的国省道交通安全治理新局面。

（资料来源：山西省公安厅交警总队）

安徽：创新应用无人机开展高速公路交通管理

公安部道路交通安全研究中心交通言究社

一、无人机在道路交通管理中的应用

无人机具有机动灵活、飞行不受地形限制、监控范围广等优点，作为一种新型警用装备，可以协助交警开展巡查纠违、指挥疏导、勘查事故现场等工作。

1.空中视频巡查，加大重点路段管控力度

传统的道路交通管理以警车日常巡逻和定点值守为主，随着科技装备的广泛应用，除使用视频监控外，无人机巡查成为一种重要的道路交通巡查方式。

无人机在开展空中视频巡查中，实时将路面视频监控图像回传到交警指挥中心，指挥员根据无人机传回的图像对道路交通情况进行研判，及时发现交通违法、交通拥堵、交通事故、恶劣天气等异常情况，就近调度路面巡逻民警进行处置。

针对区域广泛且警力无法完全覆盖的重点路段，交警可以通过无人机高空巡查更全面、更广泛地了解路面交通情况，在节省部分警力的同时，加大对重点路段的管控力度。

2.查纠交通违法行为，形成有力震慑

虽然主要道路沿线设置了大量视频监控设备，但无法覆盖全部路段，且桥梁、树木、坡道等会遮挡监控拍摄的角度，而无人机具有飞行高度高、飞行路径灵活的优点，可以弥补传统视频监控范围有限的不足，在空中巡查中发现路面违法停车、占道行驶、遮挡号牌等交通违法行为时，无人机配备的高清摄像头进行录像或拍照取证，固定违法证据进行非现场处罚，或者调动民警进行拦截查处。

由于恶劣天气和交通事故等发生交通拥堵时，有的车辆违法占用应急车道会影响交通疏导和事故应急救援人员快速到达现场，通过无人机抓拍交通违法行为的震慑作用，可以协助保证应急车道畅通。

3.交通阻断时先期巡查，为指挥决策提供依据

在突发应急事件处置中，无人机可发挥积极作用。发生交通事故或道路拥堵等情况导致交通阻断时，交警无法快速到达现场，而无人机通过高空飞行就近赶赴现场，采集完整的现场视频图像信息并实时回传指挥中心，为交警进行现场情况分析研判和开展指挥疏导工作提供决策依据。

4.勘查事故现场，提高交通事故处理效率

将无人机航拍技术与计算机视觉技术、图像与视频处理技术、信息管理技术相结合，无人机拍摄的现场视频资料可以帮助交警确定涉事车辆的位置，快速还原交通事故发生时的场景，为事故责任认定提供支持，实现快速、高效处理交通事故。

5.及时发现安全隐患，降低和消除事故风险

恶劣天气和道路施工作业不规范是造成交通事故和交通拥堵的重要诱因。交警可根据无人机空中巡查传回的视频图像及时发现雪情、雾情等恶劣天气和道路施工现场安全隐患，从而快速组织应急处置或协调有关部门及时消除隐患，降低或消除事故风险。

6.开展交通安全提示，降低事故发生率

无人机也可应用于交通安全提示。通过无人机搭载的高音喇叭、电子显示屏，对过往车辆司乘人员、沿线居民和服务区人群进行交通安全提示，提升交通参与者的安全文明意识，尤其是在交通事故易发路段或发生交通拥堵、交通事故、恶劣天气等异常情况时，无人机的声光警示设备可以提示车辆减速慢行、择道绕行。

二、无人机在安徽高速公路交通管理中的应用

安徽省高速公路通车里程达5000km，交通管理的需求增加与警力不足的矛盾日益凸显。安徽交警总队于2016年建设了空地一体化管控平台，将无人机应用于高速公路交通管理。目前共有28架无人机，人工操控飞行半径为7km，最高巡航速度约65km/h，挂载摄像机续航时间为68min，具有长距离自主航线巡视飞行、定点悬停飞行、自主降落、定向抓拍、道路警示、实时语音交互等功能。无人机在安徽高速公路交通管理中的应用主要包括：

1.重点路段空中视频巡查、预警纠违

对互通枢纽等重点路段开展无人机空中视频巡查，宏观了解路面交通情况（图1），并把侦察到的情况实时传输到安徽交警总队指挥调度中心，指挥员据此对整体交通情况进行研判，及时下达指令对违法车辆、事故车辆就近安排警力进行处置。2018年，安徽省高速公路重点路段的交通事故发生率同比下降16%。

图1　无人机在合肥绕城高速公路金寨路收费站周边开展空中巡查

在高速公路发生交通拥堵或事故易发路段,安徽交警总队指挥调度中心或地面站执勤交警通过无人机配备的LED显示屏和挂载的"声光警示设备"设备,结合定点飞行和自主航线飞行模式,对车流和突发状况进行预警和安全提示,对交通违法行为进行劝阻纠正,针对不听劝阻的违法驾驶人,无人机"变身"为空中移动探头(图2),自动悬停、自动变焦、拍照取证、固定证据上传实施处罚,或者调动民警在道口拦截查处,震慑效果十分明显。据统计,2019年以来,安徽省高速公路上客车违法停车上下客、违法占道行驶等重点交通违法行为明显减少,违法占用应急车道行为同比下降50%。

图2　无人机查纠交通违法

2.协助开展应急处理和事故救援

在重大节假日或发生事故致道路拥堵,警力无法快速抵达核心区域时,无人机就近赶赴现场,实时回传事故现场视频图像,交警通过视频图像及时了解路面情况,便于先期处置和事故勘查(图3)。

在重大事故现场处置工作中,系留式无人机搭载高清摄像机、热成像或空中照明设备(图4),为救援和处置工作提供长时间的技术保障。此外,安徽高速公路交警采用的无人机可搭载抓取投放任务设备，在开展高速公路交通事故应急救援时，定点安全投放重达17公斤的救援物资和设备，同时还具备夜航功能，减少因为道路不通畅而带来的救援困难。

图3　无人机辅助指挥疏导交通和应急处置

图4　系留式无人机，利用巡逻车供电，通过缆线进行电力和信息传输，可以长时间滞空

2016年8月2日13时许，蚌合高速公路滁州境内发生一辆大货车所载货物燃烧事故，占据了整幅道路，大量车辆淤积在高速公路主线上。辖区大队通过无人机巡查及时了解现场火势情况及拥堵长度，合理安排警力做好应急车道清理、施救车辆进入现场及社会车辆交通疏导工作，20min即打通应急车道，间断放行车辆。2018年以来，安徽高速公路交警累计通过无人机快速处理交通事故100余起，一般交通事故现场处理时间由原来的30min压缩到10min之内，大大提高了事故处理工作效率。

3. 及时发现交通安全隐患

2019年初，安徽省持续出现大范围冰雪、雾霾天气，给交通安全带来严重威胁，各高速公路交警大队通过无人机巡查，及时发现雪情、雾情，快速组织应急处置，有效防止了多车追尾事故的发生。"春运"期间，安徽省境内合宁、合芜、合安高速公路因扩建施工，造成严重交通拥堵，相关交警大队采用无人机巡查及时发现由施工造成的交通安全隐患120多起，并协调有关部门迅速进行处置，并警示和驱离违法占道车辆约2200辆，有效消除了交通事故风险隐患（图5）。

图5　利用无人机及时发现施工路段安全隐患

三、强化无人机在公安交管工作中的应用构想

将无人机应用于高速公路交通管理，创新了高速公路交警执法模式，提升了高速公路交通管理工作效率。然而，在实践应用中也发现一些问题，例如，无人机自身设备和应用机制存在短板，有待优化，应针对性地改进设备、优化系统、完善功能，建立健全相关工作机制和管理规范，进一步强化无人机在高速公路交通管理工作中的应用，促进高速公路路面管控机制改革和效能提升。

1.推动无人机公安交管应用技术实现新突破

结合公安交管工作实际需求，推动无人机生产企业突破当前的警用无人机技术瓶颈，并加快无人机配备，不断织密高速公路空中管控网，全面实现基于警用无人机巡查、预警、警示、取证、勘察为一体的空中智能化管控网络，以形成整体规模效应，为日常管理、应急处置提供可靠、及时的技术服务。同时，研发无人机自动管理平台，将平台设置在高速公路沿线，多点分布，实现无人机自动充/换电、就近出警、自主巡航，解决无人机滞空时间短、频繁充电的问题（图6）；将系留式无人机的系留缆绳长度由目前的150m增长为300m，进一步扩大预警区域，规避执勤风险，有效保护民警自身安全。

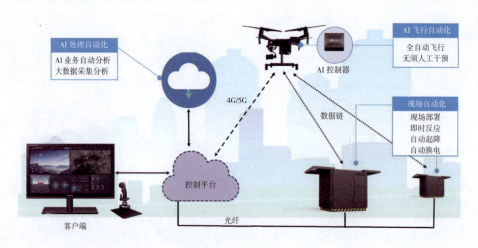

图6 无人机自动管理平台

2.加快"智能无人机+"警务模式建设

省界主线收费站是高速公路交通管理的主战场，也是应急处置工作的重要支撑点，随着省际主线收费站取消和ETC的广泛应用，常规的定点执勤管理手段将失去作用，给高速公路交通管理带来重大挑战，应以"智能无人机+"警务模式为基础，推动传统勤务向现代勤务转变，实现高速公路警车巡逻、定点值守、道口执勤、视频巡检、空中巡查的"空地一体"立体化交通管理方式。

3.推动无人机与公安业务信息系统深度融合

目前，安徽无人机空地一体化管控平台虽然解决了前端抓拍取证、中端链路传输的难题，但还没有与后端公安指挥中心对接，导致无人机仅作为单一的警用工具在使用，难以融入整个公安信息化系统

之中，直接影响应急情况下的指挥决策效率。下一步，将推动警用无人机与公安业务信息系统的深度融合，并进一步拓展无人机空地一体化管控平台功能，充分发挥其在公安交管工作中的强大效能。

（资料来源：安徽省公安厅交警总队）

江西：创新举措，靶向治理，全力维护高速公路安全

公安部道路交通安全研究中心交通言究社

为落实交通事故预防"减量控大"总目标、深入推进高速公路交通安全整治"百日行动"，江西交警精准施策、靶向治理，采取了一系列创新举措，维护了高速公路交通安全形势的持续稳定。

一、紧盯主要通道"三级联动"，开展"短频快"整治

1. 精心分析研判，选取主要通道

根据公安部交管局的部署，江西交警在"百日行动"时间和范围的基础上加以拓展，并利用智能管控平台、集成指挥平台等，对辖区高速公路交通流量、交通违法规律特点和交通事故肇事原因等进行较为全面的认真分析研判，选取沪昆、大广、济广、杭瑞、杭长、泉南、厦蓉7条国家主干线高速公路，共计3077km，作为全省全年整治重点。

在此基础上，针对国家路网干线高速公路通行特点，结合交通流量、交通违法、事故警情、道路环境、天气状况等实际情况，对干线高速公路重点违法、重点驾驶人、重点车辆（含7座以上面包车）、重点路段、重点时段、重点天气、道路隐患、应急处置、交通安全宣传等开展有针对性的专项工作部署与实施。

2. 创新工作模式，有力推进交通安全整治

在精心研判、选取主要通道的基础上，建立了"总队领导包线、支队季度轮值、大队联勤联动"的工作模式。其中，高警总队的领导来进行包线牵头，负责总协调；各轮值支队长负责具体协调和工作部署；各大队按照专项整治工作方案要求，结合辖区实际，加强互相之间的协作配合、联勤联动，形成管控合力。

具体而言，该项工作模式的内容如下：

总队领导包线：高警总队领导每人包保1~2条高速公路，担任包线高速公路整治工作小组组长，牵头负责组织推进工作。

支队季度轮值：负责管辖同一条高速公路的几个支队之间实行季度轮值制度，并由该季度负责支队牵头其他支队，共同制定完善方案、组织动员部署和总结通报点评。

大队联勤联动：高速公路沿线的大队加强互相之间的协作配合，联合制定勤务安排，启动"网上+网下、视频+路面、固定+流动"的查控机制开展"短频快"的整治，推动整治工作"点线面"有战果、有成效。

二、紧盯源头治理，压实责任推进安全隐患整改

为更深入地推进"百日行动"，江西交警从道路交通事故的源头治理核心环节、主体责任和行业核心环节3个方面入手，努力推动实现"企、路、车"隐患清零的目标，主要做了以下3个方面的工作：

1.推动高速公路经营管理单位主体责任落实

把业主主体责任的落实作为一项重点任务来抓。只要在高速公路发生了亡人交通事故，一概要求业主负责人到达事故现场参与救援处置；如果有涉及行人、施工、养护施救事故，则会对其开展道路交通事故深度调查；如果业主对交通事故负有责任，则一律对其依法进行定责、追责。

2.推动道路安全隐患治理

对4类易造成严重后果的显见安全隐患进行了排查，分别为：警示和指示标志、监控卡口立柱无护栏隔离防护隐患，龙门架立柱无护栏隔离裸露在外隐患，匝道、互通分流鼻端头防撞设施不符合安全规范隐患和中央或右侧护栏端头外露未做处理隐患，并将上述4类隐患发函抄告交通运输部门和高速公路经营管理单位等相关部门，督促其进行全面整改。

此外，还对辖区施工路段存在的安全隐患进行了全面排查治理，并且全部书面发函督促施工单位进行整改，例如采取合理设置渠化通道、加强限速管理、完善反光标识或者增加提示标牌等措施，推动了对道路交通安全隐患的治理（图1）。

图1 排查路面隐患

3.推动重点车辆源头监管

紧盯"两客一危一面一货"5类重点车辆，从严整治超员载客、超速行驶、疲劳驾驶、违法占用应急车道、违法停车、违法倒车、货车不按规定车道行驶、长途客车凌晨2时至5时违规运行、危化品运输车不按规定时间线路行驶、行人违法上高速公路等易扰乱秩序和易肇事肇祸的"十类突出违法行为"，并综合运用抄告、约谈、处罚、曝光、深

度调查等手段，将路面管控压力传导至企业主体，起到震慑作用，倒逼企业切实履行责任（图2）。

图2　监管重点车辆

三、紧盯重点车辆，运用"三个三技战法"严管严查

江西交警以信息化警务机制为主导，根据辖区交通违法和事故特点，因地制宜突出对"两客一危一面一货"5类重点车辆特别是面包车的交通安全管控，并召开专题会议总结提炼对重点车辆特别是面包车的查控技战法，全力预防群死群伤交通事故。

1.建立"三步走"研判机制，引领勤务部署

建立了"高频筛选、轨迹分析、卡口比对"的三步研判机制，从通行线路、时段、登记地、高频通行车辆等几方面研判通行规律，以研判结果引领勤务部署。

2.运用"三同步"查控模式，提高打击效率

组织支、大队两级指挥中心运用"同步开启违法预警、同步锁定目标车辆、同步开展扁平指挥"的"三同步"查控模式，全面提升重点车辆违法的预警拦截打击效率（图3）。

图3　进行同步查控

3.联合"三部门"提高办案效率

组织下辖支队、大队密切协调联系地方公安局、检察院和法院等4个部门，针对重点车辆驾驶人涉嫌危险驾驶罪的案件做到"快批、快诉、快审、快判"，提高办案效率，提升震慑力度（图4）。

图4 多部门联动

四、紧盯督促问效，确保交通安全整治措施落实

除上述3个方面的措施以外，对各项工作落实情况的督促问效也是深入推进"百日行动"、实现道路交通事故预防"减量控大"目标的重要手段。有鉴于此，江西交警坚持以调度督进展、以责任促落实，全力推动下辖各个支队、大队将各项工作措施落到实处、见到实效。

1.压实领导责任

采取了"总队领导调度作战、支队领导现场督战、大队领导带头参战、大队民警全体作战"的方式，形成全省各级的推动合力。

为此，成立了事故预防专项工作领导小组，办公室设在总队事故预防对策科，统一协调各主干线高速公路事故预防专项工作；包线的总队领导担任包线路段事故预防工作组第一组长，轮值支队长担任事故预防工作组组长、分管副支队长任常务副组长，干线高速公路其他分管副支队长任副组长，沿线大队长为成员，各主干线事故预防工作领导小组办公室设在轮值支队交通科，交通科长担任办公室主任，负责日常专项工作组织实施。

事故预防工作领导小组也加强了对全线支、大队的指挥调度，通过电话调度、微信调度、视频传输、定期通报以及召开现场会等方式，加强专项整治工作的指挥调度和协调，检查督促各支、大队工作措施有效落实。

2.明确任务时限

采取了"一张表格"的形式，全面细化分解"百日行动"整治及事故预防"减量控大"工作方案及考评细则，并明确总队分管领导为"督办人"、业务处室领导为"责任人"、具体经办民警为"经办人"，明确工作措施、完成时限，将责任落实至每一个人身上，督促对标对表完成"百日行动"重点工作任务。

3.强化跟踪问效

江西交警十分重视指挥调度工作，重点核查统一行动日及夜间、凌晨、周末的勤务落实情况，例如，在统一行动日期间确保三分之二以上的警力上路执勤执法，切实提高了路面见警率和管事率，加大了警示震慑力度；着重强化22时至次日6时的夜间勤务安排，并加大路面巡逻频次和密度，从而补齐了夜间管控薄弱短板，突出了对重点时段的管控；在易拥堵路段、交通违法多发路段、交通事故多发路段和恶劣天气多发路段专门安排警力加强巡查值守，强化了对重点路段的管控。

此外，还通过对讲机、视频监控、GPS及北斗定位、违法查处数据、执勤执法记录仪抽查、微信群监督等多种组合方式开展指挥调度、督导检查，全面推动各支队整治开展、指挥调度及勤务落实等工作的落地见效。

扫一扫查看原文

（资料来源：江西省公安厅交管局）

沧州：为中重型货车通行"立新规"，维护国省道路交通安全

公安部道路交通安全研究中心交通言究社

沧州市下辖20个县、市（区），道路通车里程1.67万km，其中国道10条，总长1615km，省道46条，总长715km。虽然国省道通车里程仅占全市总里程13.9%，但发生死伤交通事故占比57.58%，尤其是中重型货车发生死伤事故占比34%。国省道货车交通违法突出、肇事死亡率高，严重威胁广大群众生命财产安全。

为贯彻落实道路交通事故预防"减量控大"目标要求，进一步加强国省干线公路交通安全管理，预防和控制货车死伤事故，改善和规范通行秩序，沧州交警按照"政府主导、部门协作、综合治理"的工作思路，从本市道路交通安全实际情况出发，经过积极探索，努力为全市中重型货车行驶"立新规"，逐步建立起一整套"中重型货车靠右通行"管控机制。

据统计，自"中重型货车靠右通行"管理工作全面开展以来，沧州市5条管控路段交通事故四项指标2020年较2019年同期分别下降55.7%、42.5%、75%、63.2%，未发生较大道路交通事故，初步实现了货车交通事故起数、死亡人数"双下降"，货车通行秩序、路面管控能力"双提升"的目标。

沧州交警具体是如何建立中重型货车靠右通行管控机制的？采用了哪些配套的方式方法呢？

一、创新工作机制，实现多部门协同

沧州交警通过在辖区国省道路的实地调查和对以往国省道死伤交通事故成因的分析研判发现，由于中重型货运车辆本身具有车体长、车速慢、自身重、制动差、转弯半径大等特性，加上部分车辆在上路行驶时有超速、随意变道、长时间占用快车道等不良行为，容易形成交通拥堵、降低通行效率，甚至引发交通事故。同时，对山西省货车交通管理经验、做法进行考察借鉴，提出了在国省道路实施中重型货车靠右通行的工作思路，力图以此项工作为切入点和突破口，推动国省道路交通治理能力及水平的提升，促进交通综合治理迈向新台阶。

沧州交警向沧州市委、市政府多次汇报工作思路，并积极参与配套工作方案的编制、出台。在沧州交警的大力推动下，沧州市政府成立专门的推进领导小组，制定印发了《中重型货车靠右通行管理工作方案》，明确组织领导、重点实施路段、具体工作措施、部门分工和工作要求等关键事宜，建立起政府统筹主导、公安牵头组织、相关部门协作配合的工作机制。

在《管理工作方案》指导下，沧州市各县市区政府、管委会将此项工作上升为政府行为，并纳入安全生产考核内容，建立了交管、交通联勤联动机制，以中重型货车靠右通行管理为牵动，与沿线环境整治、公路集市清理、隐患排查整改、超限超载治理等工作紧密结合，多部门共建共治、齐抓共管，形成一股强大的整治合力。

二、发布管理措施通告，提供保障

依据《中华人民共和国道路交通安全法》（2011修正案）第39条规定，结合沧州货车行驶状况，沧州交警在国省道相关路段发布实施中重型货车靠右通行管理措施的通告，为下辖各支队、大队的执法管理工作提供法律保障。

通告中提及的实施中重型货车靠右通行管理工作的主要措施有：

单向三车道路段最右侧车道为货车行驶道、中间车道为货车超车道。货车不得连续超车，超车时不得影响后方机动车正常行驶，禁止占用最左侧车道行驶和超车。

单向两车道路段右侧车道为货车行驶道。货车不得连续超车，超车时不得影响后方机动车正常行驶。

货车在桥梁、弯道、坡道等特殊路段不得超车。

遇前方紧急情况造成交通中断时，货车必须靠右侧车道依序停车等候，严禁穿插、并行。

这些举措的制定、推行，意在将中重型货车限定在慢车道行驶、严禁其长时间占用快车道，从而降低货车对小型车辆正常通行的干扰和影响，避免前面压车、后面排队、通行不畅等情况的发生，并起到将货车车速控制在安全范围内、有效防止因超速引发事故的作用（图1）。

三、完善相关设施，提供科技支撑

1.施划地标，明确路权

借鉴高速公路管理经验，在实施货车右行管控的路段施划清晰、醒目的文字提示地标262处，确保分道清晰、提示到位，使中重型货车通行路权得以明确。

2.设置标志标识，实时抓拍

按照每5km一处的标准，在全市货车右行管理路段设置"中重型货车右侧车道行驶"告示标志和交通监控设备标志。同时，为提升交通管理效率和违法抓拍效果，采取了将告示标志与交通监控设备及标志进行组合、配套安装的方法，一旦中重型货车不遵守右侧通行规则,能够实时发现并进行抓拍,满足了违法取证的需要。

图1 中重型货车靠右行驶效果示意图

3.加大技术投入,提高管控效能

紧密结合河北省"智慧交管"建设,进一步加大科技、装备等方面的资金投入,构建起路段行车全程监控、违法全程抓拍的科技管控网络。

按照"中重型货车靠右通行"建设标准,在充分整合现有道路科技设备的基础上,在重要路段新建各类科技智能前端采集设备、科技执法设备,改造升级老旧设备,引进"黑光"感知设备,实现全天候24h无死角清晰抓拍取证。

据统计,自各项科技设备安装以来,已抓拍中重型货车未按规定靠右行驶的违法行为15842起,大幅提高了科技管控效能,实现了货车靠右通行管理"装备到位、执法到位、管控到位、效果到位"的目标(图2)。

图2 沧州交警应用科技手段,为执法工作提供支撑

四、改革勤务机制，强化路面管控

"中重型货车靠右通行"管理机制的顺利贯彻执行，离不开科学合理的勤务模式配合。沧州交警依据"定点和流动相结合、路面和视频相结合、人力和科技相结合"的指导原则，以优化警力配置、提升勤务管理效能为目标，指导下辖各支队、大队改革勤务、科学布警，推行定岗、定时、定车、定人的"四定"勤务机制，采取"路上巡、点上守、空中拍"的方法，强化路面管控，探索建立全覆盖、立体化的勤务模式，从而强化对"中重型货车靠右通行"工作的严格管理。

所谓"路上巡、点上守、空中拍"的方法指的是：

"路上巡"：固化日常巡逻机制，增加巡逻班次，缩小巡逻半径，提高路面见警率和管事率，一旦发现货车违法占道行为，立即予以纠正、处罚（图3）。

"点上守"：加强道路交通综合研判，分析确定复杂易堵、违法突出、事故多发路段，针对性落实定点、定时勤务。

"空中拍"：利用交通监控设备对货车不按规定车道通行的违法行为进行抓拍取证、上网处罚，部分支队、大队甚至还起用了无人机来进行抓拍、监控工作。

图3　沧州交警正在执行路面管控工作

五、强化宣传工作，营造整治氛围

沧州交警坚持宣传先行的原则，将中重型货车靠右通行的宣传工作贯穿全程。充分利用广播、电视、报纸、"两微一端""一直播"等媒体和传播平台，发挥其宣传作用；广泛开展以中重型货车靠右通行专项行动为主题的各类宣传活动；通过组织记者现场报道、发布新闻稿件等方式，大力宣传中重型货车靠右通行的政策规定、重要意义和行动战果，及时曝光严重违法车辆及驾驶人。

为使社会各界，特别是中重型货车驾驶人，充分知晓货车靠右通行管控的诸项规定，沧州交警采取了多样化的宣传手段：利用各类媒体和道路广告屏、交通诱导设施，滚动播放交管部门《通告》，广泛宣传货车靠右通行路段和实施的一系列管理措施；印制《开展货车靠右通行管理的告知信》10万余份，向过往驾驶人、沿街商铺发放，提高广大交通参与者的知晓度；结合交通安全宣传"千警进万家"活动，从加强重点运输企业及所属车辆、驾驶人源头监管入手，深入企业开展货车靠右通行管理的宣传工作；

充分利用货车驾驶人"微信群",连续发布管控措施,实现快速传播、群体周知的效果(图4)。

图4 沧州交警利用党务宣传栏、广播站、墙面等多种宣传阵地展开宣传,并进行一对一讲解

同时,为提升对违法驾驶人的惩治效果,沧州交警还通过全媒体手段,集中、公开曝光货车不按规定车道通行的车辆所有人、驾驶人名单,震慑违法行为,打消违法驾驶人侥幸心理,营造出集中整治的舆论氛围,使货车靠右通行这一安全、文明理念真正扎根于驾驶人心中,引导其形成由被动的"不敢违"向主动的"不想违"的转变。

扫一扫查看原文

(资料来源:河北省沧州市公安局交通警察支队)

泰州:应用主动交通管控技术,破解节假日高速公路大流量交通管理难题

徐 伟、高普庆　江苏省泰州交警支队
吴泽驹、姜 明　阿里巴巴集团高德地图

2020年"五一"假期作为疫情防控常态化下第一个假期,加之假期延长、货车免费通行等情况,各地高速公路迎来出行高峰。为保障道路交通平稳有序,泰州交警联合高速公路经营管理单位、高德导航公司,在泰州高速路网2座跨江大桥、4个交通枢纽等重要节点共采取主动交通管控措施40余次,与2019年"五一"同期相比,泰州高速路网在交通流量总体提升12.33%的情况下,路网流量整体均衡,重要节点如江阴大桥广靖段交

通事故起数同比下降10.7%。泰州交警具体采取了哪些应对措施呢？

一、节假日期间高速公路大交通流量已成常态

泰州位于江苏省中部，是承南启北的水陆要津，境内京沪、宁通、盐靖、启扬、泰镇、兴泰6条高速公路呈两纵两横"井"字形分布（图1），总里程323.87km，拥有高速公路跨（长）江大桥2座（泰州大桥、江阴大桥）、交通枢纽4个、服务区7个、收费站26个。近年来，随着社会经济的发展，泰州高速公路路网交通流量持续增长，每逢节假日，车多缓行现象时有发生，如何积极应对大交通流量，减少交通拥堵，提升人民群众高速公路出行体验成为泰州交警近年来一项重要任务。

通过对以往节假日期间交通流状态进行分析，发现其呈现出3大典型特征。

图1　泰州高速公路路网示意图

1.流量远超日常

以泰州市内主要的高速公路过（长）江通道，泰镇高速公路（S35）的泰州大桥为例，根据现场检测数据，泰州大桥2018年十一高峰时段单向断面车流量最大值达到4500辆/h，接近双向六车道高速公路设计服务水平下的最大通行能力4800辆/h。根据高德浮动车大数据，2018年全年，泰州大桥严重交通拥堵（拥堵延时指数大于4）全部出现在春节、清明节、劳动节、十一黄金周等节假日免费通行期间（图2）；而日常时间，泰州大桥极少达到交通拥堵状态（拥堵延时指数大于2）。

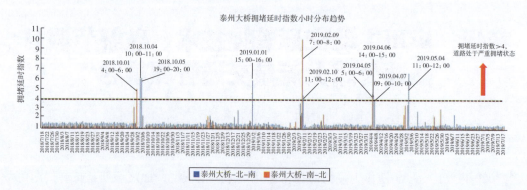

图2　2018年泰州大桥拥堵延时指数分小时分布

2.过（长）江通道交通拥堵尤为突出且交通量分布不均

泰州市周边主要的高速公路过（长）江通道包括泰州大桥、苏通大桥、扬中大桥、南京长江二桥、江阴大桥、润扬大桥、南京长江四桥、南京长江三桥等（图3）。节假日

期间,江苏省过江交通需求旺盛,主要高速公路过(长)江通道均出现大交通流、交通拥堵特征。

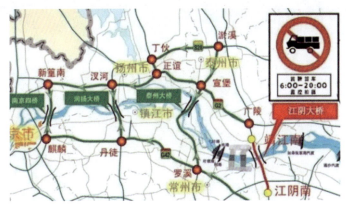

图3 泰州市周边主要高速公路过(长)江通道

各主要高速公路过(长)江通道整体体现出大流量、交通流趋于拥堵的特征,但进一步分析小时交通运行状态,发现不同过(长)江通道的高峰小时并不相同,说明交通量分布并不均衡。如表1所示,在泰州大桥最为拥堵的几个时间段中(拥堵延时指数高于4,处于严重拥堵状态),与其平行的G4011沿线润扬大桥、G2沿线江阴大桥交通畅通,道路资源并没有得到充分的利用。

泰州大桥最拥堵时段相邻高速公路过(长)江通道交通状态(来源高德数据)　　表1

道路方向:由北向南							
泰州大桥拥堵时段拥堵情况							
时间	2018/10/4 10:00-11:00	2018/10/5 19:00-20:00	2019/1/1 16:00-17:00	2019/2/10 11:00-12:00	2019/4/6 14:00-15:00	2019/4/7 9:00-10:00	2019/5/4 10:00-11:00
泰州大桥-北-南	6.04	6.15	5.95	4.46	4.48	4.08	6.70
平行备选诱导路段同时段拥堵情况							
润扬大桥-北-南	1.23	1.21	1.00	2.30	1.23	1.13	1.23
江阴大桥-北-南	1.46	1.26	1.24	3.28	1.28	1.24	1.24
道路方向:由南向北							
泰州大桥拥堵时段拥堵情况							
时间	2018/10/1 4:00-5:00		2018/10/1 5:00-6:00		2019/2/9 7:00-8:00		2019/4/5 5:00-6:00
泰州大桥-南-北	5.07		4.70		10.13		4.60
平行备选诱导路段同时段拥堵情况							
润扬大桥-南-北	1.09		1.12		1.07		1.15
江阴大桥-南-北	4.62		4.33		1.00		4.05

3. 出城、返程高峰时间集中,且高峰开始时间呈现逐渐提前的趋势

分析2018年、2019年泰镇高速公路(S35)泰州大桥运行特征,可以发现出程和返程时间有提前的趋势。图4中出程方向,2019年高峰期比2018年高峰期提前半天(从9.30早晨即开始出程高峰)。如图5所示,返程方向,2019年高峰期比2018年高峰期提前3~4h。

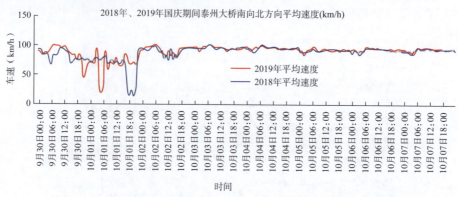

图4　泰州大桥南向北（出程）方向平均速度分布

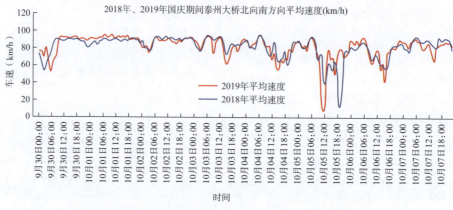

图5　泰州大桥北向南（返程）方向平均速度分布

二、如何应对高速公路大交通流量

（一）国外高速公路主动交通管控技术应用情况简介

目前，美国、德国、英国等发达国家广泛应用高速公路主动交通管控理论与方法缓解高速公路大交通流量拥堵。

根据美国联邦公路局的估计，城市地区机动车总延误的50%是由交通事件造成的。二次事故造成的死亡人数占高速公路交通事故死亡人数的18%。2002年，大约50%的警察、紧急医疗服务（EMS）人员和消防员死亡是由于交通事故（意外、"被"事故、追捕或其他职责活动中的撞车）所致。为缓解以上问题，美国联邦公路局开始应用高速公路主动交通管控技术，通过车道级的交通控制，如动态开放路肩、动态限速、动态管控行车道等提升道路通行能力，缓解交通拥堵。

德国、英国等欧洲国家与美国采取的高速公路主动交通管控措施类似。根据文献资料，欧洲国家应用主动交通管控，交通拥堵时段的交通量平均增长3%~7%；交通事故减少3%~30%；一般以上交通事故减少3%~30%；二次事故减少40%~50%。

图6为美国、欧洲的高速公路主动交通管控措施。

（二）泰州交警采用4大措施应对高速公路大交通流量

由国外情况可以看出应用高速公路主动交通管控技术缓解高速公路大交通流量是比较常采用的方法。针对泰州大桥节假日期间大流量、交通事件频繁、拥堵严重、通行效率低的问题，泰州交警在上级公安机关的指导下，改变"被动堵"局面，深化"主动管控"理念，依托高德的数据优势和智慧管控系统平台，联合辖区泰州大桥等高速公路经营管理单位以及高德导航等高新技术企业，借鉴发达国家先进经验，灵活实施泰州市高速公路网主动交通管控，具体主要采用4种措施。

美国硬路肩关闭、开放

欧洲高速公路动态限速　　　　美国动态车道管控

高速公路动态HOV车道（除工作日早晚高峰时段，其余时间HOV车道将作为普通车道使用）

图6　美国、欧洲的高速公路主动交通管控措施

1.应急车道动态管控

适用条件为当某一路段车流量较大，且有通过前方枢纽或出口匝道驶离高速公路需求的车辆较多时，会导致最右侧行车道内出高速公路车辆排队积压，同时左侧行车道里还不断有车辆降速寻机向内穿插（图7），在影响主线车辆正常通行的同时，还会极大增加剐蹭事故风险的情况。

管控模式包括：

根据历史和实时流量数据提前对存在上述风险的路段进行预判排查；在该路段利用路面情报板或增设提示牌的方式明确开放应急车道的起点和终点；当拥堵出现时，指挥调度中心下达借用应急车道的管控指令，路面情报板和提示牌在起、终点分别提示："前方驶出车辆可借用应急车道""停止借用应急车道，请驶回原车道"；指挥调度中心发出借用应急车道管控指令后，高德导航公司同步对行经该路段的用户发布诱导信息；该路段拥堵缓解后，由指挥调度中心、高德导航同步撤销管控诱导指令。

图7　左侧行车道不断有车辆降速寻机向内穿插，影响主线车辆正常通行

2.合流点车道管控

适用条件为因合流点交通冲突，引发主线拥堵的情况。

管控模式包括：

通过历史数据和实时流量监测预判拥堵点段；根据周边区域交通运行状况，以最大程度均衡流量缓解拥堵为目的，提前明确合流点主次通行方向；在次要通行方向提前布设锥桶（图8）、水马压缩车道，减少汇入合流点的车流，并可根据合流点的坡度、线型等特点，视情同步采取借用应急车道管控措施，将合流点距离延长，减少交通冲突。

图8　宣堡枢纽次要通行方向布设锥桶压缩车道，减少汇入主线车流

3.出入口管控

适用条件为景区、城市主要出入口等周边路段易发生长距离拥堵的情况。

管控模式包括：

结合路网流量及其他社会数据，提前预判易拥堵出口及拥堵可能发生的时间段；利用该出口周边路网的电子情报板及指示牌，根据不同来车方向，将车流诱导分流至周边出口；在预测的拥堵时段，通过高德导航数据梳理出周边路网中驶往该出口的车辆用户，并根据其路径发布不同的推荐线路，与路面电子情报板和指示牌同步策应，诱导用户驶往周边出口（图9），从而达到分散交通流、缓解拥堵的目的。

图9 高德导航发布推荐线路，诱导用户驶往周边出口

4.区域路网诱导分流

适用条件为区域高速路网拥堵状况集中在某一路段的情况。

管控模式包括：

根据历史数据和实时监测交通流量，提前预判拥堵路段和时长；通过OD分析，掌握行经拥堵路段车辆的出发地及目的地；根据路网形态，结合OD分析结果，预设分流路径，通过高德路网运行状态数据，实时监测、比对各条路径通行所需时长，得出最优路径，并通过路面情报板诱导、强制分流等手段，对路网车辆进行管控，从而达到均衡路网交通流、缓解拥堵的目的（图10）。

2020年"五一"期间，泰州交警根据实际情况灵活采用以上管控措施，取得良好效果。5月3日泰州大桥南行车流量大导致的桥面拥堵，从18：54起至22：30通过启用泰州大桥南行桥面应急车道，利用路面提示牌、情报板明确开放应急车道起止点，借助高德导航同步发布诱导信息，并安排警力加强相关节点值守和交通组织灯措施进行了

扫一扫查看原文

交通管控，将管控前平均车速53km/h提升至81km/h。5月4日淤溪枢纽入口匝道与主线合流处形成交通冲突点导致车辆积压，从15：54起至19：00，使用同样的四项措施，将管控前平均车速55km/h提升至78km/h。

图10　区域路网诱导分流示意图

温州：以"三四五交管战略"为引领，探索高速公路现代警务机制建设

马希来、钱月链　温州高速公路交警支队

温州境内有7条高速公路，总里程527km，道路情况较为复杂，管理难度较大。为进一步贯彻落实道路交通事故预防"减量控大"工作、提升高速公路治理水平和能力，温州高速公路交警以浙江高速公路交警总队提出的"三四五交管战略"为引领，着力探索现代警务机制建设。

所谓"三四五交管战略"，指的是：

三大创新：理念思路创新、机制制度创新、方式方法创新；

四项建设：基础信息化建设、警务实战化建设、执法规范化建设、队伍正规化建设；

五大治理：源头治理、综合治理、科技治理、依法治理、专项治理。

据统计，截至2020年8月，温州高速公路事故死亡人数在2019年已大幅下降54%的基础上再下降16.7%，现代警务机制建设取得初步成效，同时也有效保障了人民群众生命安全。

一、转变理念，明确警务机制建设目标

1.以安全为目标

为切实提高高速公路交通管理水平，让高速公路成为老百姓追求美好生活的致富路、幸福路、平安路，温州高速公路交警提出"我为人民管交通的初心和打造高速安全共同体为使命"的理念，并开展相关主题教育，使其真正深入交警内心。

温州高速公路交警坚持问题和目标导向，确定与安全管理最突出的"七大关键词"（即夜间、违停、出入口实线变道、开车打手机、货车占道、施工、预警），从顶层设计上指导基层大队抓好安全管理工作。通过"七大关键词"的持续发力，辖区安全形势持续平稳，2020年以来辖区与违停有关的事故下降25%，与出入口实线变道有关的事故下降27%。

在日常管理中，温州高速公路交警对每一起死亡人事故都进行深度调查，包括勤务执行、"一路三方"联勤联动落实、隐患治理、接处警、违法打击等方面，真正发现其中存在的问题，把安全管理目标落实到每一起事故防控中。

2.以服务为宗旨

高速公路是交通的主动脉，更是国民经济的大动脉，在经济社会发展中的重要性不言而喻。温州高速公路交警在安全第一的前提下，最大程度发挥高速公路通行效能，为温州经济社会发展营造良好的交通环境和营商环境。例如，2019年通过落实温州瑞安三都岭的十项治堵措施，充分利用高地路网资源，创造性推行高峰时段"三轴以上货车限时禁行"措施，大幅缓解了三都岭拥堵，护航当地经济社会发展。

3.以应急为标准

高速公路交通特点，决定了高速公路现代警务机制必须要突出快、准、稳要求。因此，必须以应急作为构建标准，关键时刻能拉得出、打得响、胜得了。在建立以政府为主导、部门联动、分工负责、协作配合的应急处置机制基础上，温州高速公路交警根据辖区路网变化，推动"一路三方"联勤单位按照"20分钟到达现场"的目标，合理布置处置力量。目前，全部55个收费站已经实现30个收费站有处置力量入驻，平均每个点的覆盖范围为17km，大幅提高了出警效率。

二、多措并举，推进警务机制现代化

1.以科技为支撑，夯实警务机制基础

完善高速公路感知系统建设。目前已经完成了业主400路视频监控接入、530套卡口抓拍系统、14处高位监控、63路雷达检测系统、55处事件检测系统建设，实现"路面看得见、违法查得住、事件干预的了"的目标。

推进异常信息智能发布。对路面出现的交通事故、拥堵、交通管制、恶劣天气、施

工等信息，通过系统互联互通，实现在可变情报板、手机、导航软件、广播电台等载体实时推送，让广大交通参与者第一时间掌握异常信息，并将路面异常信息实时导入导航软件，大幅提高异常事件按需发布效率。

探索用新科技手段开展交通管理。积极探索无人机在高速公路交通管理的运用，切实发挥无人机速度快、覆盖范围广的特点，切实提高部分警情处置效率。

2.以数据为引擎，推动警务模式转型

拓宽数据来源。温州高速公路交警打通了与高速公路业主、交通综合执法、气象等相关单位数据壁垒，将高速公路运行时人、车、路、环境产生的数据进行采集汇总，形成海量数据池，为后续数据治理奠定基础。

推进数据治理。2020年，温州高速公路交警顺应大数据思维，成立数据合成作战中心，运用大数据思维，开发数据合成分析系统，将高速公路上人、车、路、环境产生的海量数据进行分析、筛选，结合日常管理的重点关键词，实现重点路段全天候监控、重点车辆精准治理、重点违法精准打击、重点数据综合治理、重点情况督导问责、重点力量一体化整合、重点信息实时推送预警、路网流量实时监控建模。在7座以上面包车管理上，通过卡口数据碰撞，将平时不走高速公路，暑期和春运期间高频次跨区域长时间通行的面包车筛选出来，作为重点关注车辆进行干预；在长下坡管理上，通过在几个节点位置建设卡口，对车辆通行时间的识别，对未在预定时间内通过的车辆实行报警，为长下坡时间处置争取第一时间；借助温州城市大脑建设，通过高速公路主线流量与地方道路流量分析，建立畅通指数和畅通模型，实现交通流量的预测和调控。

数据主导勤务。通过对违法、事故时空分布规律的数据分析，精准找出哪些路段哪个时段违法、事故高发，通过精准布警开展打击干预，最大程度保障道路安全畅通。对于路面上正在发生的违法，通过数据分析其通行规律，引导其至就近有警力的出入口进行处罚，努力营造不敢违、不想违、不能违的严管氛围。

3.以宣传为需求，实现警务效能最大化

提高交通参与者的安全意识，大力开展交通安全宣传，是实现从想方设法规避处罚到主动不想违法转变的重要途径。为此，温州高速公路交警采取了下列措施：

提高宣传针对性。温州高速公路交警结合大数据分析，针对不同的群体开展靶向式宣传。针对经常开夜车的货车，重点宣传疲劳驾驶的危害性；针对发生事故当事人，重点宣传"车靠边、人撤离、即报警"；针对乘客，重点宣传系好安全带。

提高宣传方式多样性。随着人们生活水平的提高，原先说教式宣传越来越被反感。因此必须迎合人民群众的需求，以人民群众喜闻乐见的方式展现给老百姓。例如，2019年10月，沈海高速公路温州南出口发生小车出入口变道造成追尾事故，温州高速公路交警立即将宣传视频通过抖音平台转发，点击量超过1500万次，直观视觉冲击给观看群众带来了强烈教育效果。

4.以融合为载体，汇聚多方力量

融合地方党委政府力量。温州高速公路交警主动向温州市委市政府报告隧道隐患情况，促成市安委办下发督办单，推动隧道隐患治理。目前，已完成所有隧道入口翼墙改

造,所有长隧道入口设置了24h人员值守,温州交通发展集团和诸永高速公路的隧道都已启动智能化改造。

融合高速公路"一路三方"力量。温州高速公路交警融合交通综合执法队、高速公路各业主公司力量,建立链条式车辆巡查、视频巡查、违法举报、入口管控、隐患销号式治理的联勤机制,形成管理合力。联勤机制执行以来,辖区每天增加210人、52辆车参与路面管理。各大队也建立一路三方联勤联动群,以扁平化的方式,实现信息互通,协助配合,每日信息沟通在400条以上,大大提高异常事件处置效率(图1)。

图1　温州高速公路交警应用科技手段提升警务效果

融合社会专业运输企业力量。快递企业、固定班线客运企业等专业运输力量是高速公路常客,高速公路安全畅通,就是他们的效益。为此温州高速公路交警充分发动这些驾驶人为我所用,建立五类货车信息群,让这些驾驶人成为交警的信息员、宣传员、违法举报员,甚至是监督员。

三、加强队伍建设,推动能力提升

1.完善各项制度,保障贯彻落实

温州高速公路交警在制定和完善各类规章制度时,既从法理上、法律上考虑周全,尽可能不留"死角""断层""盲区",还要结合部门实际配套细化相应措施,使普适性的笼统规定明确化、原则的表述具体化,真正让制度执行起来"实用、管用、好用、可用"。

针对警情处置职责不清的情况，制定了《温州支队一级警情处置指导意见》，将高速公路上发生的警情进行分类，对直接影响安全的6类警情列为一级警情，实行闭环管理，大大提高一级警情处置效率。

2. 树立法制思维，规范执法活动

温州高速公路交警严格规范日常执法活动，坚持使用法言法语开展警务执法工作，严格落实执勤执法全过程使用执法记录仪（图2）。

图2 温州高速公路交警正在路面执勤

紧盯执法热点、难点问题，切实发挥法制"冲在前、断在后"作用，制定了《温州支队教科书式执法手册》，将民警日常执法常见的情况及问题进行梳理，出台具体的执法指导意见，确保执法工作有序推进。

扫一扫查看原文